학교폭력 예방 및 학생의 이해

학교폭력 예방 및 학생의 이해

2018년 8월 22일 초판 1쇄 인쇄
2018년 8월 31일 초판 1쇄 발행

지은이 이지연·김태선·신미경
편집 임현규·장원정·고하영
표지·본문 디자인 김진운
본문 조판 토비트
마케팅 이승필

펴낸이 윤철호
펴낸곳 ㈜사회평론아카데미
등록번호 2013-000247(2013년 8월 23일)
전화 02-2191-1131
팩스 02-326-1626
주소 03978 서울특별시 마포구 월드컵북로 12길 17
홈페이지 www.sapyoung.com
이메일 academy@sapyoung.com

ISBN 979-11-88108-80-0

학교폭력 예방 및 학생의 이해

이지연·김태선·신미경 지음

사회평론아카데미

서문

학교에서 일어나는 문제를 접하는 것은 더 이상 우리에게 낯선 일이 아니다. 그중 특히 안타까움을 자아내는 뉴스는 단연 학교폭력이다. 학교 내에서 일어났다고 하기엔 너무 잔인하고 과한 사건들이 자주 화두가 되고 있다. 요즘 들어 학교폭력이 이전보다 많아졌기 때문이라기보다는 이전엔 비춰지지 않았던 부분들이 이제는 많은 매체를 통해 비춰지고 드러나고 있기 때문이라고 해석할 수 있다. 사태의 심각성을 알아차리기 시작했기 때문에 학교폭력은 해결해야 할 급선무가 되었다.

상담을 해보면 과거 어렸을 적 겪었던 긍정적·부정적 경험들이 나중에 성인이 되어서도 여전히 영향을 미치고 있는 걸 볼 수 있다. 이를 고려하면 학교 안에서 이뤄져야 할 위험 예방에 대한 책무가 더욱 중요하다는 걸 알 수 있다. 특히 학교폭력은 어려서 그럴 수 있는 일이라고 넘기기엔 상처가 너무 크다. 피해자뿐만 아니라 가해자와 주변인들에게까지도 부정적인 영향을 낳는 일이기에, 학교폭력이 지속적으로 야기하는 영향력을 아는 이들에겐 예방과 즉각적인 치료가 얼마나 중요한지 알 수 있다.

오늘날엔 학교폭력에 대한 관심도가 전 연령층에서 높아졌다. 일례로 청와대 홈페이지에 소년법과 관련한 청원이 쇄도한 적이 있음에서도 알 수 있다. 게다가 해가 갈수록 학교폭력으로 학교폭력대책자치위원회가 열리는 빈도도 높아지고 있다. 예전에는 사소한 일이라고 치부해 버렸던 일들도 요즘엔 학교폭력으로 인식하고 있다는 뜻이기도 하다. 사회가 학교폭력을 해결해야 할 심각한 문제로 여기고 있는 만큼 저자들도 학교폭력의 예방과 해결에 일조하고 싶은 마음에 이 책을 쓰게 되었다.

이 책은 학교폭력의 원인과 유형, 이와 관련한 정신건강과 병리, 상담뿐 아니라 교육과 예방, 법률적 처리 등에 대한 전반적인 내용을 담아 학교폭력 담당교사 및 교직을 준비 중인 예비교사가 학교 현장을 이해할 수 있도록 하였다. 학교폭력의 구체적인 사례와 피해학생, 가해자의 문제와 그 배경에 대한 이해를 제시하려고 하였다. 나아가 학교폭력을 처리하는 과정에서 교사 또한 심리적 피해와 고통을 받는다는 점을 주요하게 다루고 그 치유에 대해서도 담으려고 하였다. 학교폭력 중 가장 많이 나타나는 언어폭력, 집단 괴롭힘뿐 아니라 최근 증가하고 있는 스토킹, 성폭력, 사이버불링 등의 학교폭력 유형도 별도의 장에서 상세히 분석하였다. 특히 각종 법규와 제도가 자주 바뀌는 환경적 특성을 감안하여 최신 자료를 제시하도록 노력하였다. 또한 학교폭력 관련 임상 경험들을 실제적으로 이해하고 이를 수행할 수 있도록 현장 업무 매뉴얼과 자료를 풍부하게 제시하고 부록으로 프로그램의 운영지도안과 활동지를 실어 교사가 학교 현장에서 바로 활용할 수 있게 하였다. 또한 실제 학교 현장의 다양한 학교폭력 상황에 능동적이고 적절하게 대처하는 능력을 함양하도록 이론보다는 사례와 현장 프로그램을 중심으로 구성하고자 하였다.

학교폭력을 단순히 학교 내의 문제라고 생각할 수는 없다. 학교폭력의 가해경험, 피해경험이 발달단계에 스며들어 성인이 되어 같은 양상이든 다른 양상이든 발현되고 있다는 것이 문제이다. 심지어 피해자가 다시 가해자가 되는 경우도 허다하다. 이 순환을 멈추고, 바람직한 학교문화에 한 걸음 다가갔으면 하는 바람이 있다. 이 책은 조치와 치유에 목적을 둔다. 그래서 학교폭력과 관련된 문제가 일어났을 때 좀 더 체계적이고 준비된 접근으로 문제에 다가가고 해결할 수 있길 기대한다.

책을 준비하는 과정부터 실제로 저술하는 과정을 거치면서 좀 더 많은 내용을 담아서 더 알차게 구성할 수 있는 부분이 보이기도 한다. 또 여러 미진한 점도 많이 있을 것으로 보인다. 이는 향후 계속 수정·보완해 나가고자 한다.

이 책이 출판되기까지 여러 가지 바쁜 일정 속에서도 원고 집필에 힘써 주신 공동 집필진들과 기꺼이 출판을 맡아 주신 출판사 및 직원들의 노고에 감사를 드리는 바이다.

2018년 8월
저자 일동

I

학교폭력의 이해

최근 학교폭력은 갈수록 폭력수위가 높아지고 흉포화하고 있으며, 발생 연령이 낮아지고 있다. 그리고 그 처리 과정의 공정성과 투명성에 관한 논란이 심화되고 있다. 또한 폭력으로 인해 상처를 받은 학생이 치유되지 못하여 자신을 해치거나 또 다른 희생양을 찾아 가해함으로써 자신의 상처를 부적절하게 처리하게 된다. 따라서 1부에서는 학교폭력 문제에 적절히 대처하기 위해 알아야 할 학교폭력의 개념과 최근 현황, 학교폭력의 구조 및 기제를 살펴보고자 한다.

1장

학교폭력의 개념

폭력은 언제나 반대되는 폭력을 불러일으키는 것이다.

— 장폴 사르트르

학습목표

1 학교폭력의 정의와 유형을 이해할 수 있다.

2 학교폭력의 발생빈도, 피해 유형, 장소, 시간, 가해자 유형을 확인할 수 있다.

3 가해자, 피해자, 목격자를 중심으로 학교폭력의 구조를 이해하고, 발생원리를 설명하는 이론을 살필 수 있다.

학교폭력이 우리나라에서 사회적으로 큰 반향을 일으킨 것은 1995년 6월에 있었던 동료 학생들의 집단 괴롭힘 때문에 자살한 한 고등학생의 아버지가 '더 이상 내 자식과 같은 불행한 청소년이 나와서는 안 된다.'는 외침과 함께 청소년폭력예방재단(청예단)을 설립하면서였다(송재홍 외, 2016). 그러나 학교폭력은 지속되고 있으며 갈수록 흉포화, 저연령화되고 있다. 또한 학교폭력은 성장기에 있는 대부분의 아이들이 어떤 형태로든 경험하게 되는 현상이며, 어떤 학생들은 학교폭력에 직접 관여하기도 한다(Roberts, 2008). 따라서 여기에서는 학교폭력의 개념이 무엇이고 실태가 어떠한지를 살펴보면서 학교폭력에 대한 이해를 돕고자 한다.

1. 학교폭력의 정의

학교폭력은 '학교'와 '폭력'이라는 두 단어의 합성어다. 즉 학교와 연관된 폭력을 지칭한다. 그러나 학교폭력에 대한 정의는 접근하는 주체와 방식에 따라 다양하게 전개되고 있다. Behre, Astor와 Meyer(2001)는 학교폭력을 신체적·심리적 상해나 재산상의 피해를 가져오는 부주의한 행동으로 정의하였고, Furlong과 Morrison(2000)은 그 의미를 확장시켜, 학교에서 학습을 못하게 하거나 학교의 환경을 해치는 모든 공격적 행동과 범죄적 행동을 학교폭력에 포함시켰다. 우리나라에서는 2004년에 '학교폭력 예방 및 대책에 관한 법률'이 제정되어, 학교폭력을 "학교 내외에서 학생을 대상으로 발생한 상해, 폭행, 감금, 협박, 약취·유인, 명예훼손·모욕, 공갈, 강요·강제적인 심부름 및 성폭력, 따돌림, 사이버따돌림, 정보통신망을 이용한 음란, 폭력 정보 등에 의하여 신체·정신 또는 재산상의 피해를 수반하는 행위"로 정의하고 있다.

학교폭력에 대한 이해를 돕기 위해 장소, 대상, 행위에 따라 구체적으로 설명하면 다음과 같다.

1) 학교 내·외에서

- 학교폭력 발생 시 발생 지역 또는 발생 장소에 제한 없이 학교폭력 예방 및 대책에 관한 법률 적용

2) 학생을 대상으로 발생한

- 성인, 학생, 제적생, 유예생, 자퇴생 등 행위자 제한 없이 피해자가 학생이면 학교폭력에 해당
- 학생이란 초·중등교육법 제2조에 따른 초등학교·중학교·고등학교·특수학교 및 각종 학교에 학적을 두고 있는 사람(유치원생, 대학생, 평생교육 시설 소속은 제외)
- 휴학생(또는 유예생)의 경우에는 제적되거나 퇴학 조치된 학생이 아닌 이상 여전히 학생 신분을 유지하므로, 자치위원회를 열어 조치하고 학교생활기록부에 관련 내용을 기재하여야 함
- 유예생의 경우에는 학교생활기록부 기록이 불가능하고 유예 전에 기록된 학교폭력 사안도 이듬해 복학하게 되면 학교생활기록부 기재 내용이 갱신되므로 별도의 생활기록카드를 활용하여 관리, 복교 후 '행동특성 및 종합의견'란에 관련 사항을 기재하여야 함
- 제적 및 퇴학 조치된 학생은 해당 학교의 학생이 아니므로 이 같은 경우에는 경찰에 신고하여 처리하고, 자치위원회의 조치는 불필요함
- 가해자가 학생이 아닌 경우에도 피해자가 학생인 경우 학교폭력에 해당하며, 필요시 피해학생에 대한 보호조치를 실시해야 함(가해자는 경찰에 신고)
- 현행법상 가해자가 교원인 경우인 체벌, 보호자인 경우인 가정폭력의 경우에도 형식상으로는 학교폭력에 해당함

3) 상해, 폭행, 감금, 협박, 약취·유인, 명예훼손·모욕, 공갈, 강요·강제적인

심부름 및 성폭력, 따돌림, 사이버따돌림, 정보통신망을 이용한 음란·폭력 정보 등에 의하여

- 따돌림, 사이버따돌림을 제외한 행위는 형법상 범죄임
- 성폭력은 '아동·청소년 성보호에 관한 법률' 및 '아동복지법' 상 범죄임

4) 신체·정신 또는 재산상의 피해를 수반하는 행위

- 신체·정신 또는 재산상 피해가 있어야 학교폭력에 해당
  - 신체적 피해 : 치료 여부를 불문한 신체적 피해(멍, 침 뱉음, 골절, 타박상 등)
  - 정신적 피해 : 보통사람으로는 참을 수 없는 혹독한 정신적 고통(욕설, 놀림, 모욕, 명예훼손, 따돌림 등)
  - 재산적 피해 : 신체적, 재산적 피해에 의한 치료비, 수리비 등

학교폭력의 유형은 표 1-1과 같이 신체폭력, 언어폭력, 금품갈취, 집단 따돌림, 사이버따돌림, 성폭력, 사이버폭력 등으로 분류될 수 있다.

첫째, 신체폭력은 상대의 몸을 손이나 발을 이용하여 때리거나 차거나 물건을 사용하여 폭력을 가하거나 상처를 입히는 행위, 밀폐된 공간에 강제로 가두는 행위, 장난삼아 꼬집기, 때리기 등 상대학생이 폭력이라 생각하면 학교폭력이다. 이외에는 상대방을 속이거나 유혹해서 일정한 장소로 데리고 가는 행위가 있다. 예시로는 선생님의 눈을 피하여 인적이 드문 공간에서 상대학생의 신체를 폭행하거나 수업 중에 몰래 친구를 꼬집는 등이 있다.

둘째, 언어폭력은 상대방의 명예를 훼손하는 말을 한다거나 인터넷과 SNS 등을 통해서 모욕적인 언어를 사용하는 것이다. 상대 뒤에서 욕설을 하거나 험담을 하는 등 상대방을 불쾌하게 하는 행동, 메시지로 상대방을 위협하는 언어를 보내는 행동, 심지어 학생들 사이에서 자주 사용되는 부모를 욕되게 하는 말까지 언어폭력에 해당된다.

셋째, 금품갈취는 말 그대로 돈이나 물품 등을 요구하는 행위나 다른 친구의 물품

표 1-1 학교폭력의 유형

유형	학교폭력예방법 관련	예시상황
신체폭력	• 상해 • 폭행 • 감금 • 약취 · 유인	• 상해 · 폭행: 신체를 손, 발로 때리는 등 고통을 가하는 행위 • 감금: 일정한 장소에서 쉽게 나오지 못하도록 하는 행위 • 약취: 강제(폭행, 협박)로 일정한 장소로 데리고 가는 행위 • 유인: 상대방을 속이거나 유혹해서 일정한 장소로 데리고 가는 행위 ※장난을 빙자한 꼬집기, 때리기, 힘껏 밀치기 등 상대학생이 폭력으로 인식하는 행위
언어폭력	• 명예훼손 • 모욕 • 협박	• 명예훼손: 여러 사람 앞에서 상대방의 명예를 훼손하는 구체적인 말(성격, 능력, 배경 등)을 하거나 그런 내용의 글을 인터넷, SNS 등으로 퍼뜨리는 행위 ➔ 내용이 진실이라고 하더라도 범죄이고, 허위인 경우에는 형법상 가중 처벌 대상이 됨 • 모욕: 여러 사람 앞에서 모욕적인 용어(생김새에 대한 놀림, 병신, 바보 등 상대방을 비하하는 내용)를 지속적으로 말하거나 그런 내용의 글을 인터넷, SNS 등으로 퍼뜨리는 행위 • 협박: 신체 등에 해를 끼칠 듯한 언행과 문자메시지 등으로 겁을 주는 행위
금품 갈취	• 공갈	• 돌려줄 생각이 없으면서 돈을 요구하는 행위 • 옷, 문구류 등을 빌린다며 되돌려주지 않는 행위 • 일부러 물품을 망가뜨리는 행위 • 돈을 걷어오라고 하는 행위 등
강요	• 강제적 심부름 • 강요	• 강제적 심부름: 속칭 빵 셔틀, 와이파이 셔틀, 과제 대행, 게임 대행, 심부름 강요 등 의사에 반하는 행동을 강요하는 행위 • 강요: 폭행 또는 협박으로 상대방의 권리행사를 방해하거나 해야 할 의무가 없는 일을 하게 하는 행위 ➔ 스스로 자해하거나 신체에 고통을 주는 경우 등이 강요죄에 해당
따돌림	• 따돌림	• 집단적으로 상대방을 의도적 · 반복적으로 피하는 행위 • 지속적으로 싫어하는 말로 바보취급 등 놀리기, 빈정거림, 면박 주기, 겁주는 행동, 골탕 먹이기, 비웃기 • 다른 학생들과 어울리지 못하도록 막는 행위
성폭력	• 성폭력	• 폭행 · 협박을 하여 성행위를 강제하거나 유사 성행위, 성기에 이물질을 삽입하는 등의 행위 • 상대방에게 폭행과 협박을 하면서 성적 모멸감을 느끼도록 신체적 접촉을 하는 행위 • 성적인 말과 행동을 함으로써 상대방이 성적 굴욕감, 수치감을 느끼도록 하는 행위 ➔ '아동 · 청소년의 성보호에 관한 법률'에 따라 성범죄에 대해서는 즉시 수사기관에 신고해야 함
사이버폭력	• 사이버따돌림 • 정보통신망을 이용한 음란 · 폭력 정보 등에 의해 신체 · 정신 또는 재산상 피해를 수반하는 행위	• 특정인에 대해 모욕적 언사나 욕설 등을 인터넷 게시판, 채팅, 카페 등에 올리는 행위, 특정인에 대한 '저격글' • 특정인에 대한 허위 글이나 개인의 사생활에 관한 사실을 인터넷, SNS, 카카오톡 등을 통해 불특정 다수에 공개하는 행위 • 성적 수치심을 주거나, 위협하는 내용, 조롱하는 글, 그림, 동영상 등을 정보통신망을 통해 유포하는 행위 • 공포심이나 불안감을 유발하는 문자, 음향, 영상 등을 휴대폰 등 정보통신망을 통해 반복적으로 보내는 행위

출처: 교육부(2014).

을 일부러 망가뜨리는 경우, 돈이 필요하다는 이유로 다른 아이들한테 빼앗아오도록 명령하는 행위이다. 값나가는 의류를 탐난다는 이유로 돌려줄 생각이 없으면서 빌리는 행위도 금품갈취에 속한다.

넷째, 자기보다 약하고 왜소하고 만만한 친구들에게 빵 셔틀, 와이파이 셔틀을 시키는 등 상대방의 의사를 무시하는 행위를 강요라고 볼 수 있다. 이러한 강요 행위가 최근 빈번하게 일어나고 있으며 대표적인 예가 와이파이 셔틀이다. 와이파이 셔틀은 자신의 데이터를 다 쓰면 상대의 데이터를 사용하여 네트워크에 접속할 수 있게 하는 것을 말한다. 상대학생의 핫스팟을 연결하면 요금은 상대학생에게 부과되므로 와이파이 셔틀은 쉽게 일어난다.

다섯째, 따돌림은 두 사람 이상이 큰 집단을 이루어 한 명이나 소집단을 소외시켜 대놓고 인격을 무시하거나 음흉한 방법으로 해를 가하는 언어적, 신체적 행위 전부를 의미한다. 개인이 개인을 가해하는 행위와 의도적으로 계속 상대방을 피하는 행위, 친구들끼리 단체로 놀리거나, 다른 학생들과 어울리지 못하도록 막는 행위 등 집단이 개인을 가해하는 행위도 포함한다.

여섯째 성폭력은 성희롱이나 성추행, 성폭행 등을 모두 포괄하는 개념으로, 강제적으로 성행위를 하거나, 성적 모멸감을 느끼도록 신체적 접촉을 하는 행위, 말과 행동으로 성적인 굴욕감이나 수치심을 유발하는 행위 등이 있다.

일곱째, 사이버폭력은 익명성을 이용하여 이루어지므로 물리적인 힘으로 이루어지지 않는다는 특징이 있다. 허위사실, 모욕적인 언어나 행동을 인터넷 게시판이나 SNS에 올리는 행위 등 일종의 저격글이 있으며, 폭력적이거나 공포심, 불안감을 유발하는 문자, 사진, 동영상을 유포하는 행위 등을 말한다. 청소년에서 하루에 5시간 이상 스마트폰을 사용하는 '스마트폰 과다 사용자'가 전체 청소년의 4분의 1에 달한다고 하는데, 그에 따라 사이버폭력도 급증하고 있다는 것을 짐작할 수 있다. 언어폭력이나 어떤 행위를 시키는 강요나 협박, 성적 수치심을 느끼게 하는 행동은 실질적으로 우리 삶이 공존하는 공간뿐만 아니라 사이버공간에서도 많이 일어나고 있다.

2. 학교폭력의 실태

교육부에서 발표한 자료를 요약하여 학교폭력의 현황을 살펴보고자 한다.

교육부에서는 매년 17개 시·도교육감이 공동으로 전국 초·중·고등학교(초4~고3) 학생을 대상으로 학교폭력 관련 경험·인식 등을 1년에 2회 조사해 오고 있다. '2017년 1차 학교폭력 실태조사'는 2017년 3월 20일부터 4월 28일(6주간)까지 전국의 초등학교 4학년 학생부터 고등학교 3학년까지의 학생 441만 명을 대상으로 전수 조사하였다. 이 조사에 응답한 학생은 전국의 초·중·고 학생 441만 명 중 419만 명(94.9%)이었다. 전수조사의 내용은 2016년 10월부터 조사 참여 시까지 학교폭력 관련 경험 및 인식에 대한 것이다.

'2017년 1차 학교폭력 실태조사' 결과를 바탕으로 학교폭력의 현황을 제시하고자 한다.

1) 피해 현황

학교폭력 피해 현황을 살펴보면 전체 응답자 419만 명 중 0.9%인 3만 7천명이 최근 1년간 학교폭력 피해를 경험한 적이 있다고 응답하였다. 이를 학교급별로 보면 초등학교 2.1%, 중학교 0.5%, 고등학교 0.3%로 학교급이 높아질수록 피해 경험이 낮은 것으로 나타났다. 전년도에 비해 학교폭력의 피해현황은 전체 및 학교급별 모두 증가하지 않았다. 이는 2012년 이후 학교폭력 피해응답이 5년째 감소하여 학교 현장의 학교폭력 감소 추세가 지속되고 있는 것으로 나타났다. 그러나 학년별 피해현황에서는 초등 4학년 학생의 피해현황이 작년에 비하여 증가하였다.

2) 피해 유형별 현황

피해 유형별 학생 천 명당 피해응답 건수는 언어폭력(6.3건), 집단 따돌림(3.1건), 스토킹(2.3건), 신체폭행(2.2건) 등의 순으로 나타났으며, 피해 유형별 비율도 언어폭력

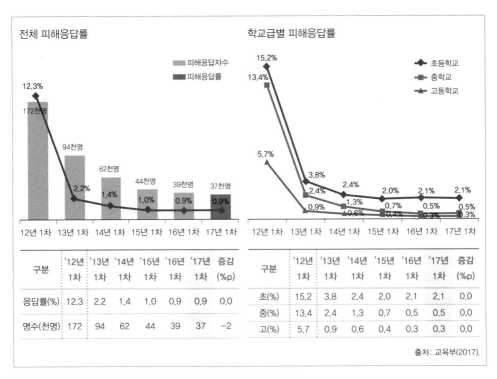

전체 피해응답률 / 학교급별 피해응답률

구분	'12년 1차	'13년 1차	'14년 1차	'15년 1차	'16년 1차	'17년 1차	증감 (%p)
응답률(%)	12.3	2.2	1.4	1.0	0.9	0.9	0.0
명수(천명)	172	94	62	44	39	37	-2

구분	'12년 1차	'13년 1차	'14년 1차	'15년 1차	'16년 1차	'17년 1차	증감 (%p)
초(%)	15.2	3.8	2.4	2.0	2.1	2.1	0.0
중(%)	13.4	2.4	1.3	0.7	0.5	0.5	0.0
고(%)	5.7	0.9	0.6	0.4	0.3	0.3	0.0

출처: 교육부(2017).

그림 1-1 학교급별 학교폭력 피해 응답률 변화 추이

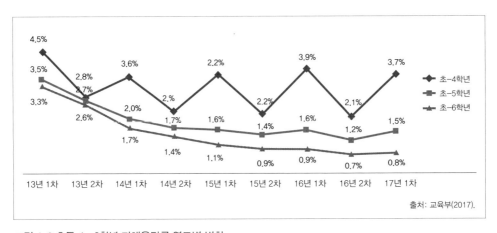

출처: 교육부(2017).

그림 1-2 초등 4~6학년 피해응답률 연도별 변화

(34.1%), 집단 따돌림(16.6%), 스토킹(12.3%), 신체폭행(11.7%) 등으로 나타났다. 언어
폭력, 스토킹, 사이버괴롭힘, 성추행 등이 전년에 비해 증가하였다.

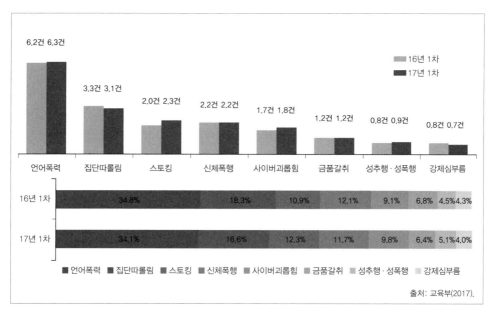

그림 1-3 학생 천명 당 피해응답 건수 및 피해 유형별 비율

3) 피해 장소 현황

학교폭력 피해는 '교실 안'(28.9%), '복도'(14.1%), '운동장'(9.6%) 등 학생들이 주로 생활하는 '학교 안'(67.1%)에서 발생하였다. 그 외 '놀이터'(6.9%), '사이버공간'(5.3%), '학원이나 학원주변'(5.1%) 등 '학교 밖'(26.7%)에서도 발생하였다.

4) 피해 시간 현황

학교폭력 피해 시간은 '쉬는 시간'(32.8%), '점심시간'(17.2%), '하교 이후'(15.7%), '수업 시간'(8.0%) 등의 순으로 나타났다.

5) 가해자 유형

피해학생이 응답한 가해자 유형은 '동학교 같은 반'(44.2%), '동학교 동학년'(31.8%)이 다수이며 '동학교 다른 학년'의 학생의 비율은 9.4%, '타학교 학생'의 비율은 4.1%로 나타났다.

3. 학교폭력의 구조 및 발생원리

1) 학교폭력의 구조

학교폭력의 구조를 살펴보면 피해를 주는 학생과 피해를 입은 학생 양자 관계를 중심으로 학교폭력을 보조하거나 강화하는 보조자와 강화자, 피해학생 입장을 방어하는 방어자, 어느 쪽 입장도 아닌 상태로 지켜보거나, 무관심한 방관자 그리고 그 입장이 불분명하여 확인이 어려운 부분 등으로 이뤄진다고 할 수 있다(Salmivalli, 1992).

또한 괴롭힘-학교폭력에는 괴롭힘 당하는 아동, 괴롭히는 아동, 목격자로 피해의 삼각구조가 형성된다고 보는 입장도 있다. 그중 괴롭힘 상황을 바꿀 수 있는 힘을 가장 많이 가지고 있는 집단은 목격자이다(Juvonen, Graham, & Schuster, 2003).

과거에는 가해자와 피해자의 역할이 확실히 구분되었으나, 최근 학교폭력의 구조를 살펴보면, 가해자와 피해자의 구별이 불분명하며 가해와 피해가 순환되는 특징을 보이고 있다.

(1) 가해자

공격성이 강화되고 극단화된 행동을 주도적으로 행하거나, 암묵적으로 이런 행동에 동조하며 적극적으로 이 행동에 협조한 학생을 가해자라고 정의한다.

가해자들은 그들의 목표를 달성하기 위하여 괴롭힘을 사용하며 또래집단 내에서 높은 지위와 우세한 위치를 차지하기를 원하고(Pellegrini & Long, 2002), 또래들에 의하여 존경받고 싶어 하고 또래들을 지배하고 싶어 한다(Sitsema et al., 2009). 또한 가해자들은 집단원들과의 협동을 요구하는 소규모 집단에서는 또래들과 상호작용하는 데 어려움을 나타내는 경향이 있다(손강숙·이규미, 2015). 가해학생의 괴롭힘 행동은 분노 때

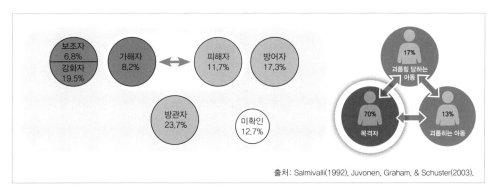

출처: Salmivalli(1992), Juvonen, Graham, & Schuster(2003).

그림 1-4 학교폭력의 구조

문에 일어나며 자기존중감이 낮은 학생은 자신의 기분이 좋아지도록 다른 사람을 놀리거나 괴롭히는데, 이때 분노가 조절되지 않으면 더 공격적인 행동을 초래한다고 보았다(Espelage, Holt, & Henkel, 2003). 또는 아무 이유 없이 자신의 목표를 달성하기 위하여 공격행동을 하는 경우도 있다.

Coloroso(2008)는 가해자의 핵심적 특성을 경멸이라고 설명하였다. 경멸은 누군가를 쓸모없고, 열등하고, 존중할 가치도 없는 존재로 느끼게 만드는 강력한 반감이다. 경멸은 아이가 동정이나 연민 또는 부끄러움의 감정 없이 타인을 해치도록 만드는 심리적 우월감과 유사한 세 가지 태도와 함께 생긴다.

첫째, 특권의식으로 다른 누군가를 예속시키고, 통제하고, 지배하고, 학대할 특별한 권리가 자신에게 있다고 생각하는 허영심이다. 둘째, 자신과 다른 것은 열등하고 존중할 가치가 없다고 생각하는 차이에 대한 무관용이다. 셋째, 존중하거나 돌볼 가치가 없다고 여겨지는 누군가를 고립시키거나 소외시키고 격리하려 하는 배타적 사고방식이다. 이러한 특성을 가진 가해자는 피해자를 무시하고 조롱하며 깔아뭉개는 행동을 반복적으로 하는 것이다.

(2) 피해자

피해자는 반복적이고 지속적으로 한 명 또는 그 이상의 다른 학생들로부터 부정적인 행동을 당하는 한 학생으로 정의하고 있다(Olweus, 1994). 이 개념은 이후 확장되어 피해자와 가해자 간의 힘의 불균형 상태를 포함하게 되었으며, 언어적 · 물리적 · 관계적 측면에서 괴롭힘의 주요한 대상이 되는 학생을 의미한다.

피해학생은 또래에 비해 더 불안정할 뿐만 아니라 불안하고, 학업 수행이 저조하며, 학교 회피, 자살사고를 더 많이 보고한다. 또한 이들에게는 자기존중감이 낮게 보고된다(Hawker & Boulton, 2000). 또한 이들은 고립감과 소외감을 쉽게 느끼기도 한다.

Olweus(1994)는 피해자를 수동적 피해자(passive victim)과 도발적 피해자(provocative victim)로 나누었다. 수동적 피해자는 부모의 지나친 보호를 받으며 자신들의 의견보다는 어른들의 생각을 중요시하는 특성을 갖는다. 이러한 수동적 피해자의 특성을 갖는 피해자는 유약하고 수동적인 태도를 보이는데 강한 아이들의 공격 표적이 되고, 이에 적절한 대처를 하지 못하는 특성이 있다. 이들은 또래보다 신체가 허약하거나 반격할 의지가 없어 보인다.

도발적 피해자는 비교적 숫자가 많지 않지만 반항적이고 산만하며 화를 잘 내고 적대적 귀인 편파를 보인다. 이들은 잘난 척하거나 타인을 무시하고 타인에 대한 배려심이 부족하거나 이기적이다. 자신의 일방적인 태도가 주위와 어울리지 못하고 충돌함으로써 다수에게서 외면당한다는 사실을 인식하지 못한다. 스스로가 지닌 경쟁적이고 공격적인 태도가 주변을 자극하여 대결 국면을 보이기도 한다. 따라서 또래들은 이 집단에 해당하는 아이들을 외면하거나 따돌리며 이들이 언제 폭발할지 모르는 통제 불가능한 분노를 가지고 있다는 이유로 그들에게 가까이 가지 않는다(문용린 외, 2006).

(3) 목격자

목격자는 학교폭력이 발생한 장소에 있으면서 괴롭힘 상황을 목격한 사람을 의미한다(오인수, 2010). 학교폭력 상황에서 목격자는 직접 당사자가 아니더라도 학교폭력의 전개과정에서 다양한 역할을 수행할 수 있다(안효영·진영은, 2014).

목격자의 유형으로는 동조자, 강화자, 방어자, 방관자 등이 있다(Salmivalli et al., 1996). 목격자들은 학교폭력이 발생한 상황에서 가해자의 가해행동을 돕거나 강화하기도 하며, 방관하기도 하고, 가해자의 폭력을 막고, 피해자를 지지하기도 하는 등 다양한 행동을 나타내며 학교폭력의 과정에 참여한다.

동조자는 가해자를 도와주거나 추종하며 가해행동에 직·간접적인 도움을 준다. 이

표 1-2 괴롭힘에 참여하는 학생들의 역할

참여자 (participants)	주변인 (bystanders)	동조자 (followers)	가해자를 도와주거나 추종하여 가해자의 행동을 격려하는 사람
		방관자 (outsiders)	괴롭힘 상황에 대해 아무런 반응을 하지 않고 묵인하는 사람
		방어자 (defenders)	피해자를 도와주는 사람
	가해자(bullies)		적극적, 주도적으로 괴롭힘 행동을 이끌어 가는 사람
	피해자(victims)		괴롭힘을 당하는 사람

출처: 교육부(2014).

들은 직접 괴롭히지는 않지만 가해행동을 부추긴다. 동조자가 적극적으로 가해자와 함께하거나 가해자를 응원하는 것은 피해자를 더 당황하게 하고, 가해자의 반사회적 행동을 고무시키며, 동조자 자신을 잔혹함에 무뎌지게 하거나 그 자신을 또 한명의 가해자로 만들 위험이 있다. 이들이 가해자의 공격적이고 반사회적 활동을 관찰하면서 가해자를 인기 있고, 강하며, 존경스러운 롤모델로 생각하게 된다면, 가해자의 행동을 모방할 가능성이 높다(Coloroso, 2008).

방관자는 괴롭힘 상황을 목격하고 가만히 보고만 있거나 모른 척하는 학생이다. 목격자 중 방관자 역할을 하는 비율이 가장 높으며 방관행동은 괴롭힘을 묵인함으로써 가해자를 소극적으로 지지하는 결과를 가져올 수 있다. 이들의 묵인과 소극적 지지는 그들의 의도와는 상관없이 암묵적으로 괴롭힘을 승인하는 결과를 초래함으로써 괴롭힘을 유지하는 데 기여한다. 이들의 성격은 내향적인 면이 있고 친구가 또래로부터 괴롭힘을 당하는 상황에서 분명하게 어떤 태도를 취하지 않으며 곁에서 보는 학생으로서 사회적 회피와 불안이 높은 것으로 나타나 사회적인 장면에서 부정적 정서를 가지고 있음을 알 수 있다(한하나·오인수, 2014). 따라서 방관자는 자신이 괴롭힘 상황을 막지 못함, 가해자에 대한 두려움, 괴롭힘 상황에 소극적으로 동조하고 있음을 인식하게 되어 자신감과 자존감에 악영향을 받는다. Coloroso(2008)은 방관자들이 괴롭힘 행동을 멈추기 위해 개입하지 않는 이유를 네 가지로 설명하였다.

- 다치는 것을 두려워한다. 가해자는 덩치도 크고 힘도 세니 그들을 두려워하는 것은 부끄러운 일이 아니며 그들에게 맞서는 것은 어리석다.
- 가해자의 새로운 대상이 되는 것을 두려워한다. 방관자가 괴롭힘 행동에 성공적으로 개입한다 해도 나중에 보복당할 가능성이 많고 가해자의 능숙한 경멸과 비방이 예측된다.
- 잘못된 개입은 상황을 더 악화시킬 수 있다. 자신의 개입으로 상황이 커지고 집단에 영향을 주는 것을 감당하기 어렵다.
- 무엇을 해야 할지 모른다. 어떻게 개입하고 어떻게 괴롭힘을 보고하고, 어떻게 괴롭힘의 대상을 도와야 하는지를 배우지 않았다. 괴롭힘이 학습된 행동인 것처럼, 그것을 멈추는 방법 또한 학습을 통해 습득할 수 있다.

이와 같은 이유로 방관자들은 사건에 직접 개입하기를 꺼리게 되나 괴롭힘 현상이 지속되고 악화되는 경험을 함으로써 자책감과 자괴감이 늘어난다. 따라서 적절한 개입을 할 수 있도록 그들에게 학습이 필요하며 학습을 통해 다수를 차지하는 방관자들이 잠재적 방어자로 바뀔 수 있는 가능성을 열어주는 것이 방관자 자신에게도 괴롭힘 현상을 예방하는 데도 좋은 방안이 될 수 있다.

방어자는 피해자를 위로하거나 괴롭힘 현상에 개입하여 말리려 노력하는 학생이다. 이들은 가해자와 피해자 주변에서 피해자를 지지하고 가해행동을 중재하려고 노력함으로써 가해자에게 괴롭힘 행동으로 인해 처벌 혹은 보복 등 부정적 영향을 예상할 수 있게 하여 가해행동을 감소시키는 데 기여하게 된다. 방어자는 '힘의 불균형' 상태에서 피해자 측에 힘의 균형을 주는 또래지지자 역할을 하게 되며 이는 피해자와 가해자의 상황 변화에 영향을 끼치게 된다. 가해자를 지지, 동조하는 집단은 도덕적 이탈 정도가 크고, 또래 압력과 동조 경향이 크며, 방관적 태도 역시 가장 큰 것으로 나타났으나 피해자를 지지하는 집단은 모든 요인에서 반대의 경향을 보인다. 또한 가해자를 지지하는 집단의 경우 다른 집단에 비해 부모도식과 또래도식 모두 좋지 않은 것으로 나타났으나, 피해자를 지지하는 집단의 경우 부모도식과 또래도식 모두 가장 좋은 것으로 나타났다. 즉 피해자 지지 집단은 부모와 또래에게서 인정과 돌봄, 관심을 많이 받고 있는 것으로 지각하고 있으며, 그러한 경험은 특히 또래관계에서 이타적 행동을 하는 데 영향을 주는 것이라 유추할 수 있다(문용린 외, 2006).

괴롭힘 행동은 아이들을 불안하게 만드는 공포 분위기를 조성한다. 아이들은 서로 돕고 돌봐주며, 위협을 없애고, 상대를 존중하면서 괴롭힘 없는 환경을 만들 책임이 자신들에게 있다는 것을 인식하는 것이 중요하다. 한 사람이라도 일어나서 큰소리로 말할 수 있는 도덕적 힘과 용기를 가지고 있다면, 폭력의 악순환을 중단시킬 수 있으며, 배려의 순환 고리를 더 크고 강하게 키울 수 있다. 모든 지역사회가 가해자의 폭력에 대해 "멈춰, 그만두지 못해!"라고 말할 수 있을 때 폭력의 악순환이 해제될 수 있다(Coloroso, 2008).

따라서 방관자들이 방어자로 전환할 수 있도록 그들이 가진 불안과 어려움을 해소시켜 주는 방향으로 예방교육이 이루어져야 할 것이다. 즉 가해자들의 보복에 대한 두려움을 감소시켜줄 수 있도록 비밀보장과 함께 다른 또래 집단의 지지 환경을 갖추어야 한다. 또한 자신의 일이 아니면 신경 쓰지 않는 것이 좋다는 잘못된 믿음과 공감능력의 결여를 개선하기 위한 예방교육이 필요하다. 마지막으로 구체적으로 어떤 행동을 해야 할지 몰라 행동에 나서지 못하는 방관자들이 많이 있으므로 괴롭힘 행동에 대한 대처 방법을 매뉴얼화하고 행동 요령을 숙지하게 하는 교육이 효과적으로 작용할 수 있을 것이다.

2) 학교폭력의 발생원인

학교폭력을 포함한 폭력행위가 유발되는 원인에 대해 그간 다양한 이론적 논의가 있어 왔다. 다음에서는 학교폭력의 발생 원인에 관한 이론을 사회학습이론, 중화이론, 사회정체성이론, 생태학적 체계이론 등으로 나누어 살펴본다.

(1) Bandura의 사회학습이론(social learning theory)

Bandura(1986)에 의해 체계화된 사회학습이론에서는 인간의 행동이 학습이라는 것을 매개로 하여 지속적인 변화를 겪는다고 얘기한다. 이는 자신의 행동에 대한 직접적 보상이나 벌을 받지 않더라도, 다른 사람이 보상이나 벌을 받는 것을 관찰함으로써 간접적으로 강화를 받기 때문에 학습이 이루어진다는 이론으로 흔히 관찰학습 또는 모방학습이라고도 한다. 학교 내에서는 친구나 또래집단에 의해 특정 인물에 대한 부정적 감정이나 괴롭힘과 관련된 다양한 행동적 내용 등을 관찰하며 학습하게 되는 것으로 볼 수 있다.

(2) Sykes와 Matza의 중화이론(neutralization theory)

Sykes와 Matza(1957)는 중화이론에 비추어 비록 비행청소년이라도 합법적이고 바람직한 규범을 알고 있다고 주장한다. 그러나 이러한 바람직한 규범을 숙지하고 있음에도 불구하고 비행적 행위나 범죄행위를 저지르는 것은 그러한 위법행위에 대한 정당화 기술을 통해 준법의식을 마비시키기 때문이라고 한다(민수홍, 2011).

학교폭력을 행하는 가해학생들은 또래집단이나 동일 학교 내의 구성원에 대한 괴롭힘이 분명 정당하지 못한 행동임은 인지하고 있지만, 다른 여타의 구성원들이 괴롭히는 행위를 하는 것을 목격함으로써 나름대로의 자기합리화 기술을 통해 괴롭히는 행동을 지속하고 있는 것으로 파악할 수 있다.

(3) Tajfel과 Turner의 사회정체성이론(social identity theory)

Tajfel과 Turner(1985)에 의해 정리된 사회정체성이론은 사람들이 스스로를 긍정적으로 평가하기를 바란다는 것이 주요내용이다. 사회정체성이론에 따르면 인간은 개인적 또는 집단적 자존심을 유지하거나 고양하고자 하며, 그 수단은 긍정적 독특성을 유지한다거나 외집단에 대한 나쁜 고정관념과 내집단에 대한 좋은 고정관념을 형성하는 것이다.

사회정체성이론의 관점에서 볼 때, 학교폭력 상황에서 가해자들 역시 본인뿐만 아니라 다수가 소속되어 있는 가해자 그룹에서 자신의 사회적 정체성을 찾고, 나름대로의 지위를 확보함과 동시에 아울러 집단에서의 정적반응을 유도하기 위해 직·간접적으로 괴롭힘 행동에 가담하는 것으로 분석할 수 있다.

(4) 생태학적 체계이론(ecological system theory)

생태학적 관점은 학생들이 경험하는 학교폭력이 개인적 특성, 학교와 지역사회의 특성, 학생들의 가정배경, 학생들의 문화적 맥락과 같은 다양한 원인과 보다 넓은 사회적 맥락의 상호작용에서 기인한다는 것이다. Bronfenbrenner(1979)는 아동과 청소년의 사회적 발달이 개인적 특성이 보다 큰 하위체계나 사회적 상호작용에 의한 결과에 따라 발생한다고 보았다. 즉 학생을 둘러싸고 있는 미시체계(microsystem)는 아동 및 청소년이 직접 접촉하고 있는 체계로 아주 가까운 주변에서 일어나는 활동과 상호작용을 나타낸다. 주로 부모, 형제, 또래 및 학교, 보육센터 등이 포함되어 있다. 중간체계(mesosystem)는 아동과 청소년의 가정, 학교, 또래 집단과 같은 미시체계들 간의 연결이나 상호관계를 나타낸다. 중간체계에는 부모와 교사와의 관계, 형제관계, 이웃과의 관계, 친구관계 등이 포함되어 있다. 중간체계 간의 관계가 밀접할수록 발달이 촉진된다. 특히 청소년의 경우 주변 사람들과의 원만한 관계형성은 학교생활에 큰 영향을 미친다(이인학 외, 2017). 외체계(exosystem)인 부모의 학교 참여와 같은 맥락, 거시체계(macrosystem)인 사회와 문화적 영향력 등 사회적 맥락과 개인의 특성이 상호작용하여 학교폭력을 유발한다는 것이다. 외체계는 아동과 청소년들의 생활에 직접적으로 작용하지 않으나 이웃과 친지, 대중매체, 정부기관, 사회복지기관, 교육위원회, 법률서비스 등의 지원으로 인해 그들의 사고와 행동에 영향을 미치는 것이다.

이러한 생태학적 관점에서 학교폭력을 다루는 모형으로 Benbenishty와 Astor(2005)의 학교폭력 다중계층구조 경로 모형이 있다. Benbenishty와 Astor는 학교폭력을 학교에 있는 사람들과 그들 및 학교의 자산을 물리적 혹은 정서적으로 해치고자 의도한 행동이라 정의하며 학교폭력이 개인적 특성(예: 성), 학교와 지역사회의 특성(예: 범죄, 빈곤), 학생들의 가정 배경(예: 교육수준, 사회경제적 지위), 학생들의 문화적 맥락(예: 인종, 종교)와 같은 넓은 사회적 맥락에 의해 영향을 받고 있다고 하였다. 그리고 학교 외부적 요인들의 영향은 학교 내부적 요인에 의해 조정되고 직접적인 영향을 받는다고 설명한다(송재홍 외, 2016).

요약

1 학교폭력은 "학교 내외에서 학생을 대상으로 발생한 상해, 폭행, 감금, 협박, 약취·유인, 명예훼손·모욕, 공갈, 강요·강제적인 심부름 및 성폭력, 따돌림, 사이버따돌림, 정보통신망을 이용한 음란, 폭력 정보 등에 의하여 신체·정신 또는 재산상의 피해를 수반하는 행위"를 말한다.

2 학교폭력의 유형은 신체폭력, 언어폭력, 금품갈취, 집단 따돌림, 사이버따돌림, 성폭력, 사이버폭력 등으로 분류될 수 있다.

3 교육부에서는 매년 초·중·고등학교 학생을 대상으로 학교폭력 관련 경험·인식을 조사하고 있다. 2012년 이후 학교폭력 피해응답은 5년째 감소하고 있지만 언어폭력, 스토킹, 사이버괴롭힘, 성추행 등은 증가하였다.

4 학교폭력의 구조를 가해자와 피해자, 목격자로 나누어 고찰해볼 수 있다. 과거에는 가해자와 피해자의 역할이 확실히 구분되었으나 최근 학교폭력의 구조에서는 그 구별이 불분명하며 가해와 피해가 순환되는 특징을 보인다. 목격자의 유형으로는 동조자, 강화자, 방어자, 방관자 등이 있다. 방관자가 방어자로 전환될 수 있도록 그들이 가진 불안과 어려움을 해소하는 예방교육이 이루어져야 하며, 그래야 폭력의 악순환을 중단시킬 수 있다.

5 학교폭력의 발생 원인을 설명하는 이론으로는 Bandura의 사회학습이론을 비롯해 Sykes와 Matza의 중화이론, Tajfel과 Turner의 사회정체성이론, 생태학적 체계이론 등이 있다.

1   학교에서 학교폭력 사안접수 시 학교폭력 여부 판단 기준에 대해서 생각해 보시오.

2   학교폭력의 개념을 바탕으로 장소, 유형, 대상을 포함하여 사례를 이야기하시오.

3   학교폭력 실태조사 결과를 통해 학교폭력의 유형 변화를 분석하고 이에 따라 달라져야
     할 예방교육에 대해 생각해 보시오.

2장

학교폭력의 요인과 영향

사람들이 '효과가 있다'는 말을 쓸 때는 문제아가 반 친구들에게 끼치는 피해가 줄었음을 의미하는 데 그치는 경우가 많다. 물론 그것도 훌륭한 목표지만 그 과정에는 흔히 문제아의 희생이 뒤따른다.

— 로스 W. 그린, 『학교에서 길을 잃다』

학습목표

1 학교폭력에 영향을 미치는 학교요인, 개인요인, 가정요인, 지역사회요인을 이해할 수 있다.

2 학교폭력이 개인과 집단에 미치는 영향과 그에 대한 적절한 대응을 알 수 있다.

최근 학교폭력은 저연령화하고, 반복되며, 집단화·범죄화하는 등 그 피해가 심대하여 학교 내에서뿐만 아니라 사회 문제로 대두하고 있다. 학교폭력의 원인은 가정 기능의 약화, 지역사회의 붕괴, 대중문화나 폭력적인 게임의 영향 등 다양하며 또한 개인을 넘어 학교와 지역에도 광범위한 영향을 끼치고 있다. 즉, 학교폭력 현상의 원인과 영향을 어느 하나로 지목할 수 없을 정도로 복잡하고 복합적이어서 문제해결의 어려움을 가중시킨다. 피해를 입은 학생들은 정서적인 어려움을 겪고, 대인관계·학교에 대한 흥미나 학업성취도에 부정적인 영향을 받으며, 이는 학업중단뿐만 아니라 자살 등 극단적인 선택의 원인이 되기도 한다.

학교폭력은 일상적으로 일어날 수 있는 문화로서의 문제라고 볼 수 있다. 그 문화속에 포함된 가해자와 피해자, 동료학생, 교사 등 학교 구성원 모두가 학교폭력의 직접적인 영향을 받는다. 이를 근본적으로 해결하기 위해서는 이 사안이 어떤 원인으로 인해 발생했고 어떤 영향을 끼치고 있는지 복합적으로 살펴보아야 한다. 사안에 대한 깊은 성찰이 건강한 학교 문화를 조성하고, 학교폭력을 예방하는 첫 걸음이다. 여기서는 학교폭력의 요인과 영향을 다각적인 측면에서 살펴보고, 그 대처방안에 대해 생각해보고자 한다.

1. 학교폭력에 영향을 미치는 요인

학교폭력은 그 정도나 양상이 갈수록 다양해지고 저연령화되는 상황이다. 또한 돌발적인 상황에서 다양한 원인에 의해 발생하고 있어 그 원인을 정확하게 밝혀내기가 어렵다. 따라서 학교폭력을 예방하기 위해서는 학교폭력에 대한 이해와 특징을 파악하는 일이 매우 중요하며 그 요인을 통합적으로 염두에 두고 접근해야 한다. 여기에서는 학교폭력에 영향을 미치는 요인을 학교요인, 개인요인, 가정요인, 지역사회요인으로 구분하여 살펴보고자 한다.

1) 학교요인

학교폭력에 영향을 미칠 수 있는 학교요인으로는 학교시설, 지도 수단과 관련 제도 미흡, 입시 위주의 교육, 학교의 권위주의적 문화와 의사소통 방식 등이 있다.

학교는 또래집단을 사귀고 자신의 학문적·사회적 능력과 한계를 경험하는 장소이 자 학생들이 가장 많은 시간을 보내는 곳이며, 또한 폭력이 발생하는 가장 위험한 장소 이기도 하다(송재홍 외, 2016). 높은 폭력 발생 비율을 가진 학교는 대규모 학교, 높은 비 율의 학급당 인원수, 많은 전학생, 지도권의 변화 그리고 부족한 자원 등이 연관된 것으 로 나타나며 특히 저급한 학교시설과 구조가 공통적인 원인으로 지적되고 있다. 즉, 학 교에 교사의 관심이 미칠 수 없는 후미진 장소가 많은 경우에 신체적·물리적 폭력이 많이 발생할 수 있다는 것이다(한유경 외, 2014).

또한 학교폭력 양상이 지속적으로 변화하고 있으나 이에 대응하여 학생을 효과적 으로 지도할 수 있는 수단과 관련 제도가 미흡하며 폭력에 관한 인식의 교육 부재가 청 소년들의 학교폭력에 대한 직접적인 원인이 되고 있다(송선희 외, 2017). Olweus(1993) 는 폭력 문제에 대한 학교 전반의 인식 없이는 학교폭력 예방과 대책에 관한 개입방법 들이 대부분 효과가 없을 것이라고 말하고 있다. 학교폭력에 대한 중요한 비전이나 이 데올로기의 부재는 학교를 폭력행동의 위험성에 빠지게 할 수 있다. 폭력 문제에 대한 지속적인 관심과 인식을 갖는 것이 폭력 예방의 중요한 열쇠가 된다(송재홍 외, 2016).

다음으로 입시 위주의 교육에 따른 학교 교육의 방향성 상실이다. 입시위주의 교육 이란 학교 교육이 본질적으로 추구해야 하는 교육적 가치의 실현보다는 상급학교 진학 을 위한 교육을 함으로써 학생들의 지나친 교육경쟁을 부추기는 교육이라고 할 수 있 다. 이런 상황에서 교육의 방향이 인간성이나 전인교육이 아니라 시험 위주의 교과공 부로 나아가는 것은 당연하다. 자주 시험을 보고 성적을 공개하고, 창피 주고, 핀잔을 주어 실패감에 앞길을 막막하게 하는 시험 스트레스는 학생들의 정신건강이나 성격 형 성에 부정적 영향을 주어 청소년들을 학교폭력의 길로 들어서게 만드는 것이다(송선희 외, 2017).

또한 학교 내에서의 권위주의적 문화와 의사소통 방식 역시 중요한 영향을 끼치는 원인으로 볼 수 있다. 입시 위주의 교육풍토 내에서는 개인의 자율성과 창의성이 존중되기 힘들 뿐더러 교사들의 태도 역시 획일적이고 권위주의적이기 쉽다. 최근에도 논란이 되고 있는 두발 규제나 소지품 검사, 사립학교의 종교 과목 선택 문제 등은 학교 내에서의 비민주적인 의사소통관계나 획일적인 학생 통제 방식을 보여주는 일례라고 할 수 있다(문용린 외, 2006). 이러한 학교의 폐쇄성과 비민주성은 학생들이 답답함과 고립감을 느끼게 하며 공격성을 유발하는 원인이 된다. 학교폭력 피해학생은 담임교사는 물론이고 부모에게도 사실을 말하지 않는 경우가 많다. 가장 큰 이유는 말해도 아무 소용이 없음을 알기 때문이다. 오히려 담임에게 알린 것이 빌미가 되어 더 큰 보복을 당하는 경우도 많다(박민영, 2017). 즉 학교의 서열화된 문화와 구조 그리고 교사들의 무관심, 서열에 따른 차별대우 등이 학생에게 심리적 압박과 스트레스로 작용하는 요인이 된다.

2) 개인요인

학교폭력에 영향을 미칠 수 있는 개인요인으로는 먼저 성별을 들 수 있다. 학교폭력에 관한 많은 연구에서 남학생이 여학생보다 더 공격적이고 파괴적이라는 견해가 지배적이다. 남성이라는 것 자체가 학교폭력에 더욱 관여하게 하는 변인일 수 있다는 것이다(한유경 외, 2014). OECD(2009)에 따르면 남학생이 여학생에 비해 더 많이 학교폭력 괴롭힘의 가해자나 피해자가 되는 것으로 나타났다. 또한 교육부의 실태조사에서도 종류를 불문하고 최근 1년간 학교폭력을 경험한 학생들의 비율을 성별로 살펴본 결과 남학생의 학교폭력 경험률이 여학생보다 더 높다. 2015년 기준 남학생의 22.9%가 학교폭력을 경험하여 15.5%에 그친 여학생보다 훨씬 높다(황여정, 2016).

통계적으로 남학생이 폭력 경험률이 높은 현상에 대해 많은 학자들은 남녀의 생물학적 차이라기보다 그들이 각기 다른 집단으로 분리되면서 그 차이가 점점 벌어지는 것이라고 한다. 즉 따로따로 떨어져서 놀기 때문에 성의 차이가 점점 커지고 그 차이로 인해 다시 분리를 조장한다는 것이다. 이러한 현상을 '머릿니 요인(cootie factor)'이라 한다(Tompson, Catherine, & Cohen, 2001). 남학생이기 때문에 학교폭력에 관여할 확률이 더 높다기보다 남학생과 여학생의 괴롭힘 유형의 차이로 인해 여학생의 폭력이 드러나지 않기 때문이라는 것이다. 남학생은 주로 신체적, 언어적 공격 등 직접적이고 가시적인 괴롭힘에 관련되어 학교폭력 실태 조사 등에서 피해와 가해가 두드러지지만 여학생의 경우에는 은밀한 괴롭힘, 즉 소문 퍼뜨리기, 이간질하기, 따돌리기 등의 관계적 공격을 사용한다는 것이다. 이러한 괴롭힘 유형의 차이는 남성과 여성의 문화의 차이이며 머릿니 요인에 의해 남학생과 여학생의 분리가 심해지면서 폭력의 방법에서도 확고한 차이가 발생한다는 것이다.

다음 개인요인으로는 연령이 있다. 2015년 기준 학교폭력 경험률은 초등학생 24.3%, 중학생 18.0%, 고등학생 16.8%로 학교급이 낮을수록 더 높다. 이는 학교폭력이 저연령화되고 있다는 일각의 우려가 결코 기우가 아님을 보여주는 것이다(황여정, 2016). 어린 아동일수록 직접적인 형태의 폭력을 사용하고 나이 든 학생은 간접적인 폭력을 사용하는 경향을 반영한 것이기도 하며, 초등학교에서 학교폭력에 대한 민감도가 높아 피해 응답률과 신고 건수가 높게 나타나는 것이 요인으로 작용하고 있다(한유경 외, 2014). 또한 학교폭력 실태조사에 처음 응하는 4학년의 경우 초등학교 입학 이후 누적된 피해 경험이 반영되는 경향이 있으며 초등 3~4학년 무렵 또래관계가 활발하게 형성되면서 갈등이 많아지는데, 이를 학교폭력으로 인식하는 경향을 반영한다(한겨레, 2016. 7. 18.).

개인요인으로 논의되는 또 다른 특성은 심리적 특성이 있다. 심리적 특성은 개인의 공격성, 공감능력, 충동적인 성향, 개인의 자아의식, 학교에 대한 개인적 인식, 학업성적, 이전의 학교폭력 경험, 뇌기능, 사회적 정보처리능력의 결함 등이 해당될 수 있다. 이러한 원인은 병리학·심리학적 차원의 접근이기 때문에 전문적 판단이 함께 요구된다(조형정·김명랑·조민희, 2017).

3) 가정요인

부모의 양육방식과 관심 및 지원 정도 등에 따른 유대 및 애착관계 형성 등으로 인한 부적절한 가정환경은 학교폭력 발생의 가정요인으로 작용할 수 있다. 부적절한 가정환경에서 자라는 아동 및 청소년, 가족의 구조적 특징과 가족 내부의 관계 및 분위기, 부모의 결손에 따른 가족 내부 기능의 저하, 부모의 경제적인 어려움에 대한 스트레스, 자녀의 양육과 관련된 어머니와 아버지의 균형적 영향 이외에도 낮은 사회경제적 지위, 부부불화 및 가정폭력, 이혼 및 별거, 잦은 이사 등 가정의 불안정 및 변화는 또 다른 위험요인이 될 수 있다(조형정·김명랑·조민희, 2017). 또한 Olweus(1980)는 학교폭력은 부모의 애정과 관심의 결여와 부정적인 태도, 자녀의 공격행동에 대한 방임적인 태도, 신체적 처벌처럼 힘을 사용한 양육방법을 사용하는 것 등이 가해요인이 될 수 있다고 주장하였다. 특히 가족 간의 갈등이 직접적인 폭력의 형태로 나타나 가정폭력에 노출되었을 때 가해 및 피해 행동은 상당한 영향을 받게 된다. 먼저 부모-자녀 간에 일어나는 폭력의 경우, 자녀가 직접적으로 폭력을 경험하는 피해자가 된다. 부모가 자녀에게 가하는 폭력은 처벌의 목적으로 이루어지거나 아동학대의 형태로 나타나기도 하는데, 이러한 형태의 부모 폭력은 아동의 학교폭력과 높은 상관이 있는 것으로 보인다. 즉 부모의 폭력적인 훈육 방식이 일종의 학습 기회가 되어 아동의 공격적인 행위를 강화하고 이는 다시 학교로 전이되어 학교폭력 가해 및 피해로 연관되는 것이다(한유경 외, 2014). 이와 같이 부모-자녀 간의 의사소통 및 상호작용이 원활하지 못한 경우 부모가 어떤 태도와 양육방식을 사용하는가에 따라 학교폭력으로 전이되거나 폭력의 위험성을 증가시킬 수 있는 요인으로 작용한다.

한편 부모로부터 학대받은 아동은 수동적인 동시에 적대적이며, 자기 파괴적이거나 또래관계에서 반사회적 행동을 보이기도 하고, 자신의 감정을 통제하는 데 어려움을 가지고 있어 다른 아이들을 공격할 가능성도 높아지게 된다. 이처럼 학대받은 아동에게서 나타나는 정서적 각성, 분노 조절과 흥분 등은 외상후 스트레스장애와 유사한 증상으로 논의될 정도로 아동에게 미치는 영향력이 상당하다(김소명·현명호, 2004). 외상후 스트레스장애는 일반적인 스트레스와 달라서 혼자서 대처할 수 없는 압도적인 외부 상황 속에서 싸울 수도 피할 수도 없이 어찌할 바를 몰라 하다가 정신의 방어벽이 무너지는 것이다. 따라서 당황하고, 혼란스러우며, 무섭고, 화가 나지만 그 상황에 대해 '도움 받을 데가 없다.' '내가 할 수 있는 것은 아무 것도 없다.'는 허탈하고 맥 빠진 느낌, 즉 무력감을 갖게 된다(이주현, 2015). 트라우마를 가진 아동·청소년의 경우 억울한 감정을 갖게 되고 이로 인해 분노와 슬픔 등 복잡한 심경 때문에 어찌할 바를 모른다. 이러한 마음의 상처가 타인과 자신에게 향해 학교폭력을 발생시키는 요인으로 작용하기도 한다.

4) 지역사회요인

학교폭력의 원인에 대한 연구는 지금까지 주로 당사자의 개인 내적·가정적 특성에 주목하였는데, 최근에는 점차 지역사회 환경의 영향이 부각되고 있다(Wilcox et al., 2004). 청소년의 경우 학교 주변인 지역사회가 행동에 미치는 영향은 상당하다고 볼 수 있다. 지역사회 환경과 개인의 인지, 폭력행동의 관계를 설명하는 논의로는 사회학습이론이 있다. 지역사회 안에서 폭력적 환경에 노출된 사람은 이러한 폭력에 익숙해짐에 따라 이를 수용하여 폭력적 행동을 하게 된다고 설명한다. 폭력에 대해 허용적인 환경과 문화는 학습 과정을 통해서 개인의 폭력에 대한 태도에 영향을 미칠 수 있으며, 일탈적 행동양식이 강한 사람은 비행이나 폭력적 행위를 하게 될 가능성이 높아진다는 것이다(문성호, 2000). 또한 비행하위문화이론에 따르면 무질서한 지역사회 환경 안에서 그들만의 독특한 문화가 조성되며, 그 안에서 통용되는 보편적인 가치 및 신념을 발전시키게 된다고 한다(김영제·김판석, 2011; 박종철, 2013). 지역사회 안에서의 무질서한 분위기와 환경이 학생들의 문제행동 증가에 영향을 미치는 것이다(김재엽·최선아·임지혜, 2015).

학교폭력은 "학교 내외에서 학생을 대상으로 발생한 상해, 폭행, 감금, 협박, 약취·유인, 명예훼손·모욕, 공갈, 강요·강제적인 심부름 및 성폭력, 따돌림, 사이버따돌림, 정보통신망을 이용한 음란, 폭력 정보 등에 의하여 신체·정신 또는 재산상의 피해를 수반하는 행위"이다. 즉 가해자가 학생이건, 주변 불량배이건, 심지어는 교사나 부모라고 하여도 피해자가 학생 신분이라면 일단 학교폭력에 포함된다. 아울러 사건이 발생한 장소 역시 학교 내부에만 국한하지 않고 있어서 광의의 개념으로 볼 때 청소년이 피해를 당한 폭력상황을 이야기하는 것이다(오병호·이상구, 2012). 따라서 학교 외의 지역사회에서 학교폭력에 대해 관심을 갖고 대처방안을 함께 공유할 필요가 있다.

2. 학교폭력의 영향

학교폭력은 가능하면 발생하지 않도록 예방하는 것이 중요하지만, 사안이 발생했을 경우 가해자와 피해자, 그리고 주변 사람들의 피해를 최소화하는 것이 무엇보다 중요하다. 사람이 집단을 이루어 살아가는 한 갈등이나 긴장과 같은 부정적 경험을 완벽히 통제할 수 없기 때문에 누구나 학교폭력의 피해자나 가해자가 될 수 있는 가능성에 노출되어 있다(한유경 외, 2014). 따라서 여기에서는 학교폭력과 관련된 개인에게 미치는 영향과 이러한 영향에 대한 적절한 대응은 무엇인지 살펴보고자 한다.

1) 학교폭력 영향의 특성

학교폭력은 학교 내외에서 한 명 또는 그 이상의 학생들이 반복적이고 지속적으로 다른 학생에게 피해를 주는 의도적인 공격행위라 할 수 있다(이수림·고경은, 2014). 따라서 피해자의 정신건강에 심각한 악영향을 끼친다. 또한 피해자가 자신보다 더 약한 아동을 괴롭히는 가해자가 되기도 하고, 가해자가 피해자가 되기도 하며, 방관자도 피해아동을 도와주는 역할을 하는 등 각 역할이 아동들에게 정확하게 나누어 할당되는 것이 아니라 모든 역할을 다각도로 수행한다는 점이다(김영길, 2013). 결과적으로 학교폭력은 한 개인의 성장 및 발달과 관련된 모든 영역에서 신체적 상해, 심리적·정서적 피해, 부정적 인성의 형성, 대인관계와 적응의 문제 그리고 학습저하 등에 이르기까지 한 개인의 모든 측면에 걸쳐 복합적으로 영향을 끼친다(한유경 외, 2014).

학교폭력의 부정적 영향은 피해학생에게 심리적 모멸감과 자괴감 등을 안겨주어 부적응적인 행동을 유발한다. 이로 인해 일회적인 사건으로 그치지 않고 일상적인 위축감과 스트레스를 유발한다. 또한 장기적이고 누적적으로 작용하여 어른이 된 후에도 영향을 끼치기도 한다. 학교폭력이 초등학교에서 더 많이 발생한다는 보고가 있는데, 이때 형성된 폭력적 성향이 성인기까지 지속된다면 인생 전반에 걸쳐 외상을 남기는 것이다. 학교폭력에 노출된 아동은 학교 부적응 문제뿐만 아니라 성인기에 이르러서는 사회적 적응에서 곤란을 겪게 되어 정상적인 사회생활을 할 수 없게 된다. 그러므로 초등학교 시기의 학교폭력 경험은 중고등학교 시기의 학교폭력 경험보다 치명적인 영향을 미칠 수 있다(이수화, 1999). 학교폭력 영향의 특성을 종합해 보면 학교폭력 경험의 사후조치가 빠른 시일 내에 이루어질 수 있도록 지원해야 하며 겉으로 드러나지 않는 증상에 대해 관심을 갖고 영향에 관심을 가져야 함을 알 수 있다. 학교폭력이 직접적인 피해·가해 학생뿐만 아니라 주변 집단에 광범위한 영향을 끼치므로 방관자, 피해·가해 학생의 학부모, 교사 등 소속된 구성원에 대한 종합적인 지원이 이루어져야 할 것이다.

2) 피해학생에 대한 영향

학교폭력 피해학생의 가장 직접적인 영향은 학생의 신체적 피해라고 볼 수 있다. 청소년상담복지개발원에 따르면 신체폭력은 학교폭력의 유형 중 가장 높은 비율로 나타나는 폭력 유형이다. 주먹으로 때리거나 발로 차기, 찌르고 목 조르는 행위, 꼬집기 등 자신의 신체 일부를 사용하는 폭력이 있고, 칼, 몽둥이 등 물리적 도구를 이용하여 상대방에게 위해를 가하는 폭력 등이 이에 해당된다. 2014년 기준 신체적 폭력의 피해를 입은 학생은 전체 응답자 중 11.8%였으며, 남학생은 15.5%, 여학생은 5.0%로 신체적 폭력피해의 경우 남학생이 여학생보다 3배가량 더 높은 것으로 조사되었다. 신체적 증상은 학교폭력 2차 피해를 예방할 수 있는 중요한 단서가 된다. 어떤 학생에게서 평소와 다른 행동이나 신체적 증상이 나타날 경우 학교폭력에 노출되어 있을 가능성이 있다는 것이다(한유경 외, 2014). 학교폭력 피해를 경험한 학생들이 주로 보이는 신체적 징후로는 첫째, 옷차림이 흐트러지거나 옷이 찢어지고, 때로는 옷을 분실한다. 둘째, 설명과 일치하지 않는 신체적 부상을 입기도 한다. 예를 들어, 누군가에게 떠밀려 다쳤다고 하는 대신 탈의실에 들어가다가 다쳤다거나 교실로 달려가다 발목을 삐거나 침대에서 떨어졌다는 등 부상에 대한 설명이 불일치하고 어색한 경우가 많다. 셋째, 복통, 두통, 공황 발작 증세를 보이고, 잠을 잘 자지 못하거나 아주 많이 자며, 탈진 증세를 보인다(Coloroso, 2008). 더 나아가 괴로움과 분노에 따른 자해로 스스로 상해를 입히는 경우도 발생할 수 있고, 극단적으로는 집단 괴롭힘이나 폭력에 의해 자살로 이어지기도 한다(한유경 외, 2014). 신체적 징후는 관심을 가지면 관찰 가능하다. 따라서 초기 단서를 발견했을 때 관심을 갖고 적절한 대처와 개입을 해야 할 것이다.

학교폭력 피해학생에게 발생하는 또 다른 영향은 심리적·정서적 문제이다. 많은 연구에서 학교폭력은 우울, 불안, 위축, 심인성 장애, 불면, 감정조절장애, 사회적 기술 결함 등 부정적인 정신건강상태가 만성적으로 지속되고 있음을 공통적으로 제시하고 있다(오승아·김정희, 2017). 특히 학교폭력 피해를 당한 학생들에게서 가장 우려스러운 점은 학교폭력의 대상이 된 것이 자신의 단점 때문이라고 결론짓는 것이다. 예컨대 보호자가 "네가 내성적이고 말 한마디 못해서 그래. 우리 자신감을 갖자."라는 식으로 말한다면 아무리 좋은 취지였다 할지라도 아이는 '내성적인 사람은 폭력행위의 대상이 된다.'는 잘못된 결론을 내릴 수 있다. 또한 피해학생들이 피해 이후 처음 겪게 되는 정서적 문제는 두려움, 자존감 하락 등이지만 이후 가해학생들에 대한 억울한 마음을 갖게 되고, 제대로 보호 조치를 받지 못할 경우 분노마저 갖게 될 수 있다(Coloroso, 2008).

결국 피해학생에 대한 적절하지 못한 조치는 피해학생 자신에 대한 거부로 인식하게 되며 이러한 태도는 단순히 거부를 당하는 것에서 그치지 않는다. 피해학생 스스로 거부에 대한 분노를 표출하고 공격 가해행동을 나타냄으로써 또 다른 거부를 유발하고 이에 대한 가해로 이어지게 된다(신희경, 2006). 즉 학교폭력 피해자가 가해자가 되는 것이다. 피해자이면서 가해자가 되는 학교폭력 중복경험 집단의 경우 무엇보다 다시 피해자가 되지 않기 위해서 가해자가 되었거나, 혹은 보복을 위해 가해자가 되었기에 정체감 혼란, 자기비하, 공격적 성향, 회피적 경향 등의 문제가 더 심각해질 수 있으며 우울과 불안 등이 내면화되어 자신의 성격이나 인성의 변화를 경험하기도 한다.

한편 지속적이고 극심한 학교폭력 경험은 정신적으로 고통스러운 삶의 경험이다. 이로 인해 학교폭력 피해학생들은 많은 심리적 어려움을 경험하여 전문가들로부터 다양한 진단을 받는데 구체적으로는 외상후 스트레스장애(posttraumatic stress disorder, PTSD)와 급성 스트레스장애, 불안, 우울증, 정신분열증, 조증 등이다(보건복지부, 2001). 외상은 발생 횟수에 따라 일회성 외상, 반복적 외상으로 구분하고 대인관계 관여도에 따라 인간 외적인 외상, 대인관계적 외상, 애착 외상으로 구분하기도 한다. 가정폭력,

아동 학대와 방임이 대표적인 애착 외상경험으로서 정서적으로 의존도가 높은 관계에서 이루어진다는 점에서 일회성 단순 외상과 비교해 볼 때 외상이 미치는 영향이 더 광범위하다는 특성이 있으며, 이를 복합 외상(complex trauma) 개념으로 설명하기도 한다(안현의, 2005).

즉 복합 외상은 장기간에 걸쳐 다중적으로 경험한 대인적 외상(interpersonal trauma)을 의미한다(Luxenberg, Spinazzola, & van der Kolk, 2001). 학교폭력 피해 증상 역시 대인 간에 발생한 충격적 사건으로 인한 복합 외상으로 이해할 수 있다. 복합 외상은 독특하고 전체적이며, 일관적이고, 가치 있는 자기 통합성의 손상인 자기체계의 변화(장진이, 2010)를 발생시킨다. 그러므로 단순 PTSD 증상 완화에만 초점을 두는 치료적 접근으로는 효과를 기대하기 어렵다. 따라서 개별 진단에 대해 접근하는 것보다는 내담자 개인의 자기구조, 대인 지각, 삶의 의미, 영성과 같은 심층적 영역에 초점을 둔 통합적 치료가 필요하다(박철옥, 2015). 또한 자기체계가 손상되면 다른 사람과의 관계를 형성하는 데 있어서도 문제를 일으킬 수 있다(Courtois & Ford, 2009). 결국 피해학생은 등교거부, 조기 귀가 등의 행동을 보이는 경우가 많고 궁극적으로 학교에서 무력감을 느끼고 학습에 어려움을 겪게 된다.

3) 가해학생에 대한 영향

우리 사회의 학교폭력에 대한 대처는 가해학생에 대한 엄벌과 가해 · 피해 학생을 분리하는 대책이 주를 이루고 있다. 하지만 엄벌주의와 분리 정책은 학교폭력 해결을 위한 근본적인 대책이 되지 못하고 있다. 가해학생을 엄벌하거나 격리한다고 해서 피해학생이 치유되는 것이 아니고 가해학생이 처벌을 받는다고 해서 반성을 하거나 자신의 행동에 대해 책임감을 갖는 것도 아니기 때문이다. 오히려 가해자가 처벌의 피해자로 생각하게 되고, 원망과 억울함을 호소하기도 하며, 보복을 하기도 한다(이유진, 2015). 학교폭력 가해학생에 대한 선도 및 교육조치로는 서면 사과, 전문가에 의한 특별교육 이수 및 심리치료, 학교에서의 봉사, 사회봉사, 피해학생 및 신고 · 고발 학생에 대한 접촉 · 협박 및 보복행위 금지, 출석정지, 전학, 학급교체, 퇴학처분 등이 있다. 즉 가해학생에 대해서는 경미한 사안의 경우에도 반드시 결정이 이루어져야 하기 때문에 무조건 처벌을 받게 되는 것이다. 이로 인해 가해학생은 교사와 주변 사람들에게 '문제아'나 '믿기 힘든 아이'로 취급되며 학교에서 낙인을 경험하기 쉽다. 이러한 낙인경험은 자신의 학업과 진로, 대인관계 등에 부정적인 영향을 유발한다. 즉 학교에서 내려지는 처벌로 인해 다른 학생이 가해학생을 두려워하여 회피하게 되기도 한다. 이런 현실은 주변 사람들과 건강한 인간관계를 형성하고 유지할 수 없게 한다. 또한 주변으로부터의 배제와 비난은 학생으로서의 정체성과 긍정적 자아개념 형성에 부정적인 영향을 미친다. 그 결과 다시 폭력과 일탈행동을 할 가능성을 높이며, 그 결과 지속적인 폭력상황에 노출되도록 한다(한유경 외, 2014).

Olweus(1993)의 연구에 의하면 초등학교 6학년에서 중학교 3학년 사이의 집단 따돌림 가해학생 중에서 24세가 될 때까지 상습적인 범죄를 저지르는 비율이 일반 학생의 4배라는 보고가 있다. 가해학생들의 특징은 공격적이며, 일반학생들에 비해 폭력과 폭력적 수단을 적극적으로 사용하며, 다른 사람을 지배하려 하며, 따돌림 피해학생에 대한 동정심이 거의 없다. 이러한 공격적인 가해학생의 대부분은 성장하면서 공격성이 점점 더 증가하였다(염숙현, 2015). 결국 가해학생의 반사회적 행동과 공감능력 결여는 또래 및 가족과의 관계 갈등을 경험하게 하며 이로 인해 정상적인 성장 발달을 방해하는 다양한 학업적, 정서적 문제를 보이게 된다.

4) 주변학생에 대한 영향

학교폭력을 경험하는 청소년들의 경우 행동적, 정서적, 인지적 측면에서 거의 동시에 부정적인 변화를 경험하게 되는데, 특히 장기적이고 반복적으로 피해를 경험한 경우라면 변화의 수준이 더욱 심각해질 수 있다(허성호·박준성·정태연, 2009). 이러한 변화는 직접적인 피해를 경험한 경우뿐만 아니라 피해를 목격한 학생에게도 일어난다. 학교폭력 방관자의 경우 청소년폭력예방재단의 학교폭력 실태조사 연구결과에 따르면 학교폭력을 목격한 후 모른 척한 이유로 같이 피해를 당할 수도 있다는 두려움이 2012년 30.6%, 2013년 25.3%로 높은 수치를 기록했으며, 학교폭력이 발생하는 상황에서 방관자들이 느끼는 정서는 2013년 조사에서 답답함(22.1%), 무기력하다(22.9%), 화가 난다 (20.3%), 무섭다(19.8%), 우울하다(5.4%) 등으로 나타났다. 이는 학교폭력 발생 시 폭력을 목격하며 생활하는 학생은 직접 폭력행위에 적극적으로 가담하지 않더라도 이후 정상적인 발달을 위협할 수 있는 심각한 위험요인을 갖게 된다는 것을 알려주는 결과이다. 이들은 심리적 스트레스, 고립감, 자기존중감의 상실 등을 경험하며(Hazler, 1996), 위축되고 폭력 상황에서 더욱 힘 있는 학생들에게 대항하지 않게 된다. 결국 학교폭력 상황을 묵인하고 지켜보는 역할을 하여 학교폭력이 지속되는 데 결정적인 역할을 한다. 자신도 피해자가 될 수 있다는 불안감을 갖고 이로 인해 폭력을 행하는 가해자에 대해 우호적 태도를 갖는 왜곡된 신념을 가질 수 있다.

Coloroso(2008)은 처음에 적극적으로 개입하지 않았던 방관자들이 폭력이 지속되는 결과를 경험하면 괴롭힘에 반대하는 내적 통제기능이 마비되어 또래 가운데 가해자의 위상을 높여주고, 그를 칭찬하며, 그와 더불어 웃고, 그를 존경받아 마땅한 아이라고 인정하거나 금전적 보상을 베푸는 등 오히려 가해를 부추기는 요인이 된다고 하였다. 이는 죄의식을 감소시키고 괴롭힘 대상의 부정적 특성을 확대하게 된다. 일련의 과정들로 인해 방관자들은 고정관념, 선입견, 차별의식 등을 강화하는 세계관을 갖게 되는 것이다.

5) 교사에 대한 영향

학교폭력이 발생하면 가해자와 피해자만이 아니라 학부모는 물론 교사, 학교장 등 여러 사람들이 관여한다. 특히 문제를 직접적으로 해결해야 하는 교사는 복잡한 대처 과정과 처벌과 보상이라는 교육적으로 민감한 사항을 결정하고 진행해야 하기에 엄청난 부담감을 갖는다. 특히 학교폭력 해결과정에서 적절하게 대응하지 못한다면 학교와 교사는 비난을 받고 교사는 교사로서 존중받기 어렵다. 뿐만 아니라 학교폭력의 발생이 담임교사의 관리 능력 부족 때문이라는 인식이 사회적으로 존재하는 것이 사실이다 (한유경 외, 2014). 따라서 학생들 사이에서 발생한 사소한 갈등이라도 학교폭력대책자치위원회(이하 학폭위)가 열리게 되면 좀 더 강력한 처벌을 원하는 피해학생측과 이러한 처벌에서 벗어나기 위한 가해학생측 학부모 간의 분쟁이 발생한다. 가해학생과 그 부모는 학폭위 결과가 고입과 대입의 결과에 불이익을 끼치는 것에 대해 불만을 갖고 있으며, 대부분이 학부모와 교사 등 내부인으로 구성되어 있는 학폭위의 전문성과 공정성에 대한 불신 탓에 재심 청구 건수가 늘고 있다.

2017년 교육부에 따르면 학교의 처분에 대한 재심 청구 건수는 2012년 572건에서 2014년에는 901건 그리고 2016년에는 1,299건으로 증가하고 있으며, 재심을 넘어 법원에 행정소송을 하는 경우도 급증하고 있다. 이와 같은 학부모들의 태도는 학교폭력의 근본적 문제를 해결하지 못하게 하여 가해·피해 학생 모두에게 상처를 남기고, 이를 처리하는 교사와 학교의 입장에서도 교육적 해결을 모색하지 못하게 한다.

따라서 학교폭력문제와 관련된 교사들은 학교폭력 과정에서 교육자로서의 역할이 아닌 사건 전달자, 중재자, 진술자, 집행자의 역할을 경험(방기연, 2011)하게 되며, 이러한 과정에서 무언가 잘못되고 있다는 내적 부조화(internal dissonance) 상태를 경험한다. 이는 교육적 전문성을 발휘할 수 없는 상황, 학생을 통제할 수 없는 상황, 무질서에 가까운 혼돈 상태이며 학생 및 학부모와 좋은 관계를 유지해야 하는 교사의 내면적 딜레마의 상태인 것이다(Smith, 2001). 이러한 내면적 딜레마로 인해 교사의 행복감이 저하되고 직업적인 소명의식의 감소, 학생지도 의욕 상실 등의 결과로 이어지게 된다.

또한 교사들은 사건 처리 과정에서 교사로서 존중받지 못한 것, 피해학생 부모와 동료교사가 사건의 책임을 자신에게 묻거나 학생 지도 능력이 부족해서라고 비난하는 것에 상처를 받는다. 더군다나 사건 처리 등에 시간과 에너지를 쓰게 되어 부수적으로 다른 업무에도 지장을 받는다. 그 스트레스로 가족에게 소홀하거나 가족 갈등이 일어나는 것, 그리고 사건과 관련하여 자신에 대한 부정적인 이야기를 듣고 가족이 상처를 받은 것을 개인적 어려움으로 지적하였다(방기연, 2011). 이러한 스트레스로 인해 담당 업무를 맡은 교사가 업무상 스트레스로 인해 자살하는 사건이 발생하기도 하였다(뉴시스, 2016. 02. 14). 결국 학교폭력과 관련된 모든 구성원들이 정상적인 역할을 하기보다 자신에게 일어나는 피해를 막기 위해 업무 자체를 회피하거나 교육적 처치가 아닌 면피성 처리를 하는 악순환이 지속된다. 업무를 담당한 교사들은 심리적 어려움을 해결하지 못한 채 분노, 후회, 수치심의 정서를 경험하며(De Wet, 2010) 외상 경험을 하게 되는 것이다. 교사의 외상은 생활지도 및 교사와 학생의 관계 형성, 학교 업무, 교수와 학습의 통합 상실, 학부모와 소통의 어려움, 동료교사와의 협력의 어려움 등을 경험하게 한다(김태선, 2016). 따라서 학교폭력 발생 및 해결과정에서 교사들이 겪는 업무상 어려움과 심리적 어려움에 도움을 주는 지원 시스템이 필요하다.

1   학교폭력에 영향을 미칠 수 있는 학교요인으로는 폭력에 취약한 학교시설, 학생 지도 수단과 폭력 관련 제도의 미흡, 입시 위주 교육에 따른 교육 방향성의 상실, 권위주의적 문화와 의사소통 방식 등이 있다.

2   개인요인으로는 성별, 연령, 심리적 특성이 있다. 많은 연구에서 남학생이 여학생보다 더 공격적이고 파괴적이라는 견해가 지배적이다. 그리고 연령이 낮을수록 학교폭력 경험률이 높고 직접적 형태의 폭력이 많다. 또 다른 요인으로 공격성, 공감능력, 충동성 등 개인의 심리적 특성이 있다.

3   가정의 불안정 및 기능의 저하, 부모의 경제적 어려움으로 인한 스트레스, 부부불화 및 가정폭력, 부모의 양육방식은 학교폭력 발생의 가정요인으로 작용할 수 있다. 특히 부모 폭력은 학교폭력과 높은 상관이 있는 것으로 보인다. 한편 부모로부터 학대 받은 아동은 수동적이면서 적대적이고, 자기파괴적이면서 반사회적 행동을 보이기도 하고, 감정 통제에 어려움이 있어 공격성도 높아질 수 있다.

4   학교폭력의 원인에 대해서 최근에는 지역사회 환경의 영향도 부각되고 있다. 폭력에 허용적인 환경과 문화는 학습 과정을 통해 개인의 폭력에 대한 태도에 영향을 미칠 수 있다. 사건이 발생하는 장소를 학교 내부에 한정하지 않고 외부에서도 발생할 수 있음을 고려할 때 지역사회에서도 학교폭력에 관심을 갖고 학교와 대처방안을 공유할 필요가 있다.

5   학교폭력의 특징은 가해자, 피해자, 방관자의 역할이 정확히 나누어 할당되는 것이 아니라 아동들이 모든 역할을 다각도로 수행한다는 점이다. 학교폭력은 신체적 상태, 심리적·정서적 피해, 학습저하 등 개인의 모든 측면에 복합적으로 영향을 미친다.

6   피해학생의 가장 직접적인 영향은 학생의 신체적 피해이다. 신체적 징후는 관심을 가지면 관찰 가능하므로 초기 단서를 발견했을 때 관심을 갖고 적절한 대처와 개입을 해야 한다. 또 다른 영향은 심리적·정서적 문제이다. 우울, 불안, 심인성 장애, 불면, 감정조절장애, 사회적 기술 결함 등이 발생할 수 있다. 지속적이고 극심한 학교폭력은 외상

후 스트레스장애를 유발할 수 있으며, 복합 외상에는 통합적 치료가 필요하다.

7　가해학생은 학교에서 낙인을 경험하기 쉬우며, 낙인경험은 학생의 학업과 진로, 대인 관계 등에 부정적 영향을 유발한다. 또한 주변으로부터의 배제와 비난은 학생으로서의 정체성과 긍정적 자아개념 형성에 부정적 영향을 미친다. 이런 영향은 다시 폭력과 일탈행동을 할 가능성을 높인다.

8　폭력을 목격하며 생활하는 주변학생들의 경우 심리적 스트레스, 고립감, 자기존중감의 상실 등을 경험하며, 위축되어 가해학생에게 대항하지 않고 묵인하게 된다. 또한 폭력이 지속되는 상황에서 괴롭힘에 반대하는 내적 통제기능이 마비되고, 가해자의 위상을 높여주고 칭찬하며 인정하는 등의 행동을 하게 되어 가해를 부추기게 될 수 있다.

9　교사들은 학교폭력 처리과정에서 업무상 어려움과 심리적 어려움을 모두 겪게 된다. 교육자로서의 역할이 아닌 사건 전달자, 중재자, 진술자, 집행자로서의 역할을 하게 되면서 내적 부조화 상태를 경험한다. 학생을 통제할 수 없고 교육적 전문성을 발휘할 수 없는 혼돈 상태에서 학생 및 학부모와 좋은 관계를 유지해야 하는 내적 딜레마에 처한다. 이로 인해 교사의 행복감이 저하되고, 직업적인 소명의식이 감소하며, 학생지도의 의욕을 상실할 수 있다. 또한 사건 처리에 많은 시간과 에너지를 쓰게 되면서 다른 업무에도 지장을 받고, 분노, 후회, 수치심을 경험한다. 따라서 자신에게 일어나는 피해를 막기 위해 업무 자체를 회피하거나 면피성 처리를 하는 악순환이 지속될 수 있다.

1 학교폭력에 영향을 미치는 학교요인을 조사하고 학교교육의 올바른 방향성을 생각해 보시오.

2 남학생의 학교폭력 경험률이 여학생보다 높게 나타나는 원인을 생각해 보고, 성별 폭력 유형의 차이를 설명하시오.

3 학교폭력이 부모의 폭력에서 전이되어 발생했을 경우 학교의 역할은 무엇일지 생각해 보시오.

3장

학교폭력 관련 이론

좋은 이론이란 두 가지 요구 조건을 충족하면 된다. 하나는 현실세계에서 수많은 관측들을 몇 개의 임의의 변수를 포함하는 모델로서 설명하는 것이고 다른 하나는 그 모델이 미래에 관측될 수 있는 것을 예측하는 것이다.

— 스티븐 호킹

학습목표

1 생물학적 관점에서 공격성의 작동방식을 설명하는 이론들을 이해할 수 있다.

2 정신분석학적 관점에서 폭력성과 공격성을 설명하는 이론들을 이해할 수 있다.

3 사회 심리학적 관점에서 폭력행동의 발생을 설명하는 이론들을 이해할 수 있다.

학교폭력에 관여된 많은 전문가들, 즉 교사, 사회복지사, 상담사 등은 대부분 스스로를 연구자나 이론가보다는 실천가로 정의한다. 그들은 문제를 확인하고 그것을 해결하기 위해 무언가를 할 뿐이지 행동계획에 관해 이론적으로 깊이 숙고하지는 않는다. 이러한 실천가들은 늘 시간에 쫓기고 예산에 쪼들리고 행정적·공적 압박에 시달리기 때문에 이론이나 이론적 틀은 눈앞에 보이는 현실적 문제들을 다루는 데 있어 관련이 없거나 심지어 방해가 된다고 여긴다(Pamela & Horne, 2013). 그러나 좋은 이론은 사건을 설명하고 예언하며 복잡한 사건을 체계적으로 해결할 수 있도록 도움을 준다. 여기에서는 학교폭력과 관련된 다양한 이론을 살펴봄으로써 현장의 문제를 해결하고 현장의 시각으로 이론을 평가할 수 있도록 도움을 주고자 한다.

1. 생물학적 관점

1) 본능에 기인한 공격성

생물학적 관점은 인간과 동물은 유사하다는 가정에서 폭력행위의 원인을 찾고자 한다. 생물학적 관점의 대표적인 학자인 Lorenz(1966)는 다른 동물과 마찬가지로 인간의 폭력이나 공격행위도 보편적인 본능에 기인한다고 주장하는데, 이러한 공격본능이 있음으로써 인간은 종족을 보존하고 사회조직을 유지할 수 있다고 주장하였다. Lorenz의 이론에서 본능이란 뇌체계에서 자발적으로 생성되는 에너지원을 일컫는 것으로, 일단 생성된 에너지는 특정자극에 결부된 일정한 행위반응으로 표출되어야 하는 것으로 설명하였다. 즉 사람들에게는 공격 에너지를 방출하려는 끝없는 욕구가 있으며, 이러한 욕구로 인하여 사람들은 폭력행위에 빠져든다는 것이다.

사회생물학자 Wilson(1978)은 Lorenz의 이론을 보다 정교화한 학자이다. Wilson은 사람의 감정, 자기 자신에 대한 이해, 행위반응은 모두 재생산이나 생존을 위한 진화과정을 거치면서 형성되는 유전적 성향에 의해 결정되는 것으로 보았다. Wilson에 의하면 폭력반응 역시 유전적으로 형성된 인간의 보편적 성향이라는 것이다. 그렇지만 동일한 현상을 접하고도 폭력반응을 표출하는 정도는 사람마다 다르다. 그렇다면 왜 개인차가 나타날까? 이에 대하여 Wilson은 사람마다 폭력반응의 표출양식이 다른 것은 각자의 적응과정과 학습과정이 다르기 때문이라고 설명하였다. 즉 사람들에게는 모두 폭력성향이 있지만 그것의 표출양식은 각자가 겪은 생존위협에 대한 적응경험에 의해 영향을 받는다는 것이다.

2) 서열 질서를 위한 공격성

진화생물학을 주장한 Lorenz는 공격성을 같은 동족의 구성원을 향해 저질러지는 투쟁본능(Lorenz,1966)이라고 보고, 때로는 '죽음에 대한 소망(death wish)'이라 불렀다. 즉 공격성도 다른 본능들과 같은 하나의 본능으로서 개체와 종(種)의 생존을 돕는 기제이며, 진화를 통해, 특히 '생존 투쟁(struggle for existence)'을 바탕으로 진화해 온 기제라는 것이다.

공격성은 사회집단 안에 존재하는 '서열 질서(ranking order)'라는 '진화적 가치'를 지닌다. 대부분의 사회적인 동물들은 집단 안에 '서열 질서'를 가지고 있으며, 이것을 통해 강자와 약자를 구분하고 표시한다. 그리고 이러한 '서열 질서'는 사회 구성원들 간의 (불필요한) 싸움을 제한하기 때문에 집단 안에서의 공격성이 줄어들 뿐만 아니라, 강자가 약자를 보호하는 구조가 생겨나기도 한다. 그래서 개체 간의 분쟁이 생겼을 때, 상위 서열의 개체가 '약자를 편들어 간섭'하는 효과가 일어난다. 물론 '서열 질서'가 물리적인 강함으로만 규정되는 것은 아니다. 포식자를 식별하는 인식기능이 선천적으로 내장되어 있지 않은 종에서는 나이가 많고, 경험이 풍부한 개체로부터 배우는 과정이 중요하다. 그래서 이런 종에서는 나이 든 개체가 상위 서열을 차지하게 되고, 어린 새끼들은 서열이 높고, 나이가 많고, 풍부한 경험을 가진 개체를 우선적으로 모방하고 추종하는 성향을 갖는다.

3) 신경학과 호르몬, 각성 이론에 기반한 공격성

즉각적으로 어떤 위협을 지각하거나 욕구 만족을 위한 기회를 만나면, 2개의 뇌 구조인 편도핵과 시상하부가 개인에게 반응을 하도록 준비를 한다. 이때의 반응은 참을 수도 있고, 공격적인 반응을 할 수도 있다. 이 둘 중 주장이 강한 반응을 하도록 미리 대비하게 한다. 반응을 할 준비가 되어 있기에, 즉각적인 위협을 지각하게 되면 먼저 행동하고 그 후 나중에 사고하는 경향이 많다. 뿐만 아니라 남성 호르몬인 테스토스테론 수준이 상승하고 신경전달물질인 세로토닌 수준이 하강하게 되면 주장적 행동을 공격적 행동으로 전환할 수 있다(Sylwester. 1999). 그래서 남성 호르몬인 테스토스테론에 의해서 야기된 높은 에너지와 활동 수준을 드러내는 경향성은 타인에 대한 공격성의 형태로 표현될 수 있다는 것이다. 이러한 사실은 남학생이 여학생보다 좀 더 공격적이라는 연구결과(Paquette & Underwood, 1999)에 의해서 뒷받침되기도 한다. 그러나 범죄학 이론에선 테스토스테론에 대한 이견도 있다. 높은 수준의 테스토스테론이 공격성의 원인일 수도 있지만, 반대로 공격성의 결과로 테스토스테론이 나온 것이라고 보는 입장도 존재하기 때문이다(Lily, Cullen, & Ball, 2017).

미국의 심리학자이자 동물행동학자인 Robert Mearns Yerkes와 그의 제자 John Dillingham Dodson이 소개한 각성 이론도 있다. 각성 이론은 각성 수준이 낮으면 상과 벌에 대한 반응력이 떨어져 친사회적 행동을 학습하거나 반사회적 행동에 따른 벌을 피하는 것을 학습하는 데 어려움이 있다고 주장한다(한유경 외, 2014). 모핏(Moffitt)은 폭력행위를 신경심리학적으로 접근하였는데, 신경심리적으로 결함 있는 아이들은 활동수준이 높고, 성급하며, 자아통제가 미숙하고 인지능력이 부족하다고 했다(Moffitt, 1993). 그리고 이 소질은 반사회적인 행위의 위험성과 밀접한 관련이 있다(Lily, Cullen, & Ball, 2017). 즉 신경심리적 결함이 자기조절을 어렵게 하여 공격행동과 비행 등의 품행문제를 일으키며, 또한 신경심리적 결함으로 인해 학업성취도가 떨어지고 욕구좌절을 경험하게 하여 결국 공격행동과 같은 폭력행위를 유발한다고 주장한다. 이와 같이 폭력성향은 유전적으로 타고난다고 가정하고, 폭력적인 사람들은 유전적 폭력 성향을 통제하는 뇌신경체계의 장애로 인해 학교폭력과 같은 공격행위를 보이는 것으로 설명한다.

2. 정신분석학적 관점

1) 정신분석 관련 이론

정신분석학적 관점은 누구에게나 폭력충동이나 폭력본능이 있다고 가정하고, 자아와 초자아와 같은 내부심리기제의 작용과 관련하여 폭력행위의 유발과정을 설명한다(Kutash, 1978). 즉 생활과정에서 폭력충동은 계속적으로 생성되는데 자아나 초자아와 같은 내부심리기제가 이를 적절히 통제하고 관리하지 못할 경우에 폭력행위가 유발된다는 것이다.

정신분석학의 대표적 학자인 Freud는 초기 저술과 후기 저술에서 폭력행위의 유발을 달리 설명했는데, 초기 저술에서는 폭력행위가 좌절과 고통에 대한 반작용에 의해 유발되는 것으로 이해하였다(Blackburn, 1993). 후기 저술에서 Freud는 좌절과 고통에 대한 견해를 수정하였다. 대신에 그는 죽음본능(death instinct), 즉 파괴성향에 주목하고 개인 내부에서 생성되는 파괴본능이 폭력행위와 연관되는 것으로 보았다.

정신분석학자들은 폭력충동이나 긴장상태가 발생하면 그것은 해소되어야 한다고 가정한다. 폭력충동의 해소방법 중에서 전치(displacement)는 폭력충동을 다른 대상으로 전환함으로써 해소하는 것이며, 카타르시스(catharsis)는 폭력충동을 해소하는 직접적 혹은 간접적 방법 모두를 통칭하는 개념이다. 승화(sublimation)는 자아와 초자아의 작용으로 파괴욕구를 다른 것으로 변경하는 해소방법이며, 중화(neutralization)는 폭력충동에 내재된 에너지를 자기주장이나 건설적 목표수행으로 전환하는 심리작용이다. 정신적으로 건강한 사람들은 자아와 초자아의 통제작용으로 폭력충동이 폭력행위로 표출되는 것을 방지하지만, 문제는 성격장애를 겪는 등의 자아가 취약한 사람들이다. 이들은 폭력충동을 원만히 해결하지 못하고 무조건 이를 억누르기만 한다든지, 상상이나 상징적 행위로 표현하거나 충동적 폭력행위로 표출시켜 생활과정에서 여러 문제를 겪는다는 것이다.

Freud는 인간의 성격이 원초적 자아(id)와 자아(ego) 그리고 초자아(superego)의 관계를 통해서 형성된다고 보고, 청소년기의 비행은 자아의 기능이 완전하지 못하여 일어나며 초자아의 기능이 중요하다고 한다. 청소년기의 도덕성을 의미하는 초자아가 적절하게 발달하지 못하면 선과 악의 구분을 하지 못하고, 이로 인하여 청소년들은 즉각적인 만족을 추구하고 타인에 대한 배려가 부족한 공격적이고 충동적인 행동, 더 나아가 정신병질적인 증상을 나타낼 수도 있다는 것이다.

따라서 학교폭력은 원초적 자아와 자아, 초자아 사이의 상호작용과 형성의 부조화에 의해 발생한다고 할 수 있다. 특히 초자아는 양심(conscience)과 자아이상(ego-ideal)으로 구성되는데, 양심은 자신의 행동에 대한 죄책감이나 수치심을 느끼도록 하면서 행동을 자기통제하도록 하고 자아이상은 사회적으로 승인되는 방향으로 자기완성을 기하도록 해준다.

결국 정신분석이론은 학교폭력과 관련하여 그 원인을 초자아가 적절하게 발달하지 못한 것에서 찾는다. 유아기 때에 부모가 아이에게 하는 적절한 대응, 정서적 안정을 유발하는 반응, 혹은 지지 등의 조력이 부족했기 때문이라는 것이다.

정신분석이론을 계승한 일부 이론에서는 범죄는 원만하지 못한 인간관계에 의해 생기는 정서장애에서 발생한다고 한다.

대부분의 범죄를 저지르는 청소년들은 반항적이고 자기가 만족할 만큼 인정받지 못하고 있다는 감정이나 원한감을 가지고 있다. 또 타인에 대하여 적의나 의혹감을 가지고 있으며, 이로 인해 파괴적이고 가학적인 경향과 같은 성격특성을 갖게 된다. 정서적인 갈등이나 열등감을 해결하고자 감정과 욕망에 사로잡혀 충동적인 범죄를 저지름으로써 자기 과시나 만족감을 얻으려는 경향이 있다고 한다.

E. Erikson은 아동이 후기 아동기나 청소년기로 접어들면서 현실세계에서 자신이 누구이고 무엇을 하면서 살아가야 할 것인가와 관련된 자기 정체성(self-identity)을 제대로 확립하지 못하면 부적응 현상이 나타나 역할혼란과 좌절감에 빠지거나 기존의 사회적 기대 또는 가치관에 정반대되는 부정적인 정체감이나 무규범적인 자아개념을 갖게 된다고 보았다. 이러한 정체성 혼란이 내적 위기를 동반하여 가출, 공격성, 반사회적 행동 등과 같은 폭력행위로 나타난다고 보았다(김준호 외, 2003; 김진화 외, 2002).

한편 Freud의 정신분석의 한계를 인식하고 그에 대한 반동으로 형성된 Ronald D. Fairbairn 등의 대상관계이론에서는 폭력행위를 분열된 애착으로 설명하고 있다. 애착이론은 생의 초기에 일차적인 보호자와 격리된 아동은 안전한 애착관계를 발달시키지 못하여 도덕적인 사회적 상호관계를 하는 내면적 작동모델이 형성되지 않아(Carr, 1999) 학교폭력과 같은 폭력행위를 할 수 있다고 본다.

Freud가 공격성을 자아와 초자아의 통제에 의해 다스려야 하는 인간의 기본적 본능으로 보았던 반면, 많은 정신분석학자는 공격성을 잘못된 사고와 과대망상에 가까운 보복 성향에서 연유하는 것으로 보고 있다. 최근의 일부 연구 결과는 학교폭력은 심한 열등감을 보상하기 위한 행위라는 Adler의 견해를 뒷받침하고 있다. Lochman은 "학교폭력자들은 다른 사람들을 통제하고자 하는 욕구가 강하고, 그들의 남을 지배하고자 하는 욕구는 통제받고 싶지 않은 근원적 두려움을 감추고 있는 것이며 또한 학교폭력을 행사함으로써 부적절감을 감추고 있는 것이다."라고 말했다. 새로운 정신분석학적 연구들은 눈에 띄게 다른 사람들을 못살게 괴롭히는 학교폭력자는 자기패배적인 공격성의 양상과 거기에서 벗어나지 못함으로써 자기 자신을 희생시키고 있다는 것을 밝히고 있다(Thomas, 2011에서 재인용).

이와 같이 정신분석학적 관점에서는 폭력충동이란 행위자 내부에서 지속적으로 생성되고, 자아나 초자아의 통제가 결핍되거나 부모와의 애착관계가 형성되지 못하면 비합리적 폭력으로 표출되며, 열등감을 보상하기 위한 행위로 폭력행위가 유발되기도 한다는 것이다.

한편 신프로이드 정신분석학자(neo-Freudian psychoanalyst)들은 폭력충동이 자연적으로 생성된다는 본능개념을 비판하고 대신에 사회문화적 기원을 주장한다. Fromm(1973)은 폭력행위를 방어적/긍정적(defensive or benign)인 것과 파괴적/악성적(destructive or malignant)인 것으로 구분하고 폭력행위를 유발하는 계기는 행위 유형별로 다를 수 있다고 보았다. Fromm에 의하면 방어적/긍정적 폭력행위란 외부의 위협에 대하여 생물학적으로 프로그램된 반응이다. 예컨대 자신을 위해하려는 상대에게 자신을 보호하기 위해 조건반사적으로 무력을 행사하는 행위는 방어적/긍정적 폭력행동이다. 방어적/긍정적 폭력행위는 사람과 동물 모두에 해당하지만, 파괴적/악성적 폭력행위는 사람에게서만 발생하는 폭력현상이다. Fromm은 누구든지 주위 사람들과 원만한 인간관계를 갖고 싶은 욕구와 자기의 가치를 인정받고자 하는 등의 존재론적 욕구를 가지는데, 파괴적/악성적 폭력행위는 사람만이 가지는 존재론적 욕구의 실현이 금지되어 있을 때에 발생한다고 보았다. 신프로이드 정신분석가들은 이처럼 폭력충동의 기원을 인간본능에 국한하지 않고, 사회생활에서 겪는 부조화나 단절감 그리고 소외감 같은 좌절감까지도 고려하고 있다.

2) Dollard와 Miller의 욕구좌절-공격 이론

Dollard와 Miller(1950)의 욕구좌절-공격 이론은 개인의 욕구가 어떤 장벽에 의하여 차단되면 욕구좌절 상태가 되고, 이러한 심리적 좌절상태는 공격행동을 일으킬 수 있다는 이론이다. 인간의 공격적인 모든 행동은 좌절에 대한 결과이며, 모든 좌절은 공격성으로 나타난다고 주장하였다. 여기서 좌절이란 기대하는 만족감을 얻는 것을 누군가 방해하는 행위(act)를 말하며, 공격성이란 의도적으로 상대방에게 해를 입히는 행동(behavior)으로 정의된다.

좌절은 수많은 반응을 나타내는데 공격성은 그중 하나라고 주장하였다. 그리고 좌절이 정당한지 여부에 따라 공격성은 다르게 나타난다고 보고하였다. 사람들은 자신들이 얻고자 하는 목표가 고의적이고 정당하지 않게 좌절되었을 때 적개심이 생겨나며, 반면에 정당하다고 여겨지는 좌절은 낮은 적개심을 나타내고 좌절의 이유가 정당하면 공격적인 충동이 감소한다고 하였다.

예를 들어 학교에서 친구와의 관계 인정 욕구가 채워지지 않는 학생은 친구의 놀림에 폭력을 행사할 수 있다. 또 다른 경우로 동료의 자존심을 건드려 자아손상을 입히는 경우에는 자기존중에 대한 욕구가 좌절된 경우로 감정상태가 고조되어 폭력행동이 표출되기 쉽다는 이론이다. 또한 가정, 학교, 사회에서의 대인관계에서 누적된 욕구불만은 마음속에 분노, 증오심, 적개심으로 쌓이게 되고 강렬한 공격적 행동으로 나타난다. 즉 가족, 교사, 급우들로부터 무시당하고 인정받지 못하고 있다는 강한 편견으로 벽을 쌓아 상대방을 불신하고 공격행동으로 맞서게 된다는 것이다.

결론적으로 정신분석학적 이론은 인격구조가 제대로 성숙하지 못한 데서 그 원인을 찾고 있다. 즉 과도하거나 미숙한 초자아의 형성은 윤리의식의 결여로 이어지고 그 결과 죄책감이나 수치심 없이 폭력행위를 자행하게 되는 것이다. 또한 폭력학생들은 본능충동이 강하고 자아의 조절기능이 약하여 욕망이나 감정에 자극을 받으면 그 격한 감정을 참지 못하고 강력한 충동이 일어나 질서나 규범을 고려하지 않고 성급하게 행동하는 것으로 파악한다.

3. 사회 심리학적 관점

1) 사회적 학습 이론

사회적 학습 이론에서는 학생의 폭력행동이 관찰과 모방을 통해 발생할 수 있다고 본다. Albert Bandura(1965)는 세 살부터 여섯 살까지의 유치원생들의 기분을 다소 언짢게 만들고 한 젊은 여성이 큰 보보인형을 발로 차고 때리는 영상을 보여준 후 아이들에게 같은 상황을 주었을 때 그 여성의 행동을 그대로 따라 한다는 사실을 발견하였다. 심지어 그 여성의 행동뿐만 아니라 말도 따라 하는 것을 관찰하였다. 이러한 결과는 학교폭력 문제에서도 발생한다. 인간은 주위 사람의 행동이나 언어를 관찰하여 모방함으로써 언어, 관심, 태도, 행위, 습관을 학습한다. 따라서 학생의 폭력행동이 TV나 영상매체, 만화, 서적을 통한 폭력물을 많이 접하거나 부모나 기성세대의 폭력행위를 모방함으로써 발생할 수도 있다. 학생들은 다른 사람의 폭력행동을 관찰하고 모방함으로써 새로운 폭력행동 기술을 습득하기도 하고, 폭력행동에 대한 억제력이 둔화되거나 감퇴되어 양심의 가책이나 별 문제의식 없이 폭력행동을 모방할 수 있다(송재홍 외, 2016).

실제 2013년 10대 여학생을 성폭행하고 목 졸라 살해한 뒤 시신을 훼손한 '용인 모텔 살인 사건'의 피의자 심모(당시 19세) 군은 검거 후 "범행 수법을 어디서 배웠느냐?"는 기자들 질문에 "유튜브 같은 인터넷에서 돌아다니면서 배웠다."고 했다. 그는 잔인한 영화를 많이 본 것으로 조사됐다. 심 군은 범행 내용과 비슷한 장면이 나오는 공포 영화 '호스텔'도 봤다고 했다(조선일보, 2017. 7. 26.). 또한 인천 초등생 살인 사건의 피의자인 김모 양도 평소 살인이나 엽기에 관한 동영상 등에 심취해 있었다. 즐겨 보는 드라마나 소설책 등에는 시신을 훼손하는 등의 잔혹한 내용이 포함돼 있었다. 경찰은 김 양이 살인이나 시신 해부 등이 나오는 소설이나 드라마를 흉내 내기 위해 범행에 나섰을 가능성이 있다고 보고 있다(시사저널, 2017. 4. 21.). 인천 초등생 살인 사건 피의자 김모 양과 심모 군 모두 잔혹 콘텐츠를 즐겼다. 이처럼 대담하고 끔찍한 폭력이나 공격행동을 일으킨 아동과 청소년들이 영화나 TV에서 본 것을 그대로 시험해 보았다고 태연하게 말하는 경우가 있는데 이것이 폭력행동의 사회적 학습 이론의 예가 될 수 있다.

2) 편견 이론

편견은 부정적인 것으로, 잘못되고 융통성 없는 일반화에 토대를 둔 혐오감을 말한다(Allport, 1954). 편견을 가진 사람은 자신과 다른 사람들을 싫어하고, 차별적인 행동을 보이기 쉬우며, 다른 사람들은 무식하거나 위험하다고 생각한다. 흔히 편견을 일으키는 부정적 평가는 고정관념이라는 부정적 신념에 의하여 지지된다. 고정관념은 특정한 집단원들이 가진 것으로 여겨지는 속성에 대한 신념으로서 과장되고, 부정확하며 새로운 정보에 대한 저항을 일으키기도 한다(Myers, 2015). 이러한 편견과 고정관념은 피해자와 가해자 집단 사이의 이질적인 차이를 느끼게 한다. 이러한 이질적 차이는 차별적 행동을 유발하고 자신이 하는 차별을 정당화한다. 즉 집단 내에서 폭력과 괴롭힘을 정당화하는 원인으로 편견이 작용하는 것이다.

Allport(1954)는 편견의 세 가지 근본적인 원인을 제시하였는데 이들 모두가 인간의 가장 근본적인 사고와 감정의 작용에서 나오는 비극적인 결과다. Allport가 제안한 편견의 원인은 첫째, 두드러져 보이는 인간 범주와 연결되는 부정적 감정을 경험할 때 발생한다. 사람은 욕구불만이나 위협을 받는 상황일 때 또는 불쾌하거나 불공정하다고 생각되는 일을 목격할 때 적대감을 느끼게 된다. 또한 도식이나 범주를 만들어 새로운 자극을 이 범주 안에 포함시키려 한다. 예를 들어, 부적절한 행동을 하는 어떤 개인을 보았을 때 그 사람을 한 개인으로 인식하는 것이 아니라 '여자' '장애인' '초등학생' 등 집단의 구성원으로 범주화하여 인식하는 경향이 있다는 것이다.

둘째, 친숙하지 않은 것이나 자신과 연결되지 않은 것보다는 친숙한 것과 자신과 연결된 것을 더 좋아하는 근본적인 성향이 편견을 일으킨다. 즉 우리 가족, 우리 마을, 우리 것, 우리 집단에 속한 모습, 소리, 행동에 익숙하다. 반면 외집단은 덜 친숙하고 이방인이며 잘 모른다. 잘 모르는 것은 우리로 하여금 불편함과 불안감을 유발하고 예측과 이해를 어렵게 만든다. 이러한 외집단 대비 내집단에 대한 친숙성과 함께 인간은 자신을 좋아하고 자존감을 고양하려는 편향을 갖고 있다. 따라서 '우리'와 같은 내집단 대명사는 긍정적인 감정과 연결되어 있고, '그들'과 같은 외집단 대명사는 부정적인 감정으로 연결된다. 또한 자신이 속한 집단에 따른 자존감의 문제와도 관련된다. 즉 나의 집단이 대단한 이유는 내가 이 집단에 속해 있기 때문이기도 하지만 이 집단에 속해 있기 때문에 내가 대단해 지는 것이기도 하다. 이러한 원인에 의해 발생한 편견으로 인해 인간은 희생양 만들기(scapegoating)를 작동시킨다. 희생양 만들기는 나치의 유대인 학살, 실직한 한국인의 외국인 노동자에 대한 혐오 현상 등이 있다. 이러한 희생양 만들기는 자신의 문제에 대한 책임을 뒤집어씌울 대상을 제공해 주기도 하지만 또한 자신의 삶에 대한 통제감을 유지시켜 주기도 한다(Rothschild et al., 2012).

셋째, 우리가 속한 문화적 관점이 무엇이 옳고 그르며 무엇이 좋고 나쁜 것인가에 대한 특정한 생각을 갖게 한다. 즉 자신의 집단이 갖고 있는 세계관의 규범과 가치에 단순히 동조함으로써 편견이 발생하는 것이다. 이렇게 내면화된 세계관은 무엇이 좋고 나쁜가에 관한 우리의 관점을 결정해 주고 이에 근거하여 행위와 사람을 평가하는데 이러한 유형의 판단을 자민족중심주의라고 한다. 자민족중심주의는 우리가 다른 문화권의 사람을 더 부정적으로 판단하게 하며 우리 자신이 약하다고 느끼거나 다른 사람의 세계관이 우리 것을 위협한다고 볼 때 더 심하게 작용한다(Greenberg et al., 2015).

편견의 요인을 학교폭력과 관련지어 살펴보면 두드러진 특성을 가지고 있거나, 자신에게 익숙하지 않으며 우리가 속한 문화의 세계관에서 벗어난 어떤 집단과 개인을 희생양으로 삼아 폭력을 행사하거나 괴롭힐 수 있다는 것이다. 따라서 학교폭력 예방을 위해 반편견 교육이 선행되어야 할 것이다.

3) 동조 이론

동조는 단순히 다른 사람들의 행동을 따라 하는 것이 아니다. 동조는 다른 사람들의 행동에 영향을 받는 것이다. 즉, 실제적 상상적 집단의 압력의 결과로 행동이나 신념이 변화함을 의미한다. 동조에는 순종, 복종, 수용의 3가지 변형이 있다. 첫째, 순종은 우리의 행동에 대한 실제적 확신이 없이 어떤 기대나 요청에 동조하는 현상이다. 예를 들어, 넥타이를 매는 것을 싫어해도 넥타이를 매는 현상이다. 이러한 피상적인 동조가 순종(compliance)이다. 둘째, 복종이다. 복종(obedience)은 명백한 명령에 따른 순종이다. 셋째, 수용(acceptance)은 진정 어린 내면적 동조를 의미한다. 예를 들어, 우유가 영양가가 높다는 확신에 의해 우유를 마시는 행위를 의미한다(Myers, 2015). 이러한 동조 현상에 의해 유행을 따르는 행위, 친구 따라 강남을 가는 행위, 유유상종하는 행위, 붕당을 이루는 행위 등이 발생한다. 동조현상의 원인은 크게 정보의 힘과 규범적 압력으로 설명한다.

정보의 힘은 매우 애매한 상황에서 개인들은 다른 사람의 판단을 바탕으로 스스로의 판단을 조정하여 결과적으로 집단의 표준을 형성해 나가는 것이다. Baron, Vandellom과 Brunsman(1996)은 자신이 해결하기 어려운 문제임에도 불구하고 만약 답을 맞히는 것이 중요한 상황이라면 자신의 판단을 믿는 것이 아니라 다른 사람의 판단에 강하게 동조한다고 하였다. 이는 판단의 정확성을 알려주는 아무런 근거가 없는 상황에서 타인의 일관성 있는 판단이 정보로서 가치를 지니고 있으며 아무런 강제가 없을지라도 이 판단이 사람들의 판단에 상당한 영향을 준다는 것을 설명한다. 규범적 영향은 Asch(1955)의 선분 맞히기 실험을 통해 설명할 수 있다. Asch는 7~9명의 참가자를 책상에 일렬로 앉히고 약 3미터 떨어진 거리에 위치시킨 왼쪽 선분과 오른쪽 카드에서 어느 선분의 길이가 같은가를 맞히게 하였다. 이때 둘러앉은 순서대로 응답을 하게 하였는데 실제 참가자를 맨 뒤에 답을 하도록 하였다. 이 과제는 매우 쉬운 것인데도 실험협조자의 오답에 동조하여 틀린 답을 하는 참가자가 3번에 한 번꼴로 나타났다. 이를 실제 생활에 적용해 본다면 집단의 압력이 강하게 작용하는 경우 자신의 뜻과 맞지 않는다고 하더라도 많은 사람들이 집단압력에 굴복할 수 있음을 보여준다(한규석, 2002).

따라서 집단의 다른 구성원들과 같은 행동, 같은 복장, 같은 언어를 사용함으로써 집단원으로 수용되고 인정을 받으려 할 수 있다는 것이다. 또한 집단의 의견에 따르지 않는 집단 성원을 따돌리거나 협박하는 등의 폭력을 행사할 가능성을 시사한다. 그 집단의 크기가 크거나 권위를 가진 사람에 의한 압력이라면 부당한 압력일지라도 복종할 확률이 크다는 것이다. Milgram(1963)은 부당한 압력에 복종하는 원인에 대한 연구를 시행하였다. Milgram은 학습에 관한 연구라고 연구목적을 꾸며서 20~50대 사이의 일반인 남성을 모집하였다. 실험은 참가자에게 4.5달러의 참가비를 지급하고 처벌이 학습에 미치는 영향을 알아보기 위한 것이라 설명했다.

모집된 참가자들은 교사 역할로 배정되었으며 학습자는 참가자들 모르게 연기자로 구성되었다. 학습자는 전기 충격기를 부착하고 유리창 너머 방에 앉아 미리 준비된 문제를 풀었다. 교사 역할의 참가자는 학습자가 틀릴 때마다 벌로 전기 충격을 가하라는 지시를 받았다. 전기 충격기에는 15볼트에서 450볼트까지 15볼트씩 증가하는 30개의 스위치가 있었고, 스위치 아래에는 전압의 세기에 따라 '약한 충격', '심각한 충격' 등의 스티커가 붙어 있었다. 연구자의 지시에 따라 참가자들은 틀린 학습자에게 점점 더 강한 전기 충격 스위치를 눌렀으며, 40명의 참가자들 중 65%가 마지막 단계인 450볼트까지 전기충격을 가했다. (실제로는 전기충격이 가해지지 않았고 학습자들은 고통스러워하는 연기를 한 것이었다.)

Milgram은 참가하기 전 생각과 실험에서의 행동을 비교하기 위해 대학생들에게 "어쩔 수 없이 명령에 의해 비인간적 행동을 해야 한다면 몇 명의 사람들이 그렇게 할까요?"라는 질문을 했다. 이 질문에 대해 90% 이상이 그 명령을 거부할 것이라고 답했다. 즉 평소의 생각과 실험은 전혀 다른 결과를 보여주었다.

실험결과에 대해 Milgram은 참가자들의 복종 수준이 아무도 예상하지 못했던 수준까지 도달했으며, 권위체의 명령에 복종하려는 경향성은 우리가 사는 시대 어느 문화권에서나 잠재적인 위험으로 자리 잡고 있음을 보여주는 것이라 해석하였다. 또한 복종의 원인으로는 세력을 지닌 사람들을 따르는 선천적인 성향, 권위체에 복종하도록 사회화되는 경험, 처음 사소한 행위의 복종이 점차적으로 강도가 높아질 경우에 다음 단계로 자연스럽게 이행되는 경향, 합법적인 권위체에 불복종하는 것이 사회의 합의를 해치는 행위이므로 이에 대한 저항이 어렵다는 점을 들었다(Greenberg et al., 2015).

따라서 일탈 친구와의 접촉은 학교폭력 가해의 중요한 예측변인으로 작용하게 된다. 일탈 친구들이 술과 약물, 문제행동을 또래 친구에게 전파하거나 강요할 경우 친구와의 관계를 유지하기 위해 문제행동이나 학교폭력행위에 가담할 수밖에 없다는 것이다. 특히 청소년들은 다른 사람에 대한 반응에 민감하기 때문에 타인으로부터 인정받기 위해 동조행동을 하게 된다(김봉섭 외, 2017). 청소년들은 자신의 집단으로부터 받는 '구속요인들', 즉 집단의 비밀과 약속을 지키려는 소망과 약속을 어김으로써 받게 되는 어색함을 피하기 위해 친구들의 행동에 동조하게 되는 것이다.

1   생물학적 관점에서는 폭력성향은 인간이 유전적으로 갖고 태어나는 것으로 가정하고, 폭력적인 사람들은 유전적 폭력 성향을 통제하는 뇌신경체계의 장애로 인해 학교폭력과 같은 공격행위를 보이는 것이라고 생각한다. 이런 관점에서는 생물학적 본능, 서열질서, 신경학과 호르몬, 각성수준 등으로 공격성을 설명한다.

2   정신분석학적 관점에서는 누구에게나 폭력충동이나 폭력본능이 있다고 가정하고, 자아와 초자아가 이를 적절히 통제하지 못할 경우 폭력행위가 유발된다고 본다. 정신분석학자들은 폭력충동이 발생하면 전치, 카타르시스, 승화, 중화 등을 통해 해소해야 한다고 주장한다.

정신분석학자들은 폭력행위를 다양한 방식으로 설명해 왔다. Freud는 초자아가 적절히 발달하지 못하면 공격적이고 충동적인 행동을 하게 된다고 보았다. Erikson은 정체성 혼란이 내적 위기를 동반하여 폭력행위로 나타난다고 보았다. 대상관계이론에서는 안정된 애착관계를 발달시키지 못한 경우 도덕적인 사회적 상호관계를 하는 내면적 작동모델이 형성되지 않아 폭력행위가 나타날 수 있다고 보았다. 최근의 일부 연구는 학교폭력은 심한 열등감을 보상하기 위한 것이라는 Adler의 견해를 뒷받침하고 있기도 하다. 반면 신프로이드 정신분석학자들은 폭력충동이 본능에 기인한다는 관점을 비판하며 대신 사회문화적 기원을 주장한다. 즉, 사회생활에서 겪는 부조화나 단절감, 소외감과 좌절감이 폭력의 원인이라는 것이다. Dollard와 Miller의 욕구좌절-공격 이론은 개인의 욕구가 차단되면 욕구좌절 상태가 되고, 그러한 심리적 좌절상태가 공격행동을 일으킬 수 있다는 이론이다. 결론적으로 정신분석학적 이론은 인격구조가 제대로 성숙하지 못한 데서 그 원인을 찾고 있다.

3   사회심리학적 관점은 사회에서의 학습이나 사회 내에서의 상호작용이 폭력행위의 원인이 된다고 본다. 사회적 학습 이론은 학생의 폭력행동이 관찰과 모방에 의해 발생할 수 있다고 주장한다. Bandura(1965)의 실험이나 범행을 모방한 범죄자 등이 그 예이다. 편견 이론으로 학교폭력을 설명할 수도 있는데, 두드러진 특성을 가지고 있거나 익

숙하지 않으면서 자신이 속한 문화에서 벗어난 집단과 개인을 희생양으로 삼아 폭력을 행사하거나 괴롭힐 수 있다. 따라서 예방을 위해 반편견 교육이 선행되어야 한다. 다른 사람의 행동에 영향을 받아 타인의 판단을 추종하고 비슷한 방식으로 행동하려는 동조 경향 역시 학교폭력을 유발할 수 있다. 특히 청소년은 타인의 반응에 민감하며 소속집 단으로부터 인정받기 위해 동조행동을 하게 된다. 따라서 일탈 친구와의 접촉은 학교 폭력 가해의 중요한 예측변인으로 작용하게 된다.

1   정신분석학적 관점에서 학교폭력 현상을 해석하고, 이에 따른 대처방안을 생각해 보시
오.

2   미디어를 통한 폭력의 모방 사례를 조사하고, 학생들의 적절한 미디어 사용에 관한 수
업안을 작성하시오.

3   편견, 동조의 개념을 설명하고, 학생들의 편견과 동조 현상이 학교폭력과 어떠한 관련
을 갖는지 설명하시오.

II

학교폭력의 유형

우리나라 학교폭력 피해 유형별 학생 천 명당 피해응답 건수는 언어폭력(6.3건), 집단 따돌림(3.1건), 스토킹(2.3건) 등의 순으로 나타났으며, 피해 유형별 비율도 언어폭력(34.1%), 집단 따돌림(16.6%), 스토킹(12.3%) 등으로 드러났다. 학교폭력은 크게 신체적 유형과 심리적 유형으로 구분할 수 있는데 이와 같은 최근의 실태는 우리나라 학교폭력 양상이 신체폭행 등의 물리적 폭력은 감소하고 있으나 쉽게 드러나지 않는 언어폭력, 사이버불링, 스토킹 같은 심리적 폭력은 증가하고 있음을 반영하는 것이다. 2부에서는 우리나라 학교폭력의 양상에서 가장 많이 나타나고 있는 언어폭력, 집단 괴롭힘, 스토킹과 최근 증가하고 있는 성폭력, 사이버불링에 관해 살펴보기로 한다.

4장

언어폭력

베인 상처는 시간이 지나면 아물지만
가슴에 난 상처는 쉽게 아물지 않고 영원할 수도 있다.
우리가 던지는 말 한마디가 누군가의 인생에 힘이 되기도 하고
절망이 되기도 한다.
— 길문섭, 『한칸의 사색』

학습목표

1 언어폭력의 개념과 특징을 이해할 수 있다.

2 언어폭력의 유형 분류 및 특성을 알 수 있다.

3 언어폭력의 원인과 해결방안을 살필 수 있다.

일반적으로 학교폭력이라면 폭행과 같은 물리적·신체적 폭력을 가장 먼저 떠올리기 쉽다. 그러나 학교폭력 실태조사에 따르면 학교폭력 유형 중 가장 큰 비율을 차지하고 있는 것이 언어폭력이다. 언어폭력은 신체적 폭력과는 달리 외형상 상처를 남기지 않지만 그 상처는 더 깊고 장기적으로 나타난다. 여기에서는 언어폭력에 대해 살펴보고 대처방법을 알아보고자 한다.

1. 언어폭력의 개념

언어폭력은 말하는 사람의 언어적 표현이 듣는 사람에게 폭력적이거나 공격적인 느낌을 줌으로써 상대방의 자아 개념을 손상시키는 부정적 표현을 일삼는 행위를 말한다(Infante & Wigley, 1986). '학교폭력 예방 및 대책에 관한 법률'에서는 명예훼손, 모욕, 협박 등을 언어폭력으로 보고 있다. Morita(1996)는 언어폭력을 상대방이 민감하게 반응하는 신체적인 특징이나, 약점, 출신성분, 더 나아가서는 그 사람의 행동이나 성격상의 약점을 이용하여 별명을 지어서 부르거나 놀리고 조롱함으로써 상대방의 자존심에 상처를 입히고 정신적 피해를 주는 행위라고 정의하였다. 따라서 언어폭력은 인간관계에서 발생하는 의사소통의 문제로 인해 개인의 자아존중감 손상과 모욕감을 느끼게 할 수 있는 모든 언어적, 비언어적 행동을 모두 포함한다(김기쁨, 2017).

우리나라 학생들의 언어폭력 실태를 조사한 국립국어원의 발표 자료에 의하면 97%의 초등학생이 비속어(욕)를 사용한 적이 있는 것으로 나타났고, 중·고등학생의 경우에는 약 99%가 비속어를 사용한 경험이 있는 것으로 드러났다. 초등학생의 경우 '짱, 찌질이, 쩔다, 뒷담까다, 깝치다, 야리다, X나, 빡치다, 엄창/엠창' 등의 비속어를 학생들에게 제시하고 사용여부를 물어본 결과 전체 응답자 1,695명 가운데 1,641명이 사용한 적이 있다고 답하였고, 중·고등학생의 경우 '짱, 열라, 이빨까다, 쫄다, 마빡, 뒷담까다, 쌔비다, 쪼개다, X나, 썰리다, 빡치다, 엄창/엠창' 등의 비속어를 사용한 적이 있다고 답한 사람이 4,358명 가운데 4,309명이었다. 학년과 성별로 보면 초등학교 5학년 남자가 99%로 가장 많이 비속어를 사용하였고 다음으로 6학년 남자(98%)와 4학년 남자

(97%)로 나타났다. 여자의 경우는 6학년이 98%로 가장 많이 비속어를 사용하였고 다음으로 5학년(97%)과 4학년(93%)이 비속어를 사용하였다. 중·고등학생의 경우에, 중학교 1학년 남자는 98% 그리고 여자는 97%가 비속어를 사용해 보았고, 중학교 2학년 남자는 100% 그리고 여자의 99%가 비속어를 사용한 적이 있었다(국립국어원, 2011). 이처럼 언어폭력은 초등학생부터 고등학생에 이르기까지 가장 보편적으로 나타나는 학교폭력 유형이다. 언어폭력은 신체적 폭력처럼 신체에 직접적인 영향을 미치는 것은 아니지만 정서나 감정 등 심리적으로 부정적 영향을 미치게 된다. 그러나 대부분 학생들은 놀림, 욕설 정도는 폭력이라고 인식하지 못하는 경향이 있으며 협박은 언어폭력으로만 그치지 않고 금품갈취나 신체폭력을 수반하는 경우가 많다(청소년폭력예방재단, 2011). 언어폭력은 폭행, 강제추행, 사이버불링 등의 원인이 되거나 이러한 괴롭힘의 필수적 도구가 되는 가장 기본적인 폭력의 수단이다. 최근 인터넷, 휴대폰 등을 통해 발생하는 사이버폭력의 주요 도구가 언어라고 볼 수 있다.

또한 언어폭력은 증거가 남지 않고 일상적으로 일어나므로 발뺌하기 가장 좋은 괴롭힘이다. "나는 그냥 좀 놀렸을 뿐이야." 또는 "농담이었어.", "장난도 못 치니?"라는 말로 자신의 행동을 폭력으로 인식하지 못하고 장난으로 넘어가려 하는 것이다. 이는 피해자로 하여금 농담이나 장난을 받아들이지 못하는 못난 사람으로 만드는 이중의 피해를 준다(이인학 외, 2017). 결과적으로 언어폭력은 예측이 불가능한 상황에서 조소, 분노에 찬 공격, 비난, 상처 주는 말 등이 이루어지므로 적절한 대응을 할 수 없다는 특징이 있다.

박인기(2012)는 불량언어현상을 구조, 형태, 규범, 심리, 논리, 감성, 습관, 소통, 문화, 성격, 발달, 환경 등 중층 기제로 인해 표면으로 드러난다고 하였다. 소통 차원에서 불량언어현상의 중층 기제를 다음과 같이 설명하였다.

- 청소년들의 또래집단 자체가 종전처럼 단순하지 않다. 생활 영역이 기술적으로 확장되고, 청소년들의 흥미 관심 영역이 늘어나고, 그들의 스트레스와 좌절감의 양태도 다양하다. 따라서 다양한 또래집단들이 구성하는 바깥 세계를 향한 배타적 언어의 양태도 크게 확장된다.

- 인터넷 댓글 공간이 욕설언어의 매개 장소로 소통된다. 욕설언어가 공적인 영역과 사적인 영역을 공공연히 넘나들면서 구사되는 양상을 보인다. 이 역시 욕설언어 사용의 중층을 확장시키는 주 요인이다.
- 구어적 소통의 증가와 언어폭력 상황이 서로 영향을 준다. 구어적 소통의 증가는 휴대전화 소통의 증가, 영화가 대중문화의 중심으로 작용하는 현상, 독서 문화의 쇠퇴 등등의 현상과 연관된다. 특히 지난 20년간 영화 매체가 청소년 불량 언어 확장에 영향을 많이 주었다.
- 공식적 소통에서 소외가 불량 언어의 공간을 확장시킴 등을 들 수 있다. 공식 소통의 장면이 문화생활 전반에는 늘어나고 있으나 청소년들에게는 그러하지 못하다.

따라서 한 개인의 문제가 아니라 공동체 전체가 폭력적인 언어사용에 민감하게 반응하고 청소년들을 위한 공식적 소통의 장을 확장시켜야 한다. 이와 관련하여 최근 각급 학교에서는 학생 자치 활동에 관심을 갖고 학생들의 공식적 소통의 장을 마련하는 노력을 하고 있다.

2. 언어폭력의 유형

Infante 등(1992)은 언어폭력을 성격 공격, 능력 공격, 배경 공격, 외모 공격, 저주, 희롱, 조롱, 협박, 욕설의 9가지로 유형화하고, 내용적 요소와 방법적 요소로 구분하여 정의하였다. 성격 공격, 능력 공격, 배경 공격, 외모 공격은 언어폭력의 내용적 요소로서 성격, 능력, 배경, 외모를 부정적으로 말하거나 공격하는 언어 표현이라고 정의하였다. 또한 저주, 희롱, 조롱, 협박, 욕설은 언어폭력의 방법적 요소이다. 저주는 상대방에게 재앙이나 불행이 일어나기를 바라는 것이고, 희롱은 상대방이 화가 나도록 약을 올리거나 놀리는 언어 표현이다. 한편 조롱은 상대방의 약점이나 단점을 농담 삼아 비아냥거리는 언어 표현이고, 협박은 상대방을 처벌하겠다고 위협하는 언어 표현이다.

언어폭력의 방법적 요소 중 가장 빈도가 높고 심각한 것이 욕설이다. 욕설은 '낮잡아 이르는 말'인 비어들이 상대방을 무시하고 모멸감을 주는 수준으로 강화된 경우라고 볼 수 있다(김평원, 2012). 욕설의 폭력성은 맥락 의존적이기 때문에 언어폭력의 속성을 중심으로 욕설 어휘를 분류하기 위해서는 '욕을 해야겠다'는 화자의 의도와 '상처 받았다'는 청자의 모멸감을 기준으로 유형을 구분해야 한다(김평원, 2017). 욕설과 달리 놀림, 조롱 등은 가해학생들에게 장난으로 인식되어 폭력으로 인식되지 않는 경우가 많다. 놀림은 친구나 가까운 사람들과 하는 재미있는 놀이로서 장난에 해당하는 반면, 조롱은 경멸하는 누군가를 괴롭히는 것이다. 이들은 처음엔 "듣는 사람도 같이 재미있어 했다."거나 "다른 애들은 이런 말에 웃고 넘어가는데 왜 그러냐?"며 상처받았다고 하는 아이들을 오히려 이상하게 생각한다. 교사들은 아이들에게 놀림이 의도적이 아닌 장난으로 시작될 수 있다는 것을 인지하고 있음으로써, 아이들 사이에서 발생할 수 있을 만한 일임을 감안하고 있어야 한다. 그러나 장난으로 시작한 놀림이 정도에 상관없이 상대방에게 상처를 줄 수 있다는 것도 인지하고 이러한 점을 교사들은 교육적으로 접근하고 다루어야 한다. 또한 놀림이 조롱으로 이어지거나 놀림의 대상이 될 수 없는 영역인 인종, 신체적 특성, 정신적 특성, 젠더, 종교 등에 대해서는 교육이 이루어져야 할 것이다(Coloroso, 2008).

놀림과 조롱의 특성을 각각 비교해 보면 다음과 같다.

표 4-1 놀림과 조롱의 비교

놀림(teasing)	조롱(taunting)
• 가해자와 피해자가 쉽게 역할을 바꿀 수 있다. • 타인에게 피해를 입힐 의도가 없다. • 참여하는 모든 사람의 기본적인 위엄을 유지한다. • 명랑하고 재치 있으며 관대한 방식으로 웃음을 유발한다. • 양쪽을 모두 웃기려고 한다. • 공통점을 가진 아이들이 참여하는 활동 중 아주 작은 부분이다. • 동기가 순수하다. • 피해자가 화를 내거나 놀리는 것에 거부감을 드러낼 때는 중단한다.	• 힘의 불균형에 기초하여 일방적이다. 가해자가 조롱하면 피해자는 일방적으로 조롱을 당하게 된다. • 해를 입힐 의도가 있다. • 모욕적이고 잔인하며 비열하고 얄팍한 농담을 가장한 편협한 일이다. • 상대방과 함께 웃는 것이 아닌, 상대방을 비웃는 것이 목적이다. • 대상의 자존심을 깎아내리려 한다. • 추가적인 조롱이나 신체적인 괴롭힘의 가능성을 내비치며 공포를 야기한다. • 동기가 불순하다. • 상대가 괴로워할 때 더 강하게 지속되는 경향이 있다.

출처: 이인학 외(2017).

박인기 등(2012)의 연구에 따르면 비속어, 욕설 등 공격적 언어 표현과 은어, 유행어 사용에 대해 용인하는 태도가 증가하고 있으며 청소년들은 공격적이고 비규범적인 언어를 아무런 비판이나 문제의식 없이 사용하고 있다고 한다. 또한 공격적인 언어 표현의 경우, 학년이나 학교급이 올라갈수록 '욕을 해도 상대방이 피해를 입지 않을 것이다.' 등의 응답이 늘어나는 등 그것을 용인하는 태도가 증가하고 있다. 비속어, 욕설 등 공격적인 언어 표현을 비판의식 없이 용인하는 태도는 실제 비속어나 욕설의 사용으로 이어진다. 따라서 장난으로 인식되고 있는 언어가 장난으로 그치지 않을 수 있음을 인식하고 습관적으로 사용하지 않도록 교육이 이루어질 필요성이 제기된다. 또한 고의로 다른 사람의 자아개념을 손상시킴으로써 자신의 우월성을 찾으려 하거나 상대방에게 자의나 선택권이 없는 문제를 장난의 대상으로 삼는 것은 인권을 존중하지 않는 태도임을 인식하는 것이 필요하다.

3. 언어폭력의 원인 및 해결방안

나쁜 언어는 학생들의 바른 성장을 저해하는 요인이 된다. 그러나 나쁜 언어는 학생들 간의 문제만은 아니다. 실제로 아이들의 언어폭력은 가정과 매스미디어, 학교를 통해 학습하는 것으로 분석되고 있다(이인학 외, 2017). 따라서 학생 언어폭력의 증가 원인을 사회문화적 맥락에서 살펴보아야 한다.[1]

첫째, 사회문화적으로 학생들이 물리적인 폭력을 포함한 언어적인 폭력을 자연스럽게 보고 배우면서 성장하는 가운데 문제해결 방식에 대한 왜곡된 통념에 빠져 있다. 즉 대화하고 타협하고 이해하는 것보다는, 공격하고 파괴하며 싸우는 것이 더욱 매력적이라고 생각한다.

둘째, 청소년이 주변 사람들의 관심과 주의를 끌기 위하여 폭력을 행사하기도 한다. 자신의 힘을 과시하려는 위세 추구에서 폭력이 발생하며 타인으로부터 당했던 것

---

[1]   충북교육청(2005). 학교폭력 예방 및 대책. 비교과교육연구활동 보고서를 발췌 요약한 것이다.

을 갚아주려는 복수 목적의 폭력, 자신의 패배·무능력·결핍과 같은 것을 다른 사람에게 보여주려는 결핍 선언적 목적의 폭력 등을 행사하기도 한다.

셋째, 분노나 좌절감이 축적되어 있다가 어떠한 계기로 감정이 폭발하여 끔찍한 폭력 행사를 하기도 한다. 물리적 폭력과 언어적 폭력이 원인으로 작용하여 정신불안과 성격장애를 일으키는 사례가 빈번해지고 있다. 이들은 일반적으로 다른 사람에게 적대감을 갖고 있어서 사소한 일일지라도 그것을 자극할 때 쉽게 폭력을 행사한다. 심리적 장애와 신경과민증을 겪는 학생들은 스스로 차분하고 객관적인 사고가 어렵기 때문에 매사에 쉽게 흥분하고 폭력으로 이어지는 성향을 보인다.

넷째, 지나친 물질 제일주의의 가치관이 지배하는 현실을 지적할 수 있다. 수단과 방법을 가리지 않고 돈만 벌면 된다는 잘못된 의식으로 인간의 존엄성마저 망각한다. 이와 같이 비인간화, 소외가 빠르게 확산된 사회적 분위기와 생활환경도 학교폭력을 부추기는 요소이다.

다섯째, 주지교육을 강조하는 학교 문화를 지적할 수 있다. 대부분의 청소년들은 깨어 있는 대부분의 시간을 학교에서 생활한다. 전통적으로 학교는 청소년의 지·덕·체의 조화로운 발달을 꾀하며 지식과 인격을 소유한 전인적인 인간 형성을 추구한다고 여겨진다. 그러나 학교 현장에서는 학생들에게 사회·정서적 지원이나 사회·정서 함양 프로그램을 제공하기 어려우며, 주지교육을 강조한다. 학생들이 정서적으로 메마르고 여유가 없으며, 경쟁과 비정함이 학생들을 압박하는 현실이다. 이런 상황은 청소년의 사고와 의식을 부정적으로 만들어 또 다른 폭력 생성의 요인으로 작용한다.

여섯째, 사회 전반에 만연한 불법성이 청소년 폭력의 주요 원인임을 명심할 필요가 있다. 청소년도 다른 아이들의 인격이나 존엄성을 짓밟고 망가뜨리는 한이 있더라도 폭력이라는 부당한 방법을 사용해 자신의 욕구를 충족시키고자 한다. 불량 언어 소통의 사회문화적 층위에는 폭력 문화가 존재한다. 특히 폭력과 언어의 상관성이 있고 저주의 악담과 상스러운 욕설이 언어폭력의 핵심을 차지하나 언어폭력의 심각성에 대한 청소년의 각성은 부족하다. 이와 같이 청소년에게 언어폭력이 발생하는 여러 원인을 다각적으로 이해할 필요가 있다.

양명희와 강희숙(2011)의 연구에 따르면 '욕설 사용 이유'에 대해 청소년들은 '습관이 되어서'라는 대답이 1순위로 많았다. '남들이 사용하니까', '친구끼리 친근감을 나타내기 위해서'라는 이유가 뒤를 이었다. 욕의 본래적 기능인 '말로 스트레스를 풀기 위해서'와 '누군가를 무시하거나 비웃기 위해서'라는 대답은 미미한 수준에 불과하였다. 즉, 학생들에게 언어폭력은 일상화된 현상이며 친구들끼리 어울리기 위한 하나의 수단이 되고 있음에 주목하여야 한다.

언어폭력은 일상적인 학급, 학교 등 생활공간에서 문화적으로 해결되어야 하는 것이다. 따라서 언어문화를 위한 교과별 다양한 언어문화 프로그램을 개발하여 보급할 필요가 있으며 이를 학교교육과정에서 사용할 수 있어야 한다. 예를 들어 음악과에서 아름다운 노래 선정하기, 정보과에서 네티켓의 개념과 필요성 또는 올바른 통신언어 습관을 교육하는 것 등이 있다. 또한 교사들이 사용하는 언어도 점검할 필요가 있다. '너는 도대체 잘하는 게 뭐냐?', '네가 하는 일이 다 그렇지.', '사내자식이 하는 짓이 이게 뭐냐?', '여자가 뭐하는 짓이냐?', '너희 부모가 그렇게 하라고 했니?' 등 능력, 성별, 보호자 등에 대한 모욕 등의 언어가 무의식적으로 사용되고 있지 않은지 살펴보아야 한다(박인기 외, 2012). 마지막으로 가정, 사회, 학교가 연계하여야 한다. 불량 언어를 생성하고 습득하고 소통하는 미디어 환경을 개선할 필요가 있다. 가족 관계 개선을 위한 맞춤형 학부모 교육 프로그램 등과 같은 가정, 학교, 지역사회 간 연대 활동을 강화해야 할 것이다.

1 언어폭력은 말하는 사람의 언어적 표현이 듣는 사람에게 매우 폭력적이거나 공격적인 느낌을 줌으로써 상대방의 자아 개념을 손상시키는 부정적 표현을 일삼는 행위를 말한다. 언어폭력은 학교폭력 유형 중 가장 큰 비율을 차지하고, 초등학생부터 고등학생에 이르기까지 가장 보편적으로 나타나고 있다. 그러나 대부분 학생들은 놀림, 욕설 정도는 폭력이라고 인식하지 못하는 경향이 있다. 언어폭력의 방법적 요소 중 가장 빈도가 높고 심각한 것이 욕설이다. '욕설 사용 이유'에 대해 청소년들은 '습관이 되어서'라는 대답을 가장 많이 했다. '남들이 사용하니까', '친구끼리 친근감을 나타내기 위해서'라는 이유가 뒤를 이었다. 언어폭력이 일상화되고 있으며 친구들끼리 어울리기 위한 하나의 수단이 되고 있음에 주목하여야 한다.

2 학교폭력 중 협박은 언어폭력으로만 그치지 않고 금품갈취나 신체폭력을 수반하는 경우가 많다. 또한 폭행, 강제추행, 사이버불링 등의 원인이 되거나 이러한 괴롭힘의 필수적 도구가 되는 가장 기본적인 폭력의 수단이다.

3 언어폭력은 일상적으로 일어나므로 학급, 학교, 가정 등 학생들의 생활공간에서 다루어야 하고 문화적으로 해결해야 한다. 따라서 언어문화를 위한 교과별 다양한 언어문화 프로그램을 개발하는 학교 교육과정의 내실화가 필요하다. 사회적으로는 불량 언어를 생성하고 소통하는 미디어 환경을 개선할 필요가 있다. 가족 관계 개선을 위한 맞춤형 학부모 교육 프로그램 등과 같은 가정, 학교, 지역사회 간 연대 활동을 강화해야 한다.

1   학생들의 언어 사용에 관한 현 실태를 조사하고, 문제점이 무엇인지 생각해 보시오.

2   놀림과 조롱의 차이를 설명하고, 적절한 교육 방안을 생각해 보시오.

3   언어폭력의 증가 원인을 사회문화적 맥락에서 설명하시오.

5장

집단 괴롭힘(bullying)

학교라는 곳에는 세 가지 종류의 국가가 있다. 다른 나라를 침략하는 침략국, 다른
나라에게 침략을 당하는 속국 그리고 그 전쟁을 관람하는 중립국이 그것이다.
침략국과 중립국은 연합국이지만 속국은 단일국이다. 대부분의 중립국은 다른
나라의 분쟁에 개입하지 않는다. 자신들마저 속국이 되는 것을 피하기 위해서.
— 이학준, 『잊고 싶은 기억과의 동행』

학습목표

1 집단 괴롭힘의 개념과 특징을 이해할 수 있다.

2 집단 괴롭힘에서의 역할 유형을 알 수 있다.

3 집단 괴롭힘이 개인 및 공동체에 끼치는 영향과 문제를 알 수 있다.

4 괴롭힘을 예방할 수 있는 방법과 대처방안을 살필 수 있다.

학교폭력 사안처리 가이드북(서울특별시교육청, 2014)에서는 '사소한 괴롭힘' 또는 학생들이 '장난'이라 여기는 행위도 학교폭력이 될 수 있음을 인식하도록 분명하게 가르쳐야 한다고 명시하고 있다. 괴롭힘은 Olweus(1993)에 의해 도입된 개념으로 한 명 혹은 여러 명의 학생들에 의해 반복적이며 오랜 시간 동안 공격적인 행동에 노출되는 것으로 학교폭력의 한 형태라고 정의하였다. 우리나라에서는 집단 괴롭힘, 집단 따돌림, 왕따 등 다양한 언어로 사용되고 있으나 학교폭력 사안처리 가이드북에서는 따돌림으로 구분하고 있다. 이러한 따돌림 문제는 학생들뿐만 아니라 성인 집단, 즉 직장이나 사회단체 등 조직이 구성된 곳 어디에서나 나타나고 있다. 여기에서는 Olweus(1993), Coloroso(2008)의 괴롭힘 개념을 중심으로 우리나라에서 발생하고 있는 집단 따돌림 현상을 살펴보고자 한다.

1. 집단 괴롭힘의 개념

집단 괴롭힘은 힘의 불균형 관계에서 한 명 이상의 학생이 오랜 기간 동안 반복적·지속적으로 부정적인 행동에 노출되었을 때 발생하는 거부행동이다(Olweus, 1994). 여기서 거부행동은 언어적인 것(위협, 조롱)과 신체적인 것(물리적 공격), 사회적인 소외(따돌림, 거절)를 포함한다. 그는 반복적·지속적으로 이루어진다는 점에서 집단 괴롭힘을 단순 폭행과 구별했다(최은숙, 2000). '집단 따돌림', '왕따', '이지메', '불링(bullying)' 등의 용어로 불리고 있으며, 신체적·심리적·관계적 행위를 포함하는 복합적인 현상으로 자기보다 약한 자에게 일방적으로 신체적·심리적 공격을 지속적으로 가하여 심각한 고통을 느끼게 하는 것으로 간주하였다(서영석 외, 2015).

Coloroso(2008)는 괴롭힘의 네 가지 요소를 힘의 불균형, 고의성, 반복성, 공포감으로 규정하였다. 힘의 불균형(imbalance)은 힘의 강약, 지위의 강약, 집단 크기의 크고 작음 등의 차이를 갖고 그것을 수단으로 괴롭히는 행위이다. 고의성(intentional)은 실수가 아니라 일부러 해를 입히거나 괴롭히는 말과 행동이 이루어짐을 의미한다. 반복성(repeated)은 1회성으로 일어난 행동이 아니라 되풀이되는 행동으로 발생하는 것을 말한다. 공포감은 두렵고 무서운 느낌이나 기분으로 공포감이 형성되면 괴롭힘이 격화되는 요소로서 작용한다.

학교에서 발생하는 폭력은 성장과정에서 발생하는 단순한 사건으로 취급되어 왔다. 이러한 인식은 학교폭력 예방과 대처에 있어 큰 걸림돌이 된다. "아이들은 싸우면서 큰다."라는 인식은 학교 내에서 발생하는 학생들 간의 공격, 괴롭힘 등을 부정하고 대수롭지 않게 여기는 방조를 불러일으킨다. 또한 학교폭력은 무시하기, 배제하기, 거부하기, 놀리기, 귓속말하기, 욕하기, 소문 퍼뜨리기, 째려보기 등과 같은 '미묘한' 행동들에서 주먹 싸움, 괴롭히기, 학대, 증오, 강간, 자살, 살인 등과 같은 눈에 보이는 '명백한' 행동들까지 연속체상에 있다. 미묘한 폭력과 명백한 폭력 사이에 때리기, 부딪치기, 밀치기, 훔치기, 귀찮게 따라다니기, 언어적 위협, 사이버폭력, 강제적인 성적 접근, 강탈, 성가시게 굴기, 조롱하기 등 수많은 행동들이 중간에 위치한다(Manvell, 2015). 집단 괴롭힘은 이와 같이 미묘한 행동에서 명백한 행동들까지 피해학생을 타깃으로 하여 벌어지는 학교폭력 현상이다. 학교폭력은 장난과 폭력이 명백히 구분이 되는 것이 아니라 장난과 폭력 사이에 수많은 연속적인 행위로서 발생하고 있다.

집단 괴롭힘의 예

인천의 한 중학생이 수개월간 학교에서 집단 괴롭힘을 당했다는 주장이 제기돼 경찰과 학교가 사실 확인에 나섰다. 14일 인천 연수경찰서와 해당 중학교에 따르면 이 학교 2학년에 재학 중인 A(15) 군의 부모는 아들이 동급생 3명으로부터 집단 괴롭힘을 당했다며 학교와 경찰에 민원을 제기했다.

A 군 부모는 동급생 3명이 실내화를 빼앗거나 변기물을 끼얹는 등의 방법으로 지난해 9월부터 최근까지 수차례 아들을 괴롭혔다고 주장했다. 또 이들이 A 군의 팔을 붙잡고 움직이지 못하게 한 뒤 성기를 잡아당기는 등 성적 수치심을 유발하는 행위를 했다며 가해자들의 전학을 요구한 것으로 전해졌다.

"변기물 끼얹었다" 집단괴롭힘 의혹 중학생 3명 조사(연합뉴스, 2016. 4. 14 중 발췌)

2. 집단 괴롭힘 역할 유형

집단 괴롭힘은 가해자가 다수가 되어 피해자를 괴롭히므로 피해자들의 정신적 피해가 가중된다. 또한 자신도 집단에서 소외될 수도 있다는 위협감을 느끼게 하여 방관자를 양산하며 방관자 중에서 폭력에 가담하게 되는 경우도 발생하게 된다. 따라서 피해자들은 '내 편이 아무도 없다.'라는 소외감을 느끼게 되는 이중적 피해를 입게 된다(이인학 외, 2017).

1) 가해자

집단 괴롭힘 가해자의 심리적 기저를 Olweus(1994)는 세 가지로 설명하였다. 첫째, 힘과 지배에 대한 강한 욕구가 있어 '통제하는 것'을 즐기고 정복을 좋아한다. 둘째, 양육된 환경이 그들의 적개심을 키웠을 가능성이 있으며 이로 인한 부정적 감정과 충돌로 인해 타인에게 상처를 입히고 괴롭히는 것을 통해 만족을 얻을 수 있다. 셋째, 괴롭힘 행동을 함으로써 얻게 되는 이득이 있다. 즉 괴롭힘 행동은 가해자 본인의 성격, 양육 환경, 실질적 이득이라는 심리적 기저에 의해 출발한다고 보았다. Randall(1997)은 괴롭히는 아동은 사회적 정보를 정확하게 처리하지 못하여 다른 사람의 의도를 정확하게 판단하지 못하고 다른 사람의 기분이나 생각에 대해 잘 알지 못한다고 하였다. Hazler(1996)는 괴롭히는 아동이 사건이나 결과를 자신의 입장에서만 보고 다른 사람의 입장에서 보지 못한다고 하였다.

또한 가해 집단은 부모나 교사와의 관계가 적대적이었으며, 친구관계에서 따돌림을 받는 것으로 나타났다(박영신·김의철, 2001; 이은희·강은희, 2003). 이는 괴롭힘 행동이 하나의 공격모델로 작용하는 동시에 피해에 따른 분노와 좌절감을 다른 학생에 대한 가해행위를 통해 표출하게 되는 악순환을 보여주는 결과이다(문용린 외, 2006). 따라서 현재 가해행동을 하고 있는 청소년일지라도 피해자였을 가능성이 많고 실제 청소년들의 괴롭힘 문제에서는 가해 및 피해 집단을 명백히 구분하기 어려운 경우도 많이 발생한다.

2) 피해자

집단 괴롭힘 피해학생의 피해 유형을 세 가지로 구분할 수 있다. 첫째, 신체적·직접적 유형(신체형)은 가해자로부터 맞거나 차이는 위협을 당하는 경우, 돈이나 물건을 빼앗기고 손상당하는 경우이다. 둘째, 언어적 유형(언어형)은 욕을 심하게 듣거나 심하게 놀림을 당하거나 또는 신체 특징이나 외모에 대한 험담을 듣는 경우이다. 셋째, 관계적 유형(소외형)으로 고의로 끼워주지 않거나 무시하기, 헛소문을 퍼뜨려 친구들이 싫어하도록 하는 경우를 의미한다(이춘재·곽금주, 1999).

가해자의 경멸과 위협적인 행동은 피해자의 심리적, 정서적 어려움을 가중시킨다. 또한 우리 사회에는 집단 괴롭힘의 피해자는 무언가 잘못이나 문제가 있을 것이라는 편견이 있다. 괴롭힘의 대상이 연약하고, 한심하고, 무르고, 자신감 없고, 외톨이고, 가해자가 시키는 대로 하거나 스스로 괴롭힘을 자초하기 때문에 괴롭힘을 당할 수밖에 없다는 믿음을 갖는 것이다(Coloroso, 2008). 즉 피해를 당할 만한 아이라는 편견을 가짐으로써 괴롭힘이 합리화되고 방관되는 현상을 초래한다. 피해자에 관한 편견으로 인해 피해학생들은 자신의 피해상황을 주변에 알리지 못하고 부끄러워하게 된다.

피해자가 처음 표적이 되었을 때 가해학생의 폭력에 어떻게 반응하느냐에 따라 단순 피해자에서 집단 따돌림과 폭행 희생자 단계로 이동이 결정된다. 처음 놀리거나 폭행 시도가 있을 때 공격에 굴복하여 공포, 고통, 혹은 무반응을 보이거나 단호하게 또는 공격적으로 대응하지 못한다면, 정서적·신체적으로 문제가 생길 수 있다(이인학 외, 2017). 그러나 학교폭력을 당했다는 사실은 자신의 또래관계와 대처가 부적절하고 무능력함을 인정하는 것으로 인식되어 이에 대한 수치심과 자책감을 느끼게 하는 요인으로 작용한다. 결국 수치심과 자책감으로 인해 피해학생은 부모나 교사에게 자신의 피해를 알리지 않으려 한다. 이로 인해 조기 개입이 어려워지고 지속적인 폭력이 발생하게 된다. 따라서 피해학생은 자신의 어려움을 직접 말하기 어려워할 수 있으며 이는 그들이 무능력해서가 아니라 문화적 요인임을 고려해야 한다. 피해학생은 몸, 눈, 얼굴, 목소리, 말투 등에서 징후를 보이므로 징후를 민감하게 인지하고 주의 깊게 관찰할 필요가 있다.

3) 주변인

주변인은 괴롭힘 상황을 목격한 사람으로서 그 상황을 방관하거나 피해자 방어, 가해자 동조의 입장을 취하는 사람이다. 가해자는 괴롭힘 행동을 통해 자신의 힘을 과시하고 주변인의 지지를 통해 힘을 확장하기 때문에 괴롭힘이 있는 곳에는 주변인이 존재한다. 이러한 주변인은 가해자의 행동을 지지하기도 하고 반대로 피해자를 도와주는 방어자가 되기도 한다. 이러한 주변인의 반응은 가해자의 후속 행동에 결정적인 영향을 미치기 때문에 주변인의 행동에 영향을 미치는 요인을 찾는 것은 괴롭힘 현상을 보다 종합적으로 이해하고 이 현상을 줄이는 데 있어서 매우 중요한 과제이다(한하나 · 오인수, 2014). 왜냐하면 이들이 괴롭힘 상황에서 대다수를 차지하고 있고 동조자, 방관자, 방어자의 역할을 하는 참여자로서 기능하기 때문이다.

3. 문제와 영향

괴롭힘 현상으로 인해 많은 학생들은 신체적·심리적 상처를 입고 있으며, 이는 크게 개인적 영향과 학교공동체에 대한 영향으로 나뉜다.

1) 개인에 대한 영향

(1) 피해학생에 대한 영향

학령기 아동 및 청소년은 또래와의 긍정적 상호작용을 통해 인지적 자극을 받고, 다양한 또래관계 속에서 여러 가지 사회적 기술을 습득한다. 반면, 또래와 긍정적 상호작용을 못하고 또래들에게 심각한 수준의 폭력, 폭언, 따돌림 등을 받게 되면 심리적·사회적으로 심각한 어려움을 겪게 된다(김영아·김연하, 2008). 또래에 의한 폭력, 폭언, 따돌림과 같은 괴롭힘을 경험하게 되는 청소년은 가해학생에 의해 반복적으로 신체적 폭력과 심리적 폭력에 노출된다(Smith & Brain, 2000; Smith & Sharp, 1994).

괴롭힘이 심각한 문제를 양산하는 가장 큰 이유는 폭력의 반복성과 지속성에 있다. 괴롭힘 피해학생은 반복적이고 지속적인 폭력에 시달림으로써 신체 폭력에 의한 외상 외에도 다양한 심리적·행동적 문제를 갖게 된다. 괴롭힘 행동으로 인해 발생하는 신체적 손상은 수면장애, 틱, 식욕감퇴 등과 같은 생리적 증상을 일으킬 수 있다. 특히 직접적인 물리적 폭력이 포함되지 않더라도 정신적 스트레스에 의한 소화불량, 불면증 등의 신체적 증상이 나타날 수 있다(한유경 외, 2014). 심리적 문제에는 낮은 자아 존중감(Perry, Kusel, & Perry, 1988), 정서를 교감할 친구의 부재(Hodge, Malone, & Perry, 1997), 불안, 초조함, 공포, 두려움 등이 증가하게 되고 우울, 의욕부족, 위축, 무력감 등의 문제가 발생할 수 있다. 이 같은 심리적·행동적 문제가 반복되고 지속되는 괴롭힘 경험에 가중될 경우 피해학생은 폭행, 음주, 약물 남용, 비행, 학습장애 및 학업 중단 등의 경험을 할 확률이 더 높아진다(Olweus, 1991).

괴롭힘은 피해자로 하여금 심각한 심리적·정서적·신체적 문제를 야기하며 이러한 문제는 자신의 일상생활을 불가능하게 할 만큼 부적응 문제를 초래하기도 한다. 더 나아가서는 괴로움과 분노로 스스로 자해하는 경우도 발생할 수 있고, 극단적으로는 자살로 이어지기도 한다. 또한 자신에 대한 공격뿐만 아니라 증오, 분노와 같은 감정이 타인에게 향하여 피해나 상처를 입힐 수 있는 방향으로 나아가기도 한다.

피해자가 분노나 복수 감정으로 가해자에게 폭력행동을 행사하는 것은 일종의 우발적으로 나타난 반응적 행동이라는 점에서 그렇게 심각한 것은 아닐 수 있다. 학교폭력이 폭력행동에 미치는 영향에서 우리가 보다 주의 깊게 살펴보아야 할 것은 학습된 폭력이다. 폭력이나 공격적 행동은 학습될 수 있다. 따라서 괴롭힘을 경험한 학생들이 폭력적인 행동에 대해 거부감을 갖기보다 그 행동을 학습하고 좀 더 약한 학생을 대상으로 또 다른 괴롭힘을 행사할 수 있다는 것이다. 또한 자신이 피해를 당했기 때문에 피해를 줘도 된다고 생각하여 자신의 가해행동을 정당화할 수 있다(박효정, 2012). 실제 학교폭력을 경험한 학생 중 피해와 가해를 모두 경험한 학생이 10.3%의 비율로 나타났는데, 이는 피해를 당한 10명 중 1명이 가해자가 될 가능성이 있음을 의미한다(청소년폭력예방재단, 2011). 아울러 괴롭힘 피해 경험을 하고 가해행동을 한 피해자/가해자 집단이 피해자 집단 또는 가해자 집단에 비해 심리적으로 가장 심각한 문제를 경험하는 것으로 나타났다. 이들은 피해자 집단보다 불안이 높았고 가해자 집단보다 우울감이 높은 것으로 드러났다(오승환, 2007).

또한 괴롭힘 피해는 외상 경험으로서 외상후 스트레스장애와 같은 질환을 일으킨다. 외상은 과도한 각성, 사건의 재경험 및 회피 증상 등을 경험하게 하며 우울이나 불안과 같은 특성이 내면화되어 자신의 성격이나 인성으로 굳어지는 결과를 초래하기도 한다. 이는 괴롭힘 피해 경험이 일반 외상이 아닌 복합 외상의 경험임을 의미한다. 복합 외상은 반복적인 폭력행위에 의해 발생하며 신체화 증상부터 해리나 정서적 혼란까지 증상의 다양성과 심각성을 유발한다. 표면적 증상을 넘어서서 깊게 개인의 정체성, 관계, 존재적 측면에 영향을 미치고 신념을 변경시키며 무기력과 절망을 경험하게 한다.

(2) 가해학생에 대한 영향

괴롭힘은 피해학생뿐만 아니라 가해학생에게도 많은 영향을 미친다. 가해학생은 건전한 사회생활을 영위하지 못하거나 실업, 범죄, 자살 등 사회적 부적응을 경험하기 쉽다. 결국 가해학생은 자신의 인생 목표를 설정하고 미래의 삶을 준비해야 할 중요한 시기에 갖가지 폭력의 유혹에서 헤어나지 못하고 자신은 물론 가족과 친구들의 삶을 불행하게 만드는 것이다(송재홍 외, 2016). 따라서 가해학생의 괴롭힘 행동이 어떤 형태로 이루어지며 발전하는지 파악하여 가해학생이 더 심각한 상황으로 발전하지 않도록 도와야 할 것이다.

괴롭힘의 방식과 수단은 크게 언어적·신체적·관계적 괴롭힘의 세 가지 유형이 있다. 이 세 가지 유형은 개별적으로 사용되기도 하고 두 가지 이상 조합되어 나타나기도 한다. 2017년 1차 학교폭력 실태조사 결과(교육부, 2017)에서도 언어폭력(34.1%), 집단따돌림(16.6%), 스토킹(12.3%), 신체폭행(11.7%), 사이버괴롭힘(9.8%), 금품갈취(9.8%), 성추행·성폭행(6.4%), 강제심부름(4.0%)의 순으로 나타났다. 이와 같이 언어적·신체적·관계적 괴롭힘의 세 가지 유형은 복합적으로 나타나고 있다. 또한 폭력의 유형은 집단화되고 더 심각한 수준으로 악화되어 간다는 데 문제의 심각성이 있다.

가장 많이 사용되는 언어적 괴롭힘은 강력한 도구이며, 당하는 입장에서 마음에 깊은 상처를 입을 수 있다. 언어적 괴롭힘은 발뺌하기도 쉽고 어른과 또래 앞에서 들키지 않고 상대를 괴롭힐 수 있는 방법이다. 우리가 언어적 괴롭힘을 허용하거나 묵인하게 된다면, 그것은 일상화되면서 아이들로 하여금 피해자가 비인간적인 대우를 받아도 괜찮다는 생각을 하게 만든다. 이렇게 되면 가해자는 피해자에 대한 동정적인 여론이 형성되는 것을 걱정할 필요 없이 수월하게 표적을 공격할 수 있게 된다. 이는 괴롭힘의 세

표 5-1 괴롭힘 유형

유형	정의	예
언어적 괴롭힘	말이나 글을 사용하여 심리적 괴로움을 주는 행동	놀리기, 모함하기, 비난하기, 협박 메일 보내기, 욕하기, 고함치기, 모욕하기, 위협하기(말/쪽지/이메일), 거짓 소문 퍼뜨리기 등
신체적 괴롭힘	신체적으로 해를 가하거나 재산상의 손실을 가져오는 행동	때리기, 발 걸기, 밀기, 치기, 찌르기, 침 뱉기, 가혹행위, 옷/물건 망가뜨리기 등
관계적 괴롭힘	친구관계를 깨뜨리거나 사회적으로 고립시키는 행동	소외시키기, 거부하기, 무시하기, 대답 안하기, 째려보기, 비웃기, 코웃음 치기 등

출처: 송재홍 외(2013).

가지 유형 중 가장 쉽게 실행될 수 있는 유형으로, 나머지 두 가지 유형의 괴롭힘을 시작하기 위한 진입로이자 더 악의적이고 잔인한 폭력을 사용하기 위한 첫 단계가 될 수 있다.

신체적 괴롭힘은 괴롭힘 유형 중 가장 식별하기 쉽지만 전체 괴롭힘 사건에서는 적은 비율이다. 일상적으로 이 역할을 하는 아이는 모든 가해자 중 가장 문제가 많은 아이인 경우가 많으며 앞으로 중범죄를 지을 가능성이 높다.

관계적 괴롭힘은 외부에서 식별하기 가장 어려운 유형으로 무시, 고립, 배척, 따돌림 등을 통해 피해아동의 자의식을 체계적으로 사라지게 만드는 형태의 괴롭힘이다(Coloroso, 2008).

가해자들의 폭력 방식과 수단의 변화를 파악하는 것은 가해자의 행위에 대한 변화를 파악하는 것으로서의 역할뿐만 아니라 가해자의 가해 이후의 심리적 상태의 변화를 파악하는 데 중요한 단서가 될 수 있다. 친구를 괴롭히거나 따돌려 본 경험이 있는 초등학생이 괴롭힘이나 따돌림을 가한 후 어떤 느낌을 가졌는지 조사한 결과, 33.4%가 '미안해서 사과하고 싶었다'고 응답했으며, 다음으로 '아무 느낌이 없었다'(20.9%), '잘못하고 있다는 생각이 들어 괴로웠다'(18.5%), '누군가에게 이를까 봐 불안했다'(11.5%), '기타'(7.9%) 순으로 나타났다. 따라서 괴롭힘이나 따돌림을 가한 초등학생 중 과반수(51.9%)는 죄책감을 느끼는 반면, 10명 중 2명은 자신의 행동에 대해 아무런 죄책감을 느끼지 못함을 알 수 있다. 또한 고학년일수록 '아무런 느낌이 없었다'는 응답이 더 많아 자신의 잘못된 행동에 대한 도덕적 불감증은 학년이 높아질수록 증가함을 알 수 있다(문용린 외, 2006).

가해학생 중 상당수가 초등학교 5, 6학년 때 일진에 발을 들여놓고 중학생이 되면서 선배들의 강요와 협박으로 후배나 동료 학생들을 괴롭히는 경우가 많다. 이러한 대물림 현상은 학교폭력을 점점 더 가혹하고 잔인하게 만든다. 일부 학생은 일진에 가입한 것을 뒤늦게 후회하여 일진에서 탈퇴하려 하지만, 선배와 동료 학생들의 가혹한 보복이 뒤따르기 때문에 쉽지 않다. 결국 그들은 자신의 의지와는 상관없이 학교폭력의 가해자가 되고 점차 자신들의 행동에 대해 반성하기보다는 무감각해진다. 이들은 학업에 소홀해지고 성적이 저하되며 남을 배려하거나 규칙을 따르지 못해 행동 및 품행에 문제를 드러내게 되는 것이다(송재홍 외, 2016). 즉, 언어적 괴롭힘을 시작으로 더 악의적이고 잔인한 폭력으로 발전하는 '폭력의 연속체'가 되는 것이다. 이는 눈에 띄지 않는 은밀한 장난행위가 암묵적으로 허용되고 개입하지 않는 것에서부터 시작된다고 볼 수 있다.

2) 공동체에 대한 영향

Olweus는 괴롭힘의 대상을 둘러싸고 있는 구성 인물들을 좌측 상단에 있는 가해자를 시작으로 괴롭힘에 관여한 정도에 따라 시계 반대 방향으로 배치한 뒤 각각에 이름을 붙인 괴롭힘 서클을 개발하였다. 괴롭힘 서클을 통해 알 수 있는 것은 괴롭힘이 발생하는 공동체의 구성원의 대다수가 괴롭힘에 관여하고 있다는 것이다. Pepler와 Craig가 1995년 캐나다 온타리오 토론토에서 수행한 연구는 도시 학교 운동장에서 발생한 괴롭힘 사건에서 또래 아이들이 괴롭힘에 각자의 역할을 하고 있음을 뒷받침한다. 그들의 연구 결과를 살펴보면 다음과 같다(Coloroso, 2008).

또래는 괴롭힘 사건의 85%에 관여했다.
또래는 괴롭힘 사건의 81%에서 괴롭힘을 강화했다.
또래는 괴롭힘의 대상보다 가해자를 더 존중하고 그에게 더 우호적인 태도를 보였다.
또래는 괴롭힘 사건의 48%에서 적극적인 참가자였다.
또래의 단 13%만이 괴롭힘을 막으려 했다.

출처: Coloroso(2008).

결국 이 연구에서 괴롭힘 사건이 발생하면 거의 모든 학생이 괴롭힘 사건에 대해 역할을 하며 이로 인해 영향을 주고받는다는 것을 알 수 있다. 따라서 괴롭힘 사건은 가해자와 피해자만이 아니라 가해자와 피해자의 학부모, 괴롭힘을 목격하는 주변 학생, 교사, 학교장 등 여러 사람들이 관련될 수밖에 없으며, 문제해결을 위한 대처과정이 복잡하고 처벌이나 보상과 같은 교육적으로 민감한 부분이 많다.

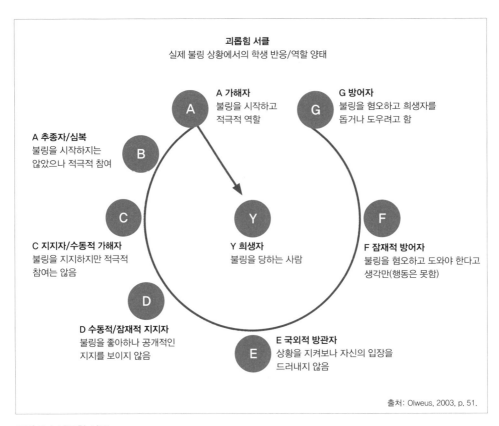

괴롭힘 서클
실제 불링 상황에서의 학생 반응/역할 양태

A 가해자
불링을 시작하고
적극적 역할

A 추종자/심복
불링을 시작하지는
않았으나 적극적 참여

C 지지자/수동적 가해자
불링을 지지하지만 적극적
참여는 않음

D 수동적/잠재적 지지자
불링을 좋아하나 공개적인
지지를 보이지 않음

E 국외적 방관자
상황을 지켜보나 자신의 입장을
드러내지 않음

Y 희생자
불링을 당하는 사람

G 방어자
불링을 혐오하고 희생자를
돕거나 도우려고 함

F 잠재적 방어자
불링을 혐오하고 도와야 한다고
생각만(행동은 못함)

출처: Olweus, 2003, p. 51.

그림 5-1 괴롭힘 서클

　　학교공동체에 미치는 부정적 영향 중 가장 큰 것은 구성원 간의 상호 신뢰 저하다. 문제해결 과정에서 가해자와 피해자 학부모가 감정적으로 격해지고 민감해지기 때문에 적절하게 대응하지 못한다면 그 비난의 화살이 오히려 학교나 교사에게 향할 수 있다. 전반적으로 사건이 발생하면 교사는 교사로서 존중받기 어렵다. 뿐만 아니라 사회적으로 사건의 발생이 담임교사의 관리 능력 부족으로 인식하는 경향이 존재한다. 따라서 사안의 심각성과는 관계없이 일단 사건이 발생하면 교사로서의 자질 및 능력에 대한 의심을 받게 되며, 구성원 상호 간에 신뢰감을 무너뜨리는 요인으로 작용한다(한유경 외, 2014). 또한 교사들은 사건이 악화되거나 적절하게 해결되지 못한 경우에는 그에 대한 책임과 더불어 사회적 비난과 질책을 고스란히 감수해야 하는 실정이다. 이런 현실에서 교사들은 대부분 학교폭력 문제가 밖으로 드러나지 않기를 바라며, 드러난 사건도 가능한 축소하고 싶어 한다. 이러한 교육적 관행은 학교폭력을 악화시키거나 관련 학생 및 학부모와의 갈등의 원인으로 작용한다(박종효, 2006). 따라서 가해자와 피해자, 그들의 부모, 교사들은 서로를 신뢰하지 못하게 되며, 이를 감당해야 하는 교사들의 부담과 스트레스는 커질 수밖에 없다.

또한 괴롭힘 사건이 발생하면 담임교사와 책임교사는 과중한 업무에 시달리게 된다. 이 과정에서 발생하는 다양한 변수로 인해 문제가 잘 처리되지 않았을 경우 책임도 떠안게 된다. 따라서 교사들은 학교폭력 사건을 복불복이라고 여기며 사건 처리과정에서 학부모, 학교 관리자에게 존중받지 못하는 경험을 하게 된다. 또한 사건 처리 과정에서 수업준비를 못하거나 다른 업무를 처리하지 못하는 등 시간이 부족해지게 된다(방기연, 2011). 이러한 상황은 교사들을 과로와 스트레스, 피해의식을 느끼도록 만들며 학교에서 그들의 전문적인 영역인 수업과 생활지도에 소홀하게 되는 결과를 초래한다. 학교는 좀 더 방어적으로 사건을 다루고 근본적인 대책으로서 사건을 다루는 것이 아니라 규칙을 기계적으로 적용하여 교육적인 문제해결보다 처벌 위주로 사건을 처리하는 경향을 보이게 된다. 이는 학교 전체의 분위기가 경직되고 억압적으로 변화하는 계기로서 작용하기도 한다(한유경 외, 2014). 학교 분위기의 경직성과 억압성은 안전하고 편안한 학습 환경이 아닌 규율과 통제의 학습이 이루어지도록 만들고, 직접 관련된 학생 외에 다른 학생들의 학습 성과에도 부정적인 영향을 끼치게 된다.

4. 괴롭힘 예방 및 대처

괴롭힘 현상이 가해자와 피해자를 명확히 구분하기 어렵고 교육적으로 처리하기 어려운 상황이며 사건 후 벌어지는 과정 때문에 발생하는 문제로 인해 교사들은 심각한 스트레스와 피해의식을 경험한다. 교사들은 수사관도 아니고 범죄현장 조사관도 아니다. 또한 긴급 의료원도 아니고 응급실 직원도 아니다. 그러나 학교 현장에서 교사들은 학교폭력 감지 및 인지에 있어서 감시자(monitor)로, 학교폭력 신고 및 접수에 있어서 중매인(matchmaker)으로, 전담기구의 학교폭력 사안 조사에서 검사(prosecutor)로, 자치위원회의 결정 및 결과 통보에서 감정노동자(emotional worker)로 역할을 수행하게 된다. 그러나 교사들의 가장 중요한 역할은 학교에서 벌어지는 괴롭힘 현상에 대한 인식을 전환시키는 교육자로서의 역할이다(황정훈, 2014). 교사는 학교에서 발생하는 괴롭힘 현상에 민감해야 하고 폭력을 막는 첫 방어선으로서 예방에 초점을 두어야 한다.

예방을 위한 첫 단계는 괴롭힘 현상에 대한 인식의 전환에서 시작된다. '어린아이들은 싸우면서 큰다.' '자식이 잘못하면 때려도 된다.' '사내아이가 다 그렇지.'라는 식의 전통적인 우리의 인습은 '미묘하면서 마음을 상하게 하는 행위'에서 '더욱더 눈에 띄고 신체적으로 유해한 행위'까지 연속체 선상에서 발생하는 모든 행위가 폭력임을 인식하지 못하게 한다. 폭력의 초기 징후에 주의하지 못하면 폭력은 일상이 되고 일상생활에서 어느 순간 더 이상 감당할 수 없을 만큼 확장된다. 따라서 괴롭힘의 문제를 인식하고 치명적 비극으로 전이되기 전 미묘한 폭력에서부터 관심을 보여야 할 것이다.

1) 폭력 연속체의 얼개 만들기

폭력 연속체의 얼개 만들기는 치명적인 폭력 사건 전에 미묘한 괴롭힘의 시작이 있었음을 인식하고 그 역시 폭력적임을 인식할 수 있도록 하는 방안이다. 이 방법은 교사, 학부모-교사, 학생 등 다양한 집단에서 적용할 수 있다(Manvell, 2015). 구체적인 방법은 다음과 같다.

1. 칠판이나 커다란 종이에 폭력의 정의를 적고 집단 구성원들과 함께 꼼꼼히 읽는다. 그리고 참여자들은 접착식 메모지에 폭력 사례를 적는다. 이때 나온 모든 생각들은 존중된다.
2. 브레인스토밍이 끝난 후 '폭력 연속체'라고 제목을 적고 종이를 가로질러 왼쪽에서 오른쪽으로 오는 긴 화살표를 그린다.
3. 왼쪽 출발점에 '1-미묘함', 오른쪽 끝에 '10-명백함', 가운데에 '5'를 쓴다.
4. 자신이 적은 사례를 가장 적합한 지점에 붙인다.

5. 이렇게 만든 얼개는 매우 유동적이며, 매번 만들 때마다 다르게 보일 수도 있다.

6. 참여자들은 자신이 적은 폭력의 사례를 어느 지점에 붙일지 서로 상의할 수 있고 바꿀 수도 있다.

7. 다 붙인 사례를 관찰하고 다른 사람들의 사례의 위치에 동의하는지 점검한다.

8. 다른 사람의 사례의 위치를 바꾸거나 논의할 수 있다.

이 과정의 핵심은 참여자들이 폭력에 대한 자신의 생각과 태도를 시각적으로 확인하고 자신의 행동을 고려해 볼 수 있다는 것이다. 개인의 생각과 태도는 집단의 풍토에 영향을 끼치고 또 집단 내의 차이를 확인함으로써 집단적 통찰의 힘을 제공한다.

학교에서 발생하는 폭력은 '미묘함'과 '5'사이에 분포되어 있다. 그러나 학교는 심각한 위치에 있는 폭력에 관심을 쏟는다. 따라서 심각한 폭력이 발생하기 전의 징후를 파악하지 못하게 된다. '미묘함'과 '5'사이에 발생하는 열등한 사람들에 대한 모욕과 따돌림의 지속은 괴롭힘이며, 이 괴롭힘은 눈에 띄지 않게 발생한다. 따라서 폭력 연속체 얼개를 만들어 보고 폭력에 대한 개념을 명확히 하는 과정을 거친다면 효과적으로 미묘한 괴롭힘을 예방할 수 있다.

2) 교육과정과 수업의 연계

우리나라에서 학교폭력의 심각성이 드러나게 된 계기는 2011년 12월에 발생한 대구의 한 중학생 자살 사건이라 할 수 있다. 그동안 학교에 숨겨진 폭력 양상이 드러났고, 교사에게 사회적 책임을 물었다. 학교폭력을 예방하지 못한 교사와 가해학생의 나쁜 인성이 원인으로 진단되었고, 강한 처벌이 이루어져야 한다고 모두 목소리를 높였다. 그래서 학교는 점점 더 강한 처벌을 위해 조사를 통해 사실을 밝혀내는 경찰서의 모습이 되어 갔다. 이 과정에서 가해학생들은 징계를 받아 낙인 효과를 얻었고, 피해학생은 실질적 보호를 받기 어려운 상황이 되었다. 교사들은 조사과정에서 발생하는 변수를 예측하려 노력했지만 완벽한 예측은 불가능했고 이로 인해 스트레스가 심해졌다. 학교에서 교육의 주체인 교사, 학생, 학부모가 서로를 믿지 못하는 상황이 되었다.

학교는 학교폭력 및 괴롭힘의 상황을 교육적으로 접근해야 한다. 즉 '생활지도'의 의미에서 '생활교육'으로 전환이 필요하다. '생활교육'은 잘못한 행동에 대한 처벌, 잘한 행동에 대한 보상 위주인 교사의 권위를 기반으로 한 처벌과 통제 중심의 지도에서 학생들 전반적인 생활에 대한 교육적 접근을 시도하는 것을 의미한다. 학교라는 공동체 속에서 존엄한 개인들이 서로 존중하고 협력하면서 공동체를 세워 나가는 능력을 키우는 교육 과정인 것이다. 이는 이전의 '생활지도'보다 훨씬 폭넓은 개념으로 생활교육과 수업을 분리하지 않는다. 수업을 개인이 공동체 안에서 상호 존중과 협력을 통해 배움을 익히고 확산하는 과정으로 보기 때문에 수업도 생활교육의 중요한 영역으로 인식하는 것이다(박숙영, 2014). 따라서 교육과정 속에서 서로 존중하고 배려하는 내용을 경험하고 민주적인 방식의 학급 운영을 통해 자연스럽게 인간에 대한 존엄과 가치를 존중하는 배움의 과정을 거치는 것이다.

Festinger는 태도가 ABCs(감정 affect, 행동 경향성 behavior tendence, 인지 cognition)의 세 가지 차원으로 사물이나 사람에 대한 호의적 또는 비호의적 평가 반응이라 하였다. 즉 태도는 자신의 인지에 뿌리를 두고 있으며, 자신의 감정에 노출되고 행동을 의도하는 것이다. 따라서 학생들의 행동을 변화시키기 위해서 감정, 행동 경향성, 인지의 차원 전체에 영향을 줄 수 있어야 하며 이는 학생들의 일상인 수업 속에서 이루어져야 가능한 것이라 할 수 있다.

3) 안심할 수 있는 학교풍토 만들기

모두에게 쉽게 이해되고 안전하며 긍정적 환경을 촉진하는 학교 철학은 괴롭힘 예방에 필수적이다. Manvell(2015)은 안심할 수 있는 학교풍토 조성계획 절차를 예방 →

초기중재 → 후기중재 → 사후대응의 4단계로 제시하였다. 효과적인 학교안전계획은 모든 수준의 폭력을 다루고 있으며 '존중'을 모든 상호작용의 토대로 여기고 있다. 교사들은 계획을 종합적으로 수립하며, 폭력연속체는 학교풍토와 안전을 평가하는 데 있어서 공통의 기준을 제공한다.

Mishna와 그의 동료들(2005)은 학생들이 학교폭력 피해를 당한 것에 대해 교사들은 잘 인식하지 못하고 있으며 실제로 교사들은 정규수업을 진행하면서 반복적으로 발생하는 학교폭력을 적절하게 처리하지 못한다고 보고하였다. 또한 우리나라의 경우 '학교폭력 예방 및 대책에 관한 법률'과 시행령이 공포되면서부터 학교폭력이 발생하면 교사는 학교장에게 보고해야 하며 학교장은 학교에서 구성한 학교폭력대책자치위원회를 소집하여 사안을 처리하도록 규정하고 있다. 이러한 법·제도적 현실하에서는 학교폭력을 처리하는 데 있어서 학교 차원의 효능감이 중요한 요인이 될 수 있다(박종효·박효정·정미경, 2007).

괴롭힘은 은밀하고 간접적으로 이루어지므로 피해학생이나 주변 학생이 보고하지 않는 이상 교사가 이러한 행동을 인식하고 발견하기 어렵다. 따라서 사건 발생 시 적절한 초기 대응이 어렵고 이로 인해 교사들은 교육적으로 대처하지 못하는 상황이 발생한다. Manvell(2015)이 제시한 학교풍토 조성계획은 예방과 초기 대응을 중요시함으로써 사건의 해결만이 아니라 긍정적 학생 발달을 위한 기회로서 사건이 작용하도록 한 것이 특징이다.

(1) 예방

예방 단계는 안전상의 취약점을 확인하고 바로잡기 위하여 학교의 물리적 안전에 대한 점검으로 시작된다. 또한 학교에서 갈등해결 훈련, 서로 다른 학년 간의 교우관계 형성, 반폭력 교육, 학교봉사활동, 사회봉사활동 등을 통해 긍정적 학생 발달 요인을 형성한다.

덧붙여 학교에서 서로를 어떻게 대해야 하는지에 대한 행동규칙을 교직원, 학생들이 서로 논의하여 일관성 있게 규정한다. 이렇게 만들어진 행동규칙은 실현될 수 있는 학급의 분위기에 따라 다르게 형성된다. 교사들은 우정, 협동학습, 학급회의, 협동정신,

개인적으로 만족스러운 학습경험 등 다양성을 존중하는 '배려하는 학습공동체'를 조성하는 노력을 한다. 폭력 예방 단계에서는 서로를 존중하고 긍정적인 대인관계, 친사회적 기술이 교육되고 교사들은 통제가 아닌 자존감을 살릴 수 있는 훈련을 한다.

'사생활 보호-시선 마주치기-친밀함'이라는 접근방식으로 공간적으로 학생들과 가까워지며, 가능한 학생들의 사생활을 보호한다. 학생들을 신뢰하면서 차분하게 말하고 학생들과 시선을 마주치는 등의 행동을 권장한다. 그리고 교사들은 "너희들은 무엇을 했니?", "왜 그 행동이 문제가 되니?", "너희들은 앞으로 어떤 행동을 할 거니?" 등의 질문을 할 수 있다. 또한 부정적인 규범이 아닌 긍정적인 규범을 형성하고 학생들의 의사결정권을 부여한다.

학생들의 의사결정권을 인정한다는 것은 학생의 자치권을 보장하는 것이다. 학생자치활동이란 '학생들이 학급구성원으로서, 또는 학교 전체 구성원으로서의 역할 분담을 통해 학급 또는 학교 전체의 공공 문제를 자율적으로 해결해 나가는 활동'을 말한다. 학생들의 자치활동의 참여는 공동체의식을 포함한 시민의식 또는 정치적 태도에 긍정적인 영향을 미친다(박가나, 2009). 또한 학생자치활동은 타인과 소통하고 협력하며 다양한 문제와 갈등을 해결하면서 의사소통능력이나 갈등조정능력, 문제해결능력 등 다양한 사회적 기술을 익힐 수 있는 것으로 나타났다(김위정, 2016). 이러한 연구 결과를 종합해 보면 학생에게 의사결정권을 부여하고 공동체의 문제에 참여하는 기회를 주는 것은 학교의 풍토가 민주적으로 개선되는 데 긍정적인 영향을 끼치는 것으로 볼 수 있겠다. 따라서 폭력 예방 단계에서 학교는 친사회적 기술을 포함한 다양한 인성 교육 기회를 제공해야 하며, 교사와 학생 사이의 신뢰 관계 회복을 위한 교사의 노력, 긍정적 규칙으로의 전환, 학생의 자치활동 보장 등이 이루어져야 할 것이다.

(2) 초기중재

폭력예방을 위한 학교풍토 조성 노력에도 불구하고 이를 생활에 적용하지 못하는 학생들이 있다. 이들은 다른 학생들에게 해를 끼치고 은밀한 폭력을 행사한다. 양심의 가책을 느끼지 않고 겉으로 보기에 좋은 학생으로까지 비춰질 수 있는 학생들이 실제로는 다른 학생들을 괴롭히고 지배할 수 있는 자신의 힘을 즐기고 있으며, 이런 힘이 자신의 행동에 동기가 된다. 은밀한 폭력을 행사하는 학생들은 자신의 의도와 행동을 숨기는 데에 능숙하다. 따라서 다른 학생들이 폭력사건을 알리거나 교사가 사건을 발견하였을 때 자신의 잘못을 남의 탓으로 돌리기도 한다.

이때 필요한 조치가 초기중재이다. 초기중재는 예방 단계의 노력에 부응하지 못한 학생들, 즉 개별적 관심이나 보살핌이 필요한 학생들을 대상으로 한다. 이들을 위한 초기중재에는 다음과 같은 조치들이 포함된다.

- 분노조절 훈련
- 학교 내외의 상담
- 특수교육 대상자 지원
- 발달적 요인 형성하기
- 가족참여와 가정교육
- 학생들의 학습을 위한 지원, 조정 및 평가
- 또래 조정과 갈등해결
- 어른들의 조언과 도움
- 행동방침
- 위험한 행동의 징후 감지와 대처를 위한 교직원 훈련

---

(3) 후기중재

예방과 초기중재에도 불구하고 모든 학교폭력 사안을 막을 수는 없다. 따라서 학생의 위기나 긴급 상황에 대처하기 위하여 후기중재가 필요하다. 후기중재는 일련의 위기대응 집단, 비상시 대피 계획, 법 집행기관의 협조 등을 포함하고 있다. 철저한 위기관리 계획과 실천은 학교에서의 심각하고 치명적인 수준의 폭력행위를 다루는 데 있어서 본질적이다. 이를 위해서는 평소 교직원들의 훈련이 필요하다.

공격적인 학생들을 다루는 데에 능숙하지 못하거나 어떤 위기상황을 경험하지 못한 교사들이 불안감을 보이고 무의식적으로 상황을 악화시키는 경향이 있다. 문제를 악화시키지 않고 학생에게 교육적인 입장을 취하기 위해서는 교사로서 문제학생과 대면할 때 그 학생보다 낮은 목소리와 기운을 유지하면서 더욱 침착한 태도를 보이고 그

학생의 퇴로를 막지 않는 위치에 있어야 한다. 질책과 심문을 하는 대신에 그 학생과 대화할 수 있어야 한다. 이를 위해서 그 학생에게 '왜 그런 행동을 했는지?' 묻는 대신 마음을 진정시켜야 한다. 그리고 마음이 가라앉았을 때 문제행동을 다룰 수 있어야 한다.

(4) 사후대응

폭력사건이 끊이지 않는 시점에서 안전한 학교풍토를 정착하게 하는 것은 사후대응이다. 사후대응 단계에서 교사들은 학생이나 학부모와 사후 상담을 진행한다. 이때 우리는 그동안 발생했던 사안을 면밀히 분석하고 평가해야 한다. 이 과정에서 미비한 점을 보완하고 적절한 대응에 관해 자축해야 한다. 또한 간과했을지 모르는 잠재적 폭력의 징후를 살펴보고 앞으로의 시행착오를 줄이기 위해 예방, 초기중재 및 후기중재의 실천을 개선하여야 한다.

1   집단 괴롭힘은 힘의 불균형 관계에서 한 명 이상의 학생이 오랜 기간 동안 반복적·지속적으로 부정적인 행동에 노출되었을 때 발생하는 거부행동이다. 여기서 거부행동은 언어적 괴롭힘(위협, 조롱, 욕설)과 신체적 괴롭힘(물리적 공격), 관계적 괴롭힘(따돌림, 거절)을 포함한다.

2   가해자가 처음 놀리거나 폭행시도를 할 때 피해자가 공격에 굴복하여 공포, 고통, 혹은 무반응을 보이거나 단호하게 또는 공격적으로 대응하지 못한다면, 단순 피해자에서 집단 따돌림과 폭행 희생자 단계로 넘어간다. 그러나 학교폭력을 당했다는 사실은 자신의 또래관계와 대처가 부적절하고 무능력함을 인정하는 것으로 인식되어 이에 대한 수치심과 자책감을 느끼게 한다. 그래서 피해학생은 부모나 교사에게 자신의 피해를 알리지 않으려 한다. 이로 인해 조기 개입이 어려워 지속적인 폭력을 불러일으킨다.

3   학령기 아동 및 청소년은 또래와의 긍정적 상호작용을 통해 인지적 자극을 받고, 다양한 또래관계 속에서 여러 가지 사회적 기술을 습득한다. 반면, 또래와 긍정적 상호작용을 못하고, 또래들에게 심각한 수준의 폭력, 폭언, 따돌림 등을 받게 되면, 심리적·사회적으로 심각한 어려움을 겪게 된다. 이러한 문제는 피해자의 일상생활을 불가능하게 할 만큼 부적응 문제를 초래하기도 한다. 더 나아가서는 괴로움과 분노로 스스로 자해하는 경우도 발생할 수 있고, 극단적으로는 자살로 이어지기도 한다.

4   괴롭힘은 피해학생뿐만 아니라 가해학생에게도 많은 영향을 미친다. 가해학생은 피해학생에게 심리적 모멸감과 자괴감을 심어 주어 죽음으로 내몰기도 한다. 이로 인해 건전한 사회생활을 영위하지 못하고 실업, 범죄, 자살 등 사회적 부적응을 초래하기 쉽다. 따라서 가해학생의 괴롭힘 행동이 어떤 형태로 이루어지며 발전하는지 파악하여 가해학생이 더 심각한 상황으로 발전하지 않도록 도와야 한다.

5   폭력 연속체의 얼개 만들기는 치명적인 폭력 사건 전에 미묘한 괴롭힘의 시작이 있었음을 인식하고 그 역시 폭력적임을 인식할 수 있도록 하는 방안이다.

6   학교에서는 '생활지도'에서 '생활교육'으로 전환이 필요하다. '생활교육'은 처벌과 보상

으로 교사의 권위를 기반으로 한 통제 중심의 지도에서 학생들 전반적인 생활에 대한 교육적 접근을 시도하는 것을 의미한다.

7 집단 괴롭힘을 해결·예방하기 위하여 Manvell(2015)이 제시한 학교풍토 조성계획을 시행할 수 있다.

1 집단 괴롭힘의 역할 유형인 피해자, 가해자, 주변인의 개념을 설명하시오.

2 집단 괴롭힘의 발생이 학교공동체에 미치는 영향을 설명하고, 해결을 위한 방안을 생각해 보시오.

3 학교에서 벌어지는 괴롭힘 현상에 대한 인식을 전환시키는 교육자로서의 역할이 중요한 이유를 생각해 보시오.

6장

스토킹

간섭받지 않을 권리는 가장 포괄적 권리이며 문화인들이 가장 높이 평가해야 할 권리이다.

— 루이스 브랜다이스

학습목표

1 스토킹의 개념을 알 수 있다.

2 스토킹의 특징을 이해할 수 있다.

3 스토킹에 대한 대응방안을 살필 수 있다.

스토킹은 누구에게나 일어날 수 있으며 누구나 할 수 있는 행위라고 생각되지만 피해자에게 각종 정신적·육체적·물질적 피해를 줌으로써 삶의 질에 중대한 부정적 영향을 미치게 된다(곽영길·임유석·송상욱, 2011). 최근 학교폭력 피해 유형별 비율이 언어폭력, 집단 따돌림, 스토킹 순으로 나타나고 있으며, 스토킹은 현실세계뿐만 아니라 가상공간에서도 널리 쓰이면서 사이버스토킹을 포함하는 용어로 인식되고 있다. 여기에서는 최근 들어 관심이 높아지고 있는 스토킹의 개념과 특성을 이해하고 예방 및 대처방안에 대해 살펴보고자 한다.

1. 스토킹의 개념

스토킹이란 상대가 싫다는 의사를 분명하게 밝혔음에도 불구하고 계속 좋다면서 따라다니는 행위를 말한다. 즉, 일방적으로 상대에게 좋은 감정을 갖고 상대도 나를 좋아할 것이다 혹은 앞으로 그렇게 될 것이라는 환상에 사로잡혀 이성에 접근해서 싫은 행위나 온갖 피해를 입히거나 또는 신체적 폭행을 하는 행위를 말한다. 문제는 이것이 상대의 의사와는 전혀 관계없는 일방적이라는 사실이고, 그로 인해 상대가 정신적 고통과 신체적 피해를 입게 된다는 사실이다(이시형 외, 1998). 이와 같은 스토킹 현상에 대해 아직까지 우리나라에서는 정확하게 합의된 개념은 없는 상태이다. 최근 들어 점차 스토킹이 미치는 사생활 침해 및 정신적 피해의 심각성이 알려지고, 더 나아가 방치하게 되면 폭행·납치·강간·살인 등의 중한 범죄로 발전할 위험성이 내포되어 있다는 현실이 인식되면서 스토킹 규제의 필요성이 강력하게 대두되고 있다(이정호, 2008). 우리나라 현행법은 스토킹 개념을 정의하지 않고 '경범죄 처벌법' 제3조 1항 제41조에서 '지속적 괴롭힘'이라는 표현을 사용한다. 이는 "상대방의 명시적 의사에 반하여 지속적으로 접근을 시도하여 면회 또는 교제를 요구하거나 지켜보기, 따라다니기, 잠복하여 기다리기 등의 행위를 반복"하는 것으로 명시하고 있다(정도희, 2017).

결론적으로 우리나라에서는 스토킹에 관한 명시적인 법률 혹은 정의가 없다. 그러나 최근 학교폭력 실태조사에서 '스토킹'이 학교폭력의 새로운 유형으로 떠오르고 있으며 사회적으로 스토킹 범죄가 심각해지고 있는 실정이다. 이러한 심각성에 따라 2018년 2월 정부가 발표한 스토킹·데이트폭력 피해 방지 종합대책의 후속 조치로 법무부에서 '스토킹 처벌법'을 입법예고하였다. 법무부에 따르면 스토킹 범죄는 '피해자 의사에 반해 정당한 이유 없이 지속적 또는 반복적으로 피해자에게 불안감 또는 공포심을 일으키는 행위'로 정의하였다. 또한 집요하게 따라다니는 행위뿐 아니라 카카오톡 등 모바일 메신저를 통해 글이나 영상을 보내고 집 주변에 어떤 물건을 두는 행위도 스토킹 범죄의 범주에 포함하였다(세계일보, 2018. 5. 10.).

특정 행위를 스토킹으로 규정하기 위해서는 다음의 세 가지 요건이 충족되어야 한다. 첫째, 상대의 의사와는 전혀 관계없는 일방적 행위일 것, 둘째, 원치 않는 일련의 접촉이 지속적·반복적·의도적일 것, 셋째, 통상의 판단능력을 가진 사람이라면 누구나 자신 또는 가족의 생명, 신체의 안전 위협을 느낄 만한 행동일 것 등의 요건으로 구성된다(이기헌 외, 2002). 가장 빈번하게 발생하고 있는 사이버스토킹의 예는 다음과 같다.

사이버스토킹의 예

중학교 2학년이던 이 군은 같은 반 대부분의 아이들로부터 왕따를 당했다. 잘난 척을 한다는 것이 이유였다. 어느 순간부터 이 군은 학교에서 유령이 돼 있었고, '장난'을 빙자한 아이들의 폭력도 수시로 이뤄졌다.

그 중심에는 김무석(15·가명) 군이 있었다. 견디지 못한 이 군은 지난 4월 학교와 경찰에 이를 알렸다. 학교폭력대책위가 열리고 이 군의 따돌림을 주도했던 김 군에게는 강제 전학 조치가 내려졌다. 악몽은 끝난 듯했다.

하지만 그게 아니었다. 전학을 간 김 군은 끊임없이 이 군에게 소셜네트워크서비스(SNS)인 카카오톡을 통해 메시지를 보냈다. 욕설과 함께 "나만 너를 따돌렸냐?" "나만 때렸냐?" "내가 여기 전학 와서 왕따당하면 니가 책임질 거냐?" 등의 메시지가 수백 통씩 쏟아졌다. 대답을 하지 않으면 "왜 대답을 안 하냐?" "내가 우습냐. 내가 전학 왔다고 우리가 만나지 않을 것 같냐?"라는 협박이 이어졌다. 친구 차단을 해도 소용이 없었다. 낯선 아이디로 문자가 왔다. 김 군이었다. 김 군은 친구 이름으로, 부모 이름으로, 혹은 탈퇴 후 아이디를 바꾼 뒤 메시지를 보냈다. 수백 통씩 쏟아지는 김 군의 문자는 두 달 동안

이어지다 이 군이 경찰에 다시 신고를 한 뒤 비로소 끝이 났다. 이 군은 경찰에 신고를 하고 두 달 뒤인 6월 말 학교를 스스로 그만뒀다. 이 군의 사례처럼 학교폭력은 오프라인에서만 일어나지 않는다. 이 가운데 가장 심각한 것은 사이버스토킹이다. 열린의사회는 사이버스토킹을 '원하지 않지만 SNS 등을 통해 끊임없이 말을 걸고, 싫다는 의사를 밝혔어도 그 행태가 멈춰지지 않는 상황'으로 정의했다. 사이버스토킹은 '폭력' 형태를 교묘히 숨긴 채 일어나기도 한다.

신고하면 문자스토킹…못견뎌 결국 자퇴(헤럴드경제 2013. 12. 24. 중 발췌).

2. 스토킹의 특징

스토커(stalker)는 대부분 인격 장애가 있으며, '상대도 나를 좋아하고 있거나 좋아하게 될 것'이라는 일방적인 환상을 가지고 계속 접근해 신체적·정신적으로 온갖 피해를 입힌다. 따라서 스토커를 방치하면 결국 폭행이나 심하면 살인에 이르는 심각한 피해를 일으키므로, 현재 직접적인 피해가 없더라도 반드시 문제가 발생할 수 있다. 우리나라에서는 스토킹이 벌어지면 대개 '쫓아다닐 만한 짓을 했겠지'라고 판단하고 스토킹을 범죄로 생각하지 않으며 '피해자가 스토킹의 원인을 제공했을 것'이라는 잘못된 인식을 갖고 있다. 또한 인터넷의 발달로 인해 발생하고 있는 '사이버스토킹'은 익명성과 추적에 어려움이 있음을 이용하여 피해가 급속히 늘어나고 있으며(이정호, 2008), 최근 학교폭력 실태조사에서도 스토킹의 비중이 증가하고 있다.

스토킹은 스토커와 피해자가 주로 아는 지인 혹은 친밀한 관계에서 발생하고 있는 것으로 나타났다. 스토킹의 원인 역시 대부분 호의적인 감정(사랑한다는 착각, 호의 감정, 내 관심을 끌기 위해, 애정거부에 대한 분노와 보복 등)이 발단이 되는 경우가 높다(곽영길·임유석·송상욱, 2011). 스토킹 유형으로는 전화, 문자, 편지, 컴퓨터를 이용하여 송신, 미행을 하거나 집, 학교 등에 잠복하여 기다리는 것, 가해자가 피해자에 대하여 아는 정보를 이용하여 모욕과 협박을 하며 괴롭히는 행위는 그 피해가 자신에 그치지 않고 피해자뿐만 아니라 가족, 친지, 지인 등에게도 피해를 수반하는 것 등의 유형이 높다(김잔디, 2015). 이와 같은 스토킹으로 인해 불안감, 불쾌함, 분노, 두려움(전화벨, 혼자 있는 경우, 외출할 경우 등)의 감정을 가지게 되며 학교나 집을 바꾸거나 그만두는 것으로 나타났다(곽영길·임유석·송상욱, 2011).

스토킹 유형과 상황의 다양성으로 인해 스토킹의 진행을 일반화하는 것은 어렵다. 그러나 대체로 구애, 위협, 폭력, 포기의 4가지 단계를 거쳐 진행된다. 구애 단계에서는 우선 상대의 정보를 수집, 탐색하며 전화, 편지, 선물 등을 보낸다. 직접 사랑을 고백하지 않고 멀리서 지켜보거나 미행이 몇 달 계속되는 수도 있다. 상대의 의중을 탐색하느라 무척 조심하고 은밀한 방법으로 접근한다. 위협단계에 오면 상대의 반응이 냉담하거나 거절하는 경우 위협을 한다. 전화, 편지를 통해 위협하거나 또는 혐오스런 선물을 보내며 바짝 붙어서 따라오거나 혹은 버스에서 밀착, 치한 행위를 하는 등 치근대는 시기이다. 폭력단계는 잡거나 길을 막는 등 가벼운 수준에서 시작하여 차츰 폭행, 약탈, 납치, 강간 등 과격한 공격 행위로 발전한다. 보기에 따라서는 결판을 내자는 것 같지만 실은 그런 방법으로라도 독점하고 싶은 욕심이 깔려 있다. 해결단계에서는 여러 가지 길이 있다. 심한 폭력 단계까지 오면 피해자는 경찰이나 전문 기관을 찾는 등 적극적인 해결책을 모색한다. 그러나 불행히 완전한 해결은 못 본 채 잠시 냉각기로 들어가는 정도이다. 해결이란 완전 포기하는 것인데, 집요한 스토커에게는 그게 안 된다. 얼마간의 시간이 지나 피해자가 경계를 늦추고 느슨해지면 다시 재발한다. 드물게는 사과를 하는 경우도 있다(이시형 외, 1998).

스토킹 예방을 위해서는 초기부터 자신에 대한 호의나 존경의 표시로 생각하여 참는 것이 아니라 명백하게 의사를 밝히고 도움을 요청할 필요가 있다.

3. 스토킹 대응방안

스토킹 피해자들은 절반가량이 비슷한 사람을 보거나 전화벨 소리만 들어도 놀란다는 반응을 보이고 있고, 30%에 가까운 사람은 혼자 있거나 외출할 때 두려움을 느낀다고 한다. 14% 정도는 불면증에 시달리며 치료가 필요할 정도로 심각한 상태도 1%가 되는 것으로 조사된 바 있다(이시형 외, 1998). 피해자들은 자신이 처한 위치를 객관적으로 판단하고 합리적으로 대처할 능력이 없는 흥분과 공포의 심리적 상태일 수 있으므로(김잔디, 2015) 사건 발생 시 적극적인 지원과 개입이 필요하다. 특히 피해자가 과민하다고 평가되거나 피해자의 고통이 무시되고 도리어 스토킹의 원인 제공자로 여겨져 비난을 받게 되는 문제가 발생할 가능성이 있다(박선영, 김현아, 김정혜, 2016). 따라서 학교폭력 사안처리 시 피해학생을 배려하고 대처방안에 관한 교육이 이루어져야 할 것이다. 스토킹 대처방안을 한국여성민우회에서는 다음과 같이 제시하고 있다.

첫째, 피해자 자신이 혹시 무슨 오해를 살 만한 행동을 하지는 않았는지 자기 자신을 자책하지는 않는다. 이전에 설사 친밀한 사이였다 할지라도 폭력과 협박의 위협은 결코 어떤 경우에도 정당화될 수 없으며 스토킹은 철저히 가해자인 스토커의 문제라고 인식한다.

둘째, '이러다 말겠지' '온정적으로 대하면 물러서겠지'라는 생각은 잘못이며, 가장 비효과적이고 잘못된 대응 방식이다. 피해자가 온정적으로 반응하면 할수록 스토킹은 점점 더 집요해지고 그 방법도 극단적이 되는 경우가 더 일반적이다.

셋째, 자신이 스토킹을 당하고 있음을 인정한다. 현재 자신이 겪고 있는 일이 범죄이며, 자신이 피해를 당하고 있음을 인지하는 것이 적극적인 대처의 출발점이다. 스스로 스토킹 피해자임을 인정하는 것이 무력한 피해자가 되지 않고 스토커를 물리치는 데 가장 중요한 첫 단계라고 할 수 있다.

넷째, 가해자에게 감정적으로 맞서지 말고, 냉정하고 침착하게 대응한다. 스토킹 피해자들은 극심한 정신적 외상후 스트레스증후군으로 고통 받고 무력감과 우울감, 공포감으로 인해 위축된다. 힘들더라도 되도록 가해자의 행동 하나 하나에 감정적으로 반응하지 않으면서 침착하게 대처하도록 노력한다.

다섯째, 스토커에게 단 한 번에 단호하게 거절의사를 밝힌다. 스토커들은 어떤 이유를 대서라도 피해자와의 끈을 놓치지 않으려고 한다. 일반적으로 스토커들은 왜곡시켜서 받아들이거나 피해자가 모호하게 대답하거나 여러 번에 걸쳐 거절의사를 밝히면 오히려 여지가 있는 것으로 받아들이고, 스토킹이 강화된다. 따라서 한 번에 단호한 거절이 필요하다.

현재 학교폭력 사건에서의 스토킹 문제에 관한 대처 방안 연구는 진행되고 있지 않다. 앞서 언급하였듯이 현행 경범죄처벌법은 스토킹을 '지속적 괴롭힘'이라고 하여 처벌하고 있으며 약간의 범칙금을 부과하는 정도로 인식하고 있다. 또한 학교폭력 실태조사에서 언어폭력, 집단 따돌림 다음으로 많이 발생하고 있는 학교폭력 유형이지만 학교폭력 사안처리 방안에서는 언급되고 있지 않다. 스토킹은 따라다니기, 전화 걸기, 문자 메시지 보내기 등 폭력행위라 보기에는 불분명한 행위로 이루어진다. 그러나 피해자의 입장에서 보면 공포심과 불안감을 유발하며 오랜 기간 지속되는 경우 피해자 자신과 가족에 대한 해악 고지, 협박, 모욕 등으로 이어진다. 따라서 학교폭력 사안처리 방안 마련과 학교폭력으로서 스토킹의 실태에 관한 연구가 시급하게 이루어져야 할 것이다.

1　우리나라에서는 스토킹에 관한 명시적인 법률 혹은 정의가 없는 실정이다. 그러나 최근 학교폭력 실태조사에서 '스토킹'이 학교폭력의 새로운 유형으로 떠오르고 있으며 사회적으로 스토킹 범죄가 심각해지고 있다. 이에 따라 스토킹 범죄는 "피해자 의사에 반해 정당한 이유 없이 지속적 또는 반복적으로 피해자에게 불안감 또는 공포심을 일으키는 행위"로 정의한 '스토킹 처벌법'을 법무부는 입법예고하였다. 또한 집요하게 따라다니는 행위뿐 아니라 카카오톡 등 모바일 메신저를 통해 글이나 영상을 보내고 집 주변에 어떤 물건을 두는 행위도 스토킹 범죄의 범주에 포함하였다.

2　스토킹은 분명한 범죄이다. 스토커를 방치하면 결국 폭행이나 심하면 살인에 이르는 심각한 피해를 일으키므로, 현재 직접적인 피해가 없더라도 반드시 문제가 발생할 수 있다.

3　대처방안에는 ① 스토킹을 당하고 있음을 인정하기, ② '오해를 살 만한 행동을 하지는 않았을까'라고 자기 자신을 자책하지 않기, ③ '이러다 말겠지' '온정적으로 대하면 물러서겠지'라고 생각하지 않기, ④ 단 한 번에 단호하게 거절의사를 밝히기 등이 있다.

1   학교폭력의 새로운 유형으로 떠오르고 있는 스토킹의 개념을 설명하시오.

2   구애, 위협, 폭력, 포기의 4가지 단계의 특징을 설명하고 스토킹 예방을 위한 방안을 생
     각해 보시오.

3   스토킹 피해 발생 시 적절한 대응방안을 제시하시오.

7장

성폭력

성폭력으로부터 살아난 많은 사람들은 그 피해에서 벗어나느라 경황이 없어서 자신이 어떤 식으로 상처를 받았는가에 대해서 인식하지 못하는 경우가 많다. 하지만 치유가 필요한 영역이 어디인가를 알아내기 전에는 결코 치유란 있을 수 없다.

— 배스 & 데이비스, 『아주 특별한 용기』

학습목표

1 성폭력의 개념을 알 수 있다.

2 학교 성폭력의 실태와 성폭력의 유형을 알 수 있다.

3 성폭력 사안의 초기대응, 사안조사, 조치의 결정 및 이행 등 절차를 이해할 수 있다.

4 성폭력에 대한 상담 개입전략을 숙지할 수 있다.

학교 내 성폭력은 학교폭력의 일환으로 다루어지면서 학교폭력 매뉴얼의 일부분으로 포함되어 있다. 그러나 성별에 따라서 성폭력에 대한 감수성에 차이가 나타나며 학교급별로 특히 초등학교의 경우 성폭력에 대해 주관적 심각도가 크다고 느끼고 있다. 학교 내 성폭력 예방교육이 의무화되어 있으나 강당에 모여서 대규모 집단강의로 진행하는 등 형식적으로 진행되는 경우가 발생하고 있다. 이로 인해 학교 내 성폭력문제가 심각해지고 있으며, 그 유형도 다양화되고 선정적으로 변해 실질적인 대책이 필요하다는 지적이 나오고 있다(정혜원, 2017). 여기에서는 성폭력의 개념과 특성을 이해하고 예방 및 대처방안에 대해 살펴보고자 한다.

1. 성폭력의 개념

성적 괴롭힘은 우리 존재의 핵심에 상처를 입히고 치명적인 결과를 초래할 수 있다. 성에 대한 표현이나 감정 또는 가치판단 등은 한 개인 스스로를 표현하고 규정하는 수단이다. 따라서 성행동에 관한 선택 및 원치 않는다면 거부할 수 있는 자율성이 보장되어야 한다. 또한 원치 않는 성행동에 저항할 수 있다. 이러한 권리를 성적 자기 결정권이라 하며 아동과 청소년에 대한 성폭력도 성적 자기결정권에 대한 침해로서 이해되어야 한다(이인학 외, 2017). 성폭력은 '학교폭력예방 및 대책에 대한 법률'에서 학교폭력의 유형으로 분류되며 아동·청소년 성보호에 관한 법률 또는 아동복지법 규정에 의한 성범죄 또는 성폭력 범죄를 포함한다.

성범죄는 강간, 준강간, 강제추행, 준강제추행, 위계·위력에 의한 간음, 청소년 성매수, 성매매 강요·권유·유인·대가 약속·요구, 장애 청소년 간음·추행, 성매매 장소 알선·매매를 의미한다. 성폭력 범죄는 강간, 준강간, 강제추행, 준강제추행, 위계·위력에 의한 간음이며 성희롱은 성적인 말과 행동으로 성적 굴욕감과 수치감을 주는 행위를 의미한다.

따라서 학교 성폭력은 강간만이 아니라 원치 않는 신체적 접촉, 음란전화, 인터넷 등을 통해 접하게 되는 불쾌한 언어와 추근거림, 음란한 눈빛으로 바라보는 등 성을 매

개로 상대의 의사에 반해 성적으로 가해지는 모든 신체적·언어적·정신적 폭력을 말한
다(문용린 외, 2006).

2. 성폭력의 실태와 유형

1) 학교 성폭력 실태

2016년 학교폭력 실태조사에 따르면 전반적인 학교폭력 피해는 줄어들고 있으나
성폭력은 증가하고 있는 것으로 나타났다. 교육부에 따르면 전체 초·중·고교생 가운
데 학교폭력을 경험한 적이 있다고 답한 비율은 2013년 2.2%, 2014년 1.4%, 2015년
1.0%, 2016년 0.9%로 계속 줄고 있다. 그러나 초·중·고교에 설치된 학교폭력대책자
치위원회에서 심의한 학생 간 성폭력(성희롱, 성추행, 성폭행 등 각종 성 관련 사안) 건수
는 2015년 1,842건으로 2012년(642건)보다 3년 만에 3배가량 늘었다. 2013년 878건,
2014년 1,429건 등으로 매년 증가하고 있다. 또한 학교폭력대책자치위에서 심의한 학생
간 성폭력은 한창 사춘기를 겪는 나이인 중학생에서 가장 많았다. 심의 건수가 2013년

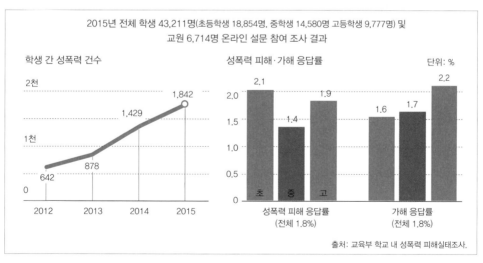

그림 7-1 학교 내 성폭력 피해 실태

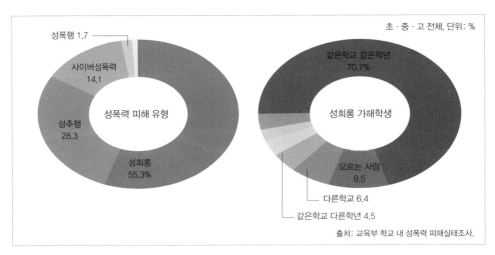

초 · 중 · 고 전체, 단위: %

성폭행 1.7

사이버성폭력 14.1

성추행 28.3

성폭력 피해 유형

성희롱 55.3%

같은학교 같은학년 70.7%

성희롱 가해학생

모르는 사람 9.5

다른학교 6.4

같은학교 다른학년 4.5

출처: 교육부 학교 내 성폭력 피해실태조사.

그림 7-2 성폭력 피해 유형 및 가해학생 분석 결과

497건에서 2015년 907건으로 1.8배 증가했다. 고등학생은 심의 건수가 같은 기간 221건에서 448건으로 2배 늘었다. 성폭력 피해 유형별로는 성희롱이 55.3%로 가장 많고 성추행 28.3%, 사이버성폭력 14.1%이다.

2) 성폭력 유형

학교 내 성폭력은 교육관련 기관, 즉 유치원, 학교, 대학 등 공식적인 기관 외에 사설학원, 과외, 체육관 등의 비공식적 공간을 포함한 곳에서 발생하는 성폭력을 말한다. 대상별 유형은 학생과 학생 간, 교육자와 학생 간, 교직원 간, 학생과 교직원 간 등으로 구분할 수 있다. 다만 학교폭력대책자치위원회에서 학교폭력 사안으로 처리하는 경우는 학생 간의 분쟁조정으로 한정된다.

한편 Coloroso(2008)는 성폭력을 신체적 · 언어적 · 관계적 폭력으로 구분하였다.

첫째, 신체적 성폭력은 성적인 방식으로 만지거나 잡는 것, 찌르는 것, 브래지어 잡아채기, 바지 내리기 또는 치마 들추기, 성적인 신체 접촉을 하는 것 또는 성폭행 등이 포함될 수 있다. 신체적 성폭력의 예는 다음과 같다.

A군은 자신의 집에 온 B양(14)에게 "지금 가면 나에게 죽을 수 있다, 장기 팔리고 싶냐, 지금 여기서 나가면 내가 너 못 찾을 것 같냐"며 겁을 줘 반항하지 못하게 한 뒤 성폭행한 혐의로 기소됐다. A군은 6회에 걸쳐 자신의 집에서 C양(14)을 폭행한 후 흉기로 겁을 줘 반항하지 못하게 한 뒤 성폭행한 혐의도 추가됐다.

또한 A군은 한 학교 농구장에서 중학교 2학년인 D군(14)이 3학년 선배를 우습게 여긴다는 말을 하고 다닌다는 이유로 친구 3명과 함께 둔기로 D군을 때리고 속옷만 입게 한 후 사진을 촬영하기도 했다.

"장기 팔리고 싶냐"…여중생 2명 성폭행한 중학생 (뉴스1 2017. 4. 27. 중 발췌).

둘째, 언어적 성폭력은 가장 흔한 유형이다. 언어적 성폭력은 그 자체만으로도 폭력이 되지만, 적지 않은 경우 신체적 성폭력이나 관계적 성폭력의 발판이 되기도 한다. 심지어 더 악랄하고 비열한 성폭력의 첫 단계가 될 수 있다. 언어적 성폭력은 잘 드러나지 않고 해를 입힐 의도가 없이 장난삼아 해 본 것이라 주장하는 경우가 많다. 이들은 성차별적이거나 성적인 은유가 들어간 언어를 통해 상대를 괴롭히며 죄의식을 느끼지 못하는 경우가 많다.

언어에 의한 성폭력의 특징은 공격적이며 이로 인해 대상은 당황해서 어쩔 줄 몰라 하고 모욕감, 수치심, 무기력감을 느끼게 된다.

욕설과 성적 표현은 이미 초등학생부터 남녀 모두에게 일상화했다. 또래 여학생이나 여교사를 성적 대상으로 삼는 일도 갈수록 심해지고 있다. 요즘 학생들 사이에 유행하는 '당연하지' 게임을 예로 들었다. "남학생들이 여학생들에게 '빨아 봤니?' '해 봤니?'라는 말을 던지죠. 여학생들이 수치심을 느끼거나 불편해 하면 남학생들은 신이 나서 반복합니다." 남학생들 사이에서 '미친놈'은 남학생들끼리 정겨운 대상에게 쓰는 친근함의 표현, '미친년'은 매우 싫어하는 상대에게 하는 경멸의 말로 통한다.

수도권 초등학교 5학년 담임 C 교사는 지난주 학생들과 '서로 절대로 써서는 안 되는 욕설과 표현'을 정했다. 평소 들었을 때 기분 나쁜 말을 얘기해 보자고 하자 '기모치' '야마테' 등의 일본어, '리얼 밥도둑' '니 얼굴 실화냐' 등 외모 비하 표현이 쏟아졌다. '기모치(이이)'는 '기분(좋아)', '야마테'는 '그만'이라는 평범한 뜻이지만, 문제는 단어의 발원지가 일본 포르노여서 성적 맥락으로 통용된다는 점이다.

[소년 여혐] 초등 교실에서 싹트는 '여성혐오'(한국일보 2017. 7. 22. 중 발췌).

셋째, 관계적 성폭력은 피해학생의 자존감을 조직적으로 깎아내리는 관계적 괴롭힘에 성적으로 함축된 의미를 더하는 것이다. 화장실 벽에 쓰인 루머나 욕설, 성적 취향으로 인한 따돌림, 가슴 등의 신체 부위를 향한 노골적 응시와 곁눈질, 외설적인 몸짓 등이다. 덧붙여, 성적 수치심, 모멸감, 경멸감을 주는 물건을 전시하거나 문구나 그림이 그려진 옷을 입거나 장식물 착용, 성적 모욕이 담긴 명백한 낙서도 관계적 성폭력에 포함시킬 수 있다. 이러한 행위 역시 언어적 성폭력과 마찬가지로 탐지하기 어려운 측면이 있다.

관계적 성폭력의 예

고등학생 동성애자 연우(가명·17) 군은 또래 친구에게 아웃팅을 당했다. 아웃팅 이후 친구들의 혐오와 폭력은 일상이 됐다. 필통에다가 립밤을 넣어두면 누군가가 책상에 립밤을 짜서 '게이'라고 써 놨다. 연우가 수행평가 발표를 하면 "아, XX 보기 싫다."며 밖으로 나가버리는 친구도 있었다.

일선 학교 및 인권단체 등에 따르면 대부분의 시간을 학교에서 보내는 청소년 성소수자들은 다른 집단에 비해 폭력과 차별에 훨씬 더 취약한 것으로 나타났다. 특히, 타인에 의해 강제적으로 성정체성이 밝혀지는 '아웃팅'을 경험하는 청소년들의 경우 극단적인 따돌림과 괴롭힘 끝에 학업을 중단하는 경우가 많았다.

"따돌림 · 협박, 학교가기 싫어요"…청소년 성소수자 '아웃팅' 공포(헤럴드경제 2017. 5. 17. 중 발췌).

3. 사안처리 절차

학교폭력대책자치위원회에서 학교폭력 사안으로 처리하는 경우는 학생 간의 성폭력 사안이다. 학생-학생(행위자-피해자) 간의 사안처리 절차는 크게 초기대응, 사안조사, 조치결정, 조치이행의 순서로 진행된다.

1) 초기대응

초기대응단계에서는 인지·감지 노력을 통해 징후를 파악하고 즉각적 실태조사와 상담 등의 과정을 거쳐 인지 즉시 학교폭력 전담기구에 의뢰하는 과정이다. 교사는 성폭력 상황을 인지한 즉시(인지한 때로부터 24시간 이내) 신속하고 적극적으로 개입해야 하며 학교폭력 전담기구 및 교육청, 수사기관에 신고해야 한다. 이때 피해학생이 신고를 원하지 않는 경우라도 성범죄 발생 사실을 인지했다면 수사기관에 신고해야 하는 법률상의 신고의무가 있으며, 117 등 수사기관에 신고하면 사안에 따라 해바라기센터(성폭력 피해 아동을 위한 통합센터)에 연락이 되어 도움을 받을 수 있다.

관련 학생에 관한 안전조치로는 피해학생이 지속적인 성폭력이나 협박 등을 당하고 있는지 안전여부를 파악해야 하며, 피해학생 보호를 위한 다각적이고 적극적인 조치를 강구하는 노력이 요구된다. 이를 위해 의료 및 상담지원, 수사 및 법률지원을 안내하며 피해학생 보호를 위해 최대한 학교에서 보호조치를 취해야 한다. 또한 피해학생 보호조치를 위한 결석은 진단서, 의사소견서 등을 제출하여 학교장이 인정하는 경우 출석일수에 산입할 수 있다.

사항이 위중한 경우 긴급조치를 취하거나 피해학생과 행위학생을 분리한다. 피해학생에 대한 긴급조치는 심리상담 및 조언, 일시보호를 비롯한 보호조치이며 가해학생에 대한 긴급조치는 서면사과, 접촉·협박·보복행위 금지, 학교 봉사, 특별교육 또는 심리치료, 출석정지 등이 있다.

2) 사안조사

사안조사는 사실여부와 요구사항 확인 후 조사결과를 보고하는 단계이다. 가해 및 피해사실 여부를 확인하기 위해 구체적 사안조사가 실시되며 이를 위해 관련 학생 면담, 주변학생 조사, 설문조사, 객관적인 입증 자료 등을 수집한다. 이때 실시되는 면담은 심층면담으로 다른 학생이나 교사들에게 비밀이 누설되지 않도록 유의해야 한다. 비밀 준수의 의무를 위반했을 때에는 법적 책임이 있으며, 의견이 엇갈리는 경우 다양한 자료 및 면담을 통해 사실관계를 명확히 해야 한다. 또한 관련 학생 및 보호자 면담을 통해 요구사항을 구체적으로 파악하고 피해학생이 원할 경우 동성(同性)의 상담자와 상담을 실시한다.

사안조사가 끝난 후 면담 일지 및 조사결과 보고서를 작성하며, 이를 학교장 및 학교폭력대책자치위원회의 요청이 있는 경우 보고하고, 교육청과 보호자에게 학교폭력대책자치위원회 개최 예정일을 통보한다.

3) 조치결정

조치결정은 학교폭력대책자치위원회를 개최하고 심의·의결하는 단계이다. 성폭력으로 인한 학교폭력대책자치위원회 개최도 일반적인 개최과정과 같은 순서로 진행된다. 피해학생과 가해학생에 대한 조치는 다음과 같다. 조치 이후 피해학생과 가해학생에 대한 갈등을 조정할 수 있으며, 그 밖에 학교폭력대책자치위원회의 조치만으로는 해결이 불가능한 갈등이 있을 경우에도 분쟁을 조정할 수 있다.

4) 조치이행

조치 요청을 받은 날로부터 14일 이내 조치를 이행하며 조치 거부나 회피 시 관련 법에 따라 징계 또는 재조치를 받게 된다. 심의 결과 이의가 있는 경우 피해학생과 가해학생 모두 재심 청구가 가능하며, 학교장의 조치에 이의가 있는 경우에는 행정심판을 제기할 수 있다.

표 7-1 피해학생에 대한 조치

제1호	심리상담 및 조언	성폭력으로 받은 정신적·심리적 충격으로부터 회복할 수 있도록 학교 내 교사나 전문상담기관으로부터 상담 및 조언을 받도록 하는 조치
제2호	일시보호	지속적인 성폭력이나 보복의 우려가 있는 경우 일시적으로 보호시설이나 또는 학교상담실 등에서 보호를 받을 수 있도록 하는 조치
제3호	치료 및 치료를 위한 요양	성폭력으로 인하여 생긴 신체적·정신적 상처의 치유를 위하여 일정기간 출석을 하지 아니하고 의료기관 등에서 치료를 받도록 하는 조치
제4호	학급교체	지속적인 성폭력 상황으로부터 벗어나도록 하기 위해서 또는 학교폭력으로 인해 생긴 정신적 상처에서 벗어나도록 하기 위해서 피해자를 동일 학교내의 다른 학급으로 소속을 옮겨주는 조치
제6호	그 밖에 피해학생의 보호를 위하여 필요한 조치	치료 등을 위한 의료기관에의 인도, 수사기관의 조사 및 법원의 동행, 법률구조 기관 등에 필요한 협조와 지원 요청, 등하굣길에서의 동반 등

출처: 서울시교육청(2016).

표 7-2 가해학생에 대한 조치

제1호	서면 사과	가해학생이 피해학생에게 서면으로 사과하도록 하여 서로 화해하도록 하는 조치
제2호	피해학생 및 신고·고발학생에 대한 접촉, 협박 및 보복 행위 금지	피해학생 및 신고·고발 학생에 대한 가해학생의 접근을 막아 더 이상 성폭력이나 보복을 막기 위한 조치
제3호	학교에서의 봉사	가해학생에게 반성의 기회를 주기 위한 조치
제4호	사회 봉사	사회구성원으로서의 책임감을 느끼게 하기 위한 조치
제5호	특별교육이수 또는 심리치료	교내외 전문가에 의한 특별교육을 이수하거나 심리치료를 받도록 하는 조치
제6호	(기간제한이 없는) 출석정지	가해학생에게 학교에 출석하지 못하게 함으로써 반성의 기회를 주고 일시적으로나마 피해학생과 격리시켜 피해학생을 보호하기 위한 조치 ※즉시 출석정지 사유 ① 2명 이상의 학생이 고의적·지속적으로 성폭력 행사, ② 성폭력을 행사하여 전치2주 이상의 상해를 입힌 경우, ③ 성폭력에 대한 신고, 진술, 자료제공 등에 대한 보복을 목적으로 폭력행사, ④학교의 장이 피해학생을 가해학생으로부터 긴급하게 보호할 필요가 있다고 판단할 경우
제7호	학급교체	가해학생을 피해학생으로부터 격리시키고 동일학교 내의 다른 학급으로 소속을 옮기는 조치
제8호	전학	가해학생을 피해학생으로부터 격리시키고 다른 학교로 소속을 옮기는 조치
제9호	퇴학처분	학생의 신분을 강제로 상실시키는 조치(고등학생만 가능)

출처: 서울시교육청(2016).

4. 상담 개입전략

1) 피해학생에 대한 전략

성폭력을 당한 피해학생들은 두렵고 불안한 상태에 있다는 점을 고려하여 친절하고 안정된 자세로 맞이한다. 피해학생은 세상과 타인에 대해 심한 불신과 경계심을 보이게 되므로 일관되고 성실한 태도를 취함으로써 신뢰관계를 형성하는 것이 중요하다.

교사는 학생들의 성문화에 대해 열린 자세를 가지고 침착한 태도로 학생의 이야기를 수용하고 경청해야 한다. 요즘 청소년들은 부모나 교사보다 인터넷을 통해 자극적인 성문화에 노출되기 쉽기에 교사 자신의 성지식과 가치관을 점검하여 공감할 수 있도록 노력해야 한다. 성폭력 피해자들의 이야기는 대단히 민감해서 교사가 공감에 실패하면 오히려 새로운 상처가 될 수 있다. 따라서 이를 방지하기 위해서는 피해학생이 자신의 이야기를 자세히 할 수 있도록 수용적 분위기를 만들고 학생의 관심이 쏠려 있는 내용을 화제로 삼아야 한다. 질문은 구체적으로 하는 것이 좋으나 취조하듯 꼬치꼬치 캐묻는 태도는 좋지 않다. 피해사건이 일어난 구체적인 상황과 장소, 가해학생의 행동, 그에 대한 피해학생의 행동, 생각, 감정 등에 대해 구체적으로 묻는다. 이 과정에서 피해학생을 격려하고 지지해야 하며 외상 정도가 심하다고 판단될 경우 성상담 전문가에게 의뢰한다(송재홍 외, 2016).

아동·청소년 성폭력은 사건 자체의 상처뿐만 아니라 조사와 상담 과정에서 상처를 반복적으로 떠올려 2차 피해를 입기도 한다. 또한 성폭력 가해자들에게 가해지는 처벌이 공정하고 정당하지 못해 피해자를 보호하지 못하거나 피해자의 억울함을 더하기도 한다. 따라서 상담자와 보호자 모두 충분한 시간적 여유를 갖고 피해자가 안정을 찾을 수 있도록 충분히 배려해야 한다. 피해학생의 경우 성에 대한 왜곡된 인식이 생기거나 자신에 대한 비하가 이어질 수 있으므로 적절한 교육과 정보를 제공하고, 여성긴급전화 및 긴급지원센터 등과 연계하여 개입과정이나 주의사항, 긴급보호 등에 관한 정보를 얻는 것이 좋다(이인학 외, 2017). 특히 성폭력 상담은 사건 자체뿐만 아니라 내담자의 전반적인 기능과 적응문제가 함께 다루어져야 한다. 성폭력 피해자들은 피해 이후 반복해서 떠오르는 사건에 대한 기억, 우울이나 불안, 두려움의 정서적 문제, 자책과 죄의식, 일상생활에서의 어려움, 대인관계에서의 어려움을 경험한다(박가람·정남운, 2008) 이는 다른 외상후 스트레스장애에는 별로 나타나지 않는 현상(김정규, 1998)이므로 이에 맞는 다양한 상담 접근이 가능하도록 안내하여야 한다. 특히 성폭력의 경우 자신의 문제를 주변에 말하기 어렵기 때문에 이야기할 대상과 공간이 필요하며, 비밀 보장에 대한 안정성 확보가 중요하다.

또한 교사가 성폭력에 대한 편견을 갖고 있는지 점검해 보아야 한다. "걔가 원래 좀 그랬어요.", "못생겨서, 뚱뚱하니까, 성숙해서", "당할 만해서 당했다.", "당해도 싸다." 식의 피해학생에게 책임을 전가하는 인식(박민영, 2017)을 갖고 대하는 태도는 피해학생의 어려움을 가중시킨다. 성폭력 피해자들은 대부분 "내 잘못이 아니라는 것을 알게 되면서 죄책감이 사라지고 자책을 하지 않게 되었으며 마음이 편안해졌다."고 한다. 따라서 성폭력 피해학생을 돕는 교사들은 성폭력이 피해자의 존재나 가치를 손상시키지 않으며, 성폭력이 일어나는 것은 개인의 행동 때문만은 아니라는 인식을 가져야 한다 (박가람, 정남운, 2008). 또한 성폭력 피해경험은 다른 외상후 스트레스와는 달리 표면적인 증상의 감소가 나타난 후에도 만성적 후유증을 겪는 경우가 많으므로 지속적인 지지와 개입이 필요하다.

2) 가해학생에 대한 전략

일반적으로 성폭력 가해 청소년들의 특성은 낮은 자존감, 공격성, 충동성, 공감능력 부족, 관계형성능력 부족, 장기조망능력 부족, 가치관 혼란, 문제해결능력 부족 등 개별적 특성과 문제 학부모, 학교에서의 부정적 경험이라는 특성을 가지고 있다(김영자, 2012). 청소년 성폭력의 원인은 성에 대한 비뚤어진 사회적 인식과 환경적 성문화에 영향을 받은 결과로 볼 수 있다. 특히 성폭력 발생요인은 우리의 가부장적 가족제도하에서 남성다움과 여성다움을 강조하는 이중적인 성윤리 의식과 여성을 하나의 성적인 대상물로 인식하는 여성차별주의에 기인하고 있다. 대개 사회적으로 성에 관한 것을 은폐하고 금기시해야 한다는 관념은 있지만 현실적으로 유교문화의 전통, 향락적 퇴폐문화의 범람, 대중매체의 상업성과 음란물의 만연, 현대인의 스트레스 증가, 기성세대의 도덕적인 타락, 입시위주의 교육과 성교육의 부재, 정부의 미온적인 단속, 사회규범의 붕괴와 아노미 현상 등을 그 원인으로 제시할 수 있다(박용순, 2000). 즉 개인적 문제, 가정문제, 학교 및 사회의 문제가 복합적으로 작용하여 성폭력 가해 청소년들에게 영향을 미치고 있는 것이다. 따라서 성폭력 가해학생에 대한 대처 역시 다각적인 관심과 접근이 필요하다.

이러한 관점에서 성폭력 가해학생에 대한 전략은 우선 가해학생의 입장에서 왜 그런 행동을 했는지 자세히 경청해야 한다. 이를 통해 성폭력 가해학생이 가지고 있는 성인식과 성태도, 가치관, 성지식 등을 점검하고 치유할 수 있는 방안을 찾아 프로그램을 적용해야 한다. 성폭력의 경우 상습성과 반복성의 위험이 높고 자신이 한 행동이 성폭력인지 인지하지 못하는 상태에서 발생하는 경우가 많으므로 가해자의 특성을 이해하고 특성에 따른 개입이 필요하다. 장난으로 한 일이 상대방에게는 큰 상처가 될 수 있으며, 성에 대한 관심을 긍정적인 방식으로 풀어나갈 방법을 함께 찾도록 지원해야 할 것이다. 이때 교사는 수사관이 아닌 교육자의 입장에서 가해학생을 대하며 가해학생에 대한 비난이 아닌 성장 가능성을 격려하는 방식으로 진행해야 한다. 자신의 행위가 분명한 범죄라는 사실을 인식하고 피해학생에 대한 진정한 사과와 책임 있는 태도를 갖도록 지원해야 한다.

한편 청소년기의 성의식에 영향을 미치는 가장 중요한 변인으로 부모가 주목받고 있다(서혜석·채인석, 2015). 성범죄자의 심리적 특성을 살펴보면 친밀감의 결여, 공감능력의 부족, 인지왜곡 등의 요소가 있는데, 이는 일차 양육자와의 애착경험과 관계가 있다. 타인과 관계형성의 기초가 되는 일차 양육자와의 애착이 안정애착을 형성하지 못하면서 친밀한 관계 형성과 공감능력을 갖는 데 어려움을 갖게 되며 자신에 대한 신뢰감을 형성하지 못한다. 결국 다른 사람에 대한 부족한 신뢰로 인해 상대방을 올바르게 이해하지 못하고 다른 사람의 욕구를 잘못 인식하는 인지적 특성을 보여 성범죄 가해의 위험이 높다는 것이다(임정선, 2011). 따라서 가해학생 개인에 대한 개입뿐만 아니라 가족관계 회복을 위한 접근이 필요하다고 볼 수 있으므로 유관기관과 연계한 적절한 안내와 지원이 이루어져야 한다.

요약

1 학교 성폭력은 강간만이 아니라 원치 않는 신체적 접촉, 음란전화, 인터넷 등을 통해 접하게 되는 불쾌한 언어와 추근거림, 음란한 눈빛으로 바라보는 등 성을 매개로 상대의 의사에 반해 가해지는 모든 신체적·언어적·정신적 폭력을 말한다. 성에 대한 표현이나 감정 또는 가치판단 등은 한 개인 스스로를 표현하고 규정하는 수단이다. 따라서 성적 자기 결정권에 근거해 성행동에 관해 선택하고 거부할 수 있는 자율성이 보장되어야 한다.

2 2016년 학교폭력 실태조사에 따르면 전반적인 학교폭력 피해는 줄어들고 있으나 성폭력은 증가하고 있는 것으로 나타났다. 성폭력은 신체적·언어적·관계적 폭력으로 구분할 수 있다. 신체적 성폭력에는 성적인 신체접촉 및 성폭행이 포함된다. 언어적 성폭력은 가장 흔한 유형이며, 신체적 성폭력이나 관계적 성폭력의 발판이 되기도 한다. 관계적 성폭력은 피해자의 자존감을 조직적으로 깎아내리는 관계적 괴롭힘에 성적으로 함축된 의미를 더하는 것이다. 성적 모욕이 담긴 낙서, 화장실 벽에 쓰인 루머, 성적 취향으로 인한 따돌림 등이 그 예이다.

3 학생 간 성폭력 사안에 대한 학교폭력대책자치위원회의 처리 절차는 크게 초기대응, 사안조사, 조치결정, 조치이행의 순서로 진행된다. 초기대응단계는 인지·감지 노력을 통해 징후를 파악하고 즉각적 실태조사와 상담 등의 과정을 거쳐 학교폭력 전담기구에 의뢰하는 과정이다. 사안조사는 사실 여부와 요구사항 확인 후 조사결과를 보고하는 단계이다. 조치결정은 학폭위를 개최하고 심의·의결하는 단계이다. 결정에 따라 피해학생과 가해학생에 대해 조치를 이행하게 된다.

4 성폭력 피해자의 이야기는 대단히 민감해서 교사가 공감에 실패하면 오히려 새로운 상처가 될 수 있다. 이를 방지하기 위해 수용적 분위기를 만들어야 한다. 질문은 구체적으로 하는 것이 좋으나 취조하듯 캐묻는 태도는 좋지 않다. 이 과정에서 피해학생을 격려하고 지지해야 하며 외상 정도가 심하다고 판단될 경우 전문가에게 의뢰한다. 성폭력 상담은 사건 자체뿐만 아니라 내담자의 전반적인 기능과 적응문제가 함께 다루어져야

한다. 또한 교사가 성폭력에 대한 편견을 갖고 있는지 점검해 보고 2차 피해가 발생하지 않도록 해야 한다.

성폭력 가해 청소년의 경우 공격성, 충동성 조절 등 개인적 문제, 가정 및 학교에서의 부정적 관계와 경험의 문제, 사회의 성차별적 문화의 문제 등이 복합적으로 작용해 영향을 미친다. 따라서 가해학생에 대한 대처 역시 다각적인 관점에서의 관심과 접근이 필요하다. 교사는 수사관이 아닌 교육자의 입장에서 가해학생을 대해야 하며 비난이 아닌 성장 가능성을 격려하는 방식으로 진행해야 한다. 그러나 자신의 행위가 범죄라는 사실을 분명히 인식하고 피해학생에게 진정으로 사과하고 책임 있는 태도를 갖도록 지원해야 한다.

1   신체적·언어적·관계적 성폭력의 특징을 구체적 사례를 들어 설명하시오.

2   학생 간의 성폭력 사안처리 과정 중 사안조사 과정에서 유의할 점은 무엇인지 생각해
보시오.

3   성폭력 사안처리 과정이 갖는 문제점을 생각해 보고, 피해학생의 2차 피해 예방을 위한
적절한 문제해결 방안을 제시하시오.

8장

사이버불링

소셜 미디어상의 폭력을 당하고 나서 식이장애를 앓게 된 소녀부터 스스로 목숨을
끊는 소년까지 있다. 우리는 소셜 미디어와 문자 메시지가 집단 괴롭힘을 어떻게
바꿔 놓았는지를 목격하고 있다. 그것은 교실과 학교 운동장에서만이 아니라
어린이들에게 안전한 안식처가 되어야 할 집까지 따라오는 고통이 됐다.
— 윌리엄 왕자(2016. 6. 16., 디지털기업가 연설)

학습목표

1 사이버불링의 개념을 알 수 있다.

2 사이버불링의 특성을 이해할 수 있다.

3 사이버불링의 원인으로서 인터넷의 환경적 특성, 사회문화적 요인, 개인의 심리적
요인을 살필 수 있다.

4 사이버불링의 실태를 이해할 수 있다.

5 사이버불링의 대처방안을 숙지할 수 있다.

인터넷, 스마트 미디어 등이 일상화되면서 학생들의 삶에서 사이버 공간은 일상적 환경이 되었다. 10대에게 사이버 공간은 아주 어릴 때부터 접속하면서 살아온 삶의 한 부분으로 만일 사이버 공간을 떼어 낸다면 생활을 정상적으로 하는 게 매우 어려울 것이다. 그렇기 때문에 학교라는 공간뿐 아니라 사이버 공간에서의 폭력에 대해서도 부모, 교사, 학생 모두가 관심을 가져야 한다(추병완 외, 2016). 여기에서는 최근 들어 관심이 높아지고 있는 사이버불링의 개념과 특성을 이해하고 예방 및 대처방안에 대해 살펴보고자 한다.

1. 사이버불링의 개념

2000년대 중반부터 인터넷과 정보통신기기를 매개로 한 불링(bullying)이 유행하면서 유럽 국가들과 미국, 캐나다, 일본을 비롯한 대부분의 나라들이 불링과 더불어 '사이버불링'이라는 용어를 채택하여 사용하고 있다(임상수, 2013). Olweus(1993)는 불링을 '한 명 또는 그 이상의 학생들이 행하는 부정적인 행위(예: 신체적 접촉, 언어나 표정 또는 몸짓으로 행하는 의도적 침해)에 지속적이고 반복적으로 노출되는 것'으로 정의하였다. 사이버불링은 사이버 공간에서 일어나는 의도적이고 지속적인 폭력행위이다. 국내에서는 사이버폭력이나 사이버따돌림이라는 개념과 동일한 의미로 사용되곤 한다(이창호, 2016).

사이버불링과 유사의미로 사용되는 사이버폭력과 사이버따돌림의 개념을 살펴보면 첫째, 사이버폭력은 사이버 공간에서 발생하는 다양한 공격현상과 폭력행위로 '정보통신 매체를 통하여 특정 개인 혹은 다수에게 공포, 분노, 불안, 불쾌감 등 부정적인 감정을 유발하는 행위'를 말한다(두경희, 2013). 국내에서 사이버폭력은 연예인에 대한 비난이나 공격성 글, 신상 캐기 등의 행위를 하는 것에서 시작되었으며, 최근 이러한 현상은 연예인을 넘어 일반인들에게까지 확장되어 일어나고 있다.

둘째, 사이버따돌림은 '학교폭력 예방 및 대책에 관한 법률'에서 사용되는 용어로 "인터넷, 휴대전화 등 정보통신기기를 이용하여 학생들이 특정 학생들을 대상으로 지속적·반복적으로 심리적 공격을 가하거나, 특정 학생과 관련된 개인정보 또는 허위 사실을 유포하여 상대방이 고통을 느끼도록 하는 일체의 행위"라 정의하고 있다. 최근에는 인터넷에서 발생하던 사이버상의 집단 따돌림 현상이 좀 더 발달하여 스마트 기기를 활용한 '스마트불링'으로 발전하기도 했다. 이러한 사이버불링과 스마트불링은 스마트폰의 보급이 늘어남에 따라 네이트온, 카카오톡 등 모바일 메신저를 통해 사이버 공간에서 언어폭력이나 왕따를 당하는 등 학교뿐만 아니라 방과 후에도 '왕따' 피해를 호소하는 학생들이 늘어나는 추세이다(신승균, 2014). 이상의 정의에 따라 사이버불링은 전통적인 불링 현상과 관련하여 장소적인 의미와 함께 도구적 의미가 부가된 새로운 형태의 폭력 유형이라 할 수 있다(김봉섭, 2015).

즉, 사이버불링은 Olweus(1993)가 정의한 불링 현상이 사이버 공간에서 변형되어 새롭게 발생한다는 의미와 함께 '사이버'에 내포된 정보통신 기술을 불링의 도구로 사용한다는 의미를 갖는다. 사이버불링은 단문문자를 통한 유형, 사진 혹은 동영상을 전송하는 유형, 보이스메일을 통한 유형, 이메일을 통한 유형, 채팅방을 통한 유형, 블로그나 SNS를 이용한 유형, 온라인 게임상에서 행해지는 유형(임상수, 2011) 등 그 발생 형태도 다양하다. 또한 이러한 발생 형태의 다양성뿐만 아니라 놀림/무시, 욕설/협박, 허위사실이나 소문 유포, 신상정보나 사생활 노출, 몰래 촬영한 사진이나 동영상 및 합성사진 유포 등 일반적인 불링의 행위가 포함된다. 사이버불링은 발생하는 매개 도구의 다양화, 빠른 확산속도 등의 특징에 따라 디지털 시대의 우리 청소년들이 직면한 가장 심각한 문제 중의 하나로 청소년들 사이에 사회적 죽음(social death)을 일으키는 요인으로 인식되고 있다(김봉섭 외, 2017).

방송통신위원회·한국인터넷진흥원(2016)에서 실시한 사이버폭력실태조사에 사용된 사이버불링 유형별 정의는 다음과 같다.

표 8-1 사이버불링의 정의

	유형	정의
1	사이버언어폭력	인터넷에서 누군가에게 욕설을 하거나 감정을 상하게 하는 행위
2	사이버명예훼손	인터넷에서 다른 사람에 대한 거짓된 이야기나 잘못된 이야기를 퍼뜨리는 행위
3	사이버스토킹	상대방이 싫어하는데도 인터넷에서 이메일이나 쪽지를 계속 보내거나, 블로그·SNS에 계속 방문해 글이나 사진을 남기는 행위
4	사이버성폭력	상대방이 싫어할 줄 알면서도 인터넷에서 야한 글이나 사진, 동영상을 보내는 행위
5	신상정보 유출	인터넷에서 누군가의 신상정보(이름, 사는 곳, 학교, 사진 등)을 퍼뜨리는 행위
6	사이버따돌림	인터넷상의 대화방이나 스마트폰 카카오톡 등에서 상대방을 퇴장하지 못하게 막고 놀리거나 욕하거나, 대화에 참여하지 못하게 하는 행위

출처: 방송통신위원회·한국인터넷진흥원(2016).

2. 사이버불링의 특성

인터넷이나 스마트폰 이용의 대중화와 함께 등장한 사이버불링은 기본적으로 온라인상에서 다른 사람에게 가하는 의도적이고 지속적인 폭력행위이다. 사이버불링은 일반적인 불링의 특성과 함께 수단으로서 정보통신기기가 강조되는 점이 전통적인 학교폭력과는 구분되는 특성이다.

폭력에 사용되는 수단이 정보통신기기라는 특성에 따라 사이버불링은 익명성을 특징으로 한다. 익명성은 현실에서의 편견과 선입견이 작용하지 않도록 하여 누구에게나 기회의 평등과 표현의 자유를 담보해 주는 중요한 장치이다. 사이버 공간의 이러한 익명성은 양심, 도덕성, 윤리성의 압박에서 벗어날 수 있도록 하여 사이버폭력이 가능하도록 하는 원인으로 작용하기도 한다. 사이버 공간의 익명성은 실재감을 떨어뜨려 청소년들이 일탈행동을 할 개연성을 주고, 보다 공격적으로 만들고 자기조절을 약하게 한다. 즉, 사이버 공간에서 행위자들이 발각될 위험 없이 익명의 상황에서 타인을 괴롭히는 데 참여할 수 있을 뿐만 아니라(Joinson, 2003) 상대방의 피해를 덜 인지하여 죄책감이 감소하는 특징이 있다.

또한 디지털 정보를 통해 유통되는 가해를 목적으로 하는 문자나 동영상, 사진 등은 불특정다수에게 광범위한 지역으로 빠르게 확산된다. 사이버 공간은 무경계의 특성을 지닌다. 전통적인 학교폭력은 피해자가 가해자의 세력 범위를 벗어나서 집으로 가거나 이사를 가면 더 이상 일어날 수 없었지만, 사이버폭력은 집으로 돌아가거나 이사를 간 이후에도 이메일, 휴대전화 등을 통해 24시간 어디에서나 일어날 수 있다.

즉, 오프라인상에서 발생하는 전통적인 폭력행위와 결합하여 발생하는 것이다. 학교폭력을 당하는 피해학생에 대한 폭력행위가 학교 내로 한정되지 않고 정보통신기기를 매개로 가상공간으로 확대된다. 사이버폭력의 가해학생과 피해학생은 학교 현장에서도 서로의 존재를 알고 있는 동료이며 이로 인해 가상공간에서 발생하는 사이버폭력은 오프라인상에서 발생하는 학교폭력행위와 복합적으로 작용하여 더 큰 피해를 유발한다(정한호, 2012). 결국 순식간에 퍼져나가는 정보유통의 속도와 사이버 공간에 한 번 올려진 글이나 사진, 동영상 등은 완벽하게 지우기 어려운 특성으로 인해 피해자가 받는 고통도 그만큼 지속되고 심해질 수 있다(김봉섭 외, 2017).

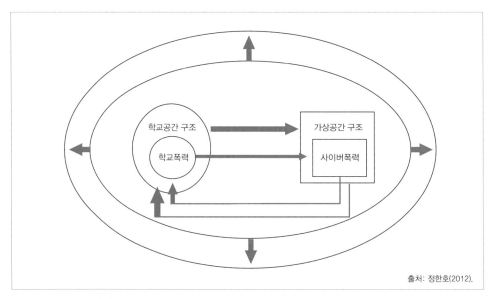

출처: 정한호(2012).

그림 8-1 학교폭력의 확대 도식화

다음으로 사이버불링에서는 가해자와 피해자의 경계가 쉽게 무너진다. 사이버폭력의 피해자가 가해자에 대한 보복이나 또 다른 피해자를 만들어 내어 고통을 주는 경우가 있으며, 이로 인해 가해자와 피해자가 서로 맞물려 악순환으로 이어지면서 다른 경우에 비해 우울감과 불안감이 더욱 심각할 수 있다(김봉섭 외, 2017). 또한 가해자가 가해사실을 인지하지 못한 상태에서 가해를 할 수 있으며 가해자가 무한히 늘어날 수도 있다. 피해자를 전혀 모르더라도 글이나 사진을 복사해서 다른 사람에 전달하거나 자신의 사이트에 담아놓기만 해도 가해자가 될 수 있다. 뿐만 아니라 가해의 목적으로 우스꽝스럽게 만든 내용을 동영상 사이트에 링크하여 더 많은 사람들이 볼 수 있게 하는 것도 가해행위가 될 수 있다(이인학 외, 2017). 이러한 경우에 가해자들은 '재미나 호기심, 놀이'로서 허위사실, 미확인정보 유통, 신상털기에 참여하고 자신의 행위를 폭력으로 인식하지 못한다. 심지어 사이버폭력을 일종의 사회적 처단으로 인식하는 경우도 있다. 사이버 공간에서의 타인에 대한 비방이나 욕설 등이 사회적 처단이나 사회 정의의 실현이라는 인식하에 이루어진다는 것이다. 예를 들어, 일명 '일베'의 종북 몰이가 애국심으로 포장되어 인식되거나 연예인의 일탈행동에 악플이 달리는 경우가 대표적이라 할 수 있다(김봉섭 외, 2017).

이러한 특성으로 인해 누가 가해자이고 누가 피해자인지 구별하기 어렵고 광범위한 가해자들이 존재하므로 학교폭력의 전통적인 대응과는 다른 대응이 필요하다.

3. 사이버불링의 원인

사이버불링이 발생하는 원인으로는 인터넷의 환경적 특성, 사회문화적 요인, 개인의 심리적 요인으로 구분해 볼 수 있다.

1) 인터넷의 환경적 특성

인터넷 폭력의 가장 큰 특성은 익명성에 기대어 사이버 공간에서의 자아와 현실세계의 자아를 분리하여 인식하며 다중 ID를 통해 사이버 공간에서 원하는 만큼의 자아를 생성해 낼 수 있다는 것이다. 이렇게 현실세계와는 다른 사이버 다중자아 개념은 통제력의 약화와 연결되며, 자아 통제력이 약화된 사이버상의 자아는 쉽게 죄책감이나 처벌에 대한 두려움 없이 폭력을 행사한다. 따라서 사이버불링 가해·피해는 인터넷이나 소셜 네트워크 이용 등 온라인 커뮤니케이션 참여가 활발할수록 가능성이 높다(Mesch, 2009). 인터넷의 환경적 특성을 정리해 보면 다음과 같다.

① 탈육체의 비대면성: 상대의 존재를 덜 의식, 사회실재감의 상실
② 익명성: 개인 신분이 노출되지 않는 익명적, 탈억제
③ 가상성: 현실에 대한 구속 없이 자신의 욕구를 충족시킬 수 있는 초현실적 공간
④ 가치규범의 부재성: 보편적 가치규범의 부재, 모든 규제로부터의 자유로움
⑤ 재미와 호기심: 오락을 목적으로 한 놀이 공간
⑥ 새로운 자아의 구현성: 현실의 사회 위치와 역할로부터 자유로운 탈구조적임, 이상적이고 유동적이며 다양한 자아의 모습 구현 가능, 다중자아로 인한 정체성의 혼란과 불안정한 분절적 자아 경험
⑦ 기회의 용이성: 누구나 접근이 가능하고 시공간의 무제한, 육체적 노력 없이 한 번의 클릭만으로도 일탈이 가능

출처: 손민지(2013).

2) 사회문화적 요인

사이버불링은 현실사회의 문제와 밀접한 관련이 있다. 사이버불링은 일반적으로 전통적인 오프라인의 불링과 함께 중복하여 발생하는 경우가 많다. 오프라인 공간에서 폭력에 가담한 청소년들이 사이버불링에 가담할 가능성이 높고, 역으로 사이버불링에 가담한 학생들은 오프라인 공간에서도 남을 지속적으로 괴롭힐 확률이 높다(전신현·이성식, 2010; Hinduja & Patchin, 2012). 이는 폭력적인 하위문화 속의 사람들은 폭력이 용인되는 분위기 속에서 폭력을 거부감 없이 당연하고 자연스럽게 받아들임으로써 자연스럽게 폭력행위를 하게 된다는 사회학습이론과 연결지어 살펴볼 수 있다. 즉, 주변 문화가 폭력에 너그러울수록 사이버폭력이 발생할 가능성이 높아지는 것이다(이정기·우형진, 2010). 그 외에 학교만족도나 부모와의 관계 등이 사이버불링 피해의 요인으로

작용한다. 부모와의 친밀도가 떨어질수록 사이버불링을 더 당하는 것으로 나타났으며 (Accordino & Accordino, 2011), 부모가 자녀의 온라인 사용 규칙을 제한할수록 자녀의 사이버불링 피해가 감소하는 것으로 나타났다(Mesch, 2009). 특히 자녀의 이메일, 채팅, 인스턴스 메시지 이용을 제한하는 온라인 상호작용 활동을 제한하는 중재가 온라인 위험 노출(음란물, 폭력물, 개인정보 제공 등)과 부적인 관계가 있는 것으로 나타났다(Living-stone & Helsper, 2008).

3) 개인의 심리적 요인

일상의 좌절, 긴장으로 인한 화·분노·우울감 등 부정적 감정이 우발적 충동, 일탈행위로 이어지며 그 방식으로 사이버 공간이 선택된다. 즉, 현실에서 화가 나는 것을 표현하기 어렵지만 인터넷상에서는 낮은 실재감과 비대면의 특성을 갖고 있으므로 긴장과 화를 표출하기 쉬운 것이다. 또한 인간이 가진 일탈 동기가 현실생활에서 부모나 주위 사람과의 관계로 인해 표출되기 어려웠으나 사이버 공간에서는 통제가 쉽지 않으므로 폭력행위가 유발된다(손민지, 2013). 이외에 자신의 상태를 알리거나 타인의 반응을 통해 자신이 관심을 받고 있음을 우회적으로 확인하는 자기 과시와 사이버 공간에 대한 호기심과 재미를 추구하는 성향 등을 개인적 요인으로 볼 수 있다(정한호, 2012).

4. 사이버불링의 실태

우리나라 초·중·고 학생을 대상으로 한 한국정보화진흥원(2016)의 조사에 따르면 17.2%가 사이버폭력 피해경험이 있었으며, 17.5%가 사이버폭력 가해경험이 있는 것으로 나타났다. 사이버폭력 가해경험은 2014년 대비 3.5%p 증가하였으며, 피해경험은 1.8%p 감소한 것으로 조사되었다. 2014년 대비 모든 학년과 성별에 걸쳐 사이버폭력 가해경험은 증가하였으나, 피해경험은 모든 학년과 성별에 걸쳐 감소한 것으로 나타났다. 특히 학년이 높을수록, 여학생 대비 남학생의 피해 및 가해 경험이 높은 특징을 보

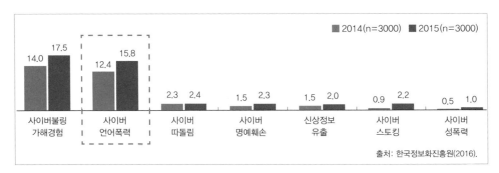

그림 8-2 사이버불링 가해경험 및 유형(복수응답, %)

이고 있다.

학생들은 주로 '사이버언어폭력' 가해경험이 가장 많은 것으로 조사되었으며, 그 밖에 '사이버명예훼손', '사이버따돌림', '사이버스토킹' 등도 미미하게 발생하고 있는 것으로 조사되었다.

또한 사이버폭력은 주로 '인터넷 아이디나 닉네임을 알고 있을 뿐, 실제 누구인지 모르는 사람'과 '내가 평소에 알고 있던 사람'들이 주된 가해대상이다. 사이버폭력 가해이유에 대해 '상대방이 먼저 그런 행동을 해서 보복하기 위해'를 주된 이유로 응답했으며, '상대방이 싫어서, 상대방에게 화가 나서'라고 응답한 비율이 다음으로 높게 나타났다.

학생들의 사이버폭력의 피해는 주로 잘 알지 못하는 사람으로부터 당하는 것으로 나타났으나, 피해 이후 '보복', '우울·스트레스' 등 부정적 감정이 발생함에도 불구하고 '신고 대응' 등의 적극적인 조치보다는 '상대방의 차단' 등 소극적인 조치에 머무르고 있다.

'학교폭력 예방 및 대책에 관한 법률'에서 적용되는 사이버불링의 구성요건은 첫째, 인터넷이나 휴대전화 등의 정보통신기기를 이용할 것, 둘째, 학생들이 특정 학생들을 대상으로 할 것, 셋째, 지속적이고 반복적인 심리공격을 가하거나, 넷째, 개인정보를 유포하거나, 다섯째, 허위사실을 유포하고, 여섯째, 상대방이 고통을 느껴야 한다. 사이버불링의 구체적인 사례는 다음과 같은 것이 있다.

사례 1: 카카오톡 폭력

초등학교 4학년 신혁(가명)이는 카카오톡 알람만 들리면 심장이 내려앉는다. 지난해 4월부터 같은 학교 동급생들이 "XX새끼, 왜 사냐?", "눈에서 알짱거리면 알아서 해라, 보일 때마다 한 대씩이다." 등 심한 협박과 욕설 메시지를 보내기 시작했다. 휴대전화를 꺼두거나 무음모드로 해 놔도 소용없다. 밤낮, 주중, 주말을 가리지 않고 날아오는 욕설에 매순간 불안하다. 스트레스가 극에 달한 신혁이는 학교 가기가 무섭다. 신혁이는 등교를 거부하며 우울증과 자살충동을 호소하고 있다. (주간조선, 2016. 4. 18.)

사례 2: 감옥방의 공포

모바일과 SNS 기술이 발달할수록 사이버불링 방식도 교묘히 진화 중이다. 가해자들은 카카오톡 단톡방 초대를 거부할 수 없는 시스템을 악용해 소위 '감옥방'을 만든다. 욕설을 피하기 위해 방을 탈퇴해도 소용없다. 카카오톡에는 '수락'이나 '거부'의 선택권이 없어 누군가 초대하면 본인의 의사와는 관계없이 무조건 대화방에 참여할 수밖에 없다. 또 처벌을 피하기 위해 가해자들은 SNS상에서 피해자 이름을 직접 거론하지 않는 경우가 흔하다. 카카오톡 프로필에 피해자 이름 초성만 따 'ㄱㅇㅈ, 미X년' '나대지 마라, ㄱㅇㅈ' 등의 문구를 집단으로 동시에 띄우는 경우가 대표적이다. (주간조선, 2016. 4. 18.)

사례 3: 패드립의 온상

아파트 엘리베이터에서 만난 한 초등학생이 휴대전화를 들여다보고 있었다. 영상은 초등학생들이 즐겨하는 게임에 대한 것이었지만 간간이 들리는 욕설이 귀에 거슬렸다. 호기심이 일어 물었더니 스스럼없이 "볼 수 있다"고 답한다. 욕설이 나오는 게 싫지 않냐는 질문에 뜨악한 답변이 돌아왔다. "친구들도 다 보는데요? 요즘 유행이에요." 한참 유행인 "이거 실화냐?"는 유행어는 다이아티비 소속 크리에이터 ○○에게서 탄생했다. 재미는 물론이고 유익하기까지 한 프로그램도 있지만 정반대의 길을 걷는 프로그램도 있다. 차마 입에 담기 어려운 부모와 여성의 성기를 비하하는 '패드립(패륜과 애드리브의 합성어)'이 난무하고, 'PC방에서 몰래 컴퓨터 끄고 도망가기' '지하철에서 라면 먹기' '미성년자에게 피임도구 나눠주기' 등 별별 엽기적인 행각들이 펼쳐지는 프로그램들이 계속 성장해 나가는 1인 방송업계의 발목을 잡고 있다. (헤럴드경제, 2017. 9. 21.)

5. 사이버불링의 대처방안

사이버불링의 위험성은 실제적 폭력의 결과보다 오히려 잠재적 폭력 피해에 대한 두려움에 있다. 언제, 어디서, 누군가에 의해 사이버불링을 당할지 모르는 두려움이 청소년들에게는 심각한 정신적·심리적 피해를 일으킬 수 있다는 것이다. 이러한 두려움은 청소년들이 학습에 전념하는 것을 방해함으로써 학습권을 침해하고 안전한 학교환경을 조성하는 데 걸림돌로 작용한다. 또한 또래관계를 중요시하는 청소년기에 관계적 고립은 죽음과 같은 상태라고 학생들은 생각하고 있다(김봉섭 외, 2017). 학교는 학생의 온라인 공간에 대해 관심을 갖고 적절한 대응 방안을 마련해야 한다. 사이버불링을 발견했을 때 학교가 취해야 할 대처방법은 다음과 같다.

표 8-2 사이버불링 행동에 따른 대처방법

행동	대처방법
놀리기 무시하기 이름을 부르며 놀리기 비웃기 기만하기	부모와 면담하기 상담자와 면담하기 창의적으로 처벌하기(반사이버불링 포스터 그리기, 칭찬메일 보내기 등)
ID 도용하기 헛소문 퍼뜨리기 온라인상에 허락 없이 사진 게재하기 폭력적인 영상물 만들기	교장선생님과 면담하기 행동계획 세우기 시민의식 교육받기 정규교과 외의 활동 방과 후에 남기
신체적인 위협 가하기 스토킹하기 위협하기 죽인다고 협박하기	법적인 형사상의 처벌 사회봉사 정학 퇴학

출처: 이인학 외(2017).

한국정보화진흥원의 사이버폭력 치유프로그램(추병완 외, 2016)에서는 학교폭력 사안 중 사이버따돌림 등 사이버폭력 사건은 현행 학교폭력 사안 절차와는 다른 접근이 필요하다고 제안한다. 현행 학교폭력 사안처리 절차는 일단 사안이 발생하면 가해학생과 피해학생을 분리하고 자치위원회의 결정을 통해 각자의 조치를 받게 된다.

이후에 같은 학교에 속한 당사자들이 과연 학교생활에 잘 적응할 수 있을지 고민해 봐야 한다. 가해학생은 징계를 받음으로써 처벌을 다 받았다고 생각할 수 있다. 그러나 피해학생은 사이버폭력으로 인한 피해가 눈에 드러나지 않기 때문에 상대에 대한 공포감이나 두려움이 여전하다. 결국 피해학생이 학교를 떠나게 된다. 그러므로 사이버폭력 사안은 학생들 스스로 상대의 고통을 이해하고 교우관계를 회복할 수 있도록 하는 방안을 모색해야 한다.

이를 위해 2013년 현장 중심 학교폭력 대책의 일환으로 마련된 교우관계 회복기간제는 사이버폭력이나 따돌림 문제를 해결하는 데 바람직한 도구로 활용될 수 있다. 교우관계 회복기간 이후 자치위원회에서 조치를 결정하는 현행 시스템하에서는 회복기간 후 개선 사항을 반영하기 위해 학교에서 자치위원회를 두 번 개최해야 하는 부담이 있다. 사이버폭력 상황 발생 시 관계 개선을 조기에 빨리 하면 할수록 회복기간도 짧아진다. 따라서 자치위원회가 열리기 전 단계에서 회복기간을 거쳐 서로의 화해를 유도하고 그 결과를 가지고 자치위원회를 개최하는 방식이 타당하다. 현행 대응 시스템을 변경하여 따돌림 사안이 발생하면 전담 기구의 사안 조사를 하고, 전담 기구가 양 당사자 간 관계 회복의 필요성이 있다고 판단하는 경우 교우관계 회복기간을 거치도록 하는 방식이 실효성을 높일 수 있을 것이다

학교는 부모와 협력하여 학생을 지도하는 것이 바람직하다. 이를 위해 부모교육을 실시하고 사이버불링의 위험성과 문제를 인식하도록 교육하는 것이 꼭 필요하다.

사이버불링이 발생했을 시 부모가 감정에 휩싸여 과잉 대응하면 자녀는 더 이상 도움을 얻을 수 없다고 인지하고 이후에는 피해 사실을 숨기게 된다. 반면 부모가 사안을 대수롭지 않게 여겨 방치하면 피해를 당한 자녀가 피해 문제를 스스로 해결하기 위해 가해자가 되거나 극단적인 선택을 하게 될 수도 있으며, 가해를 할 경우 상대방의 피해를 더 심각하게 만들 수 있다. 따라서 가정에서는 사이버폭력에 대한 이해를 바탕으로 친구관계가 개선될 수 있도록 중재하고 학교와 긴밀히 협조해 사안을 해결하도록 노력해야 한다(추병완 외, 2016).

요약

1   사이버불링은 사이버 공간에서 일어나는 의도적이고 지속적인 폭력행위이다. 우리나라에서는 사이버폭력이나 사이버따돌림이라는 개념과 동일한 의미로 사용되곤 한다. 사이버따돌림은 '학교폭력 예방 및 대책에 관한 법률'에서 사용되는 용어로 "인터넷, 휴대전화 등 정보통신기기를 이용하여 학생들이 특정 학생들을 대상으로 지속적·반복적으로 심리적 공격을 가하거나, 특정 학생과 관련된 개인정보 또는 허위 사실을 유포하여 상대방이 고통을 느끼도록 하는 일체의 행위"라 정의하고 있다.

2   사이버불링은 일반적인 불링의 특성과 함께 수단으로서 정보통신기기가 강조되는 점이 전통적인 학교폭력과는 구분되는 특성이다. 사이버불링은 익명성을 특징으로 한다. 디지털 정보를 통해 유통되는 가해를 목적으로 하는 문자나 동영상, 사진 등은 불특정 다수에게 광범위한 지역으로 빠르게 확산되는 특징이 있다. 피해자를 전혀 모르더라도 글이나 사진을 복사해서 다른 사람에 전달하거나 자신의 사이트에 담아놓기만 해도 가해자가 될 수 있다. 뿐만 아니라 가해의 목적으로 우스꽝스럽게 만든 내용을 동영상 사이트에 링크하여 더 많은 사람들이 볼 수 있게 하는 것도 가해 행위가 될 수 있다.

3   '학교폭력 예방 및 대책에 관한 법률'에서 적용되는 사이버불링의 구성요건은 ① 인터넷이나 휴대전화 등의 정보통신기기를 이용할 것, ② 학생들이 특정 학생들을 대상으로 할 것, ③ 지속적이고 반복적인 심리공격을 가하거나, ④ 개인정보를 유포하거나, ⑤ 허위사실을 유포하고, ⑥ 상대방이 고통을 느껴야 한다.

4   2013년 현장 중심 학교폭력 대책의 일환으로 마련된 교우관계 회복기간제는 사이버폭력이나 따돌림 문제를 해결하는 데 바람직한 도구로 활용될 수 있다. 학교폭력대책자치위원회가 열리기 전 단계에서 회복기간을 거쳐 서로의 화해를 유도하고 그 결과를 가지고 자치위원회를 개최하는 방식이 타당하다.

1 사이버불링의 특징을 서술하시오.

2 사이버불링이 발생하는 원인으로 인터넷의 환경적 특성, 사회문화적 요인, 개인의 심리적 요인으로 구분해서 설명하시오.

3 사이버불링의 실태를 조사하고, 대처방안은 무엇인지 생각해 보시오.

학생의 이해

학교폭력은 학생 간, 엄밀히 말하자면 학생을 대상으로 발생하는 폭력이다. 따라서 학교폭력 문제의 해결을 위해서는 학생들을 올바르게 이해해야 할 필요성이 있다. 따라서 아동·청소년기 발달의 과정을 이해하고, 학교폭력에 관련된 가해학생과 피해학생의 특징을 이해하여 학교폭력이 왜 일어나고, 어떤 과정을 거쳐 일어나며, 예후와 징후는 어떻게 파악하는지에 대한 심리학적 이해를 기반으로 한 학교폭력의 이해가 필요하다.

9장

아동·청소년기 발달의 이해

너는 너 자신의 성취와 네 자신이 중요하다는 점을 강조하기 위해 끊임없이
소동을 일으켜야 해. 왜냐하면 네가 유익한 행동을 통해 다른 사람들의 관심을
끄는 것으로는 만족하지 못하기 때문이지.
— 알프레드 아들러

학습목표

1 아동·청소년의 신체가 어떻게 발달하는지 이해할 수 있다.
2 아동·청소년의 인지기능이 어떻게 발달하는지 이해할 수 있다.
3 아동·청소년의 공격성이 발달하는 과정과 요인을 이해할 수 있다.
4 아동·청소년의 이타성이 발달하는 과정과 요인을 이해할 수 있다.
5 아동·청소년의 도덕성 발달단계를 이해할 수 있다.

Begun(1998)은 자아실현을 위한 인성 능력으로 삶의 기술(skill for living)이 필요하다고 하였다. 삶의 기술은 사회적 적절성과 학업적 적절성의 기초이며 반사회적 행동을 예방하고 개인이 성공적으로 기능할 수 있게 한다고 하였다. 아동·청소년기는 신체, 정서, 인지가 성장하는 시기로서 자신의 삶의 기술을 적절하게 습득해야 하는 시기이다. 따라서 여기에서는 학교폭력의 발생이나 변화하는 환경에 대해 점진적으로 이루어지는 적응 또는 부적응 행동이 아동·청소년의 발달특성과 어떠한 연관이 있는지 살펴보고자 한다.

1. 신체발달

아동들은 2세부터 사춘기까지 매년 약 5~8cm씩 자라며 6~9kg씩 몸무게가 늘어가다 아동기 중기(6~11세) 동안은 아주 조금씩 자란다. 이후 청소년들은 2~3년의 성장 급등(growth spurt)에 들어가는 사춘기가 되면 매년 5~7kg의 몸무게가 늘고 5~10cm씩 키가 큰다(Shaffer, 2005). 또한 청소년기의 테스토스테론(남성 호르몬)과 에스트로겐(여성 호르몬)의 많은 분비는 신체발달 및 성적 성숙과 성격 형성에 영향을 미친다. 호르몬은 청소년들의 2차 성징을 발달시키며, 많이 분비가 될 경우 청소년은 화를 내거나 공격적인 모습을 보일 수 있다. 또한 사춘기의 신체발달은 신체 시스템의 발달이 균일하지 않은 비동시적 과정일 뿐만 아니라, 개인에 따라 성장속도에 있어서 큰 차이를 보인다(최승원 외, 2017).

예를 들어 성숙이 빨라지고 격차가 심해지는 초등학생의 경우 조숙한 아이들은 자신의 성숙한 몸을 부끄러워하며 다른 아이들에게 놀림의 대상이 되기도 한다. 따라서 남학생들 사이에 '쟤 생리한대'란 말이 돌까봐, 여학생들은 생리한다는 사실을 가장 친한 친구에게 말하는 것도 어려워한다(한겨레, 2018. 3. 31.).

이 시기의 급격한 신체발달은 자신의 신체이미지에 영향을 미치게 되며 자신에 대한 신체이미지는 대체적으로 긍정적이지 않다. 신체이미지는 자신이 신체에 대해 마음속에 갖고 있는 상을 말하는 것으로 대한민국의 청소년들은 자신의 신체이미지에 대해 부정적인 생각과 왜곡을 갖고 있는 경향이 있다. 2016년도에 대한민국의 중·고등학생 67,983명을 대상으로 조사한 결과, 자신의 신체가 표준범위 내에 있으면서도 자신의 체형을 살이 찐 편이라고 응답한 남학생은 20.6%, 여학생은 33.4%로 나타났다(교육부, 2016: 22). 청소년들이 가진 외모에 대한 불만족은 부정적인 신체이미지를 갖게 하고 커다란 스트레스로 작용할 수 있다(최승원 외, 2017). 신체이미지는 타인과의 상호작용을 통해 형성될 뿐만 아니라, 타인과의 상호작용에도 중요한 영향을 미칠 수 있다. 자신의 신체이미지가 긍정적인 경우에는 사회생활을 함에 있어 좀 더 자신감을 갖고 능동적인 태도를 갖는 경향이 많지만, 신체이미지를 부정적으로 생각하는 경우에는 소극적이며 수동적인 태도를 갖는 것으로 나타나, 신체이미지는 타인과의 상호작용에 영향을 미치는 요인이라 할 수 있다(Orbach et al., 2001: 238). 아동·청소년기의 신체발달로 인한 호르몬 변화, 다른 친구와의 차이, 성적인 성숙 등에 대한 경험은 스트레스의 원인이 되고 학교폭력 발생을 부추기기도 한다.

2. 인지발달

인간이 지식을 습득하고 문제해결과정에서 이를 사용하는 정신적 과정을 가리켜 인지라고 한다. 인지과정은 인간으로 하여금 주변 환경을 '이해'하여 적응할 수 있도록 도와주고, 주의, 지각, 학습, 사고, 기억과 같은 인간의 정신세계를 특징짓는 관찰될 수 없는 사건과 활동을 포함한다(Shaffer, 2005). 아동·청소년기의 부적절한 인지발달은 그들의 행동에 부정적인 영향을 미치며 반항으로 이어지기도 한다. 아동·청소년기의 인지발달에 관한 연구에는 Piaget의 인지발달이론과 Vygotsky의 사회문화적 이론이 있다.

우선 Piaget의 인지발달이론에서 아동기와 청소년기는 구체적 조작기(7~11세)와 형식적 조작기(11, 12세~성인)에 해당한다. 구체적 조작기는 대상과 경험에 대해 논리적으로 사고하고 인지적인 조작을 습득하는 단계로 자아중심성에서 벗어나 타인의 다양한 시각에 대해 이해할 수 있는 시기이다. 또한 인과관계에 대한 이해, 문제에 대한 답변을 찾을 때 외양뿐만 아니라 상황의 측면에 중점을 둘 수 있는 탈중심화 사고가 시작된다. 이때의 사고는 실제적이고 물질적인 것에 한정되어 있다(임규혁·임웅, 2007). 따라서 이 시기의 아동들은 복잡한 맥락에 의해 진행되는 문제 발생에 관해서는 그들의 판단에 모순이 존재한다.

형식적 조작기에는 현실적인 것뿐만 아니라 비현실적인 것에 대해서도 추론할 수 있게 된다. 추상적인 문제를 체계적으로 사고하고 그 결과를 일반화할 수 있다. 삼단논법의 이해가 이루어지며 문제 상황에서 변인을 확인하여 분류하고 통제 혹은 제어도 가능하다(임규혁·임웅, 2007). 또한 미래에 대한 계획을 세우고 행동의 결과를 예측하며 현상에 대한 대안적 설명을 할 수 있는 가설에 기반을 둔 사고를 하게 된다. 그러나 발달은 미래에 대한 기대와 불안을 증가시키기도 하며 이상주의를 추구함으로써 세상과 기성세대에 대한 논리적 모순을 발견하고 반항심이 증가할 수 있는 원인이 되기도 한다(최승원 외, 2017). 실제로 청소년이 세상에 대해 논리적인 모순과 결함을 많이 발견하면 할수록 이들은 더욱 혼란을 겪게 되고 현재의 불완전한 상태에 대해 권위자들(부모 혹은 교사, 정부)이 책임져야 한다고 생각하여 그 대상에 대해 반항적인 증오심을 표출한다. Piaget는 세상이 '꼭 이렇게 되어야 한다(ought to be)'는 사고방식이 청소년이 새롭게 습득한 추상적인 추론 능력의 정상적인 파생물이라 보았으며, 이러한 형식적 조작이 '세대 차'의 주요 원인이라 주장하였다(Shaffer, 2005). 이와 같이 청소년 시기에 겪는 사고 양식은 아동기에서 성인기로 이행하는 과정에서 정도의 차이가 있을 뿐 대부분 겪는 것이기도 하다. 부적응적인 행동을 하는 청소년들은 인지적 오류가 극단적인 경우가 많다. 부적응 청소년들의 가장 두드러진 인지적 특징은 극단적인 이분법이다. 흑백논리적인 사고는 청소년기에 상당히 두드러진다. '조금만' 어떠해도 절대로 용납되지 않는 것으로 여긴다거나, 내 편이냐 네 편이냐를 따지고 중요하게 여기는 이면에서는 흑백논리와 이분법이 있다. 그 외에 청소년이 자주 보이는 잘못된 인지적 오류는 표 9-1과 같이 다양하다(주리애·윤수현, 2014).

Vygotsky는 아동은 스스로의 세계를 구조화하고 이해하는 존재라고 생각하는 Piaget와는 달리 아동이 타인과의 관계에서 영향을 받으며 성장하는 사회적 존재임을 강조하여 인간에 대한 사회·문화·역사적인 측면을 제시한다. 그에 따르면 인간의 정신작용은 유전적으로 결정된 활동이 아닌 사회와의 상호작용의 결과다. 즉, 사회의 보

표 9-1 여러 가지 인지적인 오류

인지적 오류	내용
흑백논리적 사고	이분법적으로 판단하는 것
감정적 추리	충분한 근거가 없는데도 막연히 그렇게 느낀다고 해서 어떤 결론을 내리는 것
과잉 일반화	한두 번의 경험으로 성급하게 결론을 내리는 것
잘못된 명명	과장된 말로 부정적인 명칭을 쓰는 것
정신적 여과	여러 가지 일 중에서 일부에만 초점을 맞추어 생각하고 결론을 내리는 것
개인화	자신과 관련이 없는데도 자신과 관련이 있는 것으로 잘못 생각하는 것
의미 확대/의미 축소	사건의 의미를 실제보다 지나치게 확대하거나 지나치게 축소하는 것

출처: 주리애, 윤수현(2014).

다 성숙한 구성원들과 상호작용하는 동안 자신의 문화에 적합한 인지 과정이 아동에게 전이된다. 따라서 Vygotsky는 상호작용에 필수적 요소인 언어의 습득을 아동발달의 가장 중요한 변인으로 생각하였다(임규혁·임웅, 2007). Vygotsky는 언어적 가르침을 전수하는 능숙한 교사와 교사의 가르침을 내면화하여 자신의 수행을 조절하기 위해 사용하는 풋내기 제자 간의 협동적 대화의 맥락에서 학습이 발생한다고 주장하였다. 즉, 학습자가 독립적으로 성취할 수 있는 것과 보다 능숙한 사람의 조언과 격려를 받아 성장할 수 있는 것 간의 차이인 근접발달영역에서 섬세한 가르침이 이루어질 때 인지가 성장한다는 것이다. 풋내기 학습자가 문제에 대해 보다 잘 이해할 수 있도록 그 학습자의 현재 상황에 대해 어떤 도움을 주는 것이 적절할지를 능숙한 참여자가 조심스럽게 결정하는 스캐폴딩[1]이 이루어져야 한다(Shaffer, 2005).

....

1   스캐폴딩(scaffolding)은 보다 능숙한 참여자가 풋내기 학습자의 문제를 보다 잘 이해하고 현재 상황에 적절한 도움을 줄 수 있도록 결정하는 과정이다. 스캐폴딩은 공식적인 교육 장면만이 아니라 생활 속에서 보다 능숙한 사람이 아동이 가진 능력의 한계 수준에 맞추어 자신의 가르침을 조정하는 모든 상황에서 이루어지는 결0정 과정을 말한다. 학교폭력의 문제에서 스캐폴딩의 개념은 또래 간 갈등 상황이 발생했을 때 교사, 부모가 아동의 상황과 능력을 고려하여 적절한 개입을 통해 어떻게 문제를 해결해야 할지에 대한 고려를 의미한다. 교사와 부모 등 어른의 참여가 어느 정도 이루어져야 적절한 것인지에 대한 결정은 학생과 어른이 함께 결정하는 것으로 학생의 문제해결 능력을 고려해야 한다. 따라서 문제해결을 스스로 잘하는 학생의 경우에는 적당히 지켜보는 것이 필요하며 문제해결이 어려운 학생의 경우에는 어른들의 도움이 좀 더 적극적으로 이루어져야 할 것이다.

스캐폴딩의 개념 안에는 아동 활동의 지지에 있어서 인지적이고 정의적인 측면 두 가지가 다 포함되어 있다. 사회적 상호작용과 인지발달에 관한 최근의 연구에서 인지와 정의 두 측면이 학습에 영향을 미치게 됨을 밝히고 있다. 즉 학생들 간의 상호작용 과정 및 교사, 부모와의 상호작용에서 발생한 갈등불안이 발달의 지연 혹은 유예를 유발할 수 있다는 것이다. 실제 학급 안에서 갈등의 근원이 되는 것은 비공식적인 규범의 충돌이다. 문제는 이러한 비공식적인 규범이 또래집단이 갖는 문화로서 일반적으로 몰합리성에 기초하여 만들어지고 이를 근거로 폭력을 사용하게 된다(이용운, 2006). 따라서 또래 간 상호작용에서 발생하는 갈등을 해소하고 극복할 수 있도록 보조할 필요가 있으며, 이러한 조력을 이용할 수 있는 능력 또한 중요한 능력이라고 볼 수 있다.

이용운(2006)은 스캐폴딩 범주로서 인지적 영역과 정의적 영역 구분을 기초로 학급 간 갈등문제를 구분한 뒤, 스캐폴딩의 영역별 활동목록을 제시하였다.

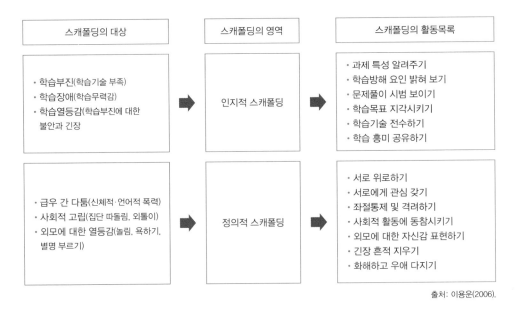

출처: 이용운(2006).

그림 9-1 스캐폴딩의 영역에 기초한 갈등유형별 활동목록

3. 공격성 발달

공격성은 해로움을 피하려는 동기를 가진 생명체를 해치거나 상처를 주려는 행동이다. 공격적 행위들을 두 가지 범주로 적대적 공격(hostile aggression)과 도구적 공격(instrumental aggression)으로 나눈다. 적대적 공격은 행위자의 주요 목적이 피해자를 해치려는 것이다. 도구적 공격은 어떤 사람이 목적을 위한 수단으로서 다른 사람을 해치는 상황이다. 이러한 공격적 특성은 연령에 따라 극적으로 변한다. 2~3세 아동들은 놀이 친구들이 자신들을 좌절하게 만들거나 공격할 때 때리거나 발로 차는 신체적 보복을 하였고 3~5세 아동들에 있어서는 신체적 공격이 줄어들고 집적거리고 고자질하고 별명을 부르는 언어적 공격의 형태로 대체되었다. 아동기 중기 이후 아동들은 신체적 공격과 언어적 공격을 줄이고 원만한 방식으로 분쟁을 해결하는 방법을 배운다. 그러나 도발적 사건에 대해 되받아치는 보복적 공격은 증가하며 이 시기의 아동들은 이러한 보복을 정상적인 반응으로 인식하는 것으로 나타났다. 또한 공격 특성은 성차를 보이기도 한다. 남아들의 경우에는 직접적인 공격 행동이 자주 발생하지만 여학생들의 경우 싸움이나 외현적인 공격행동이 아닌 관계적 공격 행동을 한다. 관계적 공격성은 적대자의 자존감, 우정이나 사회적 지위를 손상시키는 것을 목적으로 냉대·배제하거나, 승인을 철회하거나, 혹은 소문을 내는 등의 행위를 하는 것이다(Shaffer, 2005).

이러한 공격성은 청소년기 초기에 가장 크게 나타났다가 이후에는 감소하는 특성을 보이는데, 이는 청소년기에 보이는 테스토스테론 단계의 증가와 심리적인 현상으로 설명될 수 있다. 청소년기에 테스토스테론 수치의 증가로 신체 발달이 왕성해지며 이는 더 강한 폭력행동이 표출되도록 한다. 또한 청소년들은 용감하고 영웅처럼 보이고 싶은 욕구를 가진다. 이러한 심리적 현상 또한 청소년기의 폭력성을 설명할 수 있다(Ellis & Coontz, 1990).

공격성은 가정환경, 학교환경, 거주환경, 문화환경 등 환경적 요인에 의해 발달되기도 한다. 우선 타인에 대한 적대감을 많이 표현하는 어머니를 둔 자녀, 신체적 체벌을 가하는 양육방식을 가진 부모를 둔 자녀, 부모와의 부정적 관계 등은 아동을 더욱 공격적으로 변하게 하는 요인이 된다. 부부갈등이 심한 부모, 알코올중독 증상을 보이는 부모, 가난과 부모의 낮은 교육 수준도 자녀의 폭력성에 영향을 주는 가정환경이다.

다음으로 폭력적인 학생들이 많이 다니는 학교를 다니게 되면 폭력 사용에 대해 긍정적인 태도를 갖게 된다. 따라서 공격적인 또래들의 집단과 어울리는 것은 청소년기의 폭력성 발달을 예측할 수 있다. 특히 인기가 많고 더 높은 지위에 있는 집단에 속하는 청소년들은 집단의 결정에 대해 더 많이 동조한다. 자신이 속한 집단 내에서 자신의 위치 또한 폭력성에 영향을 미친다(곽금주, 2015).

거주환경 또한 아동들의 폭력성 발달과 관계가 있다. 폭력적이거나 범죄가 많은 지역에 거주하게 되면 긍정적인 영향을 줄 수 있는 사회적인 모델의 성인을 접할 수 있는 기회가 줄어들게 되고 폭력이 정당하다는 긍정적인 신념을 갖게 된다(Colder et al., 2000)

마지막으로 우리나라의 경우 지나친 교육열과 경쟁의 분위기가 폭력에 영향을 줄 수 있다. 특히 우리나라는 학벌을 중요시하고 대입이 인생을 결정하는 중요한 요인으로 작용하고 있어 학생들의 학업스트레스가 상당하다. 실제로 학업스트레스를 많이 겪는 초등학생일수록 높은 공격성을 보인다는 연구결과도 있다(채진영, 2012). 우리나라 교육 문화 속에 잠재되어 있는 비교와 서열의 문화도 폭력행위에 영향을 준다. 우리 교육 문화 속에 학생들을 성적순으로 평가하고 이에 따라 학생들이 느끼는 수치심은 폭력과 정적인 상관관계가 있는 것으로 나타났다(곽금주, 2015).

4. 이타성 발달

이타성은 공유하기, 협동하기, 돕기와 같은 친사회적 행동을 통해 표현되는 타인의 복지에 대한 이기심 없는 관심을 말한다. 이타성이 높은 아동들은 공유나 자비로운 행동을 많이 한다. 즉 역할 맡기(role taking) 기술이 성장하는 것이다. 역할 맡기는 다른 사람의 관점을 추정하고 생각, 감정, 동기, 의도 등 그 사람의 행동을 추정할 수 있는 내적인 요인들을 이해하는 능력이다. 만일 아동이 역할 맡기 기술을 습득하지 못했다면 그 아동은 외형, 활동, 소유물과 같은 외적인 속성과 관련해서 아는 사람들을 묘사하며 아동은 자아 중심적 행동을 하게 된다(Shaffer, 2005). Selman(1976)은 역할 맡기가 다음과 같은 단계적 발달을 보인다고 하였다.

표 9-2 Selman의 사회 조망 수용 단계

역할 맡기 단계	내용
1단계 사회 정보적 역할 맡기 (대략 6~8세)	사람들이 자신의 조망과는 다른 조망을 가질 수 있다는 것을 인식하지만, 이것은 단지 사람들이 다른 정보를 받았기 때문에 일어난다고 믿는다.
2단계 자기반성적 역할 맡기 (대략 8~10세)	같은 정보를 받았을 때도 자신과 타인의 관점이 갈등할 수 있다는 것을 안다. 이제 그들은 타인의 관점을 고려할 수 있다. 또한 그들은 타인과 입장을 바꾸어볼 수도 있고, 자신들의 행동에 대한 타인의 반응을 예측할 수 없음을 안다. 그러나 이 시기 아동은 자신의 관점과 타인의 관점을 동시에 고려할 수 없다.
3단계 상호적 역할 맡기 (대략 10~12세)	아동은 이제 자신과 타인의 관점을 동시에 고려하고 타인도 같은 일을 할 수 있다는 것을 인식할 수 있다. 또한 아동은 관심이 없는 제3자의 관점을 추정하고 각자(자신과 타인)가 파트너의 관점에 대해 어떻게 반응할 것인지를 예측할 수 있다.
4단계 사회적 역할 맡기 (대략 12~15세 이상)	이제 사람들이 조작하는 사회 체계의 조망, 즉 일반화된 타인의 관점과 또 다른 사람의 조망을 비교함으로써 그 사람의 조망을 이해하려고 시도한다. 다시 말해 청소년은 타인들이 고려할 것을 기대하고 사회집단에서 대부분의 사람들이 취하게 될 사건에 대한 조망을 추정한다.

출처: Shaffer(2005).

청소년 초기가 되면 많은 아동들은 Selman의 3~4단계에 도달한다. 이들은 친구들을 우정의 의무 개념, 즉 친구라면 그들을 옹호하고, 의리를 지키고, 그들이 필요할 때마다 친밀한 정서적 지원을 해야 한다고 믿는다. 따라서 대부분의 청소년은 타인의 인정에 관심이 많고 동조하는 경향이 높아 튀고 싶어 하지 않고 친구를 찾는 데 실패하는 것에 대한 극심한 고통을 경험한다.

이타성에 기여하는 또 다른 사회 인지적 요인으로는 다른 사람이 느끼고 생각하고 의도하는 것을 인식하는 정의적·사회적 조망 수용 능력인 친사회적 도덕추론과 타인들의 고통에 대한 감정이입 반응이 있다. 친사회적 도덕적 추론 능력이 높은 학생들은 자신이 싫어하는 사람들이 실제로 도움을 필요로 한다면 그들을 도울 것이라 말하는 반면 친사회적 도덕적 추론 능력이 낮은 학생들은 자신이 싫어하는 사람의 요구를 무시한다.

감정이입은 다른 사람이 느끼고 있는 감정 그대로를 느끼는 것을 말한다. 감정이입과 역할수용은 다른 것인데, 역할수용은 다른 사람이 느끼고, 생각하고, 지각하는 것을 정확하게 이해는 하지만, 반드시 자신도 그와 똑같이 느낄 필요는 없다. 감정이입은 신경학적인 기초가 있으며 환경적 영향에 의해 육성되거나 억제될 수 있는 보편적인 인간 반응이다. 감정이입의 발달단계는 다음과 같다.

표 9-3 감정이입의 발달단계

1단계(0~1세)	자신과 타인의 느낌, 욕구를 구별하지 못함. 항상 일관적인 것은 아니다. 보편적 감정이입
2단계(1~2세)	다른 사람이 고통을 당하는 것을 이해하나 부적절한 반응을 보임. 진정한 의미의 관심
3단계(2~3세)	타인의 고통의 원인을 찾아 해결하려 하지만 눈앞에 보일 때만 감정이입 가능
4단계(아동기)	타인의 고통을 상상만으로 감정이입 가능. 고통받는 불우한 사람 전반으로 확대된 인도적 성향

출처: Hoffmann(1987).

5. 도덕성 발달

도덕성은 개인이 옳고 그름을 구별하고 이런 구분에 따라 행동하고 공정한 행동을 한 것에 대해 자부심을 느끼고 자신의 기준을 위반하는 행동에 대해 죄책감 혹은 불쾌한 감정을 느끼는 원리 혹은 이상을 의미한다. 도덕적으로 성숙한 개인들은 사회의 명령 준수에 대해 실제적인 보상을 기대하거나 혹은 위반하는 것에 대한 처벌이 두렵기 때문에 사회의 명령을 따르는 것이 아니고 내면화하는 특성을 보인다(Shaffer, 2005).

도덕성에 관해 Kohlberg는 도덕발달단계를 주장하였다. Kohlberg는 도덕적 사고가 전 생애를 통해 발달하는 것으로 보았다. 도덕발달의 6단계는 3수준(levels), 6단계(stages) 구조이고, 각 수준은 2단계로 이루어진다. 1단계는 복종(obedience), 2단계는 이기심(self-interest), 3단계는 사회 규범에 순응(conformity), 4단계는 법과 질서(law and order), 5단계는 인권(human rights), 6단계는 보편적 인간 윤리(universal human ethics)이다.

우리나라 초·중·고 학생의 도덕성 발달 수준은 과반수 이상이 3~4단계에 해당된다고 한다. 따라서 우리나라 청소년들은 법과 질서를 지향해야겠다는 생각과 더불어 고정관념에 동조하고 착하게 행동해서 타인의 인정을 받으려는 경향이 있다(최승원 외, 2017). 이와 관련하여 우리나라 학생들이 학교폭력 피해를 받은 이유를 살펴보면 '특별한 이유가 없다(42.5%)'가 가장 많고 다른 이유로는 '몸이 작거나 힘이 약해서(14.2%)', '외모나 장애 때문에(10.5%)'로 나타난다(송선희 외, 2017). 즉, 학교폭력 피해에 어떤 특별한 이유가 있는 것이 아니며 몸이 작거나 힘이 약함, 외모나 장애 등 편견이 원인이 되어 발생하는 것이라 볼 수 있다.

표 9-4 Kohlberg의 도덕발달단계

전인습적 수준 매우 자기중심적이어서 다른 사람의 입장을 이해하지 못하고, 자신의 욕구충족에만 관심이 있다.	**1단계: 벌과 복종 지향의 도덕** 이 단계의 아동은 결과만 가지고 행동을 판단한다. **2단계: 목적과 상호교환 지향의 도덕** 자신의 흥미와 욕구를 만족시키기 위해 규범을 준수한다.
인습적 수준 다른 사람의 입장을 더 잘 이해하게 되고, 이제 도덕적 추론은 사회적 권위에 기초하며 보다 내면화된다.	**3단계: 착한 아이 지향의 도덕** 다른 사람들의 기대 때문에, 그리고 다른 사람으로부터 인정을 받기 위해 착한 아이로 행동한다. **4단계: 법과 질서 지향의 도덕** 추상적 사고를 할 수 있는 능력으로 인해 청년은 이제 자신을 사회의 일원으로 생각하게 되고, 그래서 사회기준에 따라 행동을 평가하게 된다.
후인습적 수준 사회규범을 이해하고 기본적으로는 그것을 인정하지만 법이나 관습보다는 개인의 가치기준에 우선을 둔다.	**5단계: 사회계약 지향의 도덕** 법과 사회계약이 '최대 다수의 최대 행복'이라는 전제하에 만들어졌다는 것을 이해하고, 모든 사람의 복지와 권리를 보호하기 위해 법을 준수한다. **6단계: 보편원리 지향의 도덕** 법이나 사회계약은 일반적으로 보편적 윤리기준에 입각한 것이기 때문에 정당하다고 믿는다.

1 아동들은 2세부터 사춘기까지는 조금씩 자라지만 성장 급등을 맞는 사춘기가 되면 신장과 체중이 급격히 증가한다. 또한 청소년기 성호르몬의 많은 분비는 신체발달 및 성적 성숙과 성격 형성에 영향을 미친다. 이 시기의 급격한 신체발달은 자신의 신체이미지에 영향을 미치는데 한국 청소년들은 자신의 신체이미지에 대해 부정적인 생각과 왜곡을 갖고 있는 경향이 있다. 이는 스트레스의 원인이 되고 학교폭력 발생을 부추기기도 한다.

2 지식을 습득하고 문제해결 과정에서 이를 사용하는 정신적 과정 즉 주의, 지각, 학습, 사고, 기억 같은 정신활동을 인지라고 한다. Piaget의 인지발달이론에서 아동기와 청소년기는 구체적 조작기와 형식적 조작기에 해당한다. 형식적 조작기에 습득한 추상적 추론 능력의 파생물은 세상이 '꼭 이렇게 되어야 한다'는 사고방식이다. 청소년기에는 이러한 이상주의를 비롯해 흑백논리와 이분법적 사고를 자주 보인다.

Piaget가 아동은 스스로 세계를 구조화하고 이해하는 존재라고 생각한 데 비해 Vygotsky는 아동이 타인과의 관계에서 영향을 받으며 성장하는 사회적 존재임을 강조했다. 학습자가 독립적으로 성취할 수 있는 것과 능숙한 사람의 도움을 받아 성장할 수 있는 것 간의 차이인 근접발달영역에서 섬세한 가르침이 이루어질 때 인지가 성장한다고 보았다. 어떤 도움을 주는 것이 적절한지 결정하는 스캐폴딩의 개념 안에는 인지적인 측면과 정의적인 측면이 모두 포함된다.

3 공격성은 청소년기 초기에 가장 크게 나타났다가 이후 감소하는 특성을 보이는데 호르몬 수치의 변화와 관련이 있는 것으로 해석할 수 있다. 공격성은 가정환경, 학교환경, 거주환경, 문화환경 등 환경적 요인에 의해 발달되기도 한다. 부모와의 불화나 폭력적 양육환경은 자녀의 폭력성에 영향을 준다. 그리고 공격적이고 폭력적인 또래집단과 어울리면 폭력 사용에 긍정적인 태도를 갖게 된다. 폭력적이거나 범죄가 많은 거주환경 역시 바람직한 성인 모델과의 접촉 기회를 줄이고 폭력이 정당하다는 신념 형성에 영향을 준다. 마지막으로 지나친 교육열과 경쟁 분위기가 과도한 학업스트레스를 낳아

높은 공격성으로 이어질 수 있다.

4 이타성은 친사회적 행동을 통해 표현되는 타인의 복지에 대한 이기심 없는 관심을 말한다. 아동·청소년의 이타성 발달은 사회 조망 수용 단계 및 감정이입의 발달에 영향을 받는다.

5 도덕적으로 성숙한 개인은 보상이나 처벌 때문에 사회의 명령을 준수하기보다는 가치를 내면화하여 따르는 특성을 보인다. Kohlberg는 3수준과 6단계로 나눈 도덕발달단계를 주장하였다. 우리나라 초·중·고 학생의 도덕성 발달 수준은 과반수 이상이 3~4단계에 해당된다. 따라서 법과 질서를 지향하겠다는 생각과 더불어 고정관념에 동조하고 착하게 행동해서 타인의 인정을 받으려는 경향이 있다.

1   청소년기의 문제행동을 Vygotsky와 Piaget의 인지발달이론을 적용하여 설명하시오.

2   청소년기 공격성 발달의 원인을 설명하고 교육적 방안을 생각해 보시오.

3   이타성과 도덕성 발달을 위한 수업 방안을 생각해 보고, 프로그램을 구상해 보시오.

10장

학교폭력 관련 학생의 이해

인간을 제대로 이해하는 방법은 한 가지밖에는 없다.
그것은 그들을 판단하는 데 결코 서둘지 말 것.
— 샤를 오귀스탱 생트뵈브

학습목표

1 가해학생의 심리적 특성과 유형을 이해할 수 있다.
2 피해학생의 특징과 유형을 이해할 수 있다.

여기에서는 학교폭력에 효과적으로 대처하기 위하여 학교폭력에 관련된 가해학생과 피해학생을 어떻게 이해해야 하는지를 알아본다. 학교폭력 가해학생을 이해하기 위하여 개인적·가정적·또래관련 요인으로 살펴보고, 피해학생에게 나타나는 특징과 유형을 소개하여 그들을 지원하는 데 도움이 되도록 구성하였다.

1. 가해학생의 이해

Bender와 Lösel(2011)의 연구에 의하면 청소년기에 학교폭력 가해행동을 시작한 경우 성장하면서 성인기에 이르기까지 가해행동을 반복하기 쉽고 청소년기에 학업을 중단할 가능성이 높은 것으로 나타났다. 이는 청소년기의 학교폭력 가해행동에 대한 적극적인 개입이 없다면 이들이 성장하면서 상습적으로 반복하는 범죄자가 될 가능성이 매우 높아짐을 의미한다. 이를 예방하기 위해서 가해학생을 다양한 관점으로 이해하고 그들의 행동에 개입할 필요성이 크다고 하겠다.

1) 가해학생의 심리적 특징

가해학생의 심리는 개인적 요인, 가정적 요인, 또래적 요인에 따라서 다양하게 형성된다. 이러한 가해학생의 심리는 학교폭력 가해행동의 근본적인 원인이라 볼 수 있는데, 가해학생의 심리상태는 이미 많은 연구와 조사를 통해 밝혀져 있다. 가해학생들은 제각각 다양한 의도와 목적을 가지고 학교폭력을 행사한다. 그들의 공통점은 무슨 의도를 가지고 했든 간에, 피해자에게 큰 신체적 상처와 정신적 모욕을 주었다는 것이다.

학교폭력 가해학생의 심리를 개인적 요인, 가정적 요인, 또래적 요인으로 살펴보면 다음과 같다.

(1) 개인적 요인

개인적 요인에는 충동성, 우울함, 공감능력 결여, 스트레스 발산방법 등이 있다. 가해학생은 대부분 강한 충동성을 보여준다. 충동성이 강한 학생은 결과를 고려하지 않은 채로 빠르게 반응하며 자극을 추구하고 즉각적인 보상을 선호하는 경향이 있다. 또한 상대방에 대한 공감능력이 떨어지고, 강한 지배욕을 갖고 있다. 충동성이 강한 가해학생들은 결과를 고려하지 않고 폭력을 행사하고, 지속적인 괴롭힘을 통해 지배욕을 채우려고 한다.

충동적인 사고로 학교폭력을 일으키는 학생이 있는 반면, 심한 우울함이 폭력의 주된 원인이 되는 경우도 있다. 친구들과 어울리기 힘들어 하는 학생들은 인기가 많은 학생들에 비해 우울함이 더 많다. 자신이 집단과 잘 어울리지 못한다는 자책감에 학생들의 자존심은 낮아지고, 거절당하기를 두려워하거나 사소한 일에 분노를 표출하는 등 타인의 반응에 매우 민감하고 극단적으로 대응한다. 낮은 자기존중감과 자기비하감은 학교폭력의 원인이 될 가능성이 높다. 실제로 한 연구에서는 "폭력 피해 집단에는 우울 문제만 있었지만 폭력 가해청소년 집단에서는 우울과 폭력 등의 문제 행동이 공존하며 "우울과 비행 공존 집단 연구를 통해 심각한 문제 행동을 보이는 청소년들이 상당한 정서적인 문제를 함께 경험하고 있는 것으로 나타났다"고 하였다(이미영·장은진, 2016). 우울함뿐만 아니라 좌절, 불안 등의 불안정한 감정으로부터 타인에게 인정받거나 칭찬받고 싶은 욕심이 폭력으로 표출되는 경우도 있다.

또한 가해학생들이 스트레스를 해소하기 위해 폭력을 사용하는 경우도 있다. 학생들은 학교, 가정, 친구관계 등 다양한 방면에서 다양한 강도의 정신적 스트레스를 받고 있는데, 이 스트레스는 운동, 취미활동 등의 긍정적인 방법을 통해 해소해야 한다. 그러나 다른 학생들에게 화풀이를 하는 방식으로 스트레스를 해소하는 학생들도 있다. 부정적인 스트레스 해소는 가해학생이 정신적으로 미숙한 면도 있지만, 환경적인 문제가 크다. 특히 중·고등학교 학생들은 바쁜 학업생활에 스포츠와 같은 취미활동을 할 시간이 없는 경우가 많다. 이런 외부 환경 때문에 스트레스를 해소할 방법을 찾지 못하고 폭력과 같은 부정적인 방법으로 스트레스를 해소하는 것이다.

(2) 가정적 요인

가정적 요인에는 가정폭력의 경험, 부모의 양육태도, 부모와 자녀의 부정적 의사소통 등이 있다. 가정폭력을 목격하거나 경험한 학생들은 정서적으로도 불안정해지고, 폭력에 대한 정신적 스트레스를 받는다. 폭력에 익숙해지게 되면 2차 폭력으로 이어질 가능성이 높아진다. 부모의 양육태도 또한 가정적 요인 중 하나인데, 학생에게 신체적·언어적으로 폭력적인 태도를 보이면 학생들이 이런 태도를 당연시하게 된다. 아이는 부모와 비슷한 행동방식을 보인다. 이런 부모의 양육태도는 아이의 행동에 영향을 미칠 것이 분명하다. 부모와 자녀 간의 부정적 의사소통 또한 이에 포함된다.

(3) 또래적 요인

청소년기로 접어들수록 또래와의 관계가 밀접해짐에 따라 또래에 대한 동조성도 극대화되는데, 또래집단의 수용과 인정을 얻기 위해서 친구들의 행동양식에 자신을 일치시키고 조화해 가려고 움직인다. 하루의 절반 이상을 학교에서 보내는 청소년들은 대부분의 또래 집단 문화를 학교에서 경험하게 되고, 그 집단에 대한 강한 소속감을 원하기 때문에 또래와의 관계에서 갈등이나 문제 등을 경험할 때 겪는 심리적 고통은 다른 어떤 연령대보다도 크다고 볼 수 있다. 따라서 가해학생들은 또래관계를 중요시하며, 이러한 특성 때문에 또래 사이에서 인기와 인정을 얻기 위해 학교폭력행동을 한다고 볼 수 있다.

2) 가해학생의 유형

가해학생은 대표적으로 7가지의 유형으로 구분할 수 있다(Coloroso, 2009). 이들은 주로 집단적으로 행동하거나 혼자 행동하는데, 각각의 특성이 매우 다르고 환경 또한 다르다.

(1) 기고만장형

이 유형의 가해학생은 자존심이 매우 강하고, 과장된 자의식과 특권의식을 갖고 있으며, 폭력을 좋아하고 자신이 괴롭히는 대상에 대한 어떠한 동정심도 가지고 있지 않고 거만하게 군다. 자신이 다른 사람에 비해 우월하다는 것을 느낄 때 기분 좋다고 느낀다. 이러한 가해학생은 신뢰, 성실, 상호존중, 우정과 거리가 멀다.

(2) 사회형

이 유형의 가해학생은 자신이 목표로 삼은 대상을 조직을 이루어 집중적으로 고립시키고, 사회적 활동에서 제외하기 위해 소문, 험담, 언어적 조롱, 돌림 등을 사용한다. 주변에서 타인의 긍정적인 면을 시기, 질투하며 낮은 자의식을 갖고 있지만, 자신을 과장된 자신감으로 포장하고 자신의 감정과 불안함을 감춘다. 타인에 대한 배려와 동정심이 풍부한 것처럼 행동하지만, 이것은 사실 자신의 진실된 모습을 감추기 위해서 위장하는 것이다. 이것은 자신이 원하는 것을 얻기 위한 전략이다. 이 유형의 가해학생은 주위에서 인기는 있지만, 주변의 아이들은 이 가해학생으로부터 괴롭힘을 당하지 않기 위해 자신의 비밀을 털어놓지 않고 속마음을 잘 드러내지 않는다.

(3) 냉혹형

이 유형에 해당하는 가해학생은 냉정하고 태연하다. 평소 자신의 감정을 겉으로 나타내지 않지만, 대상을 괴롭힐 때는 누구보다도 강한 의지를 드러낸다. 아무도 없을 때를 노려서 타인을 괴롭히고, 아무도 막지 않을 때를 기다린다. 이 유형은 자신이 괴롭히는 사람의 앞에서는 잔인하게 행동하고 자신이 하고 싶은 대로 대하지만, 다른 사람들, 그중에서도 특히 어른들 앞에서는 자신의 모습을 눈속임한다. 냉정한 태도를 가지고 있어 어떤 일에도 흔들리지 않는 사람처럼 보일 때도 있지만, 자신의 감정을 깊숙이 숨기고 있다. 그 자신도 자신의 감정을 제대로 파악하지 못하고 불안과 고뇌를 마음속에서 키운다.

(4) 과잉행동형

이 유형의 가해학생은 학업하는 데에 어려움을 겪으며, 사회적인 능력이 낮다. 주로 학습장애를 겪고 있으며, 간혹 다른 아이들의 순수한 행동을 적대적인 의도로 받아들이고 사회적 암시를 읽어내지 못한다. 이 유형은 사소한 자극에 대해서도 공격적인 행동으로 반응하고, 자신의 부정적이고 적대적인 반응을 정당화하기 위해 다른 아이에게 그 화살을 돌린다. 예를 들면 "애가 먼저 시작했어요."라고 변명하는 것이다. 이 유형의 가해학생은 친구를 사귀는 데 어려움이 많고 사회에 적응하기 힘들다.

(5) 피해자이면서 가해학생형

이 유형은 괴롭힘의 대상이면서 가해학생이기도 하다. 어른이나 윗사람으로부터 괴롭힘을 당하거나 학대를 받곤 하는 이 유형의 가해학생은 무력감과 자기혐오감에서 벗어나기 위해 다른 아이들을 괴롭힌다. 가해학생 유형 중 주변에서 가장 인기가 없는 유형이며, 자신보다 약하고 왜소한 약자들을 잔인하고 교묘하게 괴롭힌다.

(6) 집단형

이 유형은 자신 혼자의 힘으로 누군가를 집단에서 배척하거나 희생양으로 만들 수 없을 때 집단의 힘을 쓴다. 이때 이 집단 속에 속한 아이들은 자신들이 하는 행동이 잘못되었고 괴롭힘의 대상에게 상처를 준다는 것을 알고 있으면서도 괴롭힘을 멈추지 않는다.

(7) 조폭형

이 유형의 가해학생은 괴롭힘을 집단적으로 함으로써 그들과 친구관계가 아닌 권력, 통제, 지배-복종 관계를 하고 자신의 세력권을 넓히려 한다. 처음에는 보호를 받고 싶다는 생각과 존중을 받고 싶다는 마음에 가족과 같은 느낌을 기대하며 가입하지만, 삐뚤어진 생각으로 점차 조직에서 너무 과도하게 헌신하고 그러한 결과는 집단적 폭력과 주도하는 역할을 하는 결과를 낳는다.

2. 피해학생의 이해

피해학생은 언어적, 물리적, 관계적 측면에서 괴롭힘의 주요한 대상이 되는 학생을 의미한다(Olweus, 1994). 또래 괴롭힘에 지속적으로 노출된 청소년의 경우 또래에 비해 우울하고, 낮은 자존감을 나타내며, 외로움을 많이 느끼는 등 심리적 적응에 광범위한 어려움을 경험한다.

1) 피해학생의 특징

일반적으로 사회기술 부족, 사회적 예측 부족, 자기 표현 부족, 갈등해결 미숙, 공감대 형성 부족, 자기조절 실패, 낮은 상호작용, 감정전달과 표현 부족, 감정추론의 부정확, 언어 해독 실패, 종잡을 수 없는 언어, 유머 부족, 적절치 못한 주제 선정, 질문기술의 부족, 기억력 부족, 독단, 정서불안을 들 수 있어서 이에 대한 적절한 대처 기술 학습과 훈련이 필요하다.

행동적 특징으로는 어두운 표정, 성적 하락, 휴식시간에 교사나 어른 옆에 있으려고 함, 자기주장을 잘못함, 학교 가기 싫어함, 집에 오면 피곤한 듯 주저앉음, 부모와 눈맞춤을 하지 않음, 전보다 용돈을 더 달라고 함, 식은땀을 흘리거나 잠꼬대를 함, 몸에 상처나 멍이 있음, 옷이 더럽혀져 있거나 찢겨 있음, 전화를 받고 갑자기 외출, 물건을 자주 잃어 버림, 같이 어울리는 친구가 거의 없음, 정서적 불안 및 얼굴 찡그림, 충분한 차비를 주는데도 자주 학교를 걸어다님, 귀가시간이 늦고 지친 모습, 자면서 앓는 소리를 하거나 물어보면 이야기를 안 하는 등의 행동적 특성이 있기에 사전에 관심을 갖는다면 예방할 수 있음을 유념해야 한다. 또한 심리적으로 불안과 두려움, 자기비하 등의 심리적 위축, 대인관계능력 결핍 등을 공통적으로 경험하는 경향이 있다.

이러한 특성들이 적절히 치유되지 못한 상태에서 반복적이고 지속적인 폭력 상황에 노출된다면 학교폭력 피해학생들은 적응장애, 우울증, 외상후 스트레스장애, 행동장애 등 심리적 장애를 발달시킬 수 있다. 학교폭력 피해경험은 피해자의 공격성을 키워 공격적 행동이 증가하기도 한다. 이는 폭력에 반복적으로 노출되는 학생들의 심리적인 기본 특성이기도 하고 피해경험으로 인해 발생하는 부차적인 증상이라고도 볼 수 있다.

2) 피해학생의 유형

Olweus(1994)와 Salmivalli(1992)는 학교폭력의 피해자를 수동자 피해자와 도발적 피해자로 구분하였다. 또한 곽금주(2006)는 한국에서 독특하게 잘난 척하고 타인을 무시하는 학생 유형이 나타난다고 하였다.

(1) 수동적 피해자

수동적 피해자는 부모의 지나친 보호를 받으며 자신의 의견보다는 어른들의 생각을 중요시하는 특성을 갖는다. 자신의 감정을 편안하게 드러내지 못하고 지나치게 자기 규제를 하는 경우 또래들에게서 사회적인 배척을 당하게 되는데, 이로 인하여 정상적인 정서적·신체적 발달을 하지 못하게 된다고 하였다.

(2) 도발적 피해자

도발적 피해자의 경우는 다른 아이들의 괴롭힘 때문에 또다시 공격적 행동을 하게 되는 등 반항적이고 산만하며 화를 잘 내는 특성을 갖는다. 또래들은 이런 아동들을 일부러 따돌리고 외면하는 경향이 있으며, 이런 상황에서 도발적 피해자들은 언제 폭발할지 모르는 통제 불가능한 분노를 경험하게 된다.

(3) 잘난 척하고 타인을 무시하는 학생

잘난 척하고 타인을 무시하는 태도를 보이는 피해자들은 타인에 대한 배려심이 부족하고 이기적이며 자신의 일방적인 태도로 인해 주위와 어울리지 못하고 충돌함으로써 다수에게 외면당하고 있다는 사실을 인식하지 못하는 경우가 많다. 그들이 보이는 경쟁적이고 공격적인 대인관계 패턴이 주변을 자극하여 대결 국면을 형성하며, 피해 상황에서 불안반응과 공격반응을 함께 보이게 된다. 실제 이 피해자들은 피해를 당하면서도 피해 상황에서 빠져나오기 위해서 다른 학생들에게 가해를 하는 가해자이면서 피해자인 경우가 많다.

요약

1 가해학생의 심리는 개인적, 가정적, 또래적 요인에 따라 다양하게 나타난다. 개인적 요인에는 강한 충동성, 심한 우울함, 공감능력 결여, 폭력으로 표출되는 스트레스 발산방법 등이 있다. 가정적 요인에는 가정폭력의 경험, 부모의 폭력적 양육태도, 부모와 자녀의 부정적 의사소통이 있다. 그리고 청소년기로 접어들수록 또래와의 관계가 밀접해짐에 따라 동조성도 극대화되므로 또래의 인기와 인정을 얻기 위해 폭력행동을 보일 수 있다. 가해학생의 유형에는 대표적으로 7가지가 있는데, 기고만장형, 사회형, 냉혹형, 과잉행동형, 피해자이면서 가해학생형, 집단형, 조폭형이 그것이다.

2 괴롭힘에 지속적으로 노출된 청소년의 경우 다른 또래에 비해 더 우울하고, 낮은 자존감을 나타내며, 외로움을 많이 느끼는 등 심리적 적응에 광범위한 어려움을 경험한다. 이런 특성은 피해학생의 기본적인 특성일 수도 있고, 피해경험으로 인해 발생하는 증상일 수도 있다. 피해 학생의 유형으로는 수동적 피해자, 도발적 피해자, 잘난 척하고 타인을 무시하는 학생 유형이 있다.

1   가해학생의 심리를 개인적 요인·가정적 요인·또래적 요인으로 구분하여 설명하시오.

2   가해학생의 유형 중 피해자이면서 가해자가 되는 학생의 사례를 조사하고 예방을 위한 방안을 생각해 보시오.

3   피해학생의 특징에는 어떠한 것이 있으며, 피해학생에게 도움을 줄 수 있는 교육방안을 제안하시오.

IV

학교폭력의 개입

교육부에서는 제3차 학교폭력 대책 기본계획(2015~2019년)을 수립하여 학교폭력 없는 안전하고 즐거운 교육환경을 조성하기 위해 '학교폭력 안전도 제고'를 정책목표로 설정하고, 단위학교에서는 다양한 학교폭력 예방교육에 힘쓰고 있으나, 학교폭력 발생이 점차 저연령화되면서 학교폭력의 피해징후는 더 심각해지고 있다. 이에 4부에서는 학교폭력에 대한 법적 조치를 살펴보고 학교폭력 이후 상담 및 개입전략에 대해서 알아보고자 한다.

11장

학교폭력에 대한 법적 조치

모든 것이 법 아래에 놓인 곳보다 모든 것이 법 아래에 놓이지 않은 곳에서 사는
것이 더 좋다.
— 프랜시스 베이컨

학습목표

1 학교폭력 관련 법규의 주요 내용을 숙지할 수 있다.
2 단위학교의 학교폭력 사안대처 절차를 이해할 수 있다.

여기에서는 학교폭력에 대한 법적 조치와 단위학교에서의 학교폭력 사안 발생 시 사안접수에서 전담기구에서 사안조사를 통해 학교폭력대책자치위원회 개최여부 심의과정을 소개하고, 학교폭력대책자치위원회 개최 시 가해학생에게 부과되는 조치사항과 피해학생에게 부여되는 보호조치 등 전체적인 사안처리 절차에 대해서 설명하고자 한다.

1. 학교폭력 예방 및 대책에 관한 법률[1]과 시행령[2]

학교폭력 예방 및 대책에 관한 법률은 2003년 현승일 의원의 대표발의(의원 50인 발의, 의안번호 2403)로 제출되어 수정 가결된 학교폭력 예방 및 대책에 관한 법률안에서 시작되었다.

이 법률안의 제안 이유는 심각한 사회문제로 대두하고 있는 학교폭력 문제에 효과적으로 대처하기 위하여 정기적인 학교폭력 예방교육의 실시, 학교폭력의 신고의무화, 학교폭력의 예방 및 대책을 위한 전담기구의 설치와 이를 위한 국가의 재정적 지원을 위한 제도적 틀을 마련하려는 것[3]이었다.

2004년 법률 제7119호로 제정되어 여러 차례 개정 과정을 거쳐 오늘에 이르고 있다. 현 법률에 나타난 주요 사항을 보면 다음과 같다.

1) 학교폭력에 대한 정의

학교폭력은 "학교 내외에서 학생을 대상으로 발생한 상해, 폭행, 감금, 협박, 약취·유인, 명예훼손·모욕, 공갈, 강요·강제적인 심부름 및 성폭력, 따돌림, 사이버따돌림, 정보통신망을 이용한 음란·폭력 정보 등에 의하여 신체·정신 또는 재산상의 피해를 수반하는 행위"를 말한다(법 제2조). 여기에서 '따돌림'은 학교 내외에서 2명 이상의 학

---

1   학교폭력 예방 및 대책에 관한 법률. [시행 2017.11.28.] [법률 제15044호, 2017.11.28., 일부개정]
2   학교폭력 예방 및 대책에 관한 법률 시행령. [시행 2016.5.10.] [대통령령 제27129호, 2016.5.10., 타법개정]
3   학교폭력 예방 및 대책에 관한 법률(안), (현승일의원 대표발의) 2003.06.23., 의안번호 2403.

생들이 특정인이나 특정집단의 학생들을 대상으로 지속적이거나 반복적으로 신체적 또는 심리적 공격을 가하여 상대방이 고통을 느끼도록 하는 일체의 행위를 말하며, '사이버따돌림'은 인터넷, 휴대전화 등 정보통신기기를 이용하여 학생들이 특정 학생들을 대상으로 지속적·반복적으로 심리적 공격을 가하거나, 특정 학생과 관련된 개인정보 또는 허위사실을 유포하여 상대방이 고통을 느끼도록 하는 일체의 행위를 말한다. 또한 '학교'는 '초·중등교육법' 제2조에 따른 초등학교·중학교·고등학교·특수학교 및 각종학교와 같은 법 제61조에 따라 운영하는 학교를 말한다.

2) 학교폭력 관련 위원회

학교폭력 관련 위원회로는 정부 차원에서 학교폭력 예방 및 대책에 관한 사항을 심의하기 위하여 국무총리 소속으로 학교폭력대책위원회(법 제7조), 시·도에는 지역의 학교폭력 문제를 해결하기 위하여 학교폭력대책지역위원회(법 제9조), 시·군·구에는 학교폭력 예방 및 대책을 수립하고 기관별 추진계획 및 상호 협력·지원방안 등을 협의하기 위하여 학교폭력대책지역협의회(법 제10조의2), 학교에는 학교폭력 예방 및 대책에 관련된 사항을 심의하기 위하여 학교폭력대책자치위원회(법 제12조)를 둔다.

단위학교에 설치 중인 학교폭력대책자치위원회(이하 '자치위원회'라 함)는 학교폭력 예방 및 대책수립을 위한 학교 체제 구축, 피해학생의 보호, 가해학생에 대한 선도 및 징계, 피해학생과 가해학생 간의 분쟁 조정, 그 밖에 대통령령으로 정하는 사항에 대해 심의한다. 자치위원회의 위원은 해당 학교의 교감, 해당 학교의 교사 중 학생생활지도 경력이 있는 교사, 선출된 학부모대표(대통령령으로 정하는 바에 따라 전체위원의 과반수를 학부모전체회의에서 직접 선출된 학부모대표로 위촉하여야 한다. 다만, 학부모전체회의에서 학부모대표를 선출하기 곤란한 사유가 있는 경우에는 학급별 대표로 구성된 학부모대표회의에서 선출된 학부모대표로 위촉할 수 있다), 판사·검사·변호사, 해당학교를 관할하는 경찰서 소속 경찰공무원, 의사 자격이 있는 사람, 그 밖에 학교폭력 예방 및 청소년보호에 대한 지식과 경험이 풍부한 사람 중에 위원장을 포함하여 5인 이상 10인 이하로 해당 학교의 장이 임명하거나 위촉한다.

위원장은 위원 중에서 호선되며, 유사 시에 대비하여 위원장이 미리 위원장 직무 대행자를 지정해야 한다. 위원의 임기는 2년으로 하되, 1차에 한하여 연임할 수 있다. 사임 등으로 새로 위촉되는 위원의 임기는 전임위원 임기의 잔여기간으로 한다.

회의는 재적위원 과반수의 출석으로 개의하고, 출석위원 과반수의 찬성으로 의결한다. 위원장은 해당 학교의 교직원에서 자치위원회의 사무를 처리할 간사 1명을 지명한다. 회의출석 위원에게는 예산의 범위에서 수당과 여비를 지급할 수 있으나, 공무원이 위원일 경우에는 그 소관 업무와 직접적으로 관련하여 회의에 출석한 경우로 지급하지 못한다. 위원장은 회의 일시를 정할 때에는 일과 후, 주말 등 위원들이 참석하기 편리한 시간으로 정하여야 한다.

회의는 분기별 1회 이상 개최해야 하는데, 개최 사유는 단위학교의 학교폭력 예방 및 대책계획을 심의하고자 하는 경우, 자치위원회 재적위원 4분의 1 이상이 요청하는 경우, 학교의 장이 요청하는 경우, 피해학생 또는 그 보호자가 요청하는 경우, 학교폭력이 발생한 사실을 신고받거나 보고받은 경우, 가해학생이 협박 또는 보복한 사실을 신고받거나 보고받은 경우, 그 밖에 위원장이 필요하다고 인정하는 경우이다.

회의 중에는 피해학생과 가해학생에 대한 조치, 가·피해자 간 분쟁을 조정하는 경우에는 비공개로 한다. 다만 피해학생·가해학생 또는 그 보호자가 회의록의 열람·복사 등 회의록 공개를 신청한 때에는 학생과 그 가족의 성명, 주민등록번호 및 주소, 위원의 성명 등 개인정보에 관한 사항을 제외하고 공개하여야 한다.

3) 교원의 의무

교장은 교육감에게 학교폭력 사건 발생 상황, 피해학생과 가해학생에 대한 조치 결과, 분쟁 조정 결과를 보고해야 한다. 그리고 학교폭력을 신고 또는 보고받은 경우와 이외에 필요하다고 판단될 경우에는 자치위원회 개최를 요청한다. 또한 관계 기관과 협력, 교내 학교폭력 단체 결성 예방 및 해체에 노력해야 한다(법 제19조).

교원은 학교폭력 현장을 보거나 그 사실을 알게 되었을 경우 학교 등 관계 기관에 이를 즉시 신고하여야 하며, 신고접수 기관은 이를 가·피해학생 보호자 또는 소속 학교장에게 통보해야 한다. 아울러 누구라도 학교폭력의 예비·음모 등을 알게 되었을 경우에는 학교의 장 또는 자치위원회에 고발할 수 있다. 특히 교원이 이를 알게 되었을 경우에는 학교의 장에게 보고하고 해당 학부모에게 알려야 한다(법 제20조).

그리고 학교폭력 예방 및 대책과 관련된 업무를 수행하거나 수행하였던 자는 그 직무로 인하여 알게 된 비밀, 학교폭력 신고의무에 따른 신고자·고발자와 관련된 자료를 누설해서는 안 된다(법 제21조). 누설해서는 안 될 사항은 학교폭력 가해학생·피해학생 및 그의 가족과 관련된 개인정보(성명, 주민등록번호 및 주소 등)에 관한 사항, 피해학생과 가해학생에 대한 심의·의결과 관련된 개인별 발언 내용, 그 밖에 외부로 누설될 경우 분쟁 당사자 간에 논란을 일으킬 우려가 명백한 사항(시행령 제33조)이며, 위반 시 300만 원 이하의 벌금(법 제22조)에 처한다.

4) 학교폭력 예방교육

학교의 장은 학생, 교원 학부모들을 대상으로 학교폭력 예방교육을 실시하여야 한다. 학생의 육체적·정신적 보호와 학교폭력의 예방을 위한 학생들에 대한 교육(학교폭력의 개념·실태 및 대처방안 등)뿐만 아니라 학교폭력의 예방 및 대책 등을 위한 교직원 및 학부모에 대한 교육을 각각 학기별로 1회 이상 실시하되(법 제15조), 시간·강사·방법 등 세부적인 사항은 교장이 정한다(시행령 제17조).

교직원에 대한 학교폭력 예방교육은 학교폭력 관련 법령에 대한 내용, 학교폭력 발생 시 대응요령, 학생 대상 학교폭력 예방 프로그램 운영방법 등을 포함하여야 한다. 학부모에 대한 학교폭력 예방교육은 학교폭력 징후 판별, 학교폭력 발생 시 대응요령, 가정에서의 인성교육에 관한 사항을 포함하여야 한다(시행령 제17조).

학생에 대한 학교폭력 예방교육은 학급 단위로 실시함을 원칙으로 하되, 학교 여건에 따라 전체 학생을 대상으로 한 장소에서 동시에 실시할 수 있다. 학생과 교직원, 학부모를 따로 교육하는 것을 원칙으로 하되, 내용에 따라 함께 교육할 수 있다. 강의, 토론 및 역할연기 등 다양한 방법으로 하고, 다양한 자료나 프로그램 등을 활용하여야 한다.

5) 전담기구 구성 및 운영

학교장은 학교폭력에 대한 실태조사와 학교폭력 예방 프로그램을 구성·실시하고 학교의 장 및 자치위원회의 요구가 있는 때에 학교폭력에 관련된 조사결과 등 활동결과를 보고하기 위하여 학교폭력문제를 담당하는 전담기구를 구성할 수 있다.

전담기구의 구성은 교감, 전문상담교사, 보건교사 및 책임교사 등으로 구성하며, 교장은 학교폭력 사태를 인지한 경우 지체 없이 전담기구 또는 소속 교원으로 하여금 가해 및 피해사실 여부를 확인하도록 한다.

피해학생 또는 그 보호자는 피해사실 확인을 위하여 전담기구에 조사를 요구할 수 있다. 전문상담교사는 교장 및 자치위원회의 요구가 있을 시 학교폭력 관련 피해학생 및 가해학생과의 상담결과를 보고해야 한다.

전담기구는 성폭력 등 특수한 학교폭력사건에 대한 실태조사의 전문성을 확보하기 위하여 필요한 경우 전문기관에 그 실태조사를 의뢰할 수 있는데, 이 경우 그 의뢰는 자치위원회 위원장의 심의를 거쳐 교장 명의로 하여야 한다.

국가 및 지방자치단체는 실태조사에 관한 예산을 지원하고, 관계 행정기관은 실태조사에 협조하여야 하며, 학교의 장은 전담기구에 행정적·재정적 지원을 할 수 있다(법 제14조).

6) 피해학생에 대한 보호조치

자치위원회는 피해학생의 보호를 위하여 학교장에게 심리상담 및 조언, 일시보호, 치료 및 치료를 위한 요양, 학급 교체, 그 밖의 피해학생의 보호를 위한 필요한 조치를 하나 또는 수 개의 조치를 병과할 것을 요청할 수 있다. 다만 피해학생 보호를 위하여 긴급하다고 인정하거나, 피해학생이 긴급보호의 요청을 하는 경우, 자치위원회 개최 전에 심리상담 및 조언이나 일시보호, 그 밖의 피해학생의 보호를 위한 필요한 조치를 할 수 있다(법 제16조).

자치위원회는 학교장에게 조치를 요청하기 전에 피해학생 및 그 보호자에게 의견

진술의 기회를 부여하는 등 적정한 절차를 거쳐야 한다. 자치위원회의 조치요청 시 학교장은 피해학생 보호자의 동의를 받아 7일 이내에 해당 조치를 취하여야 하고 이를 자치위원회에 보고하여야 한다. 피해자 조치에 따른 피해자의 결석은 교장이 인정하는 경우 출석일수에 산입할 수 있으며, 성적 등을 평가함에 있어서 불이익을 주지 아니하도록 노력해야 한다. 피해학생이 전문단체나 전문가로부터 심리상담 및 조언, 일시보호, 치료 및 치료를 위한 요양에 따른 상담 등을 받는 데 사용되는 비용은 가해학생의 보호자가 부담해야 한다. 다만, 피해학생의 신속한 치료를 위하여 학교의 장 또는 피해학생의 보호자가 원하는 경우에는 학교안전공제회 또는 시·도교육청이 부담하고 이에 대한 구상권을 행사할 수 있다.

또한 학교폭력으로 피해를 입은 장애학생의 보호를 위하여 자치위원회는 장애인 전문 상담가의 상담 또는 장애인 전문 치료기관의 요양 조치를 학교의 장에게 요청할 수 있으며, 이 경우 학교의 장은 해당 조치를 하여야 한다. 물론 이에 소요되는 비용은 가해자 보호자가 부담하며, 선조치로서 학교안전공제회 또는 시·도교육청이 부담한 후 구상권을 행사할 수 있다(법 제162조의2).

7) 가해학생에 대한 조치

자치위원회는 피해학생의 보호와 가해학생의 선도·교육을 위하여 '가해학생에 대하여 서면사과, 피해학생 및 신고·고발학생에 대한 접촉·협박 및 보복행위의 금지, 학교에서의 봉사, 사회봉사, 학내·외 전문가에 의한 특별 교육이수 또는 심리치료, 출석정지, 학급 교체, 전학, 퇴학 처분' 중에서 하나 또는 수 개의 병과조치를 학교장에게 요청할 수 있다. 다만, 피해학생이나 신고·고발학생에 대한 협박 또는 보복행위일 경우에는 몇 가지 조치를 병과하거나 조치내용을 가중할 수 있다.

자치위원회는 가해자 조치를 요청하기 전에 가해학생 및 보호자에게 의견진술기회를 부여하는 등 적정한 절차를 거쳐야 하며, 학교장은 자치위원회에서의 조치 요청 시 14일 이내에 해당 조치를 해야 한다. 특히 '피해학생 및 신고·고발학생에 대한 접촉·협박 및 보복행위의 금지, 학교에서의 봉사, 사회봉사, 출석정지, 학급 교체, 전학'의 조치를 받은 가해학생은 교육감이 정한 기관에서 특별교육을 이수하거나 심리치료를 받아야 하는데, 특별교육 이수기간은 자치위원회에서 정한다.

자치위원회는 가해학생이 특별교육을 이수할 경우 해당 학생의 보호자도 함께 교육을 받게 하여야 하며, 교육 이수 조치를 따르지 아니한 보호자에게는 300만원 이하의 과태료를 부과한다(법 제22조). 가해학생이 다른 학교로 전학을 간 이후에는 전학 전의 피해학생 소속 학교로 다시 전학을 올 수 없도록 하여야 한다.

학교장은 가해학생에 대한 선도가 긴급하다고 인정할 경우 우선적으로 피해학생에 대한 서면사과, 피해학생 및 신고·고발학생에 대한 접촉 또는 협박이나 보복행위의 금지, 학교에서의 봉사, 학내·외 전문가에 의한 특별교육 이수 또는 심리치료, 출석정지 조치를 할 수 있으며, 이 중 특별교육 이수 또는 심리치료와 출석정지는 두 가지를 병과조치할 수 있다. 긴급조치를 할 경우 자치위원회에 즉시 보고하여 추인을 받아야 한다(법 제17조 4항). 학교의 장이 긴급조치를 한 경우 가해학생과 그 보호자에게 이를 통지해야 하며, 가해학생이 이 조치를 거부하거나 회피하는 때에는 초·중등교육법 제18조에 따라 징계하여야 한다.

가해학생에 대한 조치별 적용기준은 "가해학생이 행사한 학교폭력의 심각성·지속성·고의성, 가해학생의 반성 정도, 해당 조치로 인한 가해학생의 선도 가능성, 가해학생 및 보호자와 피해학생 및 보호자 간의 화해 정도, 피해학생이 장애학생인지 여부(시행령 제19조)를 고려하여야 한다. 다만 긴급조치의 하나로 가해학생에 대한 출석정지 조치의 고려기준은 "2명 이상의 학생이 고의적·지속적으로 폭력을 행사한 경우, 학교폭력을 행사하여 전치 2주 이상의 상해를 입힌 경우, 학교폭력에 대한 신고, 진술, 자료 제공 등에 대한 보복을 목적으로 폭력을 행사한 경우, 학교의 장이 피해학생을 가해학생으로부터 긴급하게 보호할 필요가 있다고 판단하는 경우"(시행령 제21조)이다.

피해학생에 대한 서면사과 외의 처분을 받은 학생이 해당 조치를 거부하거나 기피하는 경우 자치위원회는 거부한 가해학생에 대한 초·중등교육법 제18조의 조치를 했다 하더라도, 추가로 다른 조치를 할 것을 학교의 장에게 요청할 수 있다(법 제17조 11항).

자치위원회에서의 추가조치 요구는 가해학생이 해당 조치를 거부하거나 기피하는 사실을 학교장으로부터 통보받은 날부터 7일 이내에 할 수 있다(시행령 제22조). 가해학생이 학교에서의 봉사, 사회봉사, 학내·외 전문가에 의한 특별교육 이수 또는 심리치료 조치를 받은 경우, 이와 관련된 결석은 학교의 장이 인정하는 때에는 이를 출석일수에 산입할 수 있다(법 제17조 8항).

자치위원회가 가해학생에 대한 전학 조치를 요청하는 경우, 초·중학교 교장은 교육장에게, 고등학교 교장은 교육감에게 해당 학생이 전학할 학교의 배정을 지체 없이 요청하여야 한다. 요청받은 교육감 또는 교육장은 가해학생이 전학할 학교를 배정할 때 피해학생의 보호에 충분한 거리 등을 고려하여야 하며, 관할구역 외의 학교를 배정하려는 경우에는 해당 교육감 또는 교육장에게 이를 통보하여야 한다. 전학 통보를 받은 교육감 또는 교육장은 해당 가해학생이 전학할 학교를 배정하여야 한다. 교육감 또는 교육장은 학교폭력으로 전학 조치된 가해학생과 피해학생이 상급학교에 진학할 때에는 각각 다른 학교를 배정하여야 하는데, 피해학생이 입학할 학교를 우선적으로 배정한다.

2012년도부터는 학교폭력 가해자에 대한 조치내용을 학교생활기록부에 기재하도록 명시하고 있다.

제7조 【학적사항】③ '특기사항'란에는 학적변동의 사유를 입력한다. 특기사항 중 학교폭력과 관련된 사항은 「학교폭력 예방 및 대책에 관한 법률」 제17조에 규정된 가해학생에 대한 조치사항을 입력한다.

제8조 【출결상황】④ '특기사항'란에는 결석사유 또는 개근 등 특기사항이 있는 경우 학급 담임교사가 입력한다. 특기사항 중 학교폭력과 관련된 사항은 「학교폭력 예방 및 대책에 관한 법률」 제17조에 규정된 가해학생에 대한 조치사항을 입력한다.

제16조【행동특성 및 종합의견】② 행동특성 중 학교폭력과 관련된 사항은 「학교폭력 예방 및 대책에 관한 법률」 제17조에 규정된 가해학생에 대한 조치사항을 입력한다.

이에 따라 각급 학교에서는 학교생활기록부 작성 시 학교폭력 관련 내용을 관련란에 기재하여야 한다. 즉, '피해학생에 대한 서면사과', '피해학생 및 신고·고발학생에

대한 접촉·협박 및 보복행위의 금지', '학교에서의 봉사', '학급 교체' 조치는 학교생활기록부 '행동특성 및 종합의견'란에, 전학 또는 퇴학처분은 '학적사항 특기사항'란에, '사회봉사', '학내·외 전문가에 의한 특별교육 이수 또는 심리치료', '출석정지'는 '출결상황 특기사항'란에 기재하여야 한다. 그러나 조치 받은 학생에 대해서는 이후 지속적으로 관찰하여 긍정적인 행동특성의 변화 내용이 있는 경우 변화된 내용 등을 '행동특성 및 종합의견'란에 입력한다.

8) 재심

자치위원회 또는 학교의 장이 내린 피해학생에 대한 보호 조치 및 가해학생에 대한 조치에 대하여 이의가 있는 피해학생 또는 그 보호자는 그 조치를 받은 날부터 15일 이내, 그 조치가 있음을 안 날부터 10일 이내에 지역위원회에 재심을 청구할 수 있다(법 제17조의2).

피해학생 또는 보호자가 지역위원회에 재심을 청구할 때에는 "청구인의 이름, 주소 및 연락처, 가해학생, 청구의 대상이 되는 조치를 받은 날 및 조치가 있음을 안 날, 청구의 취지 및 이유"를 적어 서면으로 하여야 한다(시행령 제24조).

지역위원회는 재심청구를 받은 경우 30일 이내에 이를 심사·결정하여 청구인에게 통보하여야 한다. 지역위원회의 회의는 비공개를 원칙으로 하며, 지역위원회의 결정에 이의가 있는 청구인은 그 통보를 받은 날부터 60일 이내에 행정심판을 제기할 수 있다.

자치위원회가 내린 가해자 조치로서 전학조치 또는 퇴학조치에 대하여 이의가 있는 가해학생 또는 그 보호자는 그 조치를 받은 날부터 15일 이내, 그 조치가 있음을 안 날로부터 10일 이내에 시·도학생징계조정위원회에 재심을 청구할 수 있다. 전학 또는 퇴학처분을 받은 가해학생의 재심청구 방법은 초·중등교육법 제18조의2 제2항부터 제4항까지의 규정을 준용한다.

9) 분쟁조정

피해학생, 가해학생 또는 그 보호자 중 어느 한쪽은 학교폭력과 관련하여 피해학생과 가해학생 간 또는 그 보호자 간의 손해배상에 관련된 합의조정, 그 밖에 자치위원회가 필요하다고 인정하는 사항에 대해 분쟁조정을 신청할 수 있다. 분쟁조정 신청은 해당 분쟁사건에 대한 조정권한이 있는 자치위원회 또는 교육감에게 "분쟁조정 신청인의 성명 및 주소, 보호자의 성명 및 주소, 분쟁조정 신청의 사유"를 적은 문서로 신청하여야 한다.

분쟁조정의 신청을 받으면 자치위원회 또는 교육감은 분쟁 당사자에게 분쟁조정의 일시 및 장소를 통보하여야 하며, 신청을 받은 날부터 5일 이내에 분쟁조정을 시작하여야 한다. 통지를 받은 분쟁 당사자 중 어느 한쪽이 불가피한 사유로 출석할 수 없는 경우에는 자치위원회 또는 교육감에게 분쟁조정의 연기를 요청할 수 있다. 이 경우 자치위원회 또는 교육감은 분쟁조정의 기일을 다시 정하여야 한다. 자치위원회 또는 교육감은 "분쟁 당사자 중 어느 한쪽이 분쟁조정을 거부하거나 피해학생 등이 관련된 학교폭력에 대하여 가해학생을 고소·고발하거나 민사상 소송을 제기한 경우, 분쟁 조정의 신청내용이 거짓임이 명백하거나 정당한 이유가 없다고 인정되는 경우가 발생"할 때에는 분쟁조정의 개시를 거부하거나 분쟁조정을 중지할 수 있다(시행령 제28조).

자치위원회 또는 교육감은 분쟁 당사자 간에 합의가 이루어지거나 자치위원회 또는 교육감이 제시한 조정안을 분쟁 당사자가 수락하는 등 분쟁조정이 성립한 경우나 분쟁조정 개시일부터 1개월이 지나도록 분쟁조정이 성립하지 아니한 경우에는 분쟁조정을 끝내야 한다.

분쟁조정의 개시를 거부하거나 분쟁조정을 중지한 경우 또는 분쟁조정을 끝낸 경우에는 그 사유를 분쟁 당사자에게 각각 통보하여야 한다. 자치위원회 또는 교육감은 분쟁조정이 성립하면 분쟁 당사자의 주소와 성명, 조정 대상 분쟁의 내용(분쟁의 경우, 조정의 쟁점)을 적은 합의서를 작성하여 자치위원회는 분쟁 당사자에게, 교육감은 피해학생 및 가해학생 소속 학교 자치위원회와 분쟁 당사자에게 각각 통보하여야 한다. 조정의 결과에 따른 합의서에는 자치위원회가 조정한 경우에는 분쟁 당사자와 조정에 참가한 위원이, 교육감이 조정한 경우에는 분쟁 당사자와 교육감이 각각 서명 날인하여야 한다. 자치위원회의 위원장은 분쟁조정의 결과를 교육감에게 보고하여야 한다. 자치위원회 또는 교육감은 자치위원회 위원 또는 지역위원회 위원 중에서 분쟁조정 담당자를 지정하거나, 외부 전문기관에 분쟁과 관련한 사항에 대한 자문 등을 할 수 있다.

2. 단위학교 학교폭력 사안 대처 매뉴얼

모든 단위학교에서는 '학교폭력 예방 및 대책에 관한 법률'에 따라 학교 내에 학교폭력대책자치위원회 규정을 만들어 학교폭력 예방에 대한 교육활동과 학교폭력 발생 사안에 대해 법령에 따라 대처하고 있다. 법령 안에서 학교 규정이 만들어지기 때문에 모든 학교들이 거의 비슷한 규정을 보이고 있다.

일반적으로 학교에서 자치위원회 운영을 통한 학교폭력 사안처리 절차는 다음과 같은 흐름에 따라 자치위원회가 개입하여 피해·가해학생에 대한 적정한 조치를 내리게 된다.

자세한 학교폭력 사안처리 절차는 다음의 그림 11-1과 같다.

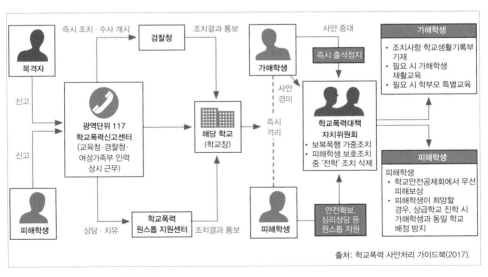

그림 11-1 학교폭력 사안처리절차

첫째, 학교폭력 피해를 입은 학생 또는 학교폭력이 의심되는 상황을 목격한 자가 117 또는 학교의 학교폭력 담당교사에게 사안을 접수한다.

둘째, 117에 신고가 되었을 경우 경찰이 현장에 나와 사안조사 후 학교에 통보하며, 학교에서 사안을 접수한 경우 접수대장에 기록 후 관련 학생 학부모에게 통보한다. 또한 교육지원청에 사안을 1차 보고한다.

셋째, 학교에서는 접수된 사안에 대해 전담기구에서 관련 학생 및 학부모 면담을 통해 사건의 경위 및 학생의 현재 상태, 즉시보호조치의 필요 여부 등을 조사한다.

넷째, 전담기구 협의를 통해 사안조사 결과 및 보호조치 여부 등에 대해 협의한다. 이때 학교장 종결사안 여부를 확인하여 학교폭력대책자치위원회 개최 여부를 결정한다. 이때, 피해학생 및 학부모가 학교폭력대책자치위원회 개최를 희망할 경우 반드시 개최한다.

다섯째, 관련 학생 학부모에게 학교폭력대책자치위원회 개최 일정을 통보하고 출석 의견 진술 또는 서면 의견 진술의 기회를 제공한다.

여섯째, 학교폭력대책자치위원회를 열어 사안에 대해 보고받고 관련 학생 또는 학부모의 의견 진술을 듣는다. 모든 의견을 경청한 후 학교폭력대책자치위원들은 다음과 같은 조건 등에 비추어 관련 학생들에게 조치 사항을 부여한다. ① 폭력의 고의성, ② 폭력의 지속성, ③ 폭력의 심각성, ④ 화해 정도, ⑤ 학생의 반성 정도.

일곱째, 학교폭력대책자치위원회에서 결정된 조치 사항을 해당 학생에게 통보한다. 이때 피해학생에게는 재심청구, 가해학생에게는 행정심판 신청 절차에 대해 함께 안내한다.

또한 학교에서는 가해학생 관련 조치 사항은 학교생활기록부에 즉시 기록한다.

요약

1   학교폭력 예방 및 대책에 관한 법률은 학교폭력 문제에 효과적으로 대처하기 위해 제
    정되었다. 이 법률은 학교폭력에 대한 법적인 정의를 명확히 하고, 학교폭력 관련 위원
    회의 구성을 규정하고 있다. 학교폭력 사건 발생 시 교원의 의무, 학교폭력 예방교육의
    의무, 이와 관련한 전담기구 구성 및 운영에 대해서도 규정하고 있다. 또한 자치위원회
    가 피해학생을 어떻게 보호해야 하며, 가해학생에 대해서는 어떤 조치들이 가능한지도
    열거하고 있다. 자치위원회 또는 학교장의 조치에 대해서 학생 또는 보호자는 재심을
    청구할 수 있다. 또한 자치위원회는 손해배상에 관련된 합의조정이나 기타 필요하다고
    인정되는 사항에 대해 분쟁조정을 할 수 있다.

2   일반적으로 단위학교에서는 자치위원회의 원활한 운영을 위해 학교폭력 사안 대처 매
    뉴얼을 만들어 활용하고 있다.

1 학교폭력 예방을 위한 법의 목적에 대해 생각해 보고, 현장에서 목적에 맞게 법이 적용되기 위해 선결되어야 할 조건에 대해 생각해 보시오.

2 현장에서는 학교폭력예방법에 의해 가해학생 조치사항을 학교생활기록부에 기록하는 것에 대해 회의적으로 판단하고 있다. 따라서 이에 대한 개정이 요구되는 상황이다. 이에 대한 본인의 생각을 이야기하고, 대안을 제시하시오.

3 학교폭력예방법을 살펴보고, 학생들의 교육적 지도를 위해 개정되어야 할 부분을 찾고 대안을 제시하시오.

12장

학교폭력 상담

약한 자는 절대 누군가를 용서할 수 없다. 용서는 강한 자의 특권이다.

— 마하트마 간디

학습목표

1 학교폭력 상담의 특수성과 목적을 알 수 있다.

2 학교폭력 가해·피해 학생별 상담전략에 대해 살펴볼 수 있다.

3 학교폭력 가해·피해 학생 학부모에 따른 상담전략을 알아볼 수 있다.

학교폭력은 학생의 생명을 위협하며 원만한 학교생활을 어렵게 한다. 또한 이로 인해 피해 측, 가해 측, 학교 측 간의 팽배한 갈등을 야기한다. 따라서 위기상황에서는 학생들의 안전을 확보하고 적응적인 생활을 돕기 위한 적절한 위기개입이, 갈등 상황에서는 이를 조정할 수 있는 분쟁조정이 필요한 실정이다. 따라서 여기에서는 위기개입과 분쟁조정을 위한 상담의 필요성과 상담의 기본적인 원리를 설명하였다. 또한 학교폭력 유형별로 다르게 접근할 수 있는 상담전략과 부모상담 접근 방법을 제시하였다.

1. 학교폭력 상담의 기초

학교폭력 상담은 학교상담보다 더 구체적이고 특수한 상황에 대해서 상담하는 것이기에 필요성, 개념, 목표가 학교상담과는 다르게 설명되어야 한다. 학교폭력 상담은 어떤 면에서 다르고 어떠한 특수성이 있는지 살펴보고자 한다.

1) 학교폭력 발생 시 상담의 필요성

피해자, 가해자와 주변인으로서 학교폭력 사건에 연관된 모든 학생은 폭력을 경험하게 된다. 이로써 학생들은 크고 작은 상처를 받기 때문에 이에 대한 개별 또는 집단 상담이 필요하다. 이러한 상처가 분노나 공격성으로 나타나 또 다른 학교폭력을 야기할 수 있으며 또는 자살과 같은 선택을 할 수 있기 때문에 인지된 학교폭력 사건이 있다면 이와 관련된 모든 학생들을 상담하는 것이 좋다.

2) 학교폭력 상담의 개념

학교폭력 상담은 개입 시기에 따라 학교폭력 발생 전 예방상담과 학생 폭력이 발생한 위기 상황에 개입하는 위기상담, 이후 추수상담으로 구분된다. 보통 학교상담이라고 하면 위기상담을 말하는 것이 대부분이다. 이때의 상담은 현재 벌어진 폭력 상황의 해결을 위한 개입과 장기적 재발방지의 측면에서 원인이 되는 요인을 상담 또는 지원하는 전반적인 위기 개입이 이루어져야 한다. 이는 피해학생의 신변보호에서부터 피·가해학생에 대한 원활한 합의 유도를 거쳐 대상자인 피해학생 및 가해학생에 대한 상담까지를 포함한다(문용린 외, 2006).

3) 학교폭력 상담의 목적 및 목표

(1) 목적

학교폭력 상담의 최우선적 목적은 단순한 사건처리가 아닌 근본적인 해결방안을 모색하는 것이다. 또한 각 개인이 당면한 위기상황을 극복하고 학교 및 일상생활에 적응하는 것뿐만 아니라 나아가 건강한 대인관계와 사회성 발달을 통해 궁극적으로 건강하고 건전한 사회 구성원으로 성장하도록 지원하는 것이다.

(2) 목표

학교폭력 상담의 일차적 목표는 피·가해 학생들의 위기 사건 경험에 대한 심리·정서적 충격과 고통을 완화시키고 체계적이고 전문적인 위기개입 서비스를 실시하여 피해학생의 안전보호와 치료의 권리를 보장하는 것이며 이어 모든 학교폭력 관련 학생인 피·가해 학생 및 목격한 주변학생들의 학교적응력을 향상시키는 것이다.

4) 학교폭력 상담의 특수성

학교폭력 상담은 우선 학교상담의 한 분야이다. 학교폭력 상담의 대상은 단일 내담자가 아니라 대부분 반대의 입장에 선 상대방 내담자가 존재한다. 학교폭력 상담을 계획하여 개입하고 진행할 때 이 점에 유의해야 성공적인 상담을 할 수 있다. 다시 말하면 보복에 대한 두려움, 위협적 상황이 존재한다는 것을 염두에 두어야 한다.

또한 예방 및 위기관리, 추수지도에서 상담은 직접적이고 구체적이며 전문적인 특성을 띤다. 특히 문제의 징후를 발견하거나 환경을 개선하는 데 도움이 되는 핵심적인 활동이다.

따라서 학교폭력 상담은 관계 기관·개인·가정·학교·사회 등 다양한 장면에서 다차원적으로 이루어지는 통합적 접근을 요할 수밖에 없다. 때문에 각 영역별로 학생과 밀접한 관계를 가지고 있는 교육청·학교·담임·학부모 등의 역할은 무엇보다 중요하게 작용한다. 따라서 해당기관과 관계자들의 학교폭력 상담을 위한 이해와 협조가 필요하다.

5) 학교폭력 상담의 원칙

성공적인 학교폭력 상담을 위해서는 몇 가지 지켜야 할 원칙들이 있다. 이 원칙들을 잘 준수하면 좀 더 효과적으로 상담을 할 수 있다. 따라서 학교폭력 상담을 하는 상담자는 이 원칙들을 숙지하는 것이 중요하다.

첫째, 학교폭력 상담은 집단상담보다는 개별상담을 하는 것이 바람직하다. 따라서 가해자와 피해자 상담은 각각 개별적으로 진행하는 것이 좋다. 하지만 피해학생의 경우 정서적으로 안정을 찾으면 같은 경험을 한 학생을 대상으로 하는 집단상담을 통해서 자신만이 경험하는 고통이 아님을 인지하고 경험을 공유하는 기회로 삼을 수 있다.

둘째, 객관적인 상담을 위해서는 상담 초기에 학교폭력 사건과 관련된 모든 객관적인 정보를 구체적으로 수집하는 것이 좋다. 이때 상담자는 사건, 내담자인 가해, 피해학생에 대해 '판단중지' 태도를 유지하여 내담자에 대한 어떠한 선입견을 갖지 않도록 노력해야 한다.

셋째, 내담자가 원하는 것이 무엇인지, 즉 내담자의 욕구를 먼저 파악하는 것이 중요하다.

넷째, 내담자에게 필요한 정보를 제공할 경우에는 가능한 구체적이고 객관적인 정보와 자료를 제공하는 것이 좋다. 아울러 학교폭력 예방법, 대처법, 도움받을 수 있는 기관 등 관련된 전문적인 자료를 제공하는 것이 효과적이다.

다섯째, 상담과정은 기록으로 남겨 문서화하는 것이 좋다. 특히 상담자는 상담일지에 상담내용과 내담자의 심리적 상태와 변화과정을 자세히 기록해 두어야 한다.

여섯째, 상담목표를 설정할 때에는 단기목표, 중기목표, 장기목표 등 구체적으로 계획하는 것이 좋고, 목표는 구체적이고 현실적이며 실천 가능한 것으로 설정하는 것이 바람직하다.

일곱째, 상담을 하는 과정에서 가정이나 학급에서 내담자 학생의 심리적·정서적 안정을 위해 도움이 필요한 부분은 학부모, 담임교사 등의 협조를 통해 도움을 받는 것이 좋다. 또한 가정과 학급에서의 적응과정 정보를 학부모나 담임교사를 통해 얻는 것도 효과적이다.

여덟째, 학생의 상태가 심각한 경우에는 외부 전문기관과 연계하는 것이 바람직하다. 보통 교육지원청 Wee센터나 지역에서 운영하는 청소년지원센터와 연계하여 상담을 하는 것도 효과적이다.

2. 학교폭력 상담 대상자에 따른 상담전략

실제로 학교폭력 상담에서는 피해·가해 학생에 따라 접근 방법 또는 전략이 달라져야 한다. 오인수 등(2016)의 연구에서 학교폭력 관련 내담자들의 사례를 분석한 결과 학교폭력 피해경험은 오랜 기간 동안 지속적으로 피해경험을 한 경우와 가해자의 의도적 폭력으로 인해 심각한 수준의 피해경험을 한 경우로 구분하였다. 상담사례분석 과정에서 '피해의 지속성 여부'는 피해에 노출된 경험이 초등학교 때부터 시작되어 중학교·고등학교까지 지속되어온 기준으로 유형화하였고, '의도적 폭력의 피해'는 가해자의 즉흥적인 학교폭력이 아닌 의도적 목적을 가진 가해행위에 의해 학교폭력의 피해경험을 갖고 있는 경우로 유형화하였다.

또한 연구자들은 학교폭력 가해행동은 크게 두 가지로 일회적 가해가 아닌 지속적인 가해경험과 학교폭력 선도조치로 의뢰된 타율적 내담자의 경우로 나누었다. 즉 상담사례분석과정에서 '지속적으로 폭력을 행사한 가해'의 경우 가해행동이 일회적인 단순 가해가 아니라 학년급이 달라져도 다른 대상에게 괴롭힘의 행동을 지속한 경우로 유형화하였고, '선도 조치로 의뢰된 타율적 가해'의 경우 가해학생이 상담을 하게 된 경위가 자발적 동기가 아닌 선도조치로 상담에 의뢰된 경우로 유형화하였다. 따라서 이네 가지 상황에 따라 달라지는 상담전략을 살펴보고자 한다.

1) 일회적 피해가 아닌 지속적 피해경험을 한 학생에 대한 상담전략

일회적 피해가 아닌 지속적 피해경험을 한 경우 상담초기에 매우 높은 심리적 저항을 보이기 때문에 상담자는 피해경험의 직접적 탐색을 잠시 지연하고 우선적으로 관계형성에 초점을 두는 것이 좋다. 피해경험에 초점을 둘 경우 내담자는 마음의 문을 닫고 심리적 저항을 높일 가능성이 있다. 피해학생들은 피해경험에 대한 트라우마적 회상의 기억을 가지고 있기 때문에 피해경험을 재해석하여 외상후성장(post-traumatic growth, PTG)를 촉진하도록 초점을 두는 것이 바람직하다. 피해경험에 대해 부정적으로 편향되어 있는 사고를 전환할 수 있도록 돕고 성장적 반추(reflection)를 통해 피해학생이 새로운 행동패턴을 습득할 수 있는 기회를 제공해 주는 것이 효과적이다. 이를 도식화하면 그림 12-1과 같다.

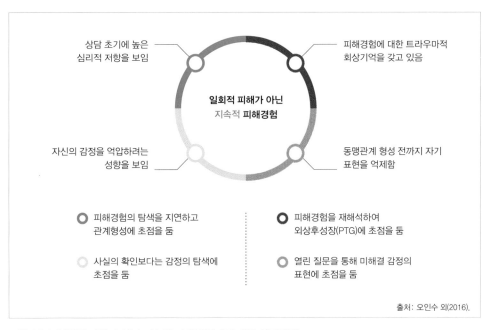

그림 12-1 일회적 피해가 아닌 지속적 피해경험자에 대한 상담전략

2) 의도적 가해로 심각한 피해경험을 한 학생에 대한 상담전략

의도적 가해로 심각한 피해경험을 한 내담자는 상담 중에 상담자를 포함한 모든 사람에게 피해의식을 강하게 표현할 수 있다. 이러한 피해학생의 경우 효과적인 상담전략은 피해 감정을 탐색하되 일반화의 오류를 지적하는 방식이다. 이들은 또한 특정 단어나 맥락에서 매우 민감한 반응을 보인다. 따라서 상담자가 상황에 대한 재해석을 돕고 심리적인 지지에 우선적으로 초점을 두는 것이 효과적일 것이다. 특히 피해학생들은 자신에게 매우 비판적이며 낮은 자존감을 보이기 때문에 자신에 대한 긍정적인 내적 자기대화(self-talk)를 생성하도록 촉진하는 것이 필요하다. 그리고 부정적 경험을 상담자에게 투사하는 경향을 보일 수 있다. 따라서 상담자는 이러한 전이를 인식하며 해석하여 이들의 무의식적 동기를 상담에 활용할 수 있다. 특히 투사적 경향을 많이 보이는 학생의 경우 상담자 역시 자신의 경험을 가해학생에게 투사하는 역전이가 발생할 수 있으므로 주의가 필요하다. 이를 도식화하면 그림 12-2와 같다.

그림 12-2 의도적 가해로 심각한 피해경험자에 대한 상담전략

3) 지속적 가해경험을 한 학생에 대한 상담전략

지속적으로 폭력을 행사한 가해학생의 경우 가해행동이 일회적인 단순 가해가 아니라 학년급이 달라져도 다른 학생을 대상으로 괴롭힘의 행동을 지속한 경우의 가해학생을 상담하는 전략을 살펴보고자 한다.

일회적 가해가 아닌 지속적으로 가해행동을 한 경우 이들의 가해행동과 그 행동으로 인한 결과의 관련성을 명확하게 인식하도록 돕는 것이 필요하다. 행동과 결과의 유관성(contingency)을 보다 명확하게 인식할 때 행동에 대한 조절력이 향상되기 때문이다. 가해학생은 종종 우쭐대며 가해행동을 단순한 장난으로 인식하는 경우가 있다. 비행행동을 보이는 청소년의 경우 자신의 문제행동을 긍정적으로 곡해하는 경향이 있기 때문에 이들의 왜곡된 인지를 바르게 교정하는 것이 필요하다. 또한 본인의 장난이 상대에게 심각한 피해를 준다는 점을 느낄 수 있도록 공감훈련 등을 통해 상대의 감정을 체휼할 수 있는 역할전환(role-reversal) 기법 등을 시도하는 것이 효과적일 것이다. 가해학생들은 또한 감정인식과 표현수준이 매우 낮다. 감정 형용사의 생성력이 떨어지거

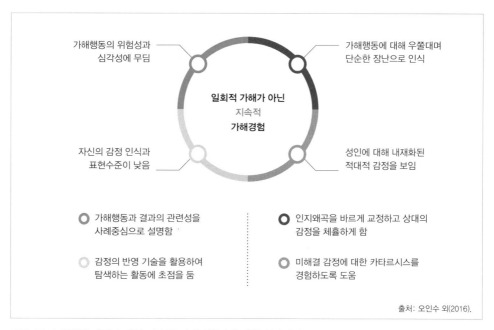

그림 12-3 일회적 가해가 아닌 지속적 가해경험자에 대한 상담전략

신의 감정을 인식하고 명명할 수 있는 기회를 제공하는 것이 효과적일 것이다. 그리고 성인에 대해 내재화된 적대적 감정을 보이는 경우, 이는 가정폭력과 같은 폭력 노출 경험에 의해 형성된 억압된 분노가 내재화되어 있는 경우일 수 있다. 따라서 상담자는 이들의 미해결 감정에 대하여 카타르시스를 경험하도록 도움을 주는 것이 효과적일 것이다. 이를 도식화하면 그림 12-3과 같다.

4) 타율적 상담의뢰된 가해학생에 대한 상담전략

선도를 목적으로 의뢰된 타율적 가해학생의 경우 상담을 하게 된 경위가 자발적 동기가 아니기에 이들은 상담을 처벌의 개념으로 받아들일 수 있다. 그러므로 상담의 오개념을 바로잡는 것이 필요하다. 비록 선도 조치의 일환으로 상담을 받게 되었지만 상담의 궁극적인 목적은 처벌이 아니라 가해학생의 변화와 성장이라는 점을 인식하도록 도와야 한다. 이러한 경우 상담의 동기가 외적으로 부과되다 보니 상담의 효과에 대한 기대 역시 매우 낮다. 따라서 학교폭력의 결과로 인해 부과된 조치에 초점을 두기보다

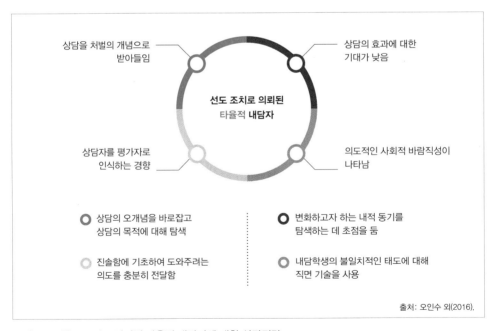

그림 12-4 선도 조치로 의뢰된 타율적 내담자에 대한 상담전략

는 이들이 폭력을 행사한 내적 동기를 탐색하는 데 초점을 두어야 한다. 이들의 내적 동기를 명료하게 밝혀내면 상담에 대한 소극적 태도가 보다 적극적으로 바뀔 수 있기 때문이다. 또한 가해학생들은 상담자를 평가자로 인식하고 상담자가 원하는 방식으로 말과 행동을 맞추는 사회적 바람직성(social desirability)을 나타낼 수 있다. 따라서 상담자는 진솔함에 기초하여 진정성 있게 도와주려는 의도를 충분히 전달하고 내담학생의 불일치적인 태도에 대해 직면기술을 사용하는 것이 필요할 것이다. 이를 정리하여 도식화하면 그림 12-4와 같다.

3. 학교폭력 발생 시 부모상담

학교폭력 사건이 발생했을 때 이를 계기로 수면 밑에 있던 가족 내 갈등이 다시 재현되거나 양육 효능감이 떨어져 가족이 제 기능을 발휘하지 못하는 경우도 있다. 이와 같은 가족 내에 존재하는 갈등은 학교에서의 다양한 상황에 따라 또다시 학교폭력이나 부적응 문제로 나타날 수 있다. 따라서 학교폭력 발생 시 부모상담이 필요하며, 부모의 태도에 따라 대응법도 달라져야 한다. 이에 대해 구체적으로 기술하고자 한다.

1) 사후 부모상담

(1) 치료적 동맹 구축하기

학교폭력 사후 부모상담이 이루어지기는 쉽지 않다. 따라서 가장 먼저 치료적 동맹을 구축하는 것이 중요하다. 상담자와 부모는 자녀가 일으킨 문제가 무엇을 의미하는지를 같은 관점에서 이해하여야 한다. 문제가 무엇인지 부모와 합의하기 위해서 다음과 같은 질문에 알맞은 답을 찾는 것이 도움이 된다.

상담자는 부모의 말을 진심으로 경청하고 존중하면서 자녀와 보호자 각각과 치료적 동맹을 구축하는 것이 치료의 첫 단추가 될 것이다.

(2) 개별 심리교육과 상담의 제공

부모 자신이 자녀에게 어떤 도움을 줄 수 있으며, 어떤 영향을 미치고 있는지에 대한 기본적인 심리교육이 이루어져야 한다. 학교폭력이 발생하는 원인에 대해 또 가정의 영향에 대해 어느 정도 알고 있는지, 현재 가족의 기능과 양육방식은 어떠한지, 자녀의 행동 특성과 심리적 특성은 어떠한지 등 다양한 심리교육이 제공될 수 있다.

(3) 정신건강에 대한 부모교육과 상담

학교폭력의 원인 중 정신건강과 관련된 문제가 있을 수 있다. 이런 경우 부모에게 자녀의 정신건강 문제를 감지하고, 이에 대해 적극적인 치료를 받게 하도록 상담자는 교육과 상담에 힘써야 한다. 가해학생에게 발견될 수 있는 공존장애로는 주의력결핍 과잉행동장애, 파괴적 행동장애, 간헐적 폭발장애, 폭력과 관련된 외상장애 등이 있을 수 있으며 피해자들에게서는 우울증, 인터넷 중독, 불안장애 등이 나타날 수 있다. 그러나 부모가 자녀의 정신건강 문제에 대해 수용할 준비가 되어 있지 않거나 치료에 방어적으로 나올 수 있기 때문에 부모의 심리적 태도에 따라 필요 시 정신건강과 관련된 부모교육이 선행되고, 적절한 치료를 받을 수 있도록 연계에 필요한 정보와 치료과정에 대한 정보가 제공될 필요가 있다.

(4) 부모의 심리적 어려움에 대한 지원

보호자들은 자녀의 학교폭력 사건 관련 경험에 대해 죄책감을 가지고, 경험에 대해 듣는 것을 어려워한다. 또는 자녀들이 겪는 어려움을 인식하고서 오히려 자신들이 가진 정신건강 문제나 심리적 상처가 가중되기도 한다. 부모가 원부모로부터 받은 심리적 상처와 가정 내에서 겪었던 심리적 좌절 등이 함께 따라와 자녀의 문제를 다루는 것을 방해할 수도 있다. 따라서 자녀를 돕기 위해 때로는 보호자가 가진 정신적 문제를 다룰 필요가 있다. 자녀의 자기조절을 도울 수 있도록 보호자를 지원하기 위해 보호자가 처한 심리적 어려움에 대해 심층상담을 제공한다.

요약

1 학교폭력 상담은 학교상담보다 더 구체적이고 특수한 상황에 대해서 상담하는 것이기에 필요성, 개념, 목표가 학교상담과는 다르다. 피해자, 가해자에 한정하지 않고 주변인으로서도 폭력을 경험하게 되므로 연관된 모든 학생에게 개별 또는 집단 상담이 필요하다. 학교폭력 상담의 목적은 단순한 사건처리가 아닌 근본적인 해결방안을 모색하는 것이다. 그 일차적 목표는 피해·가해 학생의 심리·정서적 충격과 고통을 완화시키고, 피해학생의 안전과 치료를 보장하며, 관련 학생들의 학교적응력을 향상시키는 것이다. 학교폭력 상담의 대상은 단일 내담자가 아니라 대부분 반대 입장에 선 상대방 내담자가 존재한다. 이 점에 유의해야 성공적인 상담을 할 수 있다. 일반적인 학교상담의 원칙으로 다음 8가지가 있다. 첫째, 집단상담보다는 개별상담이 바람직하다. 둘째, 객관적 상담을 위해 상담 초기에 정보를 구체적으로 수집하는 것이 좋다. 셋째, 내담자의 욕구를 먼저 파악하는 것이 중요하다. 넷째, 내담자에게 정보를 제공할 경우 가능한 구체적이고 객관적인 것이 좋다. 다섯째, 상담과정은 기록으로 남겨 문서화하는 것이 좋다. 여섯째, 단기·중기·장기 목표를 현실적이며 실천 가능한 것으로 구체적으로 설정하는 것이 바람직하다. 일곱째, 학부모나 담임교사 등의 협조를 통해 도움을 받는 것이 좋다. 여덟째, 상태가 심각한 경우 외부 전문기관과 연계하는 것이 바람직하다.

2 상담 대상자에 따라 학교폭력 상담의 전략은 달라져야 한다. 일회적 피해가 아닌 지속적 피해경험을 한 경우엔 심리적 저항이 크기 때문에 피해경험의 직접적 탐색을 지연하고 우선 관계형성에 초점을 두는 것이 좋다. 이후 피해경험을 재해석하여 외상후성장을 촉진하도록 해야 한다.

의도적 가해로 심각한 피해경험을 한 피해자의 경우 모든 사람에게 강한 피해의식을 표현한다. 따라서 피해 감정을 탐색하되 일반화의 오류를 지적하고, 상황에 대한 재해석을 도우면서 심리적 지지에 초점을 맞추어야 한다.

지속적으로 폭력을 행사한 가해학생의 경우 가해행동과 결과의 관련성을 명확히 인식하도록 해야 한다. 공감훈련 등을 통해 상대의 감정을 체험할 수 있도록 하는 것이 도움이 된다.

선도를 목적으로 타율적으로 의뢰된 가해학생의 경우 상담을 처벌로 받아들일 수 있다. 그러므로 상담의 궁극적인 목적은 처벌이 아니라 가해학생의 변화와 성장이라는 점을 인식하도록 도와야 한다. 변화하고자 하는 내적 동기를 찾아내어 적극성을 이끌어낼 필요가 있다.

3 가족 내 갈등은 학교에서의 상황과 맞물려 학교폭력이나 부적응 문제로 나타날 수 있으며, 따라서 학교폭력 발생시 부모상담이 필요하다. 부모상담을 할 때는 먼저 부모의 말을 진심으로 경청하고 존중하면서 치료적 동맹을 구축해야 한다. 또한 부모가 자녀에게 어떤 도움을 줄 수 있으며, 어떤 영향을 미치고 있는지에 대한 심리교육이 이뤄져야 하며, 자녀에게 정신건강 문제가 있을 경우엔 적절한 치료를 받을 수 있도록 정보를 제공해야 한다. 부모들은 자녀의 학교폭력 관련 경험에 죄책감을 갖고 사건에 대해 듣는 것을 어려워한다. 부모의 정신적 문제를 다루는 상담도 필요하다.

1 학교폭력 상담 진행 시 관련 학생 부모의 민원제기가 빈번하다. 이에 대한 대책을 생각해 보시오.

2 학교폭력 상담 진행 시 사건의 전후과정을 모두 숙지하고 있는 상담자의 판단 또는 감정이 개입되어 상담의 역효과가 발생하는 경우가 있다. 상담자의 '판단중지'의 중요성에 대해 생각해 보고 이를 위한 노력 방안에 대해 제시하시오.

3 학교폭력 상담 진행 시 학부모와의 상담이 필수적이다. 가해·피해 학생 학부모에 따른 상담전략에 대해 생각해 보고 제시하시오.

13장

학교폭력 사후 개입

당신 스스로가 하지 않으면 아무도 당신의 운명을 개선시켜주지 않을 것이다.
— 베르톨트 브레히트

학습목표

1 학교폭력 발생 후 개입방안을 알 수 있다.

2 대표적인 학교폭력 피해학생 대상 프로그램을 살펴볼 수 있다.

3 대표적인 학교폭력 가해학생 대상 프로그램을 살펴볼 수 있다.

4 대표적인 학교폭력 부모교육 프로그램을 살펴볼 수 있다.

학교폭력의 피해를 입은 학생이나 가해경험이 있는 학생은 일상생활로 돌아가고 싶어도 다른 사람들의 시선에 자존심이 상하거나 또 다시 같은 일이 반복될까 두려워 이를 꺼리는 경우가 있다. 피해학생과 가해학생이 일상생활에 다시 적응할 수 있도록 여기에서는 학교폭력 발생 후 개입에 대해 현재 지원현황과 현장에서 적용할 수 있는 피해학생·가해학생·방관자·학부모 입장에서의 각각의 프로그램을 소개하고자 한다.

1. 학교폭력 발생 후 개입방안

1) 피해·가해 학생들의 치유 및 일상생활 복귀지원

학교폭력의 피해학생이나 가해학생은 일상생활로 돌아가고 싶어도 다른 사람들의 시선에 자존심이 상하거나 또 다시 같은 일이 반복될까 두려워 이를 꺼리는 경우가 있다. 피해학생과 가해학생이 일상생활에 다시 적응할 수 있도록 학교폭력대책자치위원회와 학교폭력 관련 기관에서는 적절한 조치를 취하고 있다.

예를 들어, 학교폭력대책자치위원회는 피해학생이 학교폭력으로 받은 정신적·심리적 충격으로부터 회복하는 것을 돕기 위해서 학교 내의 전문상담교사나 학교폭력 관련 기관의 전문가 등 학내외 전문가에 의한 심리상담 및 조언을 받도록 조치할 수 있다(「학교폭력 예방 및 대책에 관한 법률」 제16조제1항제1호). 또한 가해학생에게는 자기반성을 통한 학교폭력재발 방지를 위해서 학내외 전문가에 의한 특별교육 이수 또는 심리치료를 받도록 조치할 수 있다(「학교폭력 예방 및 대책에 관한 법률」 제17조제1항제5호).

(1) 심리치료 및 상담프로그램 내용

청소년폭력예방재단, 한국교육개발원을 비롯한 여러 단체에서는 피해학생과 가해학생이 외상후 스트레스장애 해소 등 심리적인 안정을 찾아 학교나 일상생활에 무리없이 복귀할 수 있도록 학교폭력 치료 관련 프로그램을 개발해서 학교나 각 학교폭력 관련 기관 등에 보급하고 있다. 그중 대표적인 프로그램은 다음과 같다[「굿바이! 학교폭력」(교육과학기술부, 법무부, 2009.) p. 38 참고].

표 13-1 학교폭력 치료 관련 프로그램

프로그램	대상	프로그램 특징	주요방법
무지개 프로그램	초·중·고 피해학생	• 다중지능 • 정서지능 • 문제해결능력 발달	인터넷 게시판 답글 달기 비디오 감상, 역할극
친구야 놀자 프로그램	초·중 피해학생	• 피해학생 치료 • 대인관계능력 증진	집단상담, 심리극, 캠코더를 활용한 영화제작활동
따돌림 당하는 학생을 위한 집단상담 프로그램	피해학생	• 자기주장훈련 • 대인관계훈련 • 자기인식 증진	역할극, 과제수행
KEDI 학교폭력 피해·가해학생 교육프로그램	피해학생 및 가해학생	• 피해학생 치료 • 대인관계능력 증진 • 자존감 향상 • 의사소통능력 향상	역할극, 각종 게임
학교폭력 가해학생 특별 프로그램	가해학생	• 자기이해 • 갈등해결능력 향상 • 의사소통능력 향상	개인상담, 집단상담, 칭찬일기, 독서 및 봉사활동, 기관 방문
학교폭력 개입 프로그램	가해학생	• 자존감 향상 • 의사소통능력 향상 • 분노조절 • 갈등해결능력 향상	집단미술치료, 개인상담, 농촌봉사활동, 부모교육
학교폭력 가해학생 선도·교육프로그램	초·중·고 가해학생	• 대인관계능력 향상 • 분노·스트레스 해결 • 갈등해결능력 향상 • 공동체의식 함양	역할극, 비디오 시청, 봉사체험, 협력게임, 그림 그리기

출처: 법제처(2017).

(2) 심리치료 및 상담프로그램의 이용

심리치료 및 상담프로그램은 피해학생 또는 가해학생이 개별적으로 기관을 찾아가서 이용할 수도 있지만, 학교폭력대책자치위원회 또는 학교폭력 상담 및 신고기관을 통해 적절한 프로그램을 소개받을 수도 있다.

예를 들어 '학교폭력SOS지원단(전화 1588-9182)'에서는 학교폭력 사실이 접수되면 학교에 알리고 상담, 의료 서비스, 법률 서비스 등을 통합 지원하며, 피해학생·가해학생 치료프로그램을 연계하고 정기적인 사후상담을 통해 해당 학생이 학교생활에 잘 적응할 수 있도록 도와주고 있다.

표 13-2 학교폭력 관련 상담 및 신고기관

기관명	홈페이지	상담전화
도란도란 (학교폭력예방 포털사이트)	http://www.edunet.net/nedu/doran/doranMainForm.do?menu_id=140	117
청소년폭력예방재단 학교폭력 SOS 지원단	http://www.jikim.net/sos	1588-9128
Wee 센터 (전국 시 · 도교육청)	http://www.wee.go.kr	
여성 긴급전화	http://www.seoul1366.or.kr	1366 *지역별 여성 긴급전화 운영

출처: 법제처(2017).

(3) 수강명령

학교폭력이 소년부로 이송되어 보호처분을 받은 가해학생은 수강명령을 받을 수 있다(「소년법」 제32조제1항제2호).

수강명령 프로그램은 가해학생이 자기 자신의 기질 · 성격 · 강점 및 약점이 무엇인지를 파악해서 자기 자신을 이해하고, 이를 통해 자신의 행동을 반성하도록 해서 사건의 재발을 방지하는 것을 목적으로 한다. 이 목적을 달성하기 위해서 수강명령 프로그램은 분노조절, 진로상담, 인성상담 등으로 구성된다.

2) 종합지원 프로그램

가해학생 또는 피해학생이 학업을 중단한 경우에 이 학생들이 사회에서 방황하는 시간을 줄이고 자신의 가치를 적극적으로 실현할 수 있도록 한국청소년상담복지개발원은 학업 지원 · 직업 지원교실 및 사회성 향상교실을 운영하고 있다.

이는 학교 밖 청소년의 개인적 특성과 상황을 고려한 상담지원, 교육지원, 직업체험 및 취업지원, 자립지원 등의 프로그램을 통해 학교 밖 청소년들이 꿈을 가지고 자신의 미래를 스스로 준비하여 공평한 기회를 얻을 수 있도록 지원하는 프로그램이다. 꿈드림은 '꿈=드림(dream)', '꿈을 드림'('드리다'의 명사형)이라는 중의적인 표현으로 학교 밖 청소년에게 새로운 꿈과 희망을 드리겠다는 의미이다.

또한 지역주민, 기관, 단체 등 지역 내 활용 가능한 자원의 연계를 통해 지역사회 청소년통합지원체계(Community Youth Safety-Net, CYS-Net)를 구축하여 위기상황에 처한 청소년들을 발견하고 통합적인 상담복지 서비스를 제공하는 청소년 사회안전망 사업을 운영하고 있다.

3) 학부모 대상 프로그램

한국청소년상담복지개발원은 자녀교육 개념을 재정립해서 부모를 대상으로 바람직한 부모 역할에 대한 체계적 교육인 '이음부모교육'을 실시하고 있다. 이음부모교육은 자녀와 함께 성장하는 부모의 3대 요소로 자신을 이해하는 부모, 소신 있는 부모, 자녀를 이해하는 부모를 설정하고 부모교육 프로그램을 제공하고 있다. 즉, 부모 자신의 성장을 통한 자녀에 대한 이해를 증진함으로써 가족관계를 개선하는 데 목적을 두고 있다. 자세한 프로그램 내용은 표 13-3과 같다.

표 13-3 학부모 대상 프로그램

구분	대상	교육시간	주요내용
자녀와 함께 성장하는 부모	부모	12시간	• 자녀 이해하기 • 자율성 키워주기 • 자녀와의 갈등 해결하기 • 힘을 북돋우기
학교폭력 가·피해 부모교육	학교폭력 가·피해 청소년 부모	14시간	• 자녀 이해하기 • 학교폭력 가·피해 이해하기 • 자녀의 성장 및 치유 돕기
자녀와 동행하는 부모(심화)	초기 청소년 자녀를 둔 부모	12시간	• 초기 청소년기 자녀 이해하기 • 부모의 생각과 감정 탐색하기 • 초기 청소년기 자녀와 소통하기

출처: 한국청소년상담복지개발원(2017).

2. 학교폭력 피해학생 치유 프로그램

1) 프로그램 목적

교육과학기술부(2008)에서 개발한 본 프로그램의 목적은 학교폭력 피해학생 치유

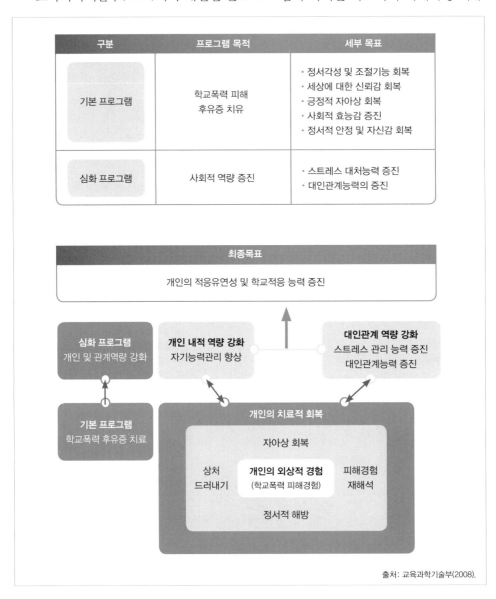

그림 13-1 학교폭력 피해학생 치유프로그램의 유형별 목적

를 위해 정서각성 및 조절기능을 회복시키고 자기에 대한 인식을 긍정적으로 변화시키며, 대인관계능력을 회복시키는 데 초점을 두고 있다. 한편 폭력피해학생들이 겪고 있는 피해 후유증을 치유한다고 해도 학생들의 사회적 능력이 쉽게 개선되기 어렵고 나아가 그동안의 또래환경이 변화될 것을 기대하기도 힘들다. 따라서 이들에게 또래관계를 원만히 유지하고 발달시켜 나가는 데 필요한 기초적인 사회적 역량이 필요하고, 또래들과의 관계에서 경험하게 될 스트레스를 효과적으로 다룰 수 있는 역량이 필요하다. 이러한 맥락에서 본 프로그램은 크게 두 가지의 목적을 성취하기 위해 구성되었다. 하나는 피해학생들의 피해 후유증을 치유하는 데 초점을 둔 '피해 치유 프로그램'과 다른 하나는 사회적 기술과 스트레스 대처능력을 함양시키는 데 초점을 둔 '훈련 프로그램'이다. 전자를 '기본 프로그램'으로, 후자를 '심화 프로그램'으로 각각 명명하였다. 기본 프로그램과 심화 프로그램의 구성은 그림 13-1과 같다.

2) 프로그램의 내용 구성

본 프로그램은 총 6회기로 도입단계, 전개단계, 종결단계로 구성되었다. 도입단계는 친밀감형성 및 동기유발, 전개단계는 감정조절능력 회복과 긍정적 자아상 정립 및 사회적 능력 증진, 종결단계는 나를 수용하고 희망찾기로 이루어졌다. 프로그램 단계에 따른 구체적인 회기와 회기목표는 다음과 같다. 도입단계(1회기)는 프로그램 소개와 참여자 간의 친밀감 형성과 참여 동기 유발을 목표로 한다. 전개단계(2~3회기)는 감정조절능력 회복을 목표로 한다. 전개단계(4~5회기)에서는 긍정적 자아상을 정립하고 사회적 능력을 증진하도록 프로그램을 구성하였다. 종결단계(6회기)는 프로그램을 정리하는 단계로 나를 수용하고 희망을 찾는 시간으로 매회기 경험을 통해 자신이 어떻게 변화되었는지에 대한 실천의지를 다지는 것을 목표로 하였다. 구체적인 프로그램 내용은 표 13-4와 같다.

표 13-4 학교폭력 피해학생 치유 프로그램의 내용 구성

단계	회기	회기 목표		프로그램 내용
도입	1	· 친밀감 형성 · 참여(치유) 동기 유발		· 자기소개, 오리엔테이션 · 집단의 친밀감 형성, 신뢰로운 분위기 형성
전개	2	감정조절 능력 회복	· 감정인식 및 정화 · 피해로 인한 상처 수용 및 치유 · 감정관리능력 습득	· 학교폭력 사건 재경험하기 · 감정 구체화하기
	3			· 이해받고 수용하기(경험 공유하고 공감 주고받기) · 감정표현하고 관리하기
	4	긍정적 자아상 정립 및 사회적 능력 증진	· 사회적 기본기술 습득 · 사회적 자기효능감 증진 · 성공적 또래관계 경험	· 친구 사귀기의 행동 연습하기 · 성공적인 친구 사귀기 경험하기 · 기본적인 사회기술 배우기
	5		· 긍정적 자기재발견 · 자기비난 중지 · 폭력 대처능력 증진	· 숨겨진 자기 장점 소개하고 수용하기 · 부정적 자기 진술방식 변화시키기 · 폭력 대처방법 배우기
종결	6	나를 수용하고 희망 찾기		· 자기를 용서하기 · 희망 정리하기

출처: 학교폭력 피해학생 치유 프로그램 지도자용 지침서(2008).

3. 학교폭력 가해학생 대상 프로그램

현재까지 학교폭력에 대한 개입 프로그램은 주로 피해학생을 대상으로 한 치유 프로그램에 초점이 맞춰져 왔으며 가해학생에 대해서는 사회적, 법적 규제를 가하거나 처벌하는 형태로 주로 대응하여 왔다. 그러나 이러한 규제에도 불구하고 가해 청소년들은 반복적으로 가해학생이 되거나 지속적인 문제 행동을 일으킬 확률이 높고 성인기까지 공격적, 반사회적 성향을 보이는 경향이 있다고 알려져 있어(Olweus, 1994), 학교폭력 가해 행위를 줄이기 위해서는 우선적으로 이들이 왜 학교폭력을 행사하는지에 대해 이해하고 이에 대해 개입하는 것이 필요하다.

1) 프로그램 목적

본 프로그램은 김슬아 등(2017)의 연구에서 사용된 인지행동 기반의 가해학생 대

상 프로그램이다. 본 프로그램의 목적은 학교폭력 가해학생의 충동조절능력과 공감능력을 향상시키는 데 있다. Olweus(1994)는 가해학생에서 타인의 어려움이나 고통에 무감각한, 즉 공감능력이 결핍되어 있는 경우가 많음을 강조하였다. 공감능력은 정서적 공감과 인지적 공감으로 나눌 수 있는데, 정서적 공감능력이 결핍되면 타인을 배려하고 약자에 대한 동정심을 가지는 능력이 부족하게 되어 타인을 지배하고 학대하려는 경향을 보일 수 있고, 인지적 공감능력이 결핍되면 타인의 생각을 이해하고 상황을 인식하는 능력이 부족해지면서 상황에 따른 적절한 태도를 취하지 못하게 된다. 또한 학교폭력 가해학생들은 감정 조절이 취약하고 자제력이 약하여 충동적이고 공격적인 특성을 가지고 있다(Salmivalli, & Nieminen, 2002). 따라서 본 프로그램에서는 가해학생의 충동조절능력과 공감능력을 향상시키기 위해 프로그램을 구성하였다.

2) 프로그램 내용

본 프로그램은 총 8회기로 구성되어 있으며 1회기에는 프로그램 참가학생들의 참여동기를 부여하고 관계형성을 위한 내용으로 구성되어 있다. 2회기는 폭력에 대한 올바른 이해를 돕기 위해 폭력의 결과, 영향 등을 안내하고 교육하도록 구성되었다. 3회기는 조망 수용, 공감능력 향상을 위한 회기이며, 4~6회기는 분노조절 및 자기통제 능력 향상을 통해 갈등관계를 긍정적으로 전환할 수 있는 훈련으로 구성되어 있다. 7회기는 의사소통훈련을 통해 또래관계 내에서의 사회적 기술 향상을 목표로 한다. 구체적인 프로그램 내용은 표 13-5와 같다.

표 13-5 인지행동 기반의 가해학생 대상 프로그램 내용

회기	주제	내용
1	참여동기 부여 및 라포 형성	• 프로그램 참여 목적 및 필요성 인식 • 프로그램 참여 기간 동안의 규칙 정하기 • 참여자 서로에 대해 알아가기
2	폭력에 대한 올바른 이해	• 폭력의 개념과 범위 올바르게 이해하기 • 폭력의 결과, 파급 효과, 학교폭력으로 인해 받을 수 있는 처벌 이해하기

회기	주제	내용
3	조망 수용/전환, 공감능력 향상	• 상대방을 다양한 관점에서 이해하기 • 실제 사례를 보고 주인공의 관점에서 생각해 보기 • 피해학생의 상황과 감정을 간접 체험을 통해 공감해 보기
4	분노조절(화 다스리기 1)	• 감정 온도계 : 분노 감정의 크기에 대해 이해하기 • 나의 분노 패턴 발견하기, 분노 뒤에 숨은 진짜 마음 찾기
5	분노조절(화 다스리기 2)	• 분노를 일으키는 비합리적인 사고 이해하고 수정하기 • 부정적인 감정을 다루는 방법 익히기
6	자기통제 및 문제해결	• 나의 갈등 대처 유형, 갈등 해결 유형 알아보기 • 부정적인 감정이 떠오를 때 이를 멈추고 전환할 수 있는 방법 알아보기
7	의사소통훈련	• 또래관계 상황에서 적절한 사회적 기술을 익히기 • 공감적 이해를 바탕으로 상대방 입장을 헤아리고 이야기하는 훈련하기
8	긍정적 자아상, 희망 갖기	• 프로그램을 통해 달라진 나의 모습 발견하기 • 내가 꿈꾸는 미래의 모습 표현하기, 서로 지지해 주기 • 꿈을 이루기 위해 내가 노력해야 할 일 생각해 보기

출처: 김슬아 외(2017).

4. 학교폭력 가해학생 및 피해학생 부모교육 프로그램

자녀가 학교폭력 문제와 연결될 경우 많은 부모들은 구체적으로 어떤 도움을 주어야 할지, 나아가 어떻게 자녀를 양육해야 학교폭력 문제에서 벗어나 건강하게 성장할 수 있을지 구체적으로 알기 어렵다. 따라서 한국청소년상담복지개발원에서는 학교폭력 가해학생과 피해학생의 부모교육 프로그램을 각각 개발하였다.

1) 프로그램 목적

정현주, 김하나, 이호준(2013)의 연구 결과 개발된 학교폭력 가/피해자 부모교육 프로그램은 자녀들이 지속적인 학교폭력의 악순환에서 벗어나도록 도움을 제공하는 것을 목적에 두고 있다. 이를 위해 부모-자녀관계의 의사소통의 촉진, 갈등의 해결 방법, 학교폭력에 관여하게 된 자녀에 대한 이해와 부모 자신에 대한 이해 등을 기반으로 하여, 부모교육 프로그램을 구성하였다. 무엇보다 가해 부모들에게는 일차적으로 '우리 아이도 달라질 수 있고', '부모로서 내가 자녀를 달라지도록 할 수 있다'는 믿음을 가질 수 있도록 도움을 제공하고, 피해 부모들에게는 '학교폭력의 피해에서 벗어나기' 위한 길고긴 싸움에서 부모로서 자녀를 북돋아 주면서 할 수 있는 일이 어떤 것인지 구체적으로 알 수 있는 기회를 제공하는 것을 목적으로 한다.

2) 프로그램 내용

학교폭력 가해학생 및 피해학생 부모교육 프로그램은 학교폭력 가해학생 부모 대상 교육과 학교폭력 피해학생 부모 대상 교육으로 구분하여 각각 구성하였다. 가해학

표 13-6 학교폭력 가해자 부모교육 프로그램 회기별 구성 내용

회기	회기명	회기별 목표	세부내용
1	우리 아이가 왜 그랬을까요?	• 학교폭력에 대한 이해 • 부모의 어려움을 공감 • 문제해결 및 프로그램 참여 동기 고취	• 내 옆의 학교폭력 • 우리 아이들과 학교폭력 • 다시 한 번 일어서는 마음
2	우리 아이, 어디서부터 시작할까요?	• 학교폭력 경험 청소년의 어려움 이해 • 학교폭력 절차 및 조치사항 이해 • 학교폭력 해결을 위한 부모의 자세 습득	• 마음에서 출발하기 • 학교폭력에 대처하는 부모의 자세
3	아이와 말이 안 통할 때는 어떡하죠?	• 자녀와의 의사소통에서 관심갖기의 중요성 인식 • 자녀와의 의사소통을 위한 경청의 중요성 인식, 연습 • 공감적 대화의 중요성 인식, 연습	• 아이와 말문 트기 • 아이와 통하기
4	아이가 말을 안 들을 때는 어떡하죠?	• 자녀와의 갈등 상황을 탐색 • 갈등 상황에서 대처방법 습득 • 칭찬 및 훈육 기술 습득	• 부글부글 100℃ • 따뜻한 40℃ • 우리 아이의 보석 찾기
5	부모도 지칠 때는 어떡하죠?	• 부모의 어려움 공감 및 지지 • 부모의 사회적 지지망 인식, 활용 • 부모의 양육 자신감 증진	• 나도 괜찮은 부모! • 나의 지원부대 • 전문가 도움받기
6	앞으로 우리 아이는 어떻게 될까요?	• 프로그램 결과 점검 • 학습 내용의 지속적 실천	• before & after • action plan • 전하고픈 이야기

출처: 정현주, 김하나, 이호준(2013).

생 부모교육과 피해학생 부모교육 모두 부모 6~8명이 참여하는 소집단 대상의 활동중심 교육 프로그램이며, 1회기 당 90분~110분가량 진행하도록 설정하였다. 총 6회기로 구성하되, 학교폭력 사안의 단계나 부모의 특성 등에 따라 교육 프로그램에 대한 요구가 상이할 수 있으므로 일부 회기를 선택하여 활용하는 모듈식 프로그램으로 구성하였다. 구체적인 프로그램 내용은 표 13-6과 표 13-7에 제시하였다.

표 13-7 학교폭력 피해자 부모교육 프로그램 회기별 구성 내용

회기	회기명	회기별 목표	세부내용
1	왜 우리 아이에게 이런 일이 생겼을까요?	• 학교폭력에 대한 이해 • 부모의 어려움을 공감 • 문제해결 및 프로그램 참여 동기 고취	• 내 옆의 학교폭력 • 우리 아이들과 학교폭력 • 다시 한 번 일어서는 마음
2	왜 우리 아이가 말을 안 했을까요?	• 청소년기 특성 이해 • 학교폭력 피해자녀 특성 이해 • 부모와의 상호작용 점검	• 아이들 마음속에서는 무슨 일이? • 부모와는 무슨 일이?
3	부모는 무엇을 해야 할까요 • 학교생활 도와주기	• 학교폭력 대응절차 습득 • 학교폭력 대응을 위한 정보 습득 • 자녀 학교생활을 위한 협력관계 조성	• 학교폭력에 대처하는 부모의 자세 • 학교폭력에 대처하는 부모의 다른 자세 • 학교폭력에 대처하는 자녀의 다른 자세
4	부모는 무엇을 해야 할까요 • 집에서 도와주기	• 자녀 상처 치유를 위한 공감의 중요성 인식 • 관심, 경청을 통한 의사소통 기술 습득 • 자녀 강점의 발견 및 활용	• 통(通)하였느냐? • bully diary 쓰기 • 우리 아이 보석 찾기
5	부모는 무엇을 해야 할까요 • 부모도 지칠 때	• 부모의 어려움 공감 및 지지 • 부모의 사회적 지지망 인식·활용 • 부모의 양육 자신감 증진	• 나도 괜찮은 부모! • 나의 지원부대 • 전문가 도움받기
6	앞으로 우리 아이는 어떻게 될까요?	• 프로그램 결과 점검 • 학습 내용의 지속적 실천	• before & after • action plan • 전하고픈 이야기

출처: 정현주, 김하나, 이호준(2013).

1 학교폭력 발생 후 피해학생이나 가해학생이 일상생활에 다시 적응할 수 있도록 학교폭력대책자치위원회와 관련 기관은 적절한 조치를 취해야 한다. 청소년폭력예방재단, 한국교육개발원 등의 단체에서 개발한 치료관련 프로그램을 이용할 수 있다. 또는 학교폭력 상담 및 신고기관을 이용해 적절한 프로그램을 소개받을 수도 있다. 소년부로 이송되어 보호처분을 받은 가해학생의 경우 수강명령을 받게 될 수 있고, 수강명령 프로그램은 분노조절, 진로상담, 인성상담 등으로 구성된다. 여러 가지 이유로 학교를 중도에 그만둔 청소년들에게 상담지원, 교육지원, 직업체험 및 취업지원, 자립지원 등을 통해 성공적인 학업복귀나 사회진입을 돕고 있는 청소년지원센터 '꿈드림', 부모를 대상으로 바람직한 부모 역할을 체계적으로 교육하는 '이음부모교육' 등의 프로그램도 운영되고 있다.

2 과학기술부의 학교폭력 피해학생 치유 프로그램은 정서각성 및 조절기능을 회복시키고, 자기에 대한 인식을 긍정적으로 변화시키며, 대인관계능력을 회복시키는 데 목적이 있다. 이 프로그램은 피해 후유증을 치유하는 데 초점을 둔 기본 프로그램과 사회적 기술과 스트레스 대처능력을 함양시키는 데 초점을 둔 심화 프로그램으로 구성된다.

3 학교폭력 가해행위를 줄이기 위해선 가해학생을 이해하고 개입하는 프로그램도 필요하다. 인지행동치료 기반의 본 프로그램에서는 충동조절능력과 공감능력을 향상시키는 데 목적을 두고 있다. 프로그램은 총 8회기로 구성된다.

4 한국청소년상담복지개발원에서는 부모교육 프로그램을 개발하였다. 본 프로그램은 학교폭력의 악순환에서 벗어나도록 하는 것을 목적으로 부모-자녀관계의 의사소통의 촉진, 갈등 해결방법, 자녀에 대한 이해와 부모 자신에 대한 이해 등을 기반으로 만들어졌다. 가해학생 부모교육과 피해학생 부모교육으로 구분하여 구성하였으며, 부모 6~8명이 참여하는 소집단 대상의 활동중심 교육 프로그램이다.

1 학교폭력 사후개입을 위한 프로그램의 목적에 대해 생각해 보고, 보다 효과적인 프로그램 운영을 위해 학교 및 관련 기관에서 지원해야 할 사항에 대해 생각해 보시오.

2 가해·피해 학생의 개인상담과 집단상담의 효과성을 비교하고, 보다 효율적인 방안에 대해 논하시오.

3 관련 사안을 목격하거나 간접적으로 참여한 방관학생들에 대한 프로그램의 내용 구성 또는 전략의 방향성에 대해 생각해 보고, 재발 방지를 위한 교육적 대안을 제시하시오.

V

학교폭력의 예방과 교육의 변화

학교폭력은 사후 처리보다 사전 예방이 더 중요하고 효과적이다. 그러므로 학교폭력과 밀접한 관계가 있는 청소년의 정신건강 문제를 살펴보고, 또한 학교폭력을 처리하는 교사들의 업무상 어려움과 정신건강 문제의 심각성에 대해서도 알아보겠다.

학교폭력 예방교육은 학교폭력이 발생하지 않도록 위험요인을 감소하고, 보호요인을 강화하는 것으로서 학교 현장에서는 학교폭력 예방교육을 법적 의무사항으로 매 학기 2시간씩 시행하고 있다. 학교폭력 예방교육의 효과는 집단 강의보다는 학급 단위, 체험 중심으로 이루어질 때 크다.

5부에서는 학교폭력 관련 피해·가해 학생과 교사의 정신건강과 학교 현장에서 적용할 수 있는 다양한 학교폭력 예방교육 및 학교교육의 변화 방향을 논하고자 한다.

14장

학교폭력과 정신건강

너희 때문에 많이 힘들고 울었던 게 이제 없어질 것 같다. 주먹이라서 그런지 오늘
아침에 숨쉬기가 많이 힘들더라. 나를 때리려고 부른 거야? 너 때문에 우울증
걸리는 줄 알았어. 1학년 애들 상담해보면 너 신고 진짜 많을걸. 애들 상처 주지
마. 다 너한테 돌아오게 돼 있어.
— 2014년 자살한 울산 여고생 유서 중에서

학습목표

1 피해학생의 정신건강과 관련해 청소년 우울증 및 외상후 스트레스장애의 개념,
  원인, 치료법을 이해할 수 있다.
2 가해학생의 정신건강과 관련해 주의력결핍 과잉행동장애 및 품행장애의 개념, 원인,
  치료법을 이해할 수 있다.
3 학교폭력과 관련해 교사가 받는 스트레스, 교원이 처한 맥락을 이해할 수 있다.
4 교사들이 학교폭력에 잘 대처하는 방안 및 교사들을 지원할 수 있는 방안을 살펴볼
  수 있다.

학교폭력 문제가 날로 심각해져감과 동시에 이와 관련된 피해학생, 가해학생, 교사들의 정신건강이 위험하다. 학교폭력 피해로 학교를 그만두거나 극단적으로 자살을 선택하는 피해학생, 폭력성이 날로 심각해지는데 반해 죄책감 없이 폭력행위를 하는 가해학생들의 행태, 이 문제를 해결해야 하는 교사들의 스트레스와 업무 과다 등이 종종 이슈가 되고 있다. 문제가 발생할 때마다 이들에 대한 조치가 충분히 이루어지지 않았고 사건처리과정이 부적절하다고 한다. 그러나 그들의 정신건강 문제는 사건이 종결되면서 더 이상 고려대상이 되지 못한다. 우리 사회는 폭력의 희생자를 보호하고 가해자를 교육적으로 선도할 책임과 의무가 있다. 또 이 역할을 해야 하는 교사들의 건강과 권리를 보호해야 한다.

피해학생, 가해학생, 교사의 정신건강에 대한 관심과 그들에 대한 적절한 대처가 이루어질 수 있도록 그들의 정신건강의 특징과 대처방안을 알아보고자 한다.

1. 학교폭력 피해자의 정신건강

학교폭력 피해학생에게서 학교폭력 피해로 인하여 불안과 우울 같은 심리적인 문제들이 발견되었다. 괴롭힘을 당한 학생들은 자신이 바보 같고, 실패했다고 느끼며, 수치스러워하고, 매력적이지 않다고 느낀다. 게다가 외롭다고 느끼고, 학교에서 버림받았다고 느끼며 교실에 자신의 친구는 한 명도 없다고 느낀다(Olweus, Limber, & Mihalic, 1999). 이와 같이 학교폭력 피해학생들은 피해상황에 대한 심리적·정서적 상처와 불안으로 인해 학교생활이나 대인관계가 힘들어지는 외상후 스트레스 장애(PTSD)증상을 보일 수 있다. 여기에서는 학교폭력 피해학생의 정신건강 문제로 주로 언급되는 우울증과 외상후 스트레스장애에 관해 살펴보고자 한다.

1) 청소년 우울증

(1) 청소년 우울증의 특징

학교폭력 피해자는 자신감 저하, 대인관계의 어려움, 적응장애, 우울증, 외상후 스트레스장애 그리고 자살의 정신병리 문제를 가질 수 있다. 이 중 우울증은 전 세계적으로 가장 흔한 정신 장애이며, 학교폭력 피해학생에게 나타나는 대표적인 정신병리 문제다(한유경 외, 2014). 그러나 아동과 청소년의 우울증은 성인의 우울증과 다른 양상을 보이기도 하고 여러 영향요인들의 복잡한 상호작용을 거쳐서 임상적으로 표출되어 이해하기가 쉽지 않다.

특히 사춘기에 나타나는 전형적인 행동과 유사한 탓에 청소년의 우울증을 발견하여 적절히 대처하는 것이 늦어지는 경우가 많다.

사춘기에 기분 동요가 다소 심해지는 것은 사실이나 지나친 짜증, 변덕, 수면과 식욕의 변화, 일상생활의 흥미 상실, 대인관계가 줄어드는 것 등은 우울증의 신호다. 우울한 10대는 슬픔과 분노의 감정 사이를 끊임없이 오가며, 때로는 멍해 보이기도 한다. 사춘기 우울증은 반드시 우울한 기분이 나타나지는 않는다 하더라도 집중력 장애와 학습저하가 나타날 수 있다. 여기저기 아프다는 신체증상의 호소가 많고 무엇보다 인간관계가 달라진다. 친구들이 줄거나, 그들과 더 이상 만나지 않고, 예전과는 다른 부류의 친구들을 만나기 시작하면서 부모와 관계가 악화되고 대화나 만남을 회피하려 한다. 비행이나 일탈 행동이 주된 증상인 경우도 있다(한유경 외, 2014). 즉 기저에 우울장애가 존재하지만, 흔히 우울증 진단에 필수적인 것으로 간주되는 슬픈 기분이나 그 밖의 특징들이 잘 드러나지 않는다. 오히려 과잉행동이나 비행과 같은 (우울증에 상응하는) 다른 문제들에 의해 '가려지는' 것이다. 이러한 특징에 따라 이를 '가면 우울증'이라고 부르기도 한다.

성인 우울증과 아동·청소년기 우울증 증상의 구체적 차이는 다음과 같다.

표 14-1 성인 우울증과 아동·청소년기 우울증 증상의 차이점

성인 우울증의 징후	아동·청소년기 우울증의 징후
우울한 기분	과민성, 까다로움
무질서 상태(전에 좋아하던 활동에 대한 흥미/즐거움 감소)	지루함, 좋아하는 활동 포기
부정적 사고, 무력감	실패, 동료 대 동류의 상호작용 오인에 대해 자신을 책망, 사회적으로 고립, 새로운 경험에 대한 저항
현저한 체중 감소 또는 증가	잘 성장하지 않음, 까다로운 식사, 과식 및 체중 증가(특히 청소년기)
불면증/과도한 수면	잠들기 어려움, 깨어 있음, 잠에서 깨기 어려움, 일어나기 힘듦, 자주 낮잠을 잠
정신 운동성 동요, 불안 또는 지연	조용히 앉아 있거나 조용히 걷기 어려움, 매우 느린 움직임, 어수선하고 자발성이 거의 없거나 아예 없음, 지나치게 공격적이거나 민감함
지속성/주의 분산	장애물과 시간 압박에도 불구하고 활동 계속
피로 또는 에너지 손실	지속적으로 피곤하고 게으르고 느리게 보임, 통증을 호소하고 자주 결석함
낮은 자존감, 죄책감	거칠고 걸핏하면 울고, 자기 비판적이며 어리석고 사랑스럽지 않거나 오해받는다고 느낌
집중력 부족, 우유부단함	비쭉거림, 안개가 낀 것처럼 보임, 산만함, 학교 성적 열등, 잘 잊음, 동기부여가 없음
거듭되는 자살 충동 또는 자살 시도	죽음에 대한 걱정, 도망쳐버리고 싶다는 말, 죽음에 대해 글을 쓰거나 그림, 좋아하는 장난감이나 물건을 남에게 줘버림

출처: Serani(2017).

(2) 우울증 DSM 접근

DSM-5의 우울장애에는 파탄적 기분조절장애, 주요우울장애, 지속우울장애(기분부전증), 월경 전 불쾌장애, 물질/약물유도 우울장애, 다른 신체 상태에서 비롯된 우울장애, 특정되지 않은 우울장애의 진단이 포함되어 있다. 주요우울 삽화로 진단하기 위해서는 아홉 가지 주요 증상 항목 중 다섯 가지 이상이 적어도 2주 이상 지속되어야 하는데, 아동의 경우 우울한 기분 대신에 과민성으로 체중 감소 대신에 기대되는 체중 증가의 실패로 변경 적용할 수 있다(홍강의, 2014).

표 14-2 주요우울장애의 DSM-5 진단기준(APA, 2013)

- 이전보다 기능의 명백한 저하가 있음
- 우울한 기분과 흥미 또는 즐거움의 상실 가운데 적어도 1가지 이상을 포함할 것
- 거의 매일, 하루의 대부분 동안 지속되는 우울한 기분
- 주관적 보고(예: 슬픔, 공허함) 또는 타인에 의해 관찰됨(예: 눈물이 많음)
- 소아, 청소년의 경우 짜증이 많고 예민한 기분
- 거의 매일, 하루의 대부분 동안 거의 모든 활동에 대해 흥미와 즐거움이 현저히 저하됨.
- 다이어트를 하지 않는 중임에도 의미 있는 체중의 저하, 또는 체중 증가(한 달에 기존 체중에서 5% 이상 변화) 또는 현저한 식욕의 증가 또는 감소
- 소아의 경우 기대되는 만큼의 체중 증가가 일어나지 않음
- 불면 또는 지나치게 잠이 많이 옴
- 정신운동 초조 또는 지체
- 피로, 에너지 저하
- 무가치한 느낌 또는 부적절할 정도로 지나친 죄책감
- 생각하거나 집중할 수 있는 능력의 저하 또는 결정을 내리지 못함(우유부단해짐)
- 죽음에 대한 반복적인 생각, 특별한 계획이 없는 반복적인 자살 사고, 자살시도, 또는 자살을 시행하기 위한 구체적인 계획

(3) 우울증의 원인

주요우울장애의 원인은 어느 한 가지로 결정되는 것은 아니다. 우울증은 개인의 생물학적 취약성 + 환경적 취약성 + 심리적 취약성과의 상호작용 + 인지행동적/대인관계적 관점 등에 의해 유발된다.

생물학적 영향은 유전적 요인, 신경전달물질의 불균형(예: 카테콜라민의 결핍, 세로토닌의 저하), 뇌구조의 기능장애(예: 전두엽 활동의 기능저하, 시상하부의 기능장애), 내분비계통인 호르몬의 이상(예: 코르티솔의 과잉분비), 생물학적인 생체리듬(예: 계절성 우울증) 등이 관여하는 것으로 알려져 있다.

환경적 취약성은 우울증을 일으키는 부정적 생활 사건들, 즉 스트레스 요인과 밀접한 관련이 있다. 실망감, 좌절감, 죄책감, 압박감, 상실과 실패, 갈등, 소외감, 번민과 같은 부정적 감정을 유발하는 자극들은 모두 우울증을 일으키는 스트레스 요인과 관련되어 있다. 가족의 사망이나 심각한 질병, 가정불화, 학업의 부진이나 업무의 실패, 인간관계의 악화, 따돌림, 실직이나 사업실패, 경제적 곤란, 사회적 지지의 부족이나 결핍 등 힘든 상황 역시 우울증을 일으키는 위험요인으로 작용한다.

심리적 취약성 요인 역시 매우 다양하다. 신경증적 경향성이 높은 성격특성, 왜곡된 인지특성, 학습된 무기력, 귀인방식의 오류, 긍정적 강화의 상실과 결핍은 우울증의

위험원인으로 알려져 있다. 신경증적 경향성(neuroticism)은 매사 부정적으로 반응하는 성향(높은 부적 정동성)이 높은 성격특성을 의미한다(김청송, 2015).

인지행동적/대인관계적 관점은 상호 관련되고 중복되는 많은 개념들을 포함한다.

학습된 무력감은 우울증에 특정적인 기분을 느끼거나 행동을 하게 만든다. 학습된 무력감은 학습경험을 통해 자신이 환경에 대한 통제력을 전혀 갖고 있지 못함을 지각하는 것이다. 무력감과 관련한 이론은 귀인양식 또는 설명양식을 강조한다. 우울한 사람들은 부정적인 사건에 대해 자신에게 책임을 돌리고(내부), 사건의 원인이 시간이 지나도 변하지 않고 고정되어 있으며(안정적), 여러 상황에 적용될 수 있다고(전체적) 보는 설명양식을 가지고 있다. 반면 긍정적인 사건에 대해서는 그 원인이 외적이고 불안정하며 특정한 상황에만 해당된다고 귀인하는 것도 우울증적인 설명양식이라고 할 수 있다.

또한 우울증과 관련하여 파국을 예상하고 과잉일반화하며, 부정적인 사건들에 선택적으로 주의를 기울이는 인지적 왜곡도 크게 강조된다(Wicks-Nelson & Israel, 2009).

(4) 우울증의 치료

아동과 청소년의 우울증은 원인론적 다양성으로 인해 치료전략의 수립에서도 생물학적 기질, 유전적 취약성, 인지정서발달의 수준, 환경적 문제 등 다양한 요인을 고려한 다모델(multi-model) 접근 방식이 필요하다. 김붕년, 조수철(2000)은 임상현장에서 많이 사용하고 있는 심리적 치료법으로 인지행동치료, 대인관계중심 정신치료, 가족치료를 제시하고 있다.

① 인지행동치료(cognitive behavioral therapy, CBT) 인지 이론에서 우울증은 부정적인 사건에 의해서만 유발되는 것이 아니라, 이것에 대한 인식과 처리의 문제에 의해 유발되는 것으로 생각하고 있다. CBT 프로그램은 우울증 아동에서 발견되는 인지적 왜곡과 결손을 발견하고 교정하는 데 중점을 둔다. CBT의 특징은 첫째, 아동이 치료의 중심이다(부모를 포함하는 경우도 있으나 중심은 아동이다). 둘째, 치료자는 치료에 있어서 고전적인 정신치료와는 달리 적극적인 역할을 맡는다. 셋째, 아동과 치료자는 문제해결을 위해 서로 협력하는 관계를 유지한다. 넷째, 치료자는 사고와 행동을 아동이 모니터하고 기록하도록 한다. 인지 왜곡 등과 관련된 일기 쓰기와 숙제가 매우 강조된다. 다섯

째, 치료는 몇 가지 방법들, 예를 들면 행동적 기술(활동 계획표)과 인지 전략(인지 재구성) 등의 결합으로 이루어진다.

② 대인관계중심 정신치료(interpersonal psychotherapy, IPT) 대인관계중심 정신치료(IPT)는 우울증이 대인관계의 맥락에서 발생한다는 가정에 뿌리를 두고 있다. 우울증의 원인이 성격적인 면에 있건, 아니면 생물학적 취약성에 있건 간에 대인관계의 개선이 우울증상을 해소하는 데 도움을 준다는 이론적·경험적 지식에 기반을 둔다. IPT는 시간이 정해진 단기 치료의 형식으로 주로 5가지 문제 영역에 대한 접근으로 이루어진다. 소아·청소년의 5가지 영역은 대인관계 갈등, 역할변화, 대인관계 결손, 애도(grief), 편부모(single parent) 가정에서의 문제이다. 이 치료는 과거보다 현재의 어려움에 초점이 있으며 목표설정, 역할 명료화 및 의사소통 양상의 변형이라는 세 단계 치료 과정을 밟는다.

③ 가족치료(family therapy) 가정환경 요인 중 아동 청소년의 우울증과 강한 연관이 있는 것은 부모의 비난, 가족 내 갈등, 부모와 자녀 간의 빈곤한 의사소통 등이 있다. 가족치료의 특징은 첫째, 아동 외에 가족 구성원 중 한 사람 이상을 주기적으로 직접 만나 면담을 실시한다. 둘째, 치료적인 작업은 가족 구성원 간의 상호작용을 증진하는 데 있다. 셋째, 치료자는 두 가지 차원에서 호전 여부를 평가하는데 하나는 증상 차원이고 다른 하나는 관계 양상의 차원이다.

아동·청소년 우울증에 사용되는 가족치료의 방법은 두 가지로 나누어지는데, 우선 부모를 치료 과정 동안에 참여시키는 것으로 이 기간 동안 아동이 새로운 기술을 학습하는 것을 부모가 촉진하도록 돕는 것이다. 부모는 또한 문제해결과 의사소통의 기술을 익히고 이를 연습한다. 다음으로 부모와 아동의 통합치료이다. 일차적인 초점은 치료 기간 동안 가족의 의사소통 패턴과 문제해결 방법을 바꾸는 것이다. 치료자는 가족 내의 관계기능으로부터 우울증을 바라보도록 돕는 것이다.

④ 약물치료 약물치료를 시작하기 전에는 목표 증상을 결정해야 하며, 부모와 아동에게 부적응, 증량계획, 치료 효과가 나타나는 시기, 과용 시의 위험 등에 대한 정보를 제공해야 한다. 약물치료를 시작하여 효과가 나타난 경우에는 우울장애의 재발을 방지하기 위해서 적어도 6개월 동안 모든 환자에게 지속치료를 시행해야 한다. 지속치료 기

간 동안 증상이 없었다면 재발을 방지하기 위한 장기간의 유지 치료를 할 것인가를 결정해야 한다. 아동의 우울장애의 치료약제로 미국식약청(FDA)의 승인을 받은 항우울제는 현재로서는 플루옥세틴이 유일하다. 플루옥세틴을 제외한 항우울제의 효과는 청소년에 비해 아동에서 낮은 것으로 보고된다. 대부분의 항우울제의 반감기가 청소년에 비해 아동에서 짧은 것으로 나타나기에 아동에서 치료 반응을 보이기 위해서는 더 많은 용량의 항우울제가 필요할 수 있다(홍강의, 2014). 이외에 모노아민 산화효소 억제제, 삼환계 항우울제, 선택적 세로토닌 재흡수 억제제 계열의 약들이 사용되고 있다(김청송, 2015).

2) 외상후 스트레스장애

(1) 외상후 스트레스장애의 개념

아동은 외상성 사건을 인지할 만큼 성숙하지 못하기 때문에 사건을 기억해 내지 못하고, 따라서 외상성 사건의 영향을 받지 않을 것이라는 의견이 지배적이었다. 그러나 외상경험은 특정 연령이나 계층 혹은 성별에 국한되지 않는다. 현대사회에서는 가정이나 학교에서의 폭력, 자연재해, 교통사고 혹은 전쟁이나 테러 등 다양한 외상성 사건이 발생하고 있고 아동이나 청소년이라고 해서 이러한 사건에서 보호되는 것은 아니다(홍강의, 2014). 외상후 스트레스장애(posttraumatic stress disorder, PTSD)는 어떤 충격적인 외상적 사건을 경험하고 난 후에 그 후유증으로 다양한 부적응적 증상들이 재경험되는 경우를 말한다. PTSD는 충격후 스트레스장애, 외상성 스트레스장애, 외상후 증후군, 외상후 스트레스증후군과 같이 다양한 용어로 사용되고 있다. 전형적인 PTSD는 다음 4가지의 심리적 증상을 남긴다. ① **침투증상**(intrusion symptom) 충격적인 사건이 반복적으로 떠오르고, 꿈에 나타나기도 하며, 사건과 관련된 유사한 단서들을 접하게 되면 그 사건이 재발하고 있는 것 같은 행동이나 느낌이 계속되어 심리적·신체적 고통이 초래된다. ② 회피증상 외상과 관련된 자극을 회피하고 외상 전에는 없었던 증상들이 나타난다. 즉 외상적 사건과 관련된 생각이나 대화를 피하고 그와 관련된 장소나 사람을 피하게 되며, 감정이 무뎌지고 다른 사람들로부터 고립감과 소외감을 느끼고, 중요한 활동에 대한 흥미가 크게 저하된다. ③ 인지와 감정의 부정적 변화 외상 사건을 당한 후에 자신, 타인, 세상을 불신하고 책망하고 미래에 대한 믿음을 잃어버리거나(예: 나는 저주받았어, 나는 좋아질 것이 하나도 없어), 부정적인 정서 상태(예: 공포, 분노, 죄책감, 수치심) 등이 나타나게 된다. ④ 각성과 행동변화 외상 전에는 존재하지 않았던 예민한 각성상태가 지속된다. 쉽게 놀라거나 화를 내고 주의집중을 못하며 경계심을 나타내고 잠들기가 어렵고 계속 잠을 자기 어렵게 된다(김청송, 2015). 학교폭력 피해 증상은 대인 간에 발생한 충격적 사건으로 인한 외상으로 초기에 등교 거부, 식욕부진, 무기력증을 호소하다 학교폭력 기간이 길어질수록 우울증, 불안, 불면증에 시달리고 악몽, 헛소리, 신체적 고통 등을 호소하며 이러한 증상에 따라 PTSD로 진단한다(최태진 외, 2006). 이러한 PTSD 증상은 자아기능 손상, 대인공포, 우울장애, 자살시도 등 심각한 문제를 야기할 수 있으므로 세밀한 인식과 대처가 필요하다.

(2) 외상후 스트레스장애 DSM 접근

DSM-5 진단 기준은 재경험, 회피, 인지 및 기분의 부정적 변화, 각성수준의 증가 네 가지 핵심 증상 항목으로 구성되어 있다. 성인, 청소년, 6세 이상의 아동에게 적용되는 진단 기준은 다음과 같다.

표 14-3 외상후 스트레스장애의 DSM−5 진단기준(APA, 2013)

A. 실제적이거나 위협적인 사망, 심각한 부상, 성폭력에 다음 중 하나 이상의 방식으로 노출
  1. 외상성 사건 직접 경험
  2. 타인에게 발생한 사건 직접 목격
  3. 가까운 가족이나 친구에게 외상성 사건이 발생한 것 인식
    (가족이나 친구의 실제적인 위협적인 죽음의 경우 해당 사건은 난폭하거나 우발적이어야 함)
  4. 외상적 사건의 혐오스러운 세부 사항에 대해 반복적이고 극단적으로 노출
    (사체 수습 응급요원, 아동 학대의 세부 사항에 반복해서 노출된 경찰관 등)

B. 하나 이상의 외상 사건과 관련된 침습 증상이 외상 사건 이후 존재
  1. 의도하지 않게 침습적으로 사건에 대한 기억이 자꾸 떠오른다.
    (6세 이상 소아에서는 사고의 주제나 특징이 표현되는 반복적 놀이를 한다.)
  2. 꿈의 내용 또는 정서가 외상성 사건과 관련되는 반복적이고 괴로운 꿈
    (소아의 경우 내용이 인지되지 않는 무서운 꿈)
  3. 마치 외상 사건이 재발하고 있는 것 같은 해리 반응(예: 플래시백)
    (소아의 경우 놀이를 통해 재연 가능)
  4. 외상성 사건과 유사하거나 상징적인 내적 혹은 외적 단서에 노출되었을 때 나타나는 뚜렷한 생리 반응
  5. 외상성 사건과 유사하거나 상징적인 내적 혹은 외적 단서에 노출되었을 때 나타나는 뚜렷한 심리 반응

C. 하나 이상의 외상 사건과 관련된 지속적인 회피 반응
  1. 사건과 관련된 괴로운 기억, 생각, 느낌을 피하려고 노력
  2. 사건을 생각나게 하는 요소들(사람, 장소, 대화, 활동, 물건, 상황)을 피하려고 노력

D. 외상 사건 이후 시작되거나 악화된 인지와 정서의 부정적인 변화가 2개 이상 존재
  1. 외상의 중요한 부분을 회상할 수 없다.
     (특징적으로 해리성 기억 장애에 의하며 두부외상이나 술 혹은 다른 약물에 의한 것이 아니다.)
  2. 자신이나 타인, 주변에 대해 지속적으로 부정적인 믿음
     (예: 나는 나빠. 아무도 믿을 수 없어. 세상은 위험뿐이야.)
  3. 외상의 원인이나 결과에 대해 왜곡되게 스스로를 혹은 남을 비난하는 인식이 지속
  4. 지속적으로 공포나 분노, 죄책감, 수치심과 같은 부정적 감정상태를 느낀다.
  5. 중요한 활동에 대한 관심이 현저히 감소하거나 활동에 대한 참여가 현저히 줄어든다.
  6. 다른 사람과 거리감이 생긴다.
  7. 긍정적인 감정을 느끼기 어렵다(예: 행복감, 만족감, 사랑하는 느낌을 느끼고 경험하기 어려움).

E. 외상 사건 이후 시작되거나 악화된 각성이나 반응성의 뚜렷한 변화가 2개 이상 존재
  1. 과민한 행동이나 분노 폭발(이러한 반응을 유발할 만한 일이 아니거나 아무 유발요인 없이) 다른 사람이나 물체에 대한 언어적 혹은 신체적 공격성
  2. 무분별하거나 자기파괴적 행동
  3. 지나친 경계
  4. 악화된 놀람반응
  5. 집중의 어려움
  6. 수면 장애

F. 증상(진단기준 B, C, D, E)의 기간이 한 달 이상 지속된다.

G. 증상이 임상적으로 중요한 고통을 유발하거나 사회적, 직업적 혹은 다른 중요한 기능 영역에서 장해를 초래한다.

H. 증상은 물질의 직접적인 생리적 영향(예: 약물 남용이나 처방) 혹은 일반의학적 상태(예: 경한 외상성 뇌손상)으로 인한 것이 아니다.

(3) 외상후 스트레스장애의 원인

PTSD를 결정짓는 요인은 외상성 사건 자체이기는 하나, 같은 외상성 사건을 경험했다고 모든 사람에게서 PTSD 증상이 발현되지는 않는다. 외상성 사건 전 혹은 후의 다양한 요인이 PTSD의 발현 여부를 결정짓게 되는데, 여기에는 개인의 성격 특성, 가족이나 또래의 지지체계 또는 생활변화 등이 해당된다(홍강의, 2014).

PTSD의 신경생물학적 요인으로는 PTSD 환자군에서 정상인들에 비해 좌 해마의 부피가 더 작다는 것을 들 수 있다. 즉, 해마의 부피가 작은 것이 PTSD와 관련되어 있다는 것이다. 해마(hippocampus)는 사람의 기억(정서 기억 포함)과 관련된 역할을 담당하는 뇌의 한 부위이다. 스트레스 호르몬인 코르티솔(cortisol) 수용기의 민감성 증가 역

시 PTSD와 관련되어 있다(김청송, 2015). 인지행동적 요인에서는 외상 경험에 적응하기 위해 사건을 효과적으로 처리하지 못하여 외상 경험이 반복적으로 기억되고 회피, 부인 반추가 나타나며 이로 인해 외상을 경험한 당시의 자극이 주변의 다양한 자극과 만나 조건화된다고 보고 있다. 이렇게 형성된 자극이 주변의 다양한 자극에 대해 공포와 불안함을 자동적으로 느끼게 되는 것이다(홍강의, 2014). 정신분석이론은 어렸을 때의 심리적 충격과 해결되지 않은 심리적 갈등이 현재의 사건과 맞물려서 다시 일깨워지는 것으로 보고 있다. 인지적 요인은 PTSD를 유발시킨 외상을 처리하는 과정에서 기억과정과 관련하여 적절한 인지기능을 사용하지 못한 데에 있다고 한다. PTSD는 일단 발병하고 나면, 만성화될 위험성이 높다. 특히 직장을 오랫동안 쉴 수 있고 장애 보상을 받는 것과 같은 이차적 이득이 개입되는 경우 만성화될 가능성은 높다(김청송, 2015).

(4) 외상후 스트레스장애의 치료

학교폭력은 피해자, 가해자, 주변인 모두에게 강력한 정신적 외상으로 작용한다. 특히 소아청소년기에는 과도한 분노가 지속되는 경우가 많으며, 분노에 압도당하게 되면 분노를 적절히 조절하는 긍정적 경험의 기회를 잃게 된다. 만성화되면 다양한 정신질환이 발생할 가능성이 있고 이러한 분노감정은 청소년기 자살의 강력한 유발요인으로 작용한다(한유경 외, 2014). 외상후 스트레스장애의 치료는 인지치료, 노출치료, 약물치료, 집단치료 등이 있다. 인지치료는 회상을 경험한 정신적 외상과 그 여파에 대한 생각을 어떻게 이해하고 변화시킬 수 있는지를 치료자가 돕는 치료법이다. 노출치료는 사고 기억에 대해 공포를 덜 느끼게 하는 것이다. 약물치료는 우울증 치료와 같은 계열의 약물을 투여하게 된다. 집단치료는 외상 경험을 한 후 외상후 스트레스장애로 고통받는 다른 사람들과 서로 이야기를 나누는 방법이다. 이주현(2015)은 십대를 위한 9가지 구체적인 트라우마 회복 방법을 제시하고 있다.

① 호흡법
- 모든 운동이나 노래, 명상의 기초

② 안전지대법

- 상상력을 이용하여 내 마음이 가장 편안하고 안전하게 느껴지는 장소 속으로 들어가는 것. 파블로프의 조건반사처럼 반복적으로 안전지대 장면을 떠올리면 편안한 기분이 들게 됨

③ 나비포옹법

- 좌우 교대로 눈을 움직이거나 몸을 두드리면서 부정적인 생각, 감정, 몸의 긴장이 흘러가도록 내버려 두어 치유가 일어나는 것을 북돋우는 방법

④ 봉인법

- 가장 효과적이고 강력한 방어법
- 부정적인 기억, 감정, 생각을 봉인상자 속에 넣고 잠가서 밖으로 못 나오게 하는 것

⑤ 소환법

- 부정적 기억이나 감정이 떠오를 때 좋아하는 음식의 맛, 좋아하는 캐릭터(뽀로로, 나루토, 포켓몬, 알라딘의 지니), 연예인 등을 소환하여 함께 싸우는 것
- 나만의 수호신, 수호천사를 불러보는 방법
- 스포츠 심리학 기법-루틴(자신만의 부적)

⑥ 상상법

- 반복해서 자꾸 떠오르는 사건 장면을 상상으로 다르게 바꾸는 것. fade out 기법과 같음
- 떠오르는 장면에 압도당하지 않고 내가 조절할 수 있는 방법

⑦ 수면법

- '숨 참기 호흡법'의 일종. 정상적으로 코로 숨을 들이마시고 내쉬기 3번, 들이마시고 최대한 참기, 숨이 갑갑해지는 것을 느끼면서 최대한 참았다가 입으로 '후'

내쉬기가 1세트. 이것을 6~7세트 반복하기

- 숨을 참으면서 피 속의 이산화탄소 농도가 높아지고 산소가 부족해지면 뇌 활동을 멈추고 잠이 들 수 있음

⑧ 착지법
- 심호흡하기
- 앉거나 서 있는 상태에서 발이 땅에 닿아 있는 느낌에 집중하기
- 발이 땅에 닿아 있는 느낌이 들면 발가락 꼼지락거리기
- 발뒤꿈치를 들었다가 쿵 내려놓기
- '나는 지금 여기에 있다. 과거는 지나갔다' 라고 되뇌어 보기

⑨ 노출법
- 회피를 극복하는 공격법
- 위 8가지 회복스킬이 충분히 수련되어 있을 때 시도
- 외상 사건 이후 회피해 왔던 상황을 단계적으로 직면하고 버티어 공포를 극복하는 법
- 단계적 노출법(예: 엘리베이터에 혼자 갇혔던 트라우마 경험, 엄마와 함께 단계적으로 타는 연습)

한편 학교폭력 피해 후에 학교의 제도적 문제점이 PTSD의 위험성을 증가시키는 요인으로 나타났다. 제도적 문제점의 해결은 PTSD의 경감은 물론, 학교폭력 자체의 해결에도 도움이 될 것이다. 치료과정에 있어 병적 경험에 대한 감정적인 해소와 치유는 약물요법 이외에 정신치료가 주효하다. 폭력 피해자들에 있어서 치유과정에서 정서상의 교정적인 재경험이 가장 중요한 치료적 요소로 알려져 있다. 피해자 자신의 고통을 말로 표현할 수 있도록 돕고, 부모가 피해학생의 고통을 인식하고 다룰 수 있도록 도와주는 것이 포함되어야 한다(육기환 외, 1997). 학교폭력으로 인해 외상을 겪은 학생들 역시 자신의 고통을 말로 표현하기 어렵다. 오히려 사건 속에서 복잡한 마음을 갖게 되어

혼란스러워 마음이 안정되지 않고 자신의 기억, 대처에 대해 비정상적이라 생각하게 된다. 따라서 실체적인 안전과 심리적 안정을 제공할 수 있는 학교 환경, 자신의 대처가 지극히 정상적임을 알려주고 마음을 안정시킬 수 있는 간단한 기술을 소개하고 가르쳐 자기를 조절할 수 있는 자기 조절감을 주고 이를 통해 외상 후 느끼는 무력감에서 벗어날 수 있도록 하여야 할 것이다.

2. 학교폭력 가해자의 정신건강

학교폭력 발생과 관련하여 심리·행동적 영역의 위험요인으로 제시되고 있는 것 중 하나가 주의력결핍 과잉행동장애(ADHD)와 충동성과 위험을 감수하려는 무모한 행동, 반항적 행동, 반사회적 행동을 일으키는 품행장애이다(Coolidge, Denboer, & Segal, 2004; 송재홍 외, 2016). 따라서 여기에서는 청소년들의 폭력에 부정적 영향을 끼치는 주의력결핍 과잉행동장애와 품행장애(Myers & Scott, 1998; Satterfield & Schell, 1997)를 살펴보고자 한다.

1) 주의력결핍 과잉행동장애

(1) 주의력결핍 과잉행동장애의 개념

주의력결핍 과잉행동장애(attention-deficit/hyperactivity disorder, ADHD)는 자신의 행동을 적절하게 통제하지 못하고 부주의하며 충동적인 과잉행동을 나타내는 경우를 말한다. 즉 ① 적절한 행동조절의 실패, 부주의(예: 주의산만), 충동적인 과잉행동이 12세 이전에 시작되어 최소한 6개월 이상 지속되고, ② 2가지 이상의 상황(예: 학교, 가정, 작업장 등)에서 나타나며, ③ 이로 인해 사회적·학업적 또는 직업적 기능에 심각한 지장이 초래되거나 그 질이 크게 저하될 때 ADHD로 진단된다(김청송, 2015).

ADHD 아동의 특징적인 모습은 흔히 아주 어려서부터 까다롭거나 과도하게 활발하다. 예를 들어 밤낮이 바뀌어 애를 먹였다거나 혹은 하도 '발발거리고' 돌아다니며 수 없이 넘어지고 다쳐서 애를 먹였다고 하는 등이다. 대개 이런 모습을 '철이 없다, 씩씩하다, 극성맞다, 남자답다' 등의 말로 넘기다가 유치원이나 초등학교에 다니면서 단체생활을 시작한 후에 그 증상을 발견하고 주목하게 된다(홍강의, 2014).

이들은 학교에서 수업 중에 가만히 있지 못하고 질서를 지키기를 어려워하며, 친구들과 잦은 다툼을 벌이기도 한다. 결국 학교생활에 적응이 어려워지게 된다. 김영화(2010)는 ADHD 청소년들이 공격적인 성향이 강해 특별한 이유 없이도 친구들과 싸움을 하기 때문에 실제로 학교폭력에 영향을 미치는 강력한 요인 중 하나로 보았다.

또한 황양순(2015)은 ADHD 경향성이 학교폭력 가해에 미치는 구조적 경로 분석 연구에서 초등학생의 경우 과잉행동 및 충동성이 학교폭력 피해에 영향을 미치고 이를 통해서 간접적으로 학교폭력 가해에 영향을 미친다고 하였다. 중학생의 경우는 주의력결핍이 인터넷 중독을 통해서, 과잉행동 및 충동성이 학교폭력 피해를 입게 하고 인터넷 중독을 일으킴으로써 학교폭력 가해에도 영향을 미치고 있다고 하였다.

즉, 아동·청소년의 ADHD 증상이 학교폭력에 직간접적으로 영향을 미치고 있다. ADHD 증상인 주의력결핍, 과잉행동, 충동성 등의 특성으로 인해 지속되어온 학업·행동의 어려움이 청소년기의 스트레스와 중복되어 이들 중 10~50% 정도에게서 우울, 불안, 불안장애, 반항장애, 신체화장애등 2차적 문제가 나타나며(Barkely, 1990) 2차적 문제가 다시 학교폭력 피해와 가해행동에 영향을 주는 악순환으로 작용하고 있다.

(2) 주의력결핍 과잉행동장애 DSM 접근

ADHD는 심하게 움직이고 부산스러운 과잉행동, 집중력이 짧고 끈기가 없어 쉽게 싫증을 잘 내는 주의 산만함, 참을성이 적고 감정 변화가 많은 충동적 행동의 세 가지 주된 행동특성을 갖는다. DSM-5는 가정이나 학교 또는 임상에서 나타나는 이 세 가지 행동특성을 진단기준으로 제시하고 있다. 연령이 높아지면서 과잉행동은 줄어들어 초등학교 고학년이 되면 부산한 모습은 보기 어렵지만 끈기가 없고 주의 산만한 모습과 욱하는 충동적인 면은 남아서 성인이 되어서도 문제를 일으키는 경우가 많다(홍강의, 2014).

표 14-4 주의력결핍 과잉행동장애의 DSM-5 진단기준(APA, 2013)

A. 기능이나 발달을 방해하는 부주의, 혹은 과잉행동/충동성 양상이 지속되며, 1 혹은 2로 특징지어진다.
  1. 부주의: 다음 증상 중 6가지 이상이 발달수준에 맞지 않는 정도로 적어도 6개월 이상 지속되어, 사회 및 학업/직업
   활동에 부정적인 영향을 준다.
   〈주〉이런 증상들은 적대적 행동, 반항, 적대감, 과제나 지시의 이해 실패로만 단독으로 나타나지 않는다. 청소년과
   성인(17세 이상)의 경우, 적어도 5가지 증상이 충족되어야 한다.

   a. 세부사항에 면밀하게 주의 집중하지 못하거나 학교공부, 일이나 다른 활동에서 부주의한 실수를 한다(예:
    세부사항을 간과하거나 실수함, 일이 부정확함).
   b. 과제나 놀이 활동에 지속적으로 주의 집중하지 못한다(예: 강의, 대화, 혹은 장문 읽기 중에 집중하지 못함).
   c. 다른 사람이 직접 말을 할 때 듣지 않는 것 같다(예: 주의산만 요소가 없는데도 마음이 다른 곳에 있는 것처럼 보임).
   d. 지시를 따르지 못하거나 학교 공부, 잡일이나 일터에서 임무를 수행하지 못한다(과제를 시작은 하지만, 쉽게
    집중하지 못하고, 곁길로 빠짐).
   e. 과제와 활동을 조직하는 데 어려움이 있다(예: 과제를 실질적으로 수행하지 못함, 물건이나 소유물을 순서적으로
    보관하지 못함, 번잡하고 분산된 일 처리, 시간관리를 잘하지 못함, 마감시간을 지키지 못함).
   f. 정신적 노력이 요구되는 과제를 피하거나 싫어하고 거부한다(예: 학교 공부나 숙제, 청소년 및 성인의 경우에 보고서
    작성하기, 모형 완성하기, 긴 논문 개관하기 등).
   g. 과제나 활동에 필수적인 것들을 잃어버린다(예: 수업자료, 책, 도구, 지갑, 열쇠, 서류, 안경, 휴대전화).
   h. 외부의 자극에 의해 쉽게 산만해진다(예: 청소년 및 성인의 경우, 비관련 사고를 함).
   i. 일상활동을 잘 잊어버린다(예: 허드렛일, 심부름하기. 청소년 및 성인의 경우, 전화 걸기, 세금 내기, 약속 지키기).

  2. 과잉행동 및 충동성: 다음 증상 중 6가지 이상이 발달수준에 맞지 않는 정도로 적어도 6개월 이상 지속되어, 사회
   및 학업/직업 활동에 부정적인 영향을 준다.
   〈주〉이런 증상들은 적대적 행동, 반항, 적대감, 과제나 지시의 이해 실패로만 단독으로 나타나지 않는다. 청소년과
   성인(17세 이상)의 경우, 적어도 5가지 증상이 충족되어야 한다.

   a. 손발을 만지작거리고 자리에서 꼼지락거린다.
   b. 가만히 앉아 있어야 하는 상황에서 자리를 이탈한다(예: 가만히 앉아 있어야 할 상황인데 교실, 사무실, 작업장에서
    자리 이탈).
   c. 부적절한 상황에서 지나치게 뛰어다니거나 기어오른다(주의. 청소년이나 성인의 경우, 참을 수 없는 느낌으로 제한될
    수 있음).
   d. 조용히 여가 활동에 참여하거나 놀지 못한다.
   e. '끊임없이 활동하거나' 마치 '자동차에 쫓기는 것'처럼 행동한다(예: 음식점, 회의에서처럼 오랜 시간 조용히 있는
    것을 불편해 함. 끊임없이 활동하거나 따라가기가 곤란).
   f. 지나치게 말을 많이 한다.
   g. 질문이 채 끝나기 전에 불쑥 대답한다(예: 다른 사람의 말이 끝나기 전에 말하기, 차례로 대화하기 위해 기다리지 못함).
   h. 순서나 차례를 기다리지 못한다(예: 줄지어 기다리기).
   i. 다른 사람의 활동을 방해하고 간섭한다(예: 대화나 게임, 활동에 참견하기, 허락받지 않고 다른 사람의 물건을 사용하기,
    청소년과 성인의 경우 다른 사람이 하고 있는 일을 간섭하기)

B. 부주의 혹은 과잉행동/충동성 증상들이 12세 이전에 나타난다.
C. 부주의 혹은 과잉행동/충동성 증상들이 2개 이상의 장면(예: 학교, 가정, 직장, 친구와 친척, 기타 활동들)에서 나타난다.
D. 그 증상들이 사회, 학업, 직업 기능을 방해하는 분명한 증거가 있다.
E. 이 증상이 전반적 발달장애, 정신분열증 또는 기타 정신병 경과 중에만 발생하지 않으며, 다른 정신장애(예: 기분장애,
  불안장애, 해리성장애, 인격장애, 물질 중독이나 금단)로 잘 설명되지 않는다.

〈세부유형〉
ADHD(복합형): 지난 6개월 동안 진단기준 A1 과 A2 모두 충족시킬 경우
ADHD(부주의 우세형): 지난 6개월 동안 진단기준 A1은 충족시키지만 A2는 충족시키지 못할 경우
ADHD(과잉행동/충동 우세형): 지난 6개월 동안 진단기준 A2는 충족시키지만 A1은 충족시키지 못할 경우
〈세부심도〉
경도: 증상이 사회적·직업적 기능에 가벼운 손상 이상을 초래하지 않음.
중등도: 증상이나 기능적 손상이 '경도'와 '중도' 사이에 존재함.
중도: 특별히 심각한 여러 증상들이 존재하거나 또는 증상이 사회적·직업적 기능에 뚜렷한 손상을 초래함.

(3) 주의력결핍 과잉행동장애의 원인

ADHD는 그 자체의 증상뿐 아니라 학습장애, 기분장애, 불안장애, 품행장애 및 적대적 반항장애 등의 공존질환으로 이차적인 어려움을 겪게 된다. 특히 ADHD 아동의 80%가 청소년기에도 같은 증상을 보이며, ADHD 아동 중 많게는 50~75%가 성인기에도 ADHD 증상을 보인다(Kessler et al., 2006). ADHD의 유병률은 대부분의 문화에서 아동의 5%, 성인에서 2.5%이다. ADHD의 원인에는 유전적 요인, 기질적 요인, 심리사회적 요인 등이 있고 이들 요인들이 복합적으로 작용한다고 알려져 있다. 유전적 요인은 분명 존재하여 취약성이 전수된다고 알려져 있으나 무엇이 유전되는지는 아직 불분명하다. 다음으로 신경화학적 요인으로는 뇌의 전두엽에서 학습, 자기통제, 동기부여 등을 관장하는데, 여기에는 도파민 및 노르에피네프린 등의 신경전달물질이 중요한 작용을 한다. 이러한 신경전달물질이 부족하거나 이상이 있을 경우 ADHD가 발현된다. 이렇듯 ADHD는 생물학적 원인에 의해 발병하는 것이므로 반드시 생물학적인 접근방법에 의한 치료가 필요하다. 환경적 요인은 임신 시 임신부의 영양부족, 흡연, 과도한 스트레스, 감염 등이 영향을 줄 수 있으며, 조산이나 난산으로 인한 두부손상이 원인이 될 수 있다. 또한 뇌막염이나 뇌수막염 등의 뇌질환을 앓은 경우에도 원인으로 작용할 수 있다(김청송, 2015).

(4) 주의력결핍 과잉행동장애의 치료

① 약물치료 ADHD 치료에 사용되는 약물에는 각성제가 가장 많이 선택되고 있다. 각성제는 ADHD 환자의 뇌에서 문제가 있다고 여겨지는 뇌 영역에 널리 분포된 도파민과 노르에피네프린 신경망에 영향을 준다. 가장 많이 사용되는 약물은 메틸페니데이트, 덱스트로암페타민, 암페타민이다. 각성제의 효과는 빠르게 나타나지만 몇 시간 후면 사라지므로 보통 하루에 2~3회 복용한다. 약물치료의 효과는 집중력, 기억력, 학습능력이 전반적으로 좋아지며, 과제에 대한 흥미와 동기가 강화되어 수행능력도 좋아진다. 또한 주의 산만함, 과잉 활동과 충동성이 감소하며 공격성, 불복종 행동, 반항 행동도 감소시킬 수 있다(Wicks-Nelson & Israel, 2009). 그러나 각성제 사용자의 약 20%에서 행동상 부작용이 관찰된다. 일반적인 부작용으로는 수면각성장애, 식욕부진, 오

심, 복통, 두통, 목마름, 구토, 감정 변화, 자극 민감성, 슬퍼 보이는 모습, 울음, 빈맥, 혈압 변화 등이 있지만 심혈관계 작용을 제외한 나머지는 대개 수주일 안에 감소하고 전반적인 성장 지연 등의 문제는 크게 염려할 문제는 아니다. 그러나 드물게 기존 정신병 증상이 악화되거나 조현병 증상이 나타날 수 있다. 그러므로 이 같은 위험요인이 예상될 때는 약물을 투여하지 않아야 하고, 만일 증상 발현이 있으면 즉시 투약을 중지한다(홍강의, 2014). 약물치료는 증상의 완전한 치료를 보장한다기보다 치료에 있어 병행되어야 하는 요건으로 인식되어야 한다.

② 부모교육 ADHD 아동의 부모는 ADHD의 행동적 특성으로 인해 상당한 어려움을 겪는다. 부모에게 비순종적이며 반항적·공격적인 행동을 하기도 하므로, 이에 적절하게 대처하기 위한 부모의 훈련이 필요하다. 또한 부모 상담에서는 해결중심적 접근이 효과적이고 가족 내 의사소통 훈련이 필요하다. 즉, 많은 목표를 설정하여 한꺼번에 고치기보다 한두 가지 목표행동에 관심을 두고 서서히 수정할 수 있도록 하며 일관성 있는 태도와 일상생활에서 부모가 칭찬과 지지를 할 수 있도록 지도·조언하여야 한다. 또한 이러한 훈련은 약물치료와 병행할 때 더 효과를 나타낸다.

③ 인지행동치료 인지행동치료는 아동의 신체적·사회적 환경 변화를 통해 아동이 스스로의 행동을 향상시키는 심리치료 기법이다. 자신의 억눌렸던 마음을 표현할 수 있도록 하고 심리적 안정감을 준다. 이를 위한 구체적인 방법으로 모델링, 역할극, 행동적 유관 등을 사용하여 학습과 인지적 문제를 해결하는 기술 및 자기 지시적인 훈련을 통해 자신의 행동 문제를 해결할 수 있도록 한다. 또한 학습검사를 통해 아동의 취약점을 발견하며 자신의 특성에 맞는 치료를 통해 잠재력을 발휘할 수 있도록 도와준다.

2) 품행장애

(1) 품행장애의 개념

품행장애(conduct disorder)는 DSM-IV-TR에서는 유아 또는 아동·청소년기에 처음 진단되는 장애 중에 주의력결핍과 파탄적 행동장애 분류에 포함되어 있었으며, 간헐성 폭발장애, 방화벽, 도벽은 달리 분류되지 않은 충동조절장애에 포함되어 있었다.

그러나 DSM-5에서는 파탄적 행동장애와 충동조절장애, 품행장애를 포함하여 분류하였다. 이들 장애의 특징은 감정과 행동의 자기조절의 어려움을 겪는다는 것이다(홍강의, 2014). 즉, 충동조절의 어려움으로 인해 본인도 고통을 받고 다른 사람에게도 해를 끼치는 부적응 행동을 한다.

품행장애는 보다 심각한 공격적·반사회적 행동을 의미한다. 이런 행동의 폭력과 기물파괴 특성은 개인과 가정, 지역사회에 심각한 영향을 미친다. 품행장애의 중요한 특징은 연령에 적합한 사회적 규범을 파괴하는 것뿐만 아니라 다른 사람의 기본권을 파괴하는 행동을 반복적·지속적으로 보인다는 것이다(Wicks-Nelson & Israel, 2009).

이러한 특성으로 인해 품행장애는 학교폭력 가해로 이어질 수 있다. 이들의 성향은 '자기애성 행동장애'와 '경계성 행동장애'의 두 가지로 구분하기도 한다(大西隆博, 2010). 첫째, '자기애성 행동장애'는 가정에서 과보호로 성장한 경우가 많으며 부모의 애정이 과도하여 자기중심적인 경우이다. 이 아이들은 배려가 결여된 행동을 하며 이로 인해 대인관계에 장해가 발생할 수 있다. 이러한 상황을 정당화하기 위해 그럴듯한 이유를 말하고, 사회에서 정해진 관습이나 규칙을 무시하거나 비논리적인 규칙이라고 단정해 버린다. 사회에서 정해진 관습이나 규칙을 무시하거나 훼손할 때에는 강하게 반응하지만 다른 사람의 존엄성에 대해서는 무관심하며 자신이 특별한 대우를 받기를 원하는 것이다. '경계성 행동장애'는 가정에서 충분히 사랑을 받지 못한 경우가 많다. 부모로부터 애정이 부족하여 불안감을 가지고 있으며, 가족 중 특히 어머니로부터 무관심이나 버림받는 것에 대한 불안 때문에 기대에 부응하려고 노력하는 성향을 보인다. 그러나 의견 충돌을 두려워해서 스스로를 속이거나 타인에게 거짓말을 할 수 있다. 공감능력이 결여되어 있고 감정을 제어하기 어렵기 때문에 대인관계가 불안정해지기 쉽고, 때로는 폭력적이 되거나 자해(self-injury)행위를 할 수 있다. 감정의 기복이 심하고 만성적으로 공허감을 느끼며, 무기력과 외로움을 달래기 위해 음주, 무모한 운전, 과식 등의 행동을 보일 수 있다. 우울증과 분노가 혼합되어 있는 상태이며, 깊은 친구관계를 형성하기 어렵고 주의력이 부족하다(김현욱·안세근, 2013).

(2) 품행장애의 DSM 접근

진단기준 A에 제시된 사람과 동물에 대한 공격성, 재산 파괴, 사기 또는 절도, 중대한 규칙
위반의 4가지 범주 15가지 중 3개 이상이 지난 12개월간 지속되고, 이 중 1개 이상이 지
난 6개월 동안 반복적으로 나타나고, 이로 인해 사회적·학업적 또는 직업적 기능에 심

표 14-5 품행장애의 DSM-5 진단기준(APA, 2013)

A. 타인의 기본적 권리를 침해하고 연령에 적절한 사회적 규범 및 규칙을 위반하는 반복적/지속적인 행동 양상으로,
지난 12개월 동안 다음의 15개 기준 중 적어도 3개 이상에 해당되고, 지난 6개월 동안 적어도 한 개 이상의 기준에
해당된다.

사람과 동물에 대한 공격성
1. 자주 남을 못살게 굴거나 위협하거나 협박한다.
2. 자주 신체적인 싸움을 건다.
3. 남에게 심각한 신체적 상해를 입힐 수 있는 무기를 사용한다(예: 방망이, 벽돌, 깨진 병, 칼, 총).
4. 다른 사람을 신체적으로 잔인하게 대한다.
5. 동물을 신체적으로 잔인하게 대한다.
6. 피해자와 대면상태에서 훔친다(예: 강탈, 날치기, 약탈, 무장강도).
7. 타인에게 성적 활동을 강요한다.

재산 파괴
8. 재산상 손해를 가져올 목적으로 고의로 방화한다.
9. 타인의 재산을 고의적으로 파괴한다(방화로 인한 것은 제외).

사기 또는 절도
10. 다른 사람의 집, 건물이나 차에 침입한다.
11. 어떤 물건을 얻거나 환심을 사기 위해 혹은 의무를 피하기 위해 자주 거짓말한다.
12. 피해자와 대면하지 않은 상태에서 귀중품을 훔친다(예: 부수거나 침입하지 않고 상점에서 물건 훔치기, 문서 위조).

중대한 규칙위반
13. 부모의 제지에도 불구하고 13세 이전부터 자주 밤늦게까지 집에 들어오지 않는다.
14. 친부모나 양부모와 같이 사는 동안 밤에 적어도 2회 이상 가출 또는 장기간 귀가하지 않은 가출이 1회 있다.
15. 13세 이전에 자주 무단결석한다.

B. 이러한 행동문제가 사회·학업·직업 기능에 임상적으로 심한 손상을 초래한다.
C. 만일 18세 이상이라면, 이 기준들은 반사회적 성격장애에 부합되지 않는다.

〈세부유형〉
* 아동기 발병형: 10세 이전에 품행장애의 특징적인 증상 중 적어도 한 개 이상을 보이는 경우다.
* 청소년기 발병형: 10세 이전에는 품행장애의 특징적인 증상을 전혀 충족하지 않는 경우다.

〈세부심도〉
* 경도: 거짓말, 무단결석, 허락 없이 밤늦게까지 집에 들어가지 않는 것, 규칙 위반 등
* 중등도: 피해자와 대면하지 않은 상태에서 훔치기, 공공기물 파손
* 중도: 성적 강요, 잔인한 신체공격, 무기 사용, 피해자가 보는 앞에서 도둑질, 파괴와 침입

각한 손상이 초래되는 경우 품행장애로 진단된다. 품행장애는 행위장애라고도 하며 나이가 18세 이상이면 품행장애 대신 반사회성 성격장애로 진단한다.

품행장애는 아동기와 청소년기에 흔한 장애로 품행장애의 유병률은 지난 10년 사이에 증가했고 시골보다 도시에서 더 높게 나타나는 경향이 있다. 1년 유병률은 조사대상에 따라 2~10%의 범주를 보이지만 중앙값은 4% 정도이다. 대략 전체 아동의 3~10%에서 나타난다고 추정된다. 품행장애는 갑자기 나타나는 것이 아니고 시간을 두고 서서히 여러 가지 증상이 발현되다가 결국은 심각한 수준에 이르게 된다. 5~6세에 발병 시작하지만 아동 후기나 청소년 초기에 흔히 나타난다(김청송, 2015).

(3) 품행장애의 원인

품행장애는 아동의 기질적 성향과 환경적 요인이 결합하여 발생한다. 아동의 기질적 성향은 부모로부터 일정 부분 물려받은 유전적·행동적 성향과 관련되어 있으며 까다롭고 요구가 많은 특성, 조절능력의 결핍, 좌절에 대한 인내력 결함, 도덕적 경각심의 부족, 평균 이하의 지능수준(특히 언어성 지능이 뒤처지는 것) 등이 품행장애의 위험요인으로 꼽힌다.

환경적 요인은 이러한 유전적 취약성을 촉발시키는 외부 단서로 작용한다. 품행장애의 환경적 촉발요인은 부모의 가정환경 및 양육방식과 관련이 깊다. 아동에 대한 부모의 거부, 방치, 일관성 없는 훈육방식, 냉담한 반응, 신체적 또는 성적 학대, 아동에 대한 감독 소홀, 부모의 열악한 가정환경(사회적·경제적), 부모의 불화, 가정폭력, 부모의 범죄력, 보호시설에의 위탁, 양육자의 빈번한 교체 등이 환경적 촉발 위험요인으로 작용한다(김청송, 2015). 품행장애의 정의에서 중심이 되는 공격행동이 공격적 모델을 통해 습득될 수 있다고 주장한다. 배우자에게 신체적 공격을 가하거나 자녀에게 체벌을 하는 부모는 공격적 행동의 모델로서 역할을 하게 되며 이를 관찰하여 학습한다는 것이다(Wicks-Nelson & Israel, 2009).

또한 품행장애는 사회계급과도 관련이 있다. 사회경제적으로 하류계층에 속하고 도시에 거주하는 가정의 아동들 중에 품행장애가 많다(김청송, 2015).

(4) 품행장애의 치료

품행장애의 치료는 아동 및 청소년의 증상과 심각성 정도에 따라서 법적인 처벌, 부모 훈련 및 가족치료, 사회적 지지로서 학교와의 협조, 개인이나 가족의 정신병리에 대한 정신치료, 약물치료 등이 있다.

① 부모 훈련 및 가족치료 품행장애 학생의 부모는 자녀에게 지나치게 심한 벌을 주는 경향이 있다. 이러한 대처는 오히려 청소년과 부모 사이를 멀어지게 하여 효과보다는 가출, 반항 등 부작용을 초래한다. 따라서 부모가 자녀와 상호작용하는 새로운 방법, 즉 긍정적 강화, 필요하다면 가벼운 벌, 자녀와 협상하는 방법을 사용하도록 훈련하는 것이 필요하다.

또한 품행장애로 인해 발생하는 문제 행동이 가족과 가족 구성원들에게 어떤 영향을 주는지 분석하고 이에 대처할 수 있도록 가족치료를 하는 것도 효과적이다. 가족치료를 통해 가족 간의 원활한 의사소통과 지지적 행동을 촉진하는 데 중점을 두고 사회적으로 용인되는 행동의 긍정적 강화를 증진하는 것이다. 그러나 이러한 방법들은 부모 자신이 문제를 가지고 있거나 와해된 가족에게 적용이 불가능하다는 단점이 있다.

② 문제해결 기술훈련 문제해결 기술훈련은 품행장애 청소년이 문제를 인식하고 원인을 알아내고 결과를 예측하고 어려운 상황에 대처하는 데 대안을 고려해 보도록 훈련을 하는 것이다. 이를 통해 현실검증능력을 개선하고 분노를 조절하는 방법을 가르친다.

③ 사회적 지지에 기반을 둔 접근 학교에 기반을 둔 방법은 사회적 지지 기반으로서 학교와 협조하는 방법이다. 이 기법은 교사가 아동의 행동에 대해 일관성 있는 언어 및 비언어적 공감을 해 주는 것이다. 아동의 장점에 대한 칭찬과 함께 부적절한 행동에 대한 단호한 질책을 통해 자신의 행동과 인식에 대해 훈육을 하는 것이다. 이때 학교와 가정이 연계하는 것이 중요하므로 학교에서처럼 가정에서도 일관성 있는 훈육이 될 수 있도록 협조하여야 한다. 또한 아동이 살고 있는 지역의 자원을 활용하여 대학생, 성인과 멘토링 프로그램을 운영하거나 지역의 센터를 이용하여 긍정적인 모델을 확장하는 것도 효과를 발휘한다.

④ 약물치료 품행장애에 효과적인 단일 약물은 없다. 하지만 사실이 아닌 위협에

대해 공격성을 반복적으로 보이는 편집 증상을 가진 청소년에게는 항정신병 약물의 사용이 적합하다.

3. 학교폭력과 교사의 정신건강

2012년 학교폭력대책자치위원회 업무를 맡게 된 교사가 자살하는 사건이 발생하였다. 이에 법원은 2016년 폭력 사건의 처리와 연관된 학부모 등의 민원이 법적 분쟁으로까지 비화하면서 교사의 업무 스트레스가 상당히 높고 교사가 겪는 감정 노동이 극심하다는 것을 이해하여 업무상 재해로 인정하는 판결을 내렸다(이데일리, 2016. 7. 11.). 이 사건에서도 알 수 있듯이 학교폭력에 관한 교사들의 역할과 책임이 늘어남에 따라 교사들의 부담과 스트레스도 늘고 있다. 따라서 여기에서는 학교폭력 사건을 경험한 교사들의 정신건강에 관해 살펴보고자 한다.

1) 학교폭력에 대한 교사 스트레스

학교폭력 문제가 발생하면 해당 학생들은 친구들에게 학교폭력의 가해자와 피해자로 인식되고, 학부모들은 자식 교육을 제대로 하지 못한 부모로 낙인 찍히며, 교사들은 교실에서 학생들을 바르게 지도하지 못한 무능력자로 꼬리표를 달게 되는 경우가 종종 발생한다(이성순·강민완·김종열, 2012). 교사는 학교폭력 상황에서 최선을 다해 대응하려 노력함에도 불구하고 여러 가지 한계를 경험한다. 교사들은 교사 입장에서 하는 중재가 가해자 또는 피해자 학부모들로부터 비난의 대상이 되기도 하며 학교폭력 사안처리 과정 자체가 가진 가해자 처벌 중심의 응보적 문제해결에 대한 불만에 대응해야 한다. 또한 복잡한 사안처리 과정 중 발생하는 갈등을 해결하는 데 어려움을 겪게 된다. 따라서 학교폭력 문제가 발생하면 교사들은 과도한 업무로 곤란과 심리적 고통을 경험하게 된다.

교사들은 대체로 교직 본연의 업무인 교수 관련 요인보다는 교장이나 동료교사와의 인간관계, 과도한 행정업무, 경제적 안정성 등을 스트레스 유발 요인으로 지적하였다. 이 중에서 교사들은 학생 생활지도나 학부모와의 관계 등을 중요한 스트레스 유발 요인으로 평가한다. 이런 맥락에서 학교폭력은 교사들에게 생활지도 및 학부모와의 관계, 과도한 행정업무, 학교 내의 다른 동료와의 관계에까지 영향을 미치는 중요한 스트레스 유발 요인인 것이다.

스트레스 사건에 대한 평가는 일차적인 평가와 이차적인 평가로 구분된다. 일차적인 평가는 스트레스 사건이 부여하는 위협의 정도에 관한 것이다. 한 학교에서도 어떤 교사는 학교폭력이 심각하다고 지각하는 반면 다른 교사는 그렇지 않다고 평가할 수 있다. 또한 본인이 재직하고 있는 학교에서 한 해에 학교폭력이 몇 건 발생하는지 어떤 종류의 학교폭력이 발생하는지를 정확하게 알지 못한다. 이러한 학교폭력에 대한 부정확한 정보와 이해 부족은 교사의 스트레스와 불안을 높이는 요인으로 작용한다(박종효·박효정·정미경, 2007).

스트레스에 대한 이차적인 평가는 특정 사건을 대처하는 데 필요한 개인 능력에 대한 것이다. 학교폭력 사안이 발생했을 때 교사들이 적절한 대처를 할 수 있는가에 대한 개인 능력과 함께 능력을 발휘할 수 있는 여건이 조성되지 않은 경우가 많다. 학생들이 학교폭력 피해를 당한 것에 대해 교사들이 잘 인식하기 어렵기도 하며, 정규수업을 진행하면서 반복적으로 발생하는 학교폭력을 적절하게 처리하지 못하는 것이 현실이다(Mishna, Scarsello, Pepler, & Wiener, 2005). 따라서 학교폭력 문제해결을 위해 당연히 교사들이 해야 할 역할 및 책임과 실제 교사들이 실행할 수 있는 역할과 책임의 차이가 있을 수 있는 것이다.

2) 학교폭력에서 교원의 맥락 특성

교사들이 학교폭력 문제를 적극적으로 해결하기 위해서는 시간과 에너지가 필요하다. 학교폭력 책임교사는 학교폭력 사건발생 시 동료교사와 그들이 맡는 학생들을 조사하고, 증거를 수집하는 등 업무가 과중하고 학교폭력으로 인한 학부모들의 불만과 분쟁 등으로 인한 사회적 비용이 증가하면서 학교폭력 책임교사의 전문성이 요구된다. 또한 학교폭력대책자치위원회의 진행과정이나 전문성·공정성에 대한 문제가 계속적으로 제기되고 있으며, 피해학생과 가해학생의 재심기관 간에 모순된 결정이 나오고 있어 학교폭력대책자치위원회의 심의결과에 대한 불신이 커지고 민원이 증가하고 있다. 2017년 '학폭법 제14조 3항의 학교폭력 책임교사 현황' 자료에 따르면, 전체 12,581명의 책임교사 중 905명(7.19%)이 기간제교사이고, 2,307명(18.34%)이 3년 이하 경력의 초임교사로 총 25.53%가 여기에 해당한다(조선에듀. 2017.12.08.). 즉 업무량이 과도하고 전문적인 능력이 요구되는 학교폭력 업무 담당 교사를 업무에 미숙하고 전문성이 부족할 수밖에 없는 초임교사가 맡고 있는 실정인 것이다. 교사들의 개인적인 역량에는 한계가 있고 어느 한 분야로 에너지와 시간을 쏟게 되면, 다른 분야는 소홀해질 수밖에 없다. 다른 업무를 수행하면서 교원들이 에너지와 시간을 다 쏟게 되면 학교폭력 문제에 아무리 관심을 갖더라도 실질적인 해결에는 기여할 수 없게 된다(김병찬, 2012).

이러한 교사들의 맥락을 이해하고 교사들에게 학교폭력에 관심을 갖고 해결할 수 있는 실질적인 시간과 여유를 주어야 할 것이다. 또한 교사들의 업무나 교육에 대한 자율성을 위축시키는 맥락도 이해할 필요가 있다. 학교폭력에 대해 교육청을 비롯한 상급기관에서는 지침과 방침을 늘리고 있고 지침의 증가는 학교 현장에서 교사의 자율성을 침해하는 요인으로 작용하고 있다. 덧붙여 최근 학부모, 학생, 기타 기관이나 단체들의 간섭과 민원, 소송 등은 교사들의 자율성을 침해하고 있는 것이 현실이다. 이러한 풍토에서 교사들이 학교폭력 문제를 해결하기 위해 창의성과 열정을 발휘하기는 쉽지 않다.

마지막으로 교사들의 전문성 부족도 또 하나의 맥락 요인이 된다. 학교폭력 문제는 심화되고 저연령화되며 복잡해졌다. 이에 따라 학교폭력 문제를 해결하는 것은 점점 더 어려워지고 있다. 그러나 교사들이 학교폭력 문제를 해결할 수 있는 상담 역량 등의 전문성에서 따라잡지 못하고 있다.

이를 종합해 보면 교사의 학교폭력 문제해결에 있어 역할과 책임의 한계를 세 가지로 정리해 볼 수 있겠다. 첫째, 학교폭력의 문제는 교사의 책임 범위를 넘어서는 구조적인 문제에서 기인한다. 즉 가정요인, 사회요인, 개인요인, 학교요인 등 다차원적이고 복합적인 요인이 상호작용하는 문제로서 교사 및 학교의 노력으로 해결하기에는 한계가 있다. 따라서 학교폭력 문제해결을 위한 교사의 역할과 책임을 규정함에 있어 맥락적 요인이 고려되어야 한다. 모든 문제의 원인을 교사에게 두려고 하거나 책임을 교사에게 떠넘기려 해서는 안 된다. 학교폭력 문제는 단순히 교사나 학교의 문제가 아니라 더 깊은 문제를 포함한다. 따라서 교사의 책임 소재를 현실적으로 조정해야 할 것이다.

둘째, 학교폭력 문제해결을 위해 교사들의 헌신과 희생을 강요해서는 안 된다. 학교폭력은 과거의 단순한 일탈이나 비행 수준을 넘어 흉포화, 지능화, 집단화, 일반화되어 교사들이 전문성을 갖추지 않으면 해결하기 어려운 문제들로 단순히 열정과 헌신으로 해결하기는 어렵다. 따라서 학교폭력 문제해결을 위한 교사 전문성을 신장시키기 위한 학교폭력 예방교육 프로그램의 개발 및 적용에 관한 연수가 진행되어야 할 것이다. 또한 학생 개인과 학급 분위기를 개선하기 위한 다양한 방안을 모색해야 한다.

셋째, 학교폭력 문제해결을 위한 교사의 여건이 취약하다. 교사의 업무가 과하고 학교폭력은 예측 불가능한 문제이다(김병찬, 2012). 학교폭력이 발생한 이후 조치는 매우 복잡하고 어렵다. 사건 당사자인 피해·가해학생, 부모, 학교, 교사의 갈등과 심리적·경제적 피해뿐만 아니라 사건 현장에 있었던 동료학생들의 정신적 충격, 사건에 관련된 다른 학생들의 연계 가능성 등 복잡한 처리과정이 뒤따른다. 따라서 교사 개인이 문제를 해결하는 것이 아니라 부모, 외부 전문가와 함께 문제를 해결할 수 있도록 제도가 개선되어야 한다.

이상의 한계를 고려한 지원과 정책의 방향 전환이 이루어져야 교사들의 학교폭력 스트레스를 줄일 수 있을 것이다.

3) 교사들을 위한 학교폭력 대처방안

학교폭력 문제는 교사에게 큰 타격을 준다. 교육자로서 자존감이 저하되거나 학생들과의 정신적 유대에 문제가 생기기도 한다. 실제로 학교폭력 문제해결과정에서 정신과 치료를 받거나 각종 법적 문제에 휘둘리는 동료교사의 모습을 지켜보는 다른 교사들 사이에서는 교육적 입장을 견지하기보다 보신 방책을 우선적으로 세워 놓기도 한다. 이는 교사들이 교직에 대한 회의를 느끼게 하고 학생에 대한 열정을 감소시키는 결과로 작용한다. 따라서 학교폭력 문제 발생 시 교사들이 교육적으로 문제를 해결할 수 있는 방안이 필요하다. 다음은 전직 교사이자 변호사인 이보람(2014)이 제시한 몇 가지 방안을 요약한 것이다.

(1) 초기 감지를 위한 노력

학교폭력 문제의 초기 감지 방법은 각종 지침과 언론을 통해 다양하게 제시되고 있다. 예를 들어 익명 설문을 통해 학급 내 피해학생과 가해학생을 조사할 수 있다. 또한 학기 초 작성하는 자기 소개서를 통해 학생들의 고민과 교우관계를 파악하기도 할 수 있다. 학생 개별상담과 다른 교사들과의 대화를 통해 담임으로서 발견하지 못한 문제를 파악할 수 있다. 그러나 이러한 노력에도 불구하고 교사가 모든 징후를 발견할 수 있는 것은 아니다.

따라서 사건이 발생하는 것을 완벽하게 방지하기는 불가능하다. 즉, 교사가 모든 주의를 다해도 예측할 수 없었던 우발적인 사고나 학생들의 생활에서 통상적으로 발생할 수 있는 사고 등에 대해서는 다른 사정이 없는 한 손해배상 책임을 지지 않는다. 또한 교사가 학교폭력행위를 알면서도 그대로 방치하거나 오히려 동조한 경우, 의식적으로 교사의 의무를 방임하거나 포기한 경우가 아니라면 보통은 형사상 책임도 지지 않는다. 따라서 학교폭력 징후를 포착했을 경우 이후 문제 발생 시 피해학생 측 보호자와 교장 등 학교 관리자에게 관련 사항을 설명하고, 정당한 면책을 위해 학생 면담일지, 교육일지 등 교사의 의무를 다하고 있음을 입증할 자료를 남기는 것도 좋은 방법이다.

(2) 학교폭력 발생 시 유의점

학교폭력 문제 처리 과정에서 항상 거론되는 것이 '교사의 태도' 문제이다. 가해학생 측이든 피해학생 측이든 부모들은 담임교사나 담당 교사의 태도에 서운함을 표시한다. 또한 담임의 학급관리 문제가 연관되어 있다면 담임에게 과도한 책임을 요구하거나 언론을 동원하려고 한다. 따라서 학교폭력 문제를 감지하였다면 가장 먼저 각종 지침 및 법령을 확인하여 교사가 절대 해서는 안 되는 일과 해야만 하는 일들을 숙지해야 한다. 특히 학생들의 인권보장을 위해 어떤 방법이 있는지 구체적으로 살펴보고 최대한 적절한 조치가 취해질 수 있도록 하여야 할 것이다. 예를 들어, 사안 조사 시 문제를 빨리 해결하기 위해서 학생들에게 진술을 강요하거나 교육적 관점에서 벗어나 교사의 스트레스를 학생들에게 표현하지 않도록 자제할 필요가 있다. 또한 학교폭력 문제에 있어서 화해를 종용하거나 사건을 은폐·축소하는 것은 매우 위험한 선택이다. 학교폭력 사건이 발생하면 담임이 생각하기에 경미한 사건이라 할지라도 학교폭력 사안처리 절차에 맞게 조치하여야 한다. 한편 번거로운 일로 생각하여 절차를 축소하지 않아야 하고, 교사 자신의 감각이나 교육적 신념에 따른 배려나 상담으로 해결하기 위해 문제해결의 적기를 놓치지 않도록 주의하여야 한다.

(3) 학교폭력 발생 시 학생을 대하는 방법

학급에서 학교폭력 문제가 발생하면 담임교사는 책임감과 함께 일종의 죄책감을 갖게 되기고 하고 학생들에 대한 실망감이나 자신의 직업에 대한 회의감이 들어 크게 상심할 수 있다. 그러나 문제해결을 위해서는 이러한 감정이 아니라 대처 방법을 모색하는 것이 필요하다. 특히 학교폭력 피해학생의 경우 사건 자체를 분석하거나 잘잘못을 판단하지 말고, 우선 학생의 말을 경청하고 학생이 받고 있는 고통 자체에 충분히 공감하는 태도가 필요하다. 또한 정신과 치료나 전문 상담이 필요한 경우에는 교사가 모든 것을 해결하려 하지 말고 다른 전문가와 협력하여 문제를 해결하는 것이 필요하다.

한편 가해학생의 경우 그도 학생이라는 것을 염두에 두어야 한다. 가해학생이 받아야 하는 조치가 주로 불이익 처분이나 강제 교육 등 처벌 위주로 되어 있어 수치심이나 보복심을 유발한다. 따라서 가해학생의 두려움과 불안감, 우울감 등이 있을 수 있음을 이해하고, 피해학생과 마찬가지로 전문 상담 기관이나 의료 기관의 도움을 받도록 안내하는 것이 필요하다. 또한 학교폭력의 특성상 가해학생과 피해학생의 구분이 명확하지 않은 경우가 많으므로 '무죄 추정 원칙'을 견지하며 무턱대고 가해학생이라 지목하지 않아야 한다.

마지막으로 학교폭력 사건이 발생하면 가해·피해 학생 외에 나머지 학생들도 부정적 영향을 받는다. 특히 방관자 역할을 하고 있던 학생들은 일종의 자책감을 느끼고 혹시나 자신에게도 문제가 생기지 않을까 불안한 마음을 느끼기도 한다. 따라서 학급의 긴장 완화를 위해 학급의 분위기를 살릴 수 있는 다양한 행사를 마련하거나 모든 학생들과 문제해결과정을 공유하며 민주적인 의사소통과 인권에 관한 이야기 등을 나누며 성장의 기회로 삼을 수 있도록 한다.

(4) 학부모를 대하는 방법

학교폭력 발생 시 부모들은 담임교사가 전혀 나서지 않으면 매우 서운해하고 담임교사의 소극적 태도를 문제 삼기도 한다. 또한 잘못된 개입을 탓하기도 한다. 결국 교사들은 아이들에 대한 보호조치 및 교육 시간도 부족한데 학부모와의 관계에 어려움을 겪게 되어 곤혹스러운 처지가 된다. 특히 각종 민원과 진정에 휘말리거나 민형사상 책임을 지는 데까지 이르면 교육이라는 본질적인 문제는 뒷전이고 면책과 방어에만 힘을 쏟게 되는 불합리한 일이 발생하기도 한다.

이러한 문제를 예방하기 위해 교사는 학부모와 신뢰관계를 형성하여야 한다. 이를 위해서는 학교폭력 발생 시 교육청 지침을 참고하여 부모에게 사건 해결 절차와 흐름을 상세히 설명해 줄 필요가 있다. 미리 고지를 받은 학부모는 불필요한 의혹을 갖지 않을 가능성이 높고 교사가 학교폭력에 대응할 전문적 지식을 갖고 있음을 인지하게 된다. 다만 교사는 법령과 지침을 참고하여 자신의 의무나 권한이 아닌 사항에 관해서는 답을 주거나 예견하는 것은 피해야 한다. 부모들의 과도한 요구에 무조건 부정적인 태도로 일관하거나 근거 없이 수용해 주는 것 모두 이후 더 큰 문제를 야기할 수 있음을 알아야 한다.

또한 악의적인 험담이나 소문이 퍼지는 경우 문제해결 절차를 적절히 진행하고 있으며 이 절차 속에서 당사자를 배려하고 있다는 점을 학부모에게 객관적으로 설명할 필요가 있다. 학교 측의 부당한 대우에 관해 의혹을 제기하는 부모로서는 진행 과정에 대한 최소한의 객관적 정보만으로도 의혹의 바탕이 된 불안감을 지우는 데 도움이 되기 때문이다.

마지막으로 학교폭력 사건이 발생했음에도 무관심하고 무기력한 부모의 경우 학교폭력 문제해결뿐만 아니라 학생의 생활과 고민에 대한 지원이 필요함을 인식하고 적절한 대책을 마련하여야 할 것이다.

4) 교사들을 위한 지원 방안

학교폭력을 담당하는 많은 교사들은 학교폭력 사안처리 과정에서 교사로서 충격과 혼란, 수치심과 분노 조절의 어려움, 무력감과 교사의 품위 손상 등을 경험한다고 보고한다(최명희·김진숙, 2016). 또한 사안처리가 담당자인 교사에게 집중되고 관리자와 동료에게 외면당하며 고립감과 외로움을 느낀다고 보고한다(이규미·손강숙, 2013). 결국 교사들은 학교의 지지 부족, 학생의 문제 행동, 교사로서 존중받지 못함, 과도한 업무 부담, 언어적 공격, 개인과 전문성에 대한 비하, 조직적 규제 등 직무 외상을 경험하게 된다. 사안처리 과정에서 교사는 관리자의 압박과 동료의 냉대 및 무관심, 학생 문제 행동과 생활지도의 어려움, 학부모에게 존중받지 못하면서 겪게 되는 교권 침해, 교사 본연의 역할 수행 어려움을 경험하며 이로 인해 자신감 저하, 우울 및 사기 저하 등을 경험하게 되는 것이다(최명희·김진숙, 2016). 이러한 직무 외상은 교사 개인에게 분노 감정, 풀리지 않는 답답함, 자책감, 불안감, 과민과 급격한 피로감, 대인관계 기피 현상을 유발하며 학교생활에서는 학생·학부모 대하기 어려움, 수업시간 집중도 저하, 관리자 및 동료교사와의 관계 악화, 교직에 대한 회의, 이직 및 진로 고민, 학생 생활지도 위축 등의 후유증을 유발한다.

이에 대한 대처방안으로는 다음과 같은 것이 있다.

내적 요인을 고려하여 극복이나 회복 시도, 구체적 해결 방법 모색, 현실 상황 수용, 연수 참여, 취미활동 고려, 동료교사와 협력, 고소 등을 고려하는 적극적인 해결 방안을 모색할 수 있다. 또한 인지적으로는 학생, 학부모의 상황을 이해하려는 노력, 타인의 평가에서 벗어나기, 폭력 경험의 보편성 고려, 긍정적으로 시각 전환 노력을 할 수 있다. 정서적으로는 정서조절 및 관리, 신앙생활 및 체험을 고려할 수 있다.

외적 요인을 고려한다면 동료교사, 가족, 친구의 지지 추구 등 사회적 지지의 추구 방안, 교사로서의 사회적 인식 및 사명을 고려해 보는 사회적 자아 인식 방안 모색을 할 수 있다. 또한 교사치유센터 등 적극적인 외적 자원을 찾아 활용함으로써 자신을 치유하고 문제를 해결할 수 있겠다.

　　한편 국가에서는 '교원지위향상을 위한 특별법', '교원의 지위 향상 및 교육활동 보호를 위한 특별법' 등을 시행하여 교원의 정신적 스트레스 및 피해에 대한 치유를 지원하고 있다. 이는 교육활동을 보호할 수 있는 법적 근거로 학교폭력 사안처리 시 발생하는 교사에 대한 부당한 민원과 소송에 대해 대처할 수 있는 방안이 된다. 또한 교육활동 침해 행위로 피해를 입은 교원의 치유를 지원하도록 교원치유센터가 도입되어 있으므로 교사들이 자신의 정신적 피해를 치유하고 학교 현장에서 전문성을 발휘할 수 있도록 지원을 받을 수 있다.

1. 학교폭력 피해자는 자신감 저하, 대인관계의 어려움, 적응장애, 우울증, 외상후 스트레스장애 그리고 자살의 정신병리 문제를 가질 수 있다. 이 중 우울증은 전 세계적으로 가장 흔한 정신 장애이며, 학교폭력 피해학생에게 나타나는 대표적인 정신병리 문제다.

2. 학교폭력 피해 증상은 대인 간에 발생한 충격적 사건으로 인한 외상으로 초기에 등교거부, 식욕부진, 무기력증을 호소하다 학교폭력 기간이 길어질수록 우울증, 불안, 불면증에 시달리고 악몽, 헛소리, 신체적 고통 등을 호소하며 이러한 증상에 따라 외상후 스트레스장애(PTSD)로 진단한다. 이러한 PTSD 증상은 자아기능 손상, 대인공포, 우울장애, 자살시도 등 심각한 문제를 야기할 수 있으므로 세밀한 인식과 대처가 필요하다. 치료법으로는 호흡법, 나비포옹법, 안전지대법, 소환법, 노출법 등이 있다.

3. 학교폭력 발생과 관련하여 심리·행동적 영역의 위험요인으로 제시되고 있는 것 중 하나가 주의력결핍 과잉행동장애(ADHD)와 충동성과 위험을 감수하려는 무모한 행동, 반항적 행동, 반사회적 행동을 일으키는 품행장애이다.

4. 주의력결핍 과잉행동장애(ADHD)는 자신의 행동을 적절하게 통제하지 못하고 부주의하며 충동적인 과잉행동을 나타내는 경우를 말한다. ADHD 아동들은 학교에서 수업 중에 가만히 있지 못하고 질서를 지키기를 어려워하며, 공격적인 성향이 강해 특별한 이유 없이도 친구들과 싸움을 하기 때문에 학교생활에 적응이 어렵다. 주의력 결핍, 과잉행동, 충동성 등의 특성으로 인해 지속되어온 학업·행동의 어려움이 청소년기의 스트레스와 중복되어 학교폭력에 직간접적으로 영향을 미친다. 치료에는 약물치료, 부모교육, 인지행동치료 등이 있다.

5. 품행장애의 특징은 감정과 행동의 자기조절의 어려움을 겪는다는 것이다. 또한 심각한 공격적·반사회적 행동을 의미한다. 연령에 적합한 사회적 규범을 파괴하는 것뿐만 아니라 다른 사람의 기본권을 파괴하는 행동을 반복적, 지속적으로 보인다. 이러한 특성으로 인해 품행장애는 학교폭력 가해로 이어질 수 있다. 품행장애의 치료는 아동 및 청

소년의 증상과 심각성 정도에 따라서 법적인 처벌, 부모 훈련 및 가족치료, 사회적 지지로서 학교와의 협조, 개인이나 가족의 정신병리에 대한 정신치료, 약물치료 등이 있다.

6 학교폭력에 관한 교사들의 역할과 책임이 늘어남에 따라 교사들의 부담과 스트레스도 늘고 있다. 학교폭력 해결에 있어 교사들의 전문성 부족도 하나의 맥락 요인이 된다. 학교폭력 문제는 심화되고 저연령화되며 복잡해졌다. 이에 따라 학교폭력 문제를 해결하는 것은 점점 더 어려워지고 있다. 그러나 교사들이 학교폭력 문제를 해결할 수 있는 상담 역량 등의 전문성에서 따라잡지 못하고 있다. 이러한 맥락을 종합해 보면 교사의 학교폭력 문제해결에 있어 역할과 책임의 한계를 세 가지로 정리해 볼 수 있겠다. 첫째, 학교폭력의 문제는 교사의 책임 범위를 넘어서는 구조적인 문제에서 기인한다. 그러므로 교사의 책임 소재를 현실적으로 조정해야 한다. 둘째, 학교폭력은 과거의 단순한 일탈이나 비행 수준을 넘어 흉포화, 지능화, 집단화, 일반화되어 교사들이 전문성을 갖추지 않으면 해결하기 어려운 문제들로 단순히 열정과 헌신으로 해결하기는 어렵다. 셋째, 사건 당사자인 피해·가해 학생, 부모, 학교, 교사의 갈등과 심리적·경제적 피해뿐만 아니라 사건 현장에 있었던 동료학생들의 정신적 충격, 사건에 개입된 다른 학생들의 연계 가능성 등 복잡한 처리과정이 뒤따른다. 따라서 교사 개인이 문제를 해결하는 것이 아니라 부모, 외부 전문가와 함께 문제를 해결할 수 있도록 제도가 개선되어야 한다.

1   학교폭력 피해학생의 심리적·정서적 문제를 조사하고, 적절한 대응 방안을 생각해 보시오.

2   학교폭력 가해학생 엄벌주의에 관한 자신의 관점을 제시하고 이유를 설명하시오.

3   학교폭력 문제와 관련된 교사들이 학교폭력 사안처리 과정 중 내적 부조화가 발생하는 원인과 이유를 생각해 보시오.

4   학교폭력 피해학생의 외상 후 스트레스와 학교제도의 연관성을 설명하시오.

5   품행장애의 특성을 설명하고, 사회적 지지에 기반을 둔 방안을 중심으로 치료 방안을 생각해 보시오.

6   학교폭력 처리 과정에서 발생하는 교사들의 어려움을 지원하기 위한 구체적 방안은 무엇일지 생각해 보시오.

15장

학교폭력 예방을 위한 방안

세상에서 보기를 바라는 변화, 스스로 그 변화가 되어야 한다.
— 마하트마 간디

학습목표

1 학교폭력 예방 프로그램의 필요성과 종류를 알 수 있다.

2 또래·대인관계 증진 프로그램의 목적과 구성을 파악할 수 있다.

3 분노조절 프로그램의 목적과 구성을 파악할 수 있다.

4 공감능력 증진 프로그램의 목적과 구성을 파악할 수 있다.

5 또래상담 및 또래조정 프로그램의 목적과 구성을 파악할 수 있다

6 법무부 학교폭력 예방 프로그램의 목적과 구성을 파악할 수 있다

7 학급긍정훈육법의 원리와 방법을 이해할 수 있다.

8 회복적 생활교육의 개념과 실제를 이해할 수 있다.

학교폭력은 예방이 우선시되어야 한다. 학교폭력의 예방교육은 학생들의 또래관계 증진, 공감능력 함양, 분노조절 등 다양한 영역의 프로그램을 통해 이뤄진다. 따라서 이 장에서는 학교폭력 예방을 위해 실제 학교 현장에서 적용할 수 있는 다양한 프로그램을 소개하고자 한다.

1. 학교폭력 예방 프로그램의 필요성

심각한 학교폭력 문제에 대처하기 위하여 정부는 1990년대 중반부터 '검사 및 경찰관의 학교 담당제', '학교폭력신고센터 설치'등의 각종 정책들을 제시하여 왔다. 2004년 1월에는 학교폭력대책기획위원회(교육인적자원부), 자치위원회(학교), 상담실설치 및 전문상담교사, 그리고 학교폭력 책임교사 배치 등을 골자로 하는 '학교폭력 예방 및 대책에 관한 법률'을 제정하고, 동법시행령이 당해년도에 시행되기에 이르렀다(교육인적자원부, 2005). 그러나 이와 같은 학교폭력 방지에 대한 많은 사회적 관심과 정부의 강력한 정책에도 불구하고 큰 효과는 나타나지 않는 실정이다. 따라서 현재 우리나라 학교 현장에서 발생하고 있는 폭력문제의 해결을 위해서는 단편적인 사후 대책적 접근보다는 잠재적인 가해·피해 학생을 포함하는 예방적 차원의 포괄적이고도 통합적인 접근의 필요성이 제기되고 있다(진영학, 2004; 이상균, 2000; 지순덕, 2005).

2. 또래·대인관계 증진 프로그램

또래관계란 또래 간에 평등하게 상호작용하는 수평적인 관계에서 애정이나 관심, 흥미 및 정보를 공유함으로써 또래와의 접촉을 유지하는 자발적이고 이원적인 애착 관계를 의미한다(Hartup, 1983). 또래·대인관계 증진 프로그램은 대인관계를 바탕으로 자기 자신 및 타인을 이해하고 수용하는 과정을 통해 대인관계에서 일어나는 다양한 감정과 갈등을 분석하고 통찰하여 대인관계 능력을 증진시키는 프로그램을 말한다

(이은정, 2008). 또래·대인관계 증진 프로그램이 아동·청소년들의 학교생활에서 오는 학교 부적응의 문제, 또래관계 문제, 교사-학생 문제 등에 유의한 효과가 있으며(김성남, 2007; 박경숙, 2005; 박애경, 2010; 이은정, 2008), 아동·청소년들의 사회성 향상에도 긍정적인 영향을 미치는 것으로 나타났다(김양선, 2006; 서정숙, 2005; 윤경미, 2005; 이은정, 2008; 조순이, 2006). 또래·대인관계 증진 프로그램의 목적과 내용 구성을 살펴보고, 학교 현장에서 어떻게 활용할 수 있을지 안내하고자 한다.

1) 또래·대인관계 증진 프로그램의 목적

본 프로그램의 목적은 보다 나은 대인관계 기술을 습득함으로써 타인들과 만족스럽고 효과적인 대인관계를 형성하여 보다 성숙한 성인으로 성장할 수 있도록 도와주는 데 있다.

2) 또래·대인관계 증진 프로그램의 내용 구성

본 프로그램은 총 10회기로 구성되어 있으며, 세부적인 구성 내용은 다음과 같다. 1회기에는 대인 외상경험으로 인해 새로운 대인관계를 잘 맺지 못하는 것을 고려하여 자기소개와 함께 친밀감 형성 위주로 구성하였으며, 전개 단계인 2~4회기에는 자기측면의 개방, 반응적 사랑, 신뢰를 바탕으로 자기개념 탐색과 이해, 대인관계에서의 친밀감 형성과 또래관계망, 새 친구 사귀기를 구성하였다. 5~7회기에는 타인측면의 긍정, 적극적 사랑, 보호를 바탕으로 대인관계에서 타인 탐색과 타인 이해를 통한 일반적, 새로운 상황의 회피와 불편감을 인지하고 적절한 방법을 탐색할 수 있도록 구성하였다. 8~9회기에는 내사측면의 자기긍정, 적극적 자기사랑, 자기보호를 바탕으로 긍정적 자기개념, 대인 불안, 또래관계로 구성하였으며, 마지막 10회기에 긍정적 자기개념, 신뢰로운 또래관계를 구성하여 마무리하였다. 프로그램의 구체적인 내용은 표 15-1에 제시되어 있다. 현장에서 본 프로그램을 운영할 때 참고할 수 있도록 프로그램의 운영지도안은 이 장 마지막에 부록 1로 첨부하였다.

표 15-1 또래 · 대인관계 증진 프로그램 구성 내용

단계	회기	회기 목표	프로그램 내용
도입	1	• 프로그램의 목표, 내용, 규칙 등을 이해할 수 있다. • 집단원들 간 라포를 형성할 수 있다.	• 프로그램 안내 • '손가락을 잡아라'게임 • 별칭 짓기, 소개하기 • 규칙, 서약서 작성하기
자기 측면	2	• 자신의 주된 언어습관 및 표정을 지각한다. • 나의 말, 감정, 행동이 대인관계에 미치는 영향을 이해한다.	• 'YES or NO' 게임 • 일상용어 발견하기 • 평소 얼굴 표정 찾기 • 집단원들과 피드백 주고받기 • 대화 속에 관찰된 나의 모습 찾기
	3	• 감정단어 목록표를 보고 자신이 주로 느끼는 감정을 파악한다. • 자신의 감정을 적절히 표현할 줄 안다.	• 거울놀이 게임 • 감정단어 일아맞히기 • 얼굴 그림보고 감정 읽기 • 감정 판토마임 게임
	4	• 자신의 신체 그리기를 통해 자기에 대한 이해를 높인다. • 자신에 대해 알게 된 것을 개방하는 것이 관계를 발전시키는 첫걸음임을 안다.	• 나는 누구일까? 게임 • 나의 몸 그리기 – 머리, 눈, 코, 입, 손, 배, 발 등 • 신체를 그리면서 떠오르는 생각이나 사건, 느낌, 감정 적기
타인 측면	5	• 대인관계 지도를 통해 대인관계망을 이해한다. • 자신의 대인관계 강점과 약점을 이해한다.	• 신문지 위에 올라가기 게임 • 나의 관계지도 • 나의 대인관계 강점,약점 • 친구의 강점 칭찬하기

	6	• 대인관계의 스트레스에 대한 대처방식을 안다.
		• 대인관계 불안스트레스에 대처하는 새로운 방식에 대해 생각해 본다.
			• 눈치 게임
			• ○○일 때, 나는……
			  – 대인관계 스트레스 경험
			  – 그때의 대처방식
			• 새로운 방법을 찾아서

	7	• 대인관계에서 생기는 갈등의 유형을 살펴본다. • 갈등 해결을 위한 구체적인 방법을 알고 실천한다.	• 눈싸움 게임 • 이럴 때 너무 힘들어 • 소그룹 토의: 맞아, 이거야!

내사 측면	8	• 자신의 마음을 제대로 표현할 수 있는 의사소통 방법을 배우고 연습한다.
		• 부정적인 감정도 부드럽고 예의 바르게 표현한다.
			• 질문 피구게임
			• '심통심통 대화법'
			  – 있는 그대로 보고 듣기
			  – 질문하기, 인정하기, 감정 덜어주기

	9	• 그대로의 자신과 타인을 이해하고 수용한다.
		• 친구의 소중함을 알고 고마움을 표현한다.
			• 내 친구는요……
			  – 소중한 친구 모습 가면에 표현하기
			  – 감사한 마음 전하기

마무리	10	• 그동안의 활동들을 돌아보며 정리하고 프로그램을 마무리할 수 있다. • 조화로운 대인관계 형성을 잘할 수 있도록 지지와 격려를 한다.	• 지난 프로그램 떠올려보기 • '사랑의 칭찬 나무' 롤링 페이퍼 • '난 널 사랑해'

출처: 전은주(2017).

3. 분노조절 프로그램

분노조절은 자신이 가지고 있는 분노 감정을 간접적인 방식으로 표현하고 분노를 지배하고 조절하며 관리하려고 노력하는 것을 말한다. 흥분하지 않고 언어적으로 무엇 때문에 화가 났다고 명확하게 이야기한다든지, 자신의 의견과 상태를 합리적으로 설명하면서 차분하고 진지하게 상대방을 대하려고 노력하는 것을 말한다. 즉 분노조절능력은 타인과 나에게 해를 입히지 않는 방법으로 분노에 합리적으로 대처하는 능력이라고 할 수 있다. 분노조절 프로그램이 아동·청소년들의 정신건강과 원만한 대인관계를 유지하는 데 긍정적인 효과가 있음을 보고하였다(김경희, 2017).

1) 분노조절 프로그램의 목적

본 프로그램의 목적은 분노조절능력을 향상시키는 데 있다. 구체적으로 분노상황에 대한 자동적·부정적 인지들을 점검하여 긍정적으로 전환하는 방법과 자신의 감정을 이해하고 부적절한 정서를 적절한 정서로 전환하는 방법을 익혀 자신의 감정을 스스로 조절할 수 있는 것이다. 또한 서로의 입장을 이해하고 부적절한 행동을 적절한 행동으로 전환하는 방법을 익혀 실생활에 실천할 수 있도록 돕는 데 있다.

2) 분노조절 프로그램의 내용 구성

본 프로그램은 총 10회기로 도입단계, 준비단계, 작업단계, 종결단계로 구성되었다. 도입단계는 친밀감 형성, 준비단계는 분노 이해, 작업단계는 분노조절 이해와 분노조절 적용, 종결단계는 변화된 나를 만나는 과정으로 이루어졌다. 프로그램 단계에 따른 구체적인 회기와 회기 목표는 다음과 같다. 도입단계(1회기)는 프로그램 소개와 참여자 간의 친밀감 형성과 참여 동기 점검을 목표로 한다. 준비단계(2회기)는 일상생활 속에서 경험하는 다양한 정서를 자각하고 표현하는 것을 목표로 한다. 작업단계에서 3~5회기는 자신의 분노에 대해 이해할 수 있도록 하였으며, 자기이해 속에는 나와 친구관계에서 자신의 분노에 대처하는 훈련을 통해 자기를 조절하도록 구성되었다. 6~7회기는 나와 교사관계에서 상대방 이해 및 상호작용 관계에서 분노조절에 초점을 둔다. 8~9회기는 나와 부모관계에서 이루어지는 내용으로 유사한 상황에서 자유롭게 반복, 경험을 하여 점차 단계적으로 나와 친구관계, 나와 교사 관계, 나와 부모 관계로 확대함으로써 수평적인 관계에서 수직적인 관계로까지 자신의 힘이 생기면서 분노조절능력이 향상될 수 있도록 구성되었다. 종결단계(10회기)는 프로그램을 정리하는 단계로 변화된 나를 만나는 시간으로 매 회기 경험을 통해 자신이 어떻게 변화되었는지에 대한 실천의지를 다지는 것을 목표로 하였다. 구체적인 프로그램 내용은 표 15-2와 같다. 현장에서 본 프로그램을 운영할 때 참고할 수 있도록 프로그램의 운영지도안은 이 장 마지막에 부록 2로 첨부하였다.

표 15-2 분노조절 프로그램의 내용 구성

단계	회기	회기 목표	프로그램 내용
도입	1	프로그램 소개 및 친밀감을 형성할 수 있다.	• 진행자 소개와 전체 프로그램 안내 • 서약서와 개인목표 정하기 • 자기소개 작성 및 발표. 집단원 상호간 친밀감 형성하기 • 호흡명상 배우기
준비	2	일상생활에서 경험하는 자신의 정서를 자각하고 표현할 수 있다.	• 생활 속에서 경험하는 나의 부정적 정서와 긍정적 정서 찾아보기 • 화가 났을 때, 내 정서는? • 과제: 분노경험일지 적어오기
작업	3	나의 분노정서를 이해할 수 있다.	• 분노 이해하기(긍정적인 면, 부정적인 면) • 과제 확인: 분노경험 발표하기 • 분노장면에 (몸, 마음, 행동)반응 확인하기 • 나의 분노패턴 발견하기
	4	분노정서 조절기법을 실생활에서 적용할 수 있다.	• 옆 사람과 손을 마주대고 눈감고 느껴지는 정서 자각하기 • 분노정서 조절기법 호흡 가다듬기, 자기에게 말하기, 자기에게 지시하기
	5	분노관련 생각을 바꾸기 위한 분노행동결과를 탐색할 수 있다.	• 과제확인: 분노경험일지를 점검해 본다. 태도나 행동의 변화가 있었는지를 확인한다 • 비닐 활동으로 통제, 표출 경험하기 • 분노관련 생각 바꾸기(화를 내고 나면 나에게는 어떤 일이 생길 것인가? 친구에게는 어떤 일이 생길 것인가에 대한 질문지 답하고 발표하기)

작업	6	비합리적(부정적) 생각을 변화시킬 수 있다.	• 자신의 분노패턴 알기(화를 내고 나면 어떤 결과가 생기는 지에 대해 생각해 본다) • 생각 변화시키기 • 내가 가지는 부정적인 생각, 신념을 생각해 보고 또는 나의 나쁜 습관, 행동을 도화지에 그리고 도화지를 찢어서 버리는 활동하기
	7	분노조절 행동을 이해할 수 있다.	• 상황그림 퀴즈(몸짓, 말과 행동 표현) (너 이해하기, 나 이해시키기, 우리 되기) • 잘 듣기 • 잘 말하기 • 타협 (대안 제시, 검토, 합의 선택) • 효과적인 문제해결 방법 연습 및 적용
	8	분노의 표현방법을 익히고, 실생활에 적용할 수 있다.	• 경청하고 공감하기(역할연기) • 나–전달법, 연습 및 적용 내가 지금 어떻게 느끼고 있고, 무엇을 원하고 있는지 명확히 말할 수 있도록 하기
	9	분노조절 통합 적용, 종합연습을 할 수 있다.	• 분노조절 통합 강의 • 분노를 표현하는 상황에 어떻게 나의 생각을 이야기할 것인지 연습하고 다짐한다 • '함께하기' 협동작품 만들기 긍정 선언문 만들어 큰 나무 꾸며보기
종결	10	느낀 점과 변화된 나를 만날 수 있다.	• 그동안 배운 내용 정리해 보고 변화된 점에 대해 나누기 • 분노조절 실천 계획표 작성 및 발표 • 집단원 간의 긍정적 피드백 주고받기 • 전체 프로그램 만족도 및 목표달성도 평가 • 최종 소감 나누기 및 작별 인사

출처: 김경희(2017).

4. 공감능력 증진 프로그램

공감능력은 상대방의 정서를 정확하게 인식하고 이해하며 그것에 적절한 반응을 보일 수 있는 능력을 의미한다(Leiberg & Anders, 2006). 그러려면 자기의 틀을 버리고 상대방의 마음속으로 들어가야 한다(박성희·이동렬, 2001). 공감능력은 협동성과 사회성, 대인관계 능력 및 이타행동 등의 친사회적행동과 정적인 상관을 가지고(박성희, 1993; 정은진·홍혜영, 2014; Batson, 1987; Eisenberg & Miller, 1987), 공감능력이 높을수록 학교폭력 피해에도 불구하고 학교생활 적응수준이 높다고 보고되고 있다(현금희, 2013). 또한 청소년의 갈등해결전략 전반에 영향력 있는 예측변인으로 나타나 공감능력의 중요성이 강조되고 있다.

1) 공감능력 증진 프로그램의 목적

본 프로그램의 목적은 공감능력을 증진시키는 것이다. 이 프로그램은 이러한 목적을 달성하기 위해서 자신에 대한 인식, 계획, 실행, 결과에 대한 평가에 따른 순환적 피드백의 고리로 연결되어 있다. 학생들은 프로그램에 참여하면서 자신의 현재 공감능력의 상태를 인식하면서 동기를 가지며 공감능력 향상방법을 학습하고 학습 후 실제 삶에서 어떻게 실천할지 계획하고 직접 적용해 본 후 자신의 공감능력에 어떤 변화가 생겼는지를 평가한다.

2) 공감능력 증진 프로그램의 내용 구성

본 프로그램은 총 12회기, 5단계로 구성되어 있다. 1단계는 공감의 준비로 프로그램의 목적을 알고 서로 친밀해지는 활동을 하고 감정단어와 친해지는 활동으로 총 2회기 진행한다. 2단계는 자기공감으로 자신을 개발하고 그 경험을 나누는 활동과, 같은 대상에 대한 서로 다른 감정을 나누는 활동, 내 마음속 세계를 표현하고 공감하는 활동, 공통점 찾기와 비언어로 감정을 표현하는 활동으로 총 3회기 진행한다. 3단계는 타인공감으로 감정카드로 친구의 마음 공감하기, 친구와 서로 같고 다른 점을 찾고 공감하는 비밀경험 찾기와 카드게임, 감정카드와 바람카드 모두를 이용해서 공감하는 활동으로 총 3회기 진행한다. 4단계는 공감의 심화로 상대방의 입장에서 공감해 보고 자유롭게 공감표현을 하면서 익히는 활동으로 총 2회기 진행한다. 마지막 5단계는 공감의 다짐으로 자신이 가장 바라는 바람을 찾고 그 바람을 얻기 위한 풍선놀이를 하면서 상대의 바람을 존중하고 인정한다. 그리고 바람을 위해 버려야 할 습관을 찾아 버리는 활동과 생활 속에서 공감을 꾸준히 실천하기 위한 다짐 및 소감을 나누고 마무리하는 활동으로 총 2회기 실시하도록 구성되었다. 구체적인 프로그램 내용은 표 15-3에 제시되어 있다. 현장에서 본 프로그램을 운영할 때 참고할 수 있도록 프로그램의 운영지도안은 이 장 마지막에 부록 3으로 첨부하였다.

표 15-3 공감능력 증진 프로그램의 내용 구성

단계	회기	회기 목표	프로그램 내용
공감 준비	1	• 프로그램의 목적 소개 • 자기소개 및 친밀감 형성하기 • 집단약속 정하기	• 프로그램의 목적 및 진행 안내 • 공감의 뜻, 중요성 알기 • 자기소개 및 친밀감 형성 활동 − 인형 저글링 활동 − 재미있는 만남 활동 • 집단 약속 정하기
	2	• 감정단어 찾기 • 감정단어 익히기	• 감정단어를 찾아라 • 감정단어 익히기 및 자기표현 활동 − 감정 말판놀이 • 활동 소감 나누기
자기 공감	3	• 나의 마음 열기 • 나의 마음 알아보기	• 나의 마음을 여는 활동 − 해 본 적이 있나요? − 신기한 감정 나누기 활동
	4	• 나의 감정, 바람 알아보기 • 나의 감정, 바람 공감하기	• 내 마음속 세계 표현하기 − 뇌 그림으로 알아보는 나의 감정, 바람 • 자기표현 및 자기공감하기 • 활동 소감 나누기
	5	• 나의 마음 표현하기 • 언어적·비언어적 표현 알기	• 내 마음을 언어적·비언어적으로 표현하기 − 공통점을 찾아라 활동 − 언어적·비언어적 표현 알기 − 비언어로 감정 표현하기 활동
타인 공감	6	• 친구의 마음 느끼기 • 친구의 마음에 공감하기	• 감정카드로 친구 마음 공감하기 − 감정카드 소집단 활동 • 기분 좋은 공감 찾기 • 활동 소감 나누기
	7	• 친구와 나의 같은 점과 다른 점 찾기	• 서로 같고 다름을 알아보는 활동을 통해 친구 공감하기 − 쉿! 비밀경험 찾기 활동 − 어! 나도 그래 카드게임
	8	• 친구의 감정과 바람 느끼기 • 친구의 감정과 바람에 공감하기	• 감정 및 바람카드로 친구 마음 공감하기 − 감정카드와 바람카드 소집단 활동 • 활동 소감 나누기
공감 심화	9	• 친구의 입장에서 생각하고 느껴보기 • 친구의 입장에서 감정과 바람을 찾아 공감하기	• 몸으로 친구 마음 느껴보기 − 벽 뚫기 게임 • 역할극으로 친구 마음 느껴보기 − 별명이 아파요 역할극

단계	회기	회기 목표	프로그램 내용

공감
심화
	10	• 친구에게 공감 표현하기
		• 언어적·비언어적 공감 심화하기
			• 친구에게 자유롭게 공감 표현하기
			  – 공감 세례 활동
			  – 언어적·비언어적 공감 활동
			• 활동 소감 나누기

공감
다짐
	11	• 가장 바라는 바람 찾기
		• 친구의 바람 존중하고 인정해 주기
			• 내가 가장 바라는 것 찾기
			  – 내가 갖고 싶은 바람카드 활동
			• 서로의 바람을 존중하고 인정하기
			  – 바람 실은 열광의 풍선놀이

	12	• 바람을 위한 실천의지 다짐하기
		• 공감에 대한 실천의지 다짐하기
			• 바람을 방해하는 습관 찾아 버리기
			  – 사막횡단하기
			• 활동 소감 나누기 및 프로그램 전체 평가
			  – 공감에 대한 실천의지 다지기

출처: 권현숙(2015).

5. 또래상담 및 또래조정 프로그램

1) 또래상담 및 또래조정 프로그램의 목적

또래상담은 일정한 훈련을 받은 청소년이 자신의 경험을 바탕으로 어려움을 호소하는 다른 또래를 지지하고 지원하는 과정을 통해 또래가 지니고 있는 고민이나 문제를 해결하도록 돕는 것이다. 이는 청소년이 문제를 스스로 해결할 수 있는 능력을 강화함과 동시에 긍정적인 대인관계에 필요한 사회적 능력을 습득함으로써 전인격적인 성장과 발달에 그 목적을 두고 있다. 학교폭력 예방 및 대책을 위한 사업으로서 또래상담은 교사나 부모가 보지 못하는 아이들만의 사각지대에서 발생하는 학교폭력을 조기에 발견할 수 있으며, 학교폭력으로 인한 피해를 사전에 예방할 수 있는 대책으로 평가받고 있다.

또래조정은 또래 사이에 발생한 갈등상황에 대해 또래들 간에 조정과정을 진행하는 것을 말한다. 일반적으로 선발된 소집단을 대상으로 갈등해결교육 및 또래조정자 훈련을 실시한다. 훈련받은 또래조정자들이 또래들 간 갈등해결을 돕는다.

2) 또래상담 및 또래조정 프로그램 내용 구성

한국청소년상담복지개발원에서 개발 및 보급하고 있는 또래상담 프로그램은 현재 초등학생용과 중·고등학생 대상의 청소년용으로 구분되어 있다. 초등학생용은 총 4회 기로 10시간에서 12시간(8시간 이상), 청소년용은 총 11회기로 12시간에서 15시간(12 시간 이상)으로, 분산(예: 주 1회) 또는 집중적으로 교육이 이루어진다. 또래상담 프로그램은 friendship(좋은 친구 되기), counselorship(대화하는 친구 되기), leadership(도움 주는 친구 되기)의 세 가지 기본정신을 토대로 한다. 초등학생용 또래상담 프로그램 구성은 표 15-4, 청소년용 또래상담 프로그램 구성은 표 15-5에 각각 제시되어 있다. 심화교 육의 경우 기본교육을 이수한 또래상담자를 대상으로 하여 총 6회기, 8시간 이상 교육이 이루어진다. 심화교육은 학교폭력 예방을 위한 또래상담자의 역할을 총 6가지로 구분한 다. 교육 및 활동 부분으로 나누어 교육이 이루어지며, 그 내용은 다음 표 15-6과 같다.

표 15-4 초등학생용 또래상담 프로그램 내용 구성

단계	프로그램명	목적 및 활동
들어가기	또래상담의 의미	또래상담의 의미 소개
	나를 소개합니다	집단원들의 친밀감과 신뢰감 형성
	함께 지킬 약속	집단프로그램의 참여 규칙 익히기
친한 친구 되기 (friendship)	친구의 의미	친구의 의미 인식
	친구관계 살펴보기	친구를 대하는 태도 및 친구관계 탐색
	친구 다시 보기	다양한 관점에 대한 이해 및 수용
대화하는 친구 되기 (counselorship)	대화는 주고받는 것	쌍방적인 의사소통의 중요성
	대화의 기본자세	원활한 의사소통을 위한 기본자세
	친구 마음 이해하기	자신과 타인의 감정 이해
	생기리 대화 전략	공감을 바탕으로 하는 대화 전략 습득
도움주는 친구 되기 (leadership)	잠하둘셋 전략	친구관계의 갈등을 해결하기 위한 접근법 습득
	친구를 이렇게 도울래요	또래상담자의 역할 이해

출처: 교육부(2014).

표 15-5 청소년용 또래상담 프로그램 내용 구성

단계	프로그램명	목적 및 활동
들어가기	신뢰감, 친밀감 형성	동기부여
친한 친구 되기 (Friendship)	친한 친구 되기	친구의 의미 생각
	나의 친구관계 살펴보기	친구관계 유형을 탐색
	친구에게 다가가기	친구관계 돌아보기, 다가가는 방법
대화하는 친구 되기 (Counselorship)	대화 잘 이끌어가기	'어기역차' 익히기
	대화의 기본자세	원활한 의사소통을 위한 기본자세
	잠하둘셋 기법	감정조절 '잠하둘셋'
도움 주는 대화 배우기 (Leadership)	도움 주는 대화 배우기	'원무지계'
	대화 종합 연습	연습을 통한 자신감 상승
	도움 되는 활동 찾기	활동영역을 점검
마무리	평가	프로그램 평가, 모임의 구조화

출처: 교육부(2014).

표 15-6 또래상담 심화 프로그램 내용 구성

영역		프로그램명	목적 및 활동
성장하는 또래상담자	교육	또래상담자는 자신을 이해하고 또래상담자로서 원하는 것을 알고, 스스로 자신을 관리하는 능력을 배운다.	1. 친해지는 마당 2. 내가 생각하는 나 3. 나는 내가 관리한다.
	활동	또래상담자는 또래상담자로서의 한계와 윤리를 이해한다.	1. 또래상담자의 역할, 한계 알기 2. 또래상담자 행동다짐 만들기
정서적 지지자	교육	또래친구의 정서적 지지자로서 감정반영 방법과 다양한 감정의 단어 및 수준에 대해 알 수 있다.	1. 친해지는 마당 2. 다양한 감정의 단어와 수준 알아보기 3. 감정반영
	활동	또래상담자로서 친구의 고민을 공감하고 정서적으로 지지하는 능력이 향상된다.	1. 대면상담 2. 사이버상담 3. 다양한 감정 다루기
조력자	교육	또래친구의 조력자로서 조력행동을 실천하기 위한 동기를 강화하고, 조력이 필요한 상황과 조력하는 방법을 알 수 있다.	1. 교실 안 우리 모습은 2. 도움행동에 대한 이해 3. 도움행동의 효과

영역		프로그램명	목적 및 활동
조력자	활동	또래상담자로서 도움을 주는 능력이 향상된다.	1. 도움행동의 3단계, '다 알죠?' 2. 다가가기 3. 알아보기 4. 조력하기
문제해결자	교육	또래친구들 사이에서 발생한 갈등을 중재하여 원만한 또래관계를 돕고 학교폭력을 예방하는 데 도움을 준다.	1. 갈등의 이해 2. 갈등이 있는 친구를 돕는 대화 3. 갈등을 지닌 두 친구 사이의 화해 돕기
	활동	또래상담자로서 사례관리를 하고 서로의 상담 사례를 도와주는 능력이 향상된다.	1. 수퍼비전의 필요성 2. 사례기록지 작성 및 사례 선정 3. 또래상담자 간 수퍼비전
학교 공감배려 문화촉진자	교육	또래상담자는 학교폭력 예방 심리극 공연을 위해 심리극 기법 및 연기하는 방법을 배운다.	1. 친해지는 마당 2. 연기 마당 3. 심리극 마당
	활동	또래상담자는 학교폭력 예방 심리극 공연을 하는 능력이 향상된다.	1. 이야기 극화 만들기 2. 심리극 공연 단계 이해하기
지역사회 공감배려 문화촉진자	교육	또래상담자는 지역사회 공동체 의식을 배우고, 지역 내 상담관련 기관과 연계하는 방법을 배운다.	1. 친해지는 마당 2. 공동체 의식에 대해 알아보기 3. 지역 내 청소년관련 기관 알아보기
	활동	또래상담자로서 지역사회 공감 문화를 형성하는 능력이 함양된다.	1. 지역연합회 활동 2. 지역캠프 참여 3. 캠페인 활동 4. 길거리 이동상담하기 5. 자원봉사 활동 6. 튜터링 활동

출처: 교육부(2014).

6. 법무부 프로그램

법무부에서는 학교폭력예방을 위한 프로그램을 연구하여 초등학생용, 중학생용으로 개발하였다. 초등학생용은 행복나무 프로그램, 중학생용은 마음 모아 톡톡 프로그램으로 프로그램의 목적과 구성 내용을 살펴보고자 한다.

1) 행복나무 프로그램(초등학교용)

(1) 행복나무 프로그램의 목적

행복나무 프로그램은 초등학교 3~5학년 대상의 학교폭력 예방 프로그램으로 법무부와 다수의 교육분야 전문가 및 현장 교사들이 참여하여 개발하였다. 행복나무 프로그램은 기존의 학교폭력 가해학생 및 피해학생을 대상으로 한 프로그램에서 나아가 다수의 방관자, 즉 주변학생을 위한 프로그램으로 학교폭력을 목격한 상황에서 효과적으로 대처할 수 있는 행동 변화를 이끄는 것을 목적으로 한다.

(2) 행복나무 프로그램의 내용 구성

총 10회기로 구성되어 있으며, 기초과정 4회기, 기본과정 3회기, 심화과정 3회기 체제로 이루어져 있다. 기초과정은 프로그램을 처음 접하는 학생들이 적응할 수 있도록 토의 내용을 필수와 선택으로 구분하여 학급 상황에 맞게 활용할 수 있다. 기본과정은 프로그램에 익숙해진 학생들이 충분히 생각을 나눌 수 있도록 토의 문항을 충분히 제시하였다. 심화과정은 이전 회기에서 학습한 내용을 바탕으로 학생들이 역할극 결과를 바꿔 보는 활동을 추가하였다. 회기별 주제가 제시되고 단계별로 마음열기 → 역할극 → 생각 나누기 → 약속 정하고 실천하기 → 역할극 결과 바꿔보기 → 행복나무 가꾸기로 진행된다. 회기별 주제는 표 15-7과 같다.

그림 15-1 행복나무 프로그램 실제 사례

표 15-7 행복나무 프로그램 회기별 주제

회기		주제	배경장소	괴롭힘 유형
기초 과정	1	툭툭 치지 말아요	교실	외현적 공격성-신체
	2	모두 함께 놀아요	운동장	관계적 공격성
	3	미운 말은 아파요	교실	외현적 공격성-언어
	4	이제 그만, 휴대폰 욕설	교실(사이버)	사이버 공격성
기본 과정	5	나는 미키마우스가 아니에요	수돗가	관계적 공격성
	6	모두가 행복한 점심시간	교실	외현적 공격성-도구
	7	심부름은 싫어요	복도	관계적 공격성
심화 과정	8	험담 쪽지는 이제 그만	학원	관계적 공격성
	9	내 친구를 도와줘요	외진 곳	외현적 공격성-신체
	10	돈은 그만 빌려요	하굣길	외현적 공격성-도구

출처: 법무부(2014).

2) 마음 모아 톡톡 프로그램(중학교용)

(1) 마음 모아 톡톡 프로그램의 목적

마음 모아 톡톡 프로그램은 중학생을 대상으로 하는 체험형 학교폭력 예방교육 프로그램으로 학교폭력 상황에서 주변인의 역할을 강화하는 것을 목표로 한다. 이를 위해 학교폭력에 대한 올바른 이해를 가지고 실제 갈등상황을 합리적으로 해결할 수 있도록 다양한 활동으로 구성되어 있다. 아울러 단위학교의 필요에 따라 선택·조합하여 사용할 수 있도록 모듈형 프로그램으로 개발하였으며, 중학교의 학교생활 시간과 문화를 반영하여 학교에서 교사가 손쉽게 운영할 수 있도록 개발한 실용적인 프로그램이다.

(2) 마음 모아 톡톡 프로그램의 내용 구성

마음 모아 톡톡 프로그램은 '마음 모으기'와 '행동 바꾸기'의 두 부분으로 구성되어 있다. 마음 모으기는 아침 조회 시간(10분)을 활용하여 실행할 수 있는 10차시 활동이다. 각각의 활동은 학교폭력에 대한 동영상을 시청한 후, 학교폭력과 관련하여 반드시 알아야 하는 정보를 제공하고 학생들과 이에 대해 토의하는 방식으로 진행된다.

표 15-8 마음 모아 톡톡 프로그램 회기별 주제

차시	역할극 제목	배경장소	괴롭힘 유형
1	친구를 일부러 다치게 하면 안 돼요	교실	외현적 공격성-신체
2	다 같이 사이좋게 놀아요	운동장	관계적 공격성
3	미운 말은 아파요	교실	외현적 공격성-언어
4	뒷담화는 그만!	교실(사이버)	사이버폭력
5	나는 미키마우스가 아니에요 나는 반쪽이가 아니에요	복도	외현적 공격성-언어

차시	활동제목	활동내용	
6	평화로운 교실 상상해 보기	학교폭력 예방 UCC 시청하기, 제작 계획	
7	퀴즈로 풀어보는 학교폭력	학교폭력 관련 스피드 퀴즈 등	
8	표현을 통해 익히는 평화로운 교실	학교폭력 예방 다섯 고개, 삼행시 짓기	
9	평화로운 교실을 만드는 이야기	학교폭력 예방 이야기 만들기, 관련 골든벨	
10	상상한 평화로운 교실 실행하기	학교폭력 예방 UCC 발표하기, 평가하기	

출처: 법무부(2014).

7. 학급긍정훈육법

학급긍정훈육은 알프레드 아들러(Alfred Adler)와 루돌프 드라이커스(Rudolf Drei-kurs)의 철학에 바탕을 두고 제인 넬슨(Jane Nelsen)과 린 로트(Lynn Lott)에 의해 체계화된 훈육법이다. 아들러는 아이들을 존중하며 다룰 것과 아이들을 혼내고 야단치는 것은 사회적으로 문제 행동을 일으킨다고 주장했다. 이러한 주장을 바탕으로 아들러는 부모교육을 도입하였고, 1930년대 말 드라이커스에 의해 학급에 이 기술을 적용하였다. 제인 넬슨이 1981년 긍정훈육(positive discipline)을 썼고, 이후 린 로트와 함께 학급긍정훈육(positive discipline in the classroom, PDC)을 쓰고 교사와 학생들을 위해 경험적인 활동을 할 수 있는 매뉴얼을 개발했다. 학급긍정훈육법의 큰 특징은 보상과 처벌을 대신하여 배려와 격려를 통해 민주적이고 행복한 교실을 만들기 위한 다양한 방법을 사용한다.

학급긍정훈육법에서는 학교폭력의 발생 원인을 열등감의 발현으로 이해한다. 자존감이 높은 사람은 다른 사람을 괴롭히려 하지 않지만 자존감이 낮은 사람은 괴롭힘으로써 문제를 해결하려는 경향이 있으며 다른 사람이 느끼는 고통에 공감하지 못하고 자신의 재미를 위해 다른 사람에게 상처를 준다는 것이다. 따라서 학생들에게 폭력과 장난을 구분하게 지도하며, 장난이 누군가에게 상처를 준다면 폭력이고 즉시 사과하도록 가르쳐야 한다고 주장한다.

학교폭력과 관련된 학급긍정훈육법에서의 방법으로는 학생들의 속마음을 이해할 수 있도록 제작된 어긋난 목표를 활용한다. 어긋난 목표 차트에는 괴롭히는 행동의 목적을 지나친 관심 끌기, 힘의 오용, 보복의 3가지로 본다. 지나친 관심끌기는 '나 좀 보라고! 나를 무시하지 말라니까, 내가 최고야!'라는 의미로 괴롭힘 행동을 하는 것이다. 힘의 오용은 '내가 얼마나 강한지, 내가 대장이고 내가 원하는 것은 무엇이든 할 수 있다.'라는 목적으로 괴롭힘 행동을 한다. 보복은 앙갚음이나 자신이 받은 상처를 되돌려주기 위해 '난 상처 받았어. 너도 그만큼 대가를 치러야 해. 내가 받은 만큼 너도 당해봐야 해.'라는 숨겨진 목적을 이루기 위해 괴롭힘 행동을 한다는 것이다. 따라서 학급긍정훈육법에서는 이러한 숨겨진 목적을 파악하고 그에 맞는 적절한 대처를 할 수 있도록 지도하는 것이 필요하다고 주장한다(Nelson, Lott, & Glenn, 2014).

1) 학급회의

학급긍정훈육법에서는 학교폭력을 해결하기 위해 처벌이 아니라 문제해결에 초점을 두는 학급회의를 할 것을 제안한다. 학교폭력과 관련된 사안을 학급회의의 안건으로 올리도록 학생들을 격려한다. 학생들이 대략적으로 올린 안건을 학급회의에서 논의하는 과정을 통해 가해학생은 괴롭힘에 관해 함께 생각하는 것에 압박감을 느끼게 되고 변해야겠다는 의지를 키우게 된다. 또한 학급회의에서 문제를 해결하는 방법을 생각하고 선택하도록 함으로써 지나친 관심 끌기, 힘의 오용, 보복의 행동이 아니라 긍정적인 방법으로 문제를 해결할 수 있는 가능성을 발견하게 되는 것이다. 또한 피해자의 입장에서 학급 전체 아이들이 자신의 문제에 관심을 갖고 해결하는 과정을 지켜보고 자신 또한 참여함으로써 소속감을 느낄 수 있도록 하는 효과를 발휘한다.

2) '상처받은 영대' 활동

'상처받은 영대' 활동은 학생들이 자신의 말과 행동이 어떤 결과를 가져오는지 시각적으로 느끼고 체험하게 하는 활동이다.

구체적인 활동 순서는 다음과 같다.

① '상처받은 영대'가 그려진 종이 차트를 들고 서 있는다.

② '영대'는 전학을 왔으나 사람들로부터 환영받지 못했다는 소개를 한다.

③ 영대가 들었던 부정적인 말 '너랑 안 놀아.' 등과 같은 말을 소개한다.

④ 영대처럼 학생들도 상처받았던 부정적인 말을 브레인스토밍을 통해 이야기한다.

⑤ 학생들의 말이 이어지는 동안 종이를 공이 될 때까지 구긴다.

⑥ 종이차트가 공이 된 모습을 보며 영대의 지금 모습이 어떤지 질문한다.

⑦ 영대의 기분, 느낌 등에 관해 이야기를 나눈다.

⑧ 영대를 위해 우리가 할 일을 이야기하며 이야기가 나올 때마다 부드럽게 종이를 다시 펼친다.

⑨ 펼쳐진 영대를 보며 변화에 관해 이야기한다.

⑩ 영대가 펼쳐졌으나 주름이 제거되지 않았음을 발견하며 무례한 말이 지속적으로 상처를 줄 수 있음을 인식한다.

이 방법은 자신의 행동이 다른 사람에게 어떤 영향을 주며 상처를 주는지 시각적으로 확인할 수 있게 하는 방법이다. 특히 언어는 한 번 뱉으면 되돌리기 어렵고 오랫동안 흔적을 남기기 때문에 충분히 생각해야 한다는 것을 확인하는 방법이다. 이 과정을 통해 학생들은 자신이 쓰는 말을 민감하게 사용할 수 있으며 타인에 대해 고려할 수 있다.

3) Adler와 학급긍정훈육법

Adler는 모든 아이들은 열등감을 갖고 있지만 교육하기 어려운 데는 두 가지 이유가 있다고 하였다. 첫째, 오랜 기간 지속되는 강한 열등감이고 둘째, 아이가 가지고 있는 목표이다. 아이들이 잘못된 목표를 가지는 이유는 자신의 발달 과정에서 안락함, 안정, 대등함을 보장해 줄 수 있고 주위 환경에 대해 우월감을 가질 수 있는 권력욕을 발달시킬 수 있기 때문이다. 또한 열등감이 심한 아이들은 어떤 상황에 있건 항상 무시당했다고 생각하기 때문에 이유 여하에 관계없이 사람들로부터 무시당한다고 생각한다 (Adler, 2009).

모든 아이들은 열등감과 잘못된 목표를 가질 수 있다. 이러한 부적절한 선택을 한 아이들을 어떻게 도울 수 있을 것인가? Adler는 교육을 통해 아이가 불안감에서 벗어날 수 있게 의식적·무의식적 동기를 부여하고 삶에 필요한 기능과 지식, 학습된 이해심을 갖게 해 줄 수 있다고 하였다. 자신의 열등감과 잘못된 목표가 어떤 원인에 의해 생겼든 좋은 교육을 통해 그들이 가진 불안감과 열등감을 극복할 수 있다고 하였다. 즉, Adler는 학교라는 제도가 잘못 운영되지 않는다면 교육을 통해 정신세계의 변화가 가능하다고 보았다. 이러한 학교는 학생들의 건강한 정신의 발달을 위해 필요한 것들을 충족시켜 줄 수 있으며 그러한 학교를 사회적인 학교(soziale Schule)라고 부를 수 있다고 하였다.

결국 Adler는 학교가 건강한 공동체의 역할을 수행해야 하며 교사는 학생들이 불안감과 열등감에서 벗어날 수 있도록 격려하는 존재가 되어야 함을 이야기하고 있는 것이다.

이러한 맥락에서 학급긍정훈육법은 보상과 처벌이 아닌 소속감과 자존감을 통한 훈육을 제안하고 있다. 학생들은 소속감과 자존감을 느낄 때 안전함을 느끼고 비로소 교사의 가르침을 배우고 성장할 수 있다. 보상과 처벌은 자신이 가진 불안감과 열등감을 자극하고 더 많은 부적응 행동을 유발한다. 보상과 처벌은 타인으로부터 인정받으려는 욕구를 자극하게 되고 이는 불안감을 더욱 자극하게 된다. 따라서 교실에서 학생들이 안전하고 자신의 성장을 이루도록 하려면 교사들의 다른 도전이 필요한 것이다.

Adler는 인간의 심리적 부적응은 기가 꺾여 낙담함으로써 나타나는 현상이고 심리적 부적응의 정도가 심각할수록 낙담의 정도가 크게 나타난다고 하였다. 따라서 격려가 주어지지 않는다면 어떠한 노력도 도움이 되지 않는다고 하였다(송다혜, 2010). 즉 학교에서 교사와 학생의 가르침과 배움이 만나게 되는 바탕은 교사의 격려를 바탕으로 한 안전하고 평화로운 학급의 문화를 갖추는 것이다. 학급긍정훈육법은 학생을 세련되게 통제하려는 교사의 자기중심적인 방법이 아니라 학급에서 상호존중을 실천하려는 의지이다. 상호존중을 위해 정말 필요한 것은 '나는 있는 그대로 충분히 훌륭하다(I am good enough as I am).'는 자기격려와 '당신도 있는 그대로 충분히 훌륭하다(You are good enough as you are).'는 타인 격려를 실천하는 것이다(노안영, 2016). 결국 Adler 심리학을 기반으로 하는 학급긍정훈육법은 교실 속에서 상호존중을 실천하며 교사와 학생의 소속감과 자존감을 회복하려는 끊임없는 노력이다.

8. 회복적 생활교육

1) 회복적 생활교육의 개념

회복적 생활교육이라 함은 회복적 정의의 가치와 철학에 기반한 생활지도로서, 학교구성원 공동체의 관계 증진을 중시하며 학교공동체에서 갈등이 발생했을 때 그로 인한 피해와 관계 회복에 중점을 두는 생활지도를 말한다(McCluskey et al., 2008). 회복적 정의(restorative justice)란 잘못에 대한 처벌을 강조하는 응보적 정의와 대비되는 개념이다.

회복적 정의와 응보적 정의를 구별하는 개념적 특징은 첫째, 회복적 정의는 가해자가 아닌 피해자에 주목한다. 기존의 응보적 정의가 가해자를 어떻게 처벌할 것인지에 주목했다면 회복적 정의는 피해자의 피해와 상처를 어떻게 회복할 것인가에 주목한다. 둘째, 회복적 정의는 갈등 당사자들이 자발적으로 책임을 지도록 한다. 가해자는 피해자의 물질적 피해, 마음의 상처, 공동체의 관계 훼손을 회복해야 하는 책임과 의무를 가지며 이는 갈등 당사자들이 참여하는 비폭력적 대화방법을 통해 피해를 충분히 공감하도록 하여 자발적으로 합의하고 책임을 이행하는 방식으로 이루어진다. 셋째, 회복적 정의는 공동체가 회복하도록 노력한다. 회복적 정의에서는 갈등을 법의 위반이 아닌 관계의 훼손으로 본다. 따라서 갈등을 풀어가는 과정에 관련된 모든 사람들(학부모, 학생, 교사, 지역사회 등)이 참여하여 함께 문제를 풀어 나가도록 함으로써 갈등으로 인해 깨어진 공동체가 회복되도록 한다(경기도 교육청, 2014). 따라서 회복적 생활교육이란 피해자의 상처의 회복과 치유에 관심을 갖고 갈등 당사자들의 자발적인 책임을 이행하는 방식으로 공동체의 참여와 회복을 위해 노력하는 교육활동이다.

2) 회복적 생활교육의 실제

(1) 회복적 생활교육의 도입 목표

학교폭력 발생 후 가·피해학생의 관계가 회복되지 않으면 이들과 연관된 학급이나 학교, 다른 학생, 교사, 가정 등의 구성원들의 삶의 평화는 깨진다. 따라서 학교폭력을 해결하기 위해서는 가해학생의 반성을 통한 피해학생의 치유 및 피해학생의 용서를 통한 가해학생의 치료, 그리고 공동체의 참여를 통해 피해를 회복하고 깨어진 관계를 복원할 수 있도록 회복적 생활교육이 도입되어야 한다(이유진, 2015).

(2) 회복적 생활교육 실천

회복적 생활교육은 3개 영역으로 구분하여 아래 영역부터 점차적으로 숙달하여 사용할 수 있다. 그러나 무엇보다 학교공동체가 회복적 가치와 회복적 문화에 젖어들 수 있도록 하는 것이 중요하다.

첫째, 회복적 생활교육을 실천하기 위한 교실 문화 만들기 단계의 방법으로 ① 우리들의 약속, ② 체크인·체크아웃 서클, ③ PEACE 평화명상 세 가지를 제시하고 있다. 이러한 방법을 실천하다 보면 다른 사람의 의견을 귀담아 듣고, 나의 진심을 말하며, 더불어 성장하는 학생들로 가득 찬 학급의 모습이 보일 것이다. 우리들의 약속은 교실을 평화로운 공간으로 만들기 위한 합의된 규칙을 만드는 활동이며, 체크인·체크아웃 서

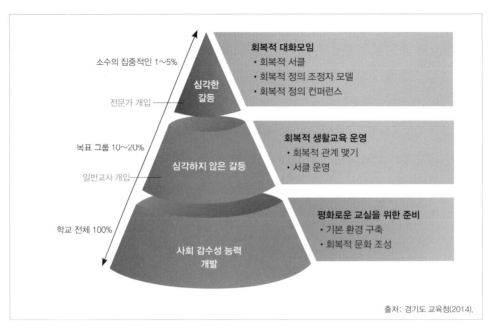

그림 15-2 회복적 생활교육의 접근 방식

클 활동은 활동의 시작과 끝에 자신과 공동체를 살피고 생각을 나눌 수 있는 시간을 만드는 것이다. 체크인·체크아웃 서클 활동을 위해 교사는 가급적 가장 원에 가깝게, 혹은 공간이 길면 타원형에 가깝게 빈 의자를 배치하여 학생들을 앉힌다. 말하는 순서와 모두의 집중을 모으는 토킹스틱을 준비하고 서클 질문을 한두 가지 준비하며 그것을 전체에 돌린다. 이것이 상호연결을 구축하고 지지하는 분위기를 만든다. PEACE 평화명상은 명상을 통해 내면을 성찰하는 힘을 길러주는 활동이다.

둘째, 회복적 생활교육 운영의 단계는 가벼운 갈등상황을 다루는 적용 기술들과 회복적 정의를 어떻게 적용하는가로 나누어진다. 이를 위해서 회복적 관계 맺기와 서클 운영 방식을 사용한다. 회복적 관계 맺기로 회복적 질문 활용법, 적극적 경청 방식에 의한 갈등 개입, 문제행동 혹은 일탈행위에 대한 회복적 대화법, 학교나 교사에 대하여 부정적인 생각을 지닌 학부모와 상담하기, 회복적 성찰문을 사용한다. 서클 운영에서는 신뢰 서클, 문제해결을 위한 서클 진행, 회복적 서클에 의한 또래조정, 수업 서클, 교사 서클이 포함된다.

셋째, '회복적 대화모임'은 심각한 갈등이 발생하거나, 폭력을 사용한 학생과 피해학생이 존재하며 그 결과가 구성원들에게 부정적인 영향을 미칠 때 사용하는 학교 내 공식적인 문제해결 모임이다. 학교폭력대책자치위원회에서 문제를 해결하는 방법으로는 전학, 접근 금지, 봉사활동, 몇 시간 이상의 상담, 병원 진료비 및 외상에 대한 물질적 보상, 정신적 피해에 따른 물질적 보상 등이 있다. 지금까지 학교에서는 피해자의 피해 회복은 소외된 채 가해자에 대한 처벌 중심으로 문제를 해결해 왔다.

'회복적 대화모임'은 학생들 간 갈등이 발생했을 때 회복적 정의의 가치로서 당사자들의 문제와 상처를 치유하고, 회복하며, 책임을 지는 약속을 통해 공동체로 다시 돌아가게 하는 모임을 일컫는다. 회복적 정의에 입각한 '회복적 대화모임'의 5가지 원칙은 그림 15-3과 같다.

기본원칙 1. 회복적 대화모임 참여는 자발성에 기초한다
• 회복적 대화모임에 참여의사를 밝히는 것은 참여대상자의 자발성에 의한다.
• 불가피한 경우 자신의 의사를 전달해 줄 대리인을 선정하여 참여할 수 있다.

기본원칙 2. 진행자는 전문적인 회복적 대화기술을 가지고 있어야 한다
• 진행자는 일정 수준의 회복적 대화 기술로 대화모임을 이끌 수 있어야 한다.
• 진행자는 시종일관 중립의 위치를 지켜 어느 한편의 입장에 서지 않는다.

기본원칙 3. 사전-본-사후 모임 3단계를 지킨다
• 사전모임에서 충분한 공감을 얻어야만 본 대화모임을 성공적으로 이끌 수 있다.
• 사후모임이 없으면 대화 결과로 정해진 약속 이행이 무너져 버릴 위험이 있다.

기본원칙 4. 문제는 당사자들이 해결해 나가도록 한다
• 당사자들이 대화를 통해 스스로 문제해결점을 찾도록 해야 한다.
• 진행자나 그 외 어른들의 강요로 문제의 해결점을 찾게 하지 않는다.

기본원칙 5. 회복적 대화모임에서의 모든 내용은 비밀로 유지된다
• 진행자뿐만 아니라 대화에 참여한 모든 사람들이 대화모임에서 주고받았던 사실과 내용에 대해 철저히 비밀을 지켜주어야 한다.

출처: 경기도 교육청(2014).

그림 15-3 회복적 대화모임 5가지 원칙

'회복적 대화모임'은 학교폭력대책자치위원회가 개최될 정도로 갈등과 폭력의 피해 정도가 심각할 때에도 단순 조정을 넘어 '회복적 정의'에 입각해서 문제해결을 시도하고자 한다. 가해자와 피해자가 함께 모여 어떻게 가해하게 되었는지에 대해 말하고, 피해를 입었을 때 기분이 어떠했는지에 대해 듣고, 왜 이런 갈등이 서로에게 생겼는지 대화를 통해 깨달아 가는 것이다. 따라서 충분한 대화를 통해 가해자와 피해자가 궁극적으로 원하는 것이 무엇인지 찾고, 앞으로 관계 회복을 위해 어떻게 할 것인지 약속을 하는 과정을 중요하게 여긴다.

'회복적 대화모임'에서의 갈등은 심각한 수준이기 때문에 진행자(또는 조정자)는 전문적인 교육을 받아야 한다. 교육을 받지 못한 상태에서는 자칫 가해자와 피해자가 충돌할 수 있으며 문제를 더욱 심각하게 만들 수 있는 위험이 있기 때문이다(경기도 교육청, 2014).

이상과 같은 방법으로 학급 및 학교에서 학교폭력 발생을 예방하고 작은 갈등을 드러내어 평화적으로 해결하는 경험을 꾸준히 실천한다. 그럼에도 불구하고 발생하는 학교폭력 사안에서도 학교폭력대책자치위원회의 개최를 넘어 '회복적 정의'에 입각한 조정을 시도하는 것이다. 이러한 과정에서 가장 중요한 것이 교사의 역할이며 교사는 평화의 중재자로서 아이들을 역할, 성적, 외모 등에 의한 편견이 아니라 있는 그대로 보고, 끊임없이 질문하고 대화를 시도한다.

반갑다, 친구야

목표	– 프로그램의 목표, 내용, 규칙 등을 이해할 수 있다 – 집단원들 간 라포를 형성할 수 있다	차시	1
준비물	활동지 1-①, 명찰, 사인펜, 색연필, 필기도구		
활동과정	활동내용		

도입
(5분)

▶ **프로그램 소개**

"반갑습니다. 오늘부터 여러분과 같이 5주 동안 대인관계 증진 프로그램을 함께할 ○○○ 라고 합니다. 다들 첫 시간이라 어색하기도 하고 긴장되기도 하겠지만 긴장하지 마시고 편안하게 참여하시면 됩니다. 요즘 여러분의 대인관계는 어떤가요? 대인관계란 '집단생활 속의 성원 상호 간의 심리적 관계'를 말합니다. 일상생활에서 사람들과의 관계가 좋을 때도 있지만 때로는 갈등이 일어나고 본의 아니게 서로 상처를 주고받게 되어 스트레스 상황도 많이 일어나지요. 이 프로그램은 여러 가지 활동을 통해 대인관계를 잘 맺을 수 있는 방법으로 구성되어 있습니다. 프로그램에 잘 참여하게 되면 자신의 대인관계 방식을 알게 되고 자신과 타인의 모습에 대해서도 잘 이해하게 될 것입니다. 또한 더 나은 관계를 형성할 수 있는 여러 가지 방법을 익히게 되므로 다른 여러 사람과의 대인관계 증진에 도움이 될 것입니다."

▶ **이번 시간 안내**

"본 프로그램은 총 10회기로 구성되었고, 1회기 활동 시간은 45분입니다. 회기는 개인별, 모둠별 활동 및 전체 활동으로 진행할 것입니다. 매 회기에 따라 진행 방식이 조금씩 변경될 수 있습니다."

전개
(30분)

▶ **촉진 활동**: 손가락을 잡아라(BGM: 넌 is 뭔들 – 마마무)

"음악을 듣다가 제가 '잡아' 하면 왼손으로는 왼쪽 친구의 손가락을 꽉 잡고 오른손 검지는 오른쪽 친구의 주먹에서 쑥 빼면 됩니다."

▶ **별칭짓기**(BGM: Dreams come true – 10cm)

"여러분이 한 달 동안 집단 안에서 불리고 싶은 별칭을 각자가 지어보도록 해요. 앞에 있는 종이에 자유롭게 꾸며보세요. 꾸미기를 해도 돼요."

▶ **별칭 소개하기**

"별칭을 지어 보았는데요, 오늘 처음 만난 친구이거나 얼굴은 본 적 있지만 한 번도 이야기를 해 본 적이 없는 친구와 짝을 지어 자신이 지은 별칭에 대해 서로 이야기를 나누어보세요."

"서로 소개 받았다면 집단원들에게 짝의 별칭을 소개해 주세요."

▶ **별칭 이어 부르기**

"별칭 이어 부르기 게임을 하면서 집단원들의 별칭을 한 번 더 기억할 수 있는 시간이 되었으면 좋겠어요."

▶ **규칙 & 서약서 작성**

"앞으로 10회기 동안 활동을 하면서 우리 집단 안에서의 규칙을 정해 볼까 합니다. 우리만의 약속을 해 보는 거예요."

"어떤 규칙을 보충하면 좋을지 얘기해 볼까요?"

"그러면 규칙을 적고 서약서도 작성을 하도록 하겠습니다. 우리가 함께 정한 규칙을 잘 지키고 10회기 동안 열심히 참여하겠다고 다짐을 해 보도록 해요. 이 서약서는 여러분이 서명을 하였으니까 각자의 파일에 잘 보관해 주세요."

마무리 (10분)	▶ **소감 나누기** "이번 시간을 통해 느낀 점이나 궁금한 점이 있으면 이야기해 보세요. 먼저 발표하는 부담감이 클거라 생각되지만 이렇게 연습하다 보면 조금씩 변화하는 자신의 모습을 발견하게 될 것입니다. 만약 발표하는 게 불편하다면 〈활동지-프로그램 회기별 소감문〉에 적어도 됩니다." ▶ **내용 정리** "이번 시간은 여러분이 일상생활에서 보다 친밀하고 깊이 있는 대인관계를 형성할 수 있도록 도와주는 역할을 하게 될 것입니다." ▶ **다음 시간 안내** "다음 시간에는 '이게 나야?!'가 주제로 자신의 주된 언어 습관, 표정에 대해 알아보는 시간을 가질 것입니다."
유의점	– 첫 만남이라 어색하고 더욱 긴장했을 대인 외상경험이 있는 여중생들을 세심하게 살피도록 한다. – 별칭 소개, 소감 나누기를 할 때 집단원들의 의견을 반영하여 진행순서를 결정하도록 한다.

출처: 전은주(2017).

우리들의 약속

1. 나는 1회부터 10회까지 빠지지 않고 참가한다.

2. 나는 이 프로그램에 참여하면서 알게 된 친구들의
   개인적인 감정이나 사실에 대해서는 비밀을 꼭 지킨다.

3. 나는 이 프로그램에 참여하면서 항상 솔직하게 말하며
   적극적으로 행동한다.

4. 나는 친구들의 생각이 내 생각과 다르더라도 그 의견을
   존중한다.

5. _____ (은)는
   우리들의 약속을 잘 지킬 것이며, 프로그램에 열심히
   참여할 것을 약속합니다.

별칭 : (서명)

내 친구는 어디쯤?

목표	– 대인관계 지도를 통해 대인관계망을 이해한다. – 자신의 대인관계 강점과 약점을 이해한다	차시	5
준비물	필기도구, 활동지 1–②, 활동지 1–③		
활동과정	활동내용		
촉진활동 (5분)	▶ **신문지 위에 올라가기 게임** "두 조로 나누어 신문지를 반으로 접어 가며 집단원들이 올라서고, 신문지 밖으로 떨어지지 않도록 합니다." "어떤가요? 함께 작은 신문지 위에 올라서는 게 쉬웠나요? 이 활동은 같은 집단원으로서 서로 협동하고 타협하며 지내고자 하는 활동이었어요."		
도입 (5분)	▶ **지난 시간 정리** "지난 시간에 우리는 신체 그림 그리기를 해 보고 사람마다 다르게 나타나는 가치관과 정서에 대해 알아보는 시간을 가졌습니다." ▶ **이번 시간 안내** "오늘은 자신의 대인관계에 대해서 좀 더 깊이 생각해 보고 의견을 나누는 시간을 가질 거예요. 여러분은 평상시 다른 사람들과 어떤 얘기와 느낌들을 주고받나요? 여러분은 속마음을 깊이 나눌 수 있는 사람이 있나요? 속마음을 나눌 수 있는 사람이 있다는 것은 아주 소중하지요. 그런데 사람들마다 관계를 맺는 방식이 다릅니다. 그 이유는 사람마다 중요하게 생각하는 가치 기준과 살아온 경험이 다르기 때문입니다. 이번 시간을 통하여 자신의 대인관계 형태와 타인의 의미에 대해서 다시 한 번 생각해 보는 시간이 되길 바랍니다."		
전개 (30분)	▶ **대인관계지도 그리기** "모둠별로 앉아서 활동지 1–②에 각자의 대인관계지도를 그려볼 거예요. 자신의 주변 사람들에 대해서 생각해 보고 나누어준 활동지에 서로 좋아하는 사람, 내가 좋아하지만 나를 싫어하는 사람, 내가 싫어하지만 나를 좋아하는 사람, 서로 싫어하는 사람을 적어봅니다. 다 적었다면 자신의 대인관계에 대해 이야기해 보도록 합니다. 그런데 그중에서 사람마다 자신이 좋아하거나 싫어하는 친구들의 특성이 다를 수 있는데, 그 이유에 대해서 자신이 그린 대인관계지도를 보면서 집단원들과 이야기 나누어 봅시다. 듣는 사람은 다 듣고 나서 자신의 느낌이나 생각을 말해 봅니다.		

▶ **불편한 관계 탐색하기**

"활동지 1-②를 정리하면서 활동지 1-③에 자신의 대인관계 특징을 적어봅니다. 만약 불편하게 느껴지는 사람과의 상황이 떠오른다면 그 당시 모습과 느낌은 어땠는지 그리고 그 사람에게 하고 싶었던 말은 무엇이었는지 이야기해 보세요. 이 활동은 자신이 어떤 상황에서 불편함을 느끼는지 스스로 알아보기 위한 것입니다."

▶ **프로그램 회기별 소감문 작성**

"나눠준 프로그램 회기별 소감문 작성지에 오늘 한 활동에 대한 소감을 적어봅시다. 그런 다음 몇 명만 발표해 보세요."

마무리 (5분)	▶ **내용 정리** "오늘은 자신이 그동안 맺어 왔던 대인관계에 대해 살펴보았습니다. 그리고 친구들의 대인관계방식에 대해서도 들어보았는데, 서로를 이해하는 데 도움이 좀 되었나요? 오늘 활동이 앞으로 여러분들이 좋은 대인관계를 만들어 가는 데 도움이 되었으면 하는 바랍입니다." ▶ **다음 시간 안내** "다음 시간은 '어떻게 해결할까?'라는 활동을 할 거예요."
유의점	• 신문지 위에 올라가기 게임을 할 때 넘어지지 않도록 조심한다. • 집단원들이 자신의 이야기를 충분히 할 수 있도록 한다. • 집단에서 알게 된 사실은 비밀을 꼭 지키도록 한다.
기대효과	• 자신과 타인이 맺는 대인관계 방식을 살펴봄으로써 서로의 대인관계 양상이 다를 수 있음을 알 수 있다. • 대인관계에서 불편한 느낌을 받았던 상황을 떠올려 봄으로써 자신과 타인의 이해를 높일 수 있다.

출처: 전은주(2017).

내 친구는 어디쯤?

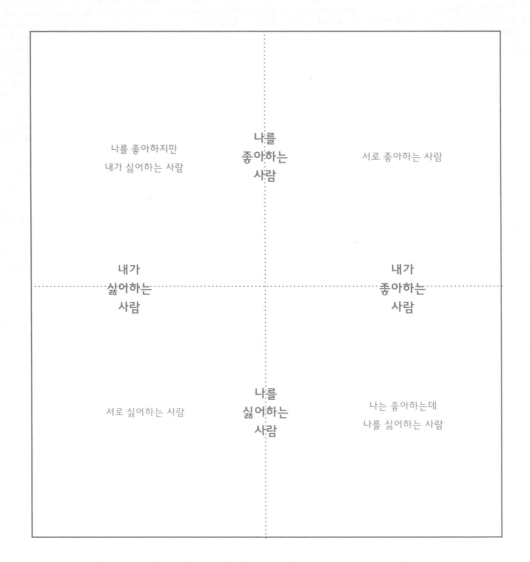

- '다른 사람'에는 친구, 가족, 선생님 등이 모두 포함됩니다.
- 사람의 이름을 인원수에 관계없이 생각나는 대로 모두 쓰세요.

대인관계 특징 분석하기

● 각 영역에 속한 사람은 각각 몇 명입니까?

	A	B	C	D
친구				
가족				
선생님				

● 당신이 좋아하는 사람(A, D)이 많습니까? 싫어하는 사람(B, C)이 많습니까?

● 당신을 좋아하는 사람(A, B)이 많습니까? 싫어하는 사람(C, D)이 많습니까?

● A영역에 있는 사람과 서로 좋은 감정을 갖게 된 계기는 무엇입니까?

● 당신은 B영역에 있는 사람들과 어떻게 지내고 있나요?

● 당신은 C영역에 있는 사람들과 어떻게 지내고 있나요?

● 당신은 D영역에 있는 사람들과 어떻게 지내고 있나요?

느낌 나누기

● 당신은 어떤 특성(성격, 말투, 태도 등)을 지닌 사람을 좋아합니까?

● 당신을 좋아하는 사람은 어떤 특성(성격, 말투, 태도 등)을 지니고 있나요?

● 당신은 어떤 특성(성격, 말투, 태도 등)을 지닌 사람을 싫어합니까?

● 당신을 싫어하는 사람은 어떤 특성(성격, 말투, 태도 등)을 지니고 있나요?

● 당신이 닮고 싶은 사람은 어떤 특성(성격, 말투, 태도 등)을 지니고 있나요?

● 자신의 대인관계 특징을 분석하면서 떠오른 생각, 느낌 중에서 밝히고 싶은 것은 무엇입니까?

분노조절 프로그램

주제	이런 생각, 저런 생각	
목표	분노관련 생각을 바꾸기 위한 분노행동결과를 탐색할 수 있다.	
전개	시간	활동과정	주의 및 초점
도입단계	10분	– 지난 회기 복습 – 본 회기 목표 및 활동 안내 – 호흡명상	

훈련단계	25분	1. 과제확인: 분노경험일지(활동지 2–①)를 점검해 본다. 태도나 행동의 변화가 있었는지를 확인한다.(칭찬, 격려)
		
		2. 분노 표현 방식 알기
		  – 갈등상황에서 통제, 표출, 조절 경험하기(분노를 표현하는 세 가지 유형 활동: 활동지 2–② 물총형, 물풍선형, 수도꼭지형)
		  – 상황 자료
		    ① 친구와의 약속시간이 한참 지났는데도 약속장소에 나타나지 않는다.
		    ② 집단원의 사례를 가지고 연습한다.
		
		3. 분노감정을 유발하는 자신의 생각 탐색 후 결과를 예측해보기(화를 내고 나면 나에게는 어떤 일이 생길 것인가? / 친구에게는 어떤 일이 생길 것인가에 대한 질문에 답하고 발표하기)
			풍선반응이 좋아 여유분의 풍선준비 필요함

마무리단계	10분	1. 활동내용 요약 2. 느낌 및 소감 나누기 3. 프로그램 내용 및 활동지 평가 4. 다음 회기에 대한 안내	
준비물	명상음악, 풍선 개인별 준비, 물총, A4용지, 사인펜, 색연필, 쿠폰	

출처: 김경희(2017).

분노경험일지: 2회기~8회기 과제

오늘부터 매일 다음 시간 전까지 화가 났던 일들을 기록해 봅시다. 화가 전혀 나지 않은 상태를 0, 화가 나서 폭발할 정도는 100으로 생각하고, 화 난 정도를 숫자로 기록해 보세요. 자신이 화가 나는 상황과 과정을 더 잘 알 수 있습니다.

일자	화 난 정도	상황	인지(생각)	정서(감정)	행동
예)	75	친구가 발을 걸었다.	아야, 누구야? 일부러 그런 거 아냐?	화가 난다.	짜증을 내며 그 친구에게 소리쳤다.

분노를 표현하는
세 가지 유형

물총형	– 하고 싶은 말을 물총을 쏘듯이 팍팍 말해요. – 화가 날 때 상대에게 욕, 공격적인 행동을 확 해버려요. – 상대도 화가 나서 물총을 쏘게 돼요. • 세고 강하다는 이야기를 들어요 • 화내는 것이 습관이 되었어요. • 화가 난 나의 기분을 이해받지 못해요. • 대화를 하려고 시도하지만 싸움으로 끝나요.

물풍선형	– 하고 싶은 말이 있어도 참아요 – 다른 사람에게 기분 나쁜 말을 하지 않지만 마음에 쌓이게 돼요. – 결국 폭발해서 화를 내게 되고, 나도 상대도 가분이 나빠요. • 나는 참았다가 화를 냈지만 내 감정을 이해해 주지 않아요. • 쌓였던 화를 내고 나서 끊임없이 후회해요. • 스트레스가 계속 쌓여서 심리적·신체적 적신호가 와요.

수도꼭지형	– 그럴 수 있지요. – 내 감정과 생각을 제대로 표현하자! • 너 이해하기(인정, 이해, 존중, 공감) • 나 이해시키기(내 감정·생각 말하기) – 상대방의 구체적 행동에 대한 나의 느낌을 이야기해요. • 우리 되기

공감여행을 시작해요.

단계	활동내용
목표	1. 프로그램을 실시하는 목적과 진행과정을 소개한다. 2. 자기소개를 하고 친밀감을 형성한다. 3. 집단의 약속을 정한다.
준비물	동영상, 프로그램안내 PPT, 인형, 만남 쪽지, 나의 약속(활동지 3-①), 필기구

단계	활동내용
도입 (10분)	▶ **프로그램 실시 목적 및 진행 과정 소개** 　• 프로그램의 목적 소개 교사자료 3-① 　　- TV동화 행복한 세상 '대화의 기술' 함께 보고 나누기 　　- 공감의 뜻과 중요성 알기 　　- 경청의 뜻과 중요성 알기
활동 (30분)	**1) 자기소개 활동** 　• '인형 저글링' 게임하기 교사자료 3-② 　　- 이름을 부르면서 인형을 상대에게 던지는 게임, 점차 인형을 던지는 속도를 빠르게, 　　　던지는 인형의 개수를 점차 늘여서 던지면서 더 활동적으로 움직인다. 　• 활동 후 느낌 나누기 **2) 친밀감 형성 활동** 　• '재미있는 만남' 활동하기 교사자료 3-③ 　　- 가위 바위 보를 한 후 진 사람이 이긴 사람의 만남 쪽지를 받아서 적혀 있는 내용을 　　　수행한다. 　• 활동 후 느낌 나누기 　• 지켜보새 활동 안내 교사자료 3-④ 　　- 친구들의 행동을 관찰하는 새가 되어, 활동 후 적극적으로 활동한 친구들에게 강점씨 　　　앗을 전해주는 새. 활동 시작 전 제비를 뽑아 하루 3명의 지켜보새가, 한 사람당 2명 　　　을 뽑아 강점씨앗을 전해줌으로써 활동에 즐거움을 주고 적극성을 부여함. 지켜보새 　　　가 들키지 않고 잘 활동하면 지켜보새도 씨앗을 받음. **3) 나의 약속 다짐하기**: 활동지 3-① 　　• 진지한 자세로 참여해야 함의 중요성과 비밀유지에 대해 설명한다. 　　• 나의 약속을 큰 소리로 읽고 서명하게 함으로써 스스로 실천의지를 다지게 한다.
유의사항	• 인형을 던질 때는 상대와 눈을 맞추고 인형을 던진다는 의사표시를 분명히 한 후에 던지게 한다. • 집단원들이 인형을 위에서 아래로 내리꽂듯이 던지지 않도록 활동 시작 전, 올바른 던지기 시범을 　보여준다. • 재미있는 만남에서 지도자는 시범을 두 번 정도 보여준 후 시작한다. • 재미있는 만남에서 참여 인원이 많을 경우 지도자는 활동이 지루해지지 않도록 10분 내외에서 끝낸다.

출처: 권현숙(2015).

프로그램의 목적 소개

1   '공감, 경청' 관련 동영상 보기
    — 동영상 자료를 함께 본 후 이야기 나누기

> **TV동화 행복한 세상 '대화의 기술'**
> – 친구를 만나고 와서도 허전한 마음이 들었던 주인공이 언니의 조언을 듣고 친구들의 말에
> 귀기울이기 시작한 후 포만감으로 바뀌었다는 이야기

- 주인공이 마음껏 이야기한 후 허전한 마음이 든 까닭은?
- 주인공은 언니의 조언을 듣고 어떻게 다르게 행동했나요?
- 주인공이 다르게 했더니 어떤 일이 일어났나요?
- 주인공의 바뀐 감정: 뿌듯하고 흐뭇함, 포만감

2   프로그램의 목적 및 공감의 뜻과 중요성 안내

> 공감이란, 다른 사람의 입장에서 그 사람의 마음이 어떤지 생각해 보고 표현하는 것을 말해요.
> 이렇듯 공감은 다른 사람의 마음을 공감해 주는 것을 흔히 떠올리지만 함께 중요한 것이 바로
> 자기 자신의 마음을 공감하는 거예요. 나의 기분은 무엇이고, 내가 바라는 것은 무엇인지
> 생각해 보는 거예요. 그러면 자신과 더 편안하게 지낼 수 있어요.

우리는 학교에서 혹은 가정에서 친구들 및 가족들과 관계를 맺고 지냅니다. 평소 주변 사람들과 화목하고 즐겁게 지내기도 하지만 때로는 다투기도 하고 갈등을 겪기도 합니다. 그럴 때 시간이 갈수록 미워하고 원망하는 마음이 커지는 경우가 있습니다. '왜 저 친구는 내 마음을 몰라주는 걸까?' '어떻게 하면 속상한 내 마음을 친구에게 상처주지 않고 전할 수 있을까?' '지금 화가 많이 나는데 어떻게 이 화를 풀 수 있을까?' 이러한 생각을 누구나 한 번쯤 가졌으리라 봅니다. 이때 대화를 통해 나의 마음을 표현하고, 상대방의 마음을 알게 되면 오해가 줄어들고 쉽게 화해하여 좋은 관계를 회복할 수 있어요.

프로그램을 같이하면서 나 자신과 다른 사람을 잘 이해하고 공감해 주어 진짜로 행복해지는 방법을 배워보도록 해요.

인형 저글링 활동 방법

1   지도자와 집단원은 원형으로 둘러선다.

2   지도자는 자신의 별칭을 말하고 인형 하나를 오른쪽 집단원에게 준다. 이런 식으로 모두 자기소개를 한다.

3   지도자는 건너편 학생에게 "하이, 성미"하고 이름을 부르며 인형을 던진다. 받은 학생은 "땡큐, 승호"라고 말하고 건너편 민희에게 "하이, 민희"라고 던진다. 이런 식으로 인형이 지도자에게 돌아올 때까지 진행한다.

4   두 번째는 첫 번째 활동보다 조금 더 빠른 속도로 한다.

5   세 번째는 조금 더 빠른 속도로 하자고 한다.

6   세 번째 활동 중에 인형을 더 꺼내 집단원에게 던진다. 일정한 간격으로 인형을 하나씩 추가한다.

7   활동 후 느낌 나누기
 - 이름을 불러보니 기분이 어땠니?
 - 처음 만나는 사람한테 "○○야!"라고 부른 느낌은 어땠나요?
 - 인형을 떨어뜨렸을 때 기분은 어땠나요?
 - 다른 사람의 이름을 몇 명이나 알게 되었나요?
 - 한꺼번에 여러 개의 인형을 받은 적이 있으면 그때의 느낌은 어땠나요?

'재미있는 만남' 실시 방법

1   지도자는 재미있는 만남을 주선할 수 있도록 만남 쪽지를 집단원 수만큼 준비한다.

> **만남 쪽지의 예**
> - "내가 만난 사람 중에 당신이 가장 아름답습니다(멋져요)."를 세 번 외치세요.
> - 지금 만난 친구와 닭싸움 한 판!
> - 하이파이브를 하면서 "당신을 만나다니, 오늘 정말 멋진 날이예요!"라고 외치세요.
> - 상대방을 등에 업고 "아자, 아자, 파이팅!"을 외치세요.
> - 상대방 친구의 멋진 점(예쁜 점)을 3가지 말해 주세요.
> - 자신에게 가장 소중한 3가지를 얘기해 주세요.
> - 자신의 취미와 특기가 무엇인지 말해 주세요.
> - 어디에 살고 이름은 무엇인지 말해 주세요.

2   집단원들에게 만남 쪽지를 한 장씩 준다. 받은 쪽지는 다른 사람이 보지 못하게 반으로 접는다.

3   지도자는 집단원 중 한 명과 함께 시범을 보인다. 가위 바위 보를 한 후 진 사람이 이긴 사람의 만남 쪽지를 받아서 적혀 있는 내용을 수행한다.
    - 만약 만남 쪽지에 '지금 만난 친구와 닭싸움 한 판!'이라고 적혀 있다면 닭싸움을 한다.

4   집단원들은 활발하게 돌아다니면서 모든 집단원과 활동을 한다.

5   활동 후 느낌 나누기

- 어떤 과제를 수행할 때가 가장 재미있었나요?
- 혹시 말이나 행동이 쉽게 나오지 않아서 주저할 때가 있었나요?
- 만났던 친구들 중 가장 인상적인 친구는 누구였나요?
- 평소에 어울리지 못했던 사람과 만난 느낌은 어떤가요?

지켜보새 제비의 종류

오늘 당신은 '지켜보새'가 되었습니다.
오늘 하루 가장 적극적으로 활동하는 학생 2명을 마음속으로 뽑아 주세요.

오늘 당신은 '지켜보새'가 되었습니다.
오늘 하루 자신의 속마음을 가장 솔직하게 말하는 학생 2명을 마음속으로 뽑아주세요.

오늘 당신은 '지켜보새'가 되었습니다.
오늘 하루 상대의 이야기를 듣고 공감표현을 열심히 하는 학생 2명을 마음속으로 뽑아 주세요.

오늘 당신은 '지켜보새'가 아닙니다.
그렇지만 오늘 하루 적극적으로 활동하는 학생이 되어 주세요.

오늘 당신은 '지켜보새'가 아닙니다.
그렇지만 오늘 하루 자신의 마음속 고민도 솔직하게 말하는 학생이 되어 주세요.

오늘 당신은 '지켜보새'가 아닙니다.
그렇지만 오늘 하루 상대의 이야기를 잘 듣고 공감표현을 열심히 하는 학생이 되어 주세요

나의 약속

나는 공감증진 프로그램에 참여하여 다음과 같은 사항들을 지킬 것을
약속합니다.

하나, 나는 프로그램에 결석을 하지 않겠습니다.

둘, 나는 되도록 솔직하고 진지하게 내 이야기를 하며, 적극적으로
      참여하겠습니다.

셋, 나는 함께 참여하는 친구들을 존중하며, 그들의 말을 주의 깊게
      듣겠습니다.

넷, 나는 프로그램 중에 들은 친구에 관한 이야기를 남에게 말하지
      않겠습니다.

이상 네 가지 항목을 틀림없이 지킬 것을 약속합니다.

2018년   월   일

____ 학년 ____ 반   이름 _____ 인

감정단어를 배워요

목표	1. 감정을 나타내는 단어를 안다. 2. 감정을 나타내는 다양한 단어를 익힌다.
준비물	감정목록, 감정주사위 보드게임 말판, 말, 활동평가지, 필기구
단계	활동내용
활동 (30분)	**1) 감정단어를 찾아라: 활동지 3-②** 　• 3인1조로 나누고 활동지를 나눠준다. 　　– 세 명이 힘을 합쳐서 제한된 시간 안에 알고 있는 감정단어를 모두 쓴다. 　　– 조별로 돌아가면서 감정단어를 말하고, 나온 감정단어는 빗금으로 표시한다. 　　– 가장 오래도록 남은 조가 이긴다. 　　– 감정목록을 보면서 새롭게 알게된 감정단어나 잘 모르는 단어를 찾아본다. 　• 활동후 느낌 나누기 **2) 감정 말판놀이: 활동지 3-③** 　• 먼저 감정목록을 보고, 군별로 어떤 감정이 있는지 확인한다. 　• 가위 바위 보를 해서 이긴 만큼 말을 이동한다. 칸 안에 있는 미션을 수행한다. 말판에 있는 미션을 수행하면 그 자리에 남고, 수행하지 못하면 다시 원위치로 돌아간다. 먼저 도착하는 팀이 이긴다. 　• 활동 후 느낌 나누기 　　– 활동을 한 후 기분이 어떤가요? 　　– 활동을 하면서 알게 된 것은 무엇인가요? 　　– 어떤 감정이 가장 가슴에 와닿았나요?
활동 (30분)	**▶ 활동 소감 나누기** 　• 프로그램 내용 및 활동 평가지를 작성하고 소감 나누기 　• 지켜보새가 미션 발표하고 적극 씨앗을 수여한다. (활동지 3-④) 　• 교사가 오늘 활동 후 경청 씨앗을 수여한다. **▶ 과제 안내 및 다음 시간 안내** 　• 다른 사람의 말을 잘 경청하고 오기 　• 다음 시간에는 서로 마음을 열고 만나는 재미있는 활동을 하고, 서로 다른 마음을 알아보는 활동을 합니다.
유의사항	• 감정 말판놀이에서 잘 맞히지 못한다고 서로를 탓하는 일이 없도록 지도하며, 서로를 격려하는 분위기를 조성한다. • 게임에서 이기는 데 집착하기보다 서로 배려하면서 감정단어를 익히는 데 집중할 수 있도록 분위기를 조성한다.

감정단어를 찾아라

조원 (　　　　　　　　　　　　　　　　　　　　　　　　)

팀이 알고 있는 감정단어를 모두 찾아 적으세요.

예) 고맙다, 슬프다

감정 말판놀이

1. 가위로 이기면 한 칸, 바위로 이기면 두 칸, 보로 이기면 세 칸 가기
2. 칸에 있는 지시 따르기
3. 감정단어가 나오면 그러한 감정이 생기는 상황 말하기

	한 판 쉬기	슬프다		재미있다		출발 (B팀)
한 칸 더!				5초 안에 좋아함과 관련된 감정단어 3개 말하기		
짜증나다		고맙다		위로		5초 안에 놀와 관련된 감정단어 3개 말하기

선생님과 가위바위보 이기면 앞으로 두 칸 / 뒤로 세 칸

상대팀과 자리 바꾸기 / 미안하다 / 섭섭하다 / 위로 / 뒤로 네 칸

귀찮다 / 앞으로 직진 / 선생님과 가위바위보 지면 앞으로 두 칸

5초 안에 기쁨과 관련된 감정단어 3개 말하기

한 칸 더 / 위로 직진 / 안심되다 / 도착 / 선생님과 가위바위보 이기면 앞으로 두 칸

화나다 / 선생님과 가위바위보 이기면 한 칸 / 어둡다 / 아래로 직진 / 기대되다 / 미워하다

출발 (A팀) / 5초 안에 슬픔과 관련된 감정단어 3개 말하기 / 한 판 쉬기 / 가위바위보 지면 앞으로 두 칸 / 두렵다 / 즐겁다 / 상대팀과 자리 바꾸기

돌면서 진짜 공감을 배우자!

'지켜보세요'들이 선물한
씨앗들을 여기에 붙여주세요!
자신의 장점을 한눈에
알 수 있어요!

1 학교폭력은 예방이 우선시되어야 한다. 학교폭력의 예방교육은 학생들의 또래관계 증진, 공감능력 함양, 분노조절 등 다양한 영역의 프로그램을 통해 이뤄진다.

2 또래·대인관계 증진 프로그램은 대인관계를 바탕으로 자기 자신 및 타인을 이해하고 수용하는 과정을 통해 대인관계에서 일어나는 다양한 감정과 갈등을 분석하고 통찰하여 대인관계능력을 증진시키는 프로그램을 말한다. 이 프로그램이 아동·청소년들의 학교생활에서 오는 학교 부적응의 문제, 또래관계 문제, 교사-학생 문제 등에 유의한 효과가 있으며, 사회성 향상에도 긍정적인 영향을 미치는 것으로 나타났다.

3 분노조절능력은 타인과 나에게 해를 입히지 않는 방법으로 분노에 합리적으로 대처하는 능력이다. 분노조절 프로그램의 목적은 분노상황에 대한 자동적, 부정적 인지들을 점검하여 긍정적으로 전환하는 방법과 자신의 감정을 이해하고 부적절한 정서를 적절한 정서로 전환하는 방법을 익혀 자신의 감정을 스스로 조절할 수 있게 하는 데 있다.

4 공감능력은 상대방의 정서를 정확하게 인식하고 이해하며 그것에 적절한 반응을 보일 수 있는 능력을 의미한다. 공감능력 증진 프로그램의 목적은 이러한 능력을 증진하는 것이다. 학생들은 프로그램에 참여하면서 자신의 현재 공감능력의 상태를 인식하면서 동기를 가지고 공감능력 향상방법을 학습하고, 학습 후 실제 삶에서 어떻게 실천할지 계획하고 직접 적용해 본 후 자신의 공감능력에 어떤 변화가 생겼는지를 평가한다.

5 또래상담 및 또래조정 프로그램의 목적은 다음과 같다.
또래상담은 일정한 훈련을 받은 청소년이 자신의 경험을 바탕으로 어려움을 호소하는 다른 또래를 지지하고 지원하는 과정을 통해 또래가 지니고 있는 고민이나 문제를 해결하도록 돕는 것이다. 또래조정은 또래 사이에 발생한 갈등상황에 대해 또래들 간에 조정과정을 진행하는 것을 말한다. 일반적으로 선발된 소집단을 대상으로 갈등해결교육 및 또래조정자 훈련을 실시한다. 이렇게 훈련받은 또래조정자들이 또래들 간 갈등해결을 돕는다.

6 법무부에서는 학교폭력 예방을 위한 프로그램을 연구하여 초등학생용, 중학생용으로

개발하였다. 초등학생용은 행복나무 프로그램, 중학생용은 마음 모아 톡톡 프로그램이다. 행복나무 프로그램은 학교폭력의 다수의 방관자, 즉 주변학생을 위한 프로그램으로 학교폭력을 목격한 상황에서 효과적으로 대처할 수 있는 행동 변화를 이끄는 것을 목적으로 한다. 마음 모아 톡톡 프로그램은 중학생을 대상으로 하는 체험형 학교폭력 예방교육 프로그램으로 학교폭력 상황에서 주변인의 역할을 강화하는 것을 목표로 한다.

7 학급긍정훈육법에서는 학교폭력을 해결하기 위해 처벌이 아니라 문제해결에 초점을 두는 학급회의를 할 것을 제안한다. 학급회의에서 논의하는 과정을 통해 가해학생은 괴롭힘에 관해 함께 생각하는 것에 압박감을 느끼게 되고 변해야겠다는 의지를 키우게 된다. 학급긍정훈육법은 학생을 세련되게 통제하려는 교사의 자기중심적인 방법이 아니라 학급에서 상호존중을 실천하려는 의지이다. 결국 Adler 심리학을 기반으로 하는 학급긍정훈육법은 교실 속에서 상호존중을 실천하며 교사와 학생의 소속감과 자존감을 회복하려는 끊임없는 노력이다.

8 회복적 생활교육이라 함은 회복적 정의의 가치와 철학에 기반한 생활지도로서, 학교구성원 공동체의 관계 증진을 중시하며 학교공동체에서 갈등이 발생했을 때 그로 인한 피해와 관계 회복에 중점을 두는 생활지도를 말한다. 회복적 정의는 잘못에 대한 처벌을 강조하는 응보적 정의와 대비되는 개념이다. 회복적 정의에서는 갈등을 법의 위반이 아닌 관계의 훼손으로 본다. 따라서 갈등을 풀어가는 과정에 관련된 모든 사람들(학부모, 학생, 교사, 지역사회 등)이 참여하여 함께 문제를 풀어 나가도록 함으로써 갈등으로 인해 깨어진 공동체가 회복되도록 한다.

1 회복적 생활교육, 비폭력 대화, 학급긍정훈육법의 개념 및 각각의 특징을 설명하시오.

2 학교폭력 예방을 위해 효율적인 학교급별 방안을 제안하시오.

3 학교폭력 예방을 위해 학생들이 길러야 할 역량이 무엇인지 생각하고 설명하시오.

16장

학교교육의 변화

발전하는 것은 변화하는 것이다. 완벽해지려면 끊임없이 자주 변화해야 한다.

— 윈스턴 처칠

학습목표

1 학교가 어떻게 변화하면 학교폭력을 줄일 수 있는지 살펴볼 수 있다.

2 학교의 교육기능 강화와 학교공동체 형성의 필요성과 방법을 이해할 수 있다.

3 인권 친화적 문화 조성의 필요성과 방안을 이해할 수 있다.

4 종합적인 연계지도의 필요성, 생활지도에서 생활교육으로의 관점 변화의 의의를 이 해할 수 있다.

학교폭력에서 변화가 있으려면 학생들이 가장 많은 시간을 보내는 장소가 학교인 만큼 학교의 문화, 역할, 교육의 방향이 변화되어야 한다. 이에 학교가 어떻게 변화하면 학교폭력을 줄일 수 있는지 그 방안을 학교의 기능, 공동체성, 인권 친화적 문화 조성, 생활교육으로의 변화 측면에서 기술하고자 한다.

1. 학교의 교육기능 강화

학교라는 공간에는 교육과는 다른 다양한 삶이 공존하고 있으며, 이러한 교육과는 무관한 삶의 방식이 교사의 어떠한 교육적 노력도 무력화할 수 있을 정도로 영향력이 클 수 있다. 우리는 학교를 교육하는 공간으로만 생각하지만, 사실 학교는 우리 사회에 있는 다양한 삶의 방식이 그대로 존재하는 복합적인 공간이다.

따라서 다양한 삶의 방식이 혼재하는 학교에서 학교의 교육 기능에 대해 특별한 관심을 기울이지 않으면, 학교는 교육 이외의 삶의 방식에 휘둘려 비교육적 또는 반교육적 사태들이 주를 이루는 곳이 될 것이다. 학교폭력을 주도하는 하위집단의 경우, 선후배와 연결되어 소위 새로운 '짱'들을 발굴하고 조직하며 학교폭력을 반복한다면, 이들에게 학교는 교육적 기능이 있는 곳이라기보다는 오로지 폭력적인 하위집단을 쉽게 재생산할 수 있는 공간으로서의 의미가 클 것이다. 이러한 모든 것들은 학교에 혼재하는 다양한 삶의 방식들이 교육적인 삶의 방식을 방해하는 예이다. 학교는 교육적인 삶의 방식이 주가 되도록 재편되고, 교육 이외의 다양한 삶의 방식이 교육적인 삶의 방식에 순기능을 하도록 설계되어야 한다. 교육적 기능이 중심이 되는 학교를 만들어 갈 때, 학교폭력과 같은 반교육적 산물은 줄어들 것이다.

2. 학교공동체 형성

학교폭력은 근본적으로 학교구성원들 간의 상호이해와 협력을 바탕으로 하는 공동체 의식이 부족해서 생긴 결과라고 할 수 있다. 학급 내에서 다른 학생들과 공동의 목적을 공유하고, 공동의 목적을 달성하기 위해 서로 협력하는 생활방식을 갖도록 안내할 수 있다면, 마음에 들지 않는다고 같은 반 학생을 따돌리기보다는 서로 다름에도 불구하고 공동의 목적을 함께 달성하기 위한 협력을 요청하는 손을 내밀었을 것이다.

오늘날 학교 내에서 학생들 간의 관계뿐만 아니라, 학생과 교사와의 관계, 교사들 간의 관계, 교사와 교장과의 관계, 학부모와 교장 또는 교사와의 관계에서 불화, 갈등, 불신, 소외 현상이 만연되어 있다. 이는 학교공동체 의식이 부족한 데서 기인하며, 오늘의 교육위기를 극복하고 보다 좋은 학교를 만들기 위한 방안으로 학교공동체의 구축이 필요하다(한대동 외, 2009).

교육이 중심이 되는 학교공동체를 형성하려면, 구성원들은 서로 교육적 관계를 맺는 데 초점을 둘 필요가 있다. 학교구성원들은 서로 교육을 소재로 교육적인 대화를 나누며 상호 충분한 소통을 통하여 교육에 관한 공감대를 넓혀가야 할 것이다. 우리의 삶의 방식은 복합적이다. 교사는 교육적인 삶의 방식에 대해 익숙해지고, 학부모나 학생에게 내재하는 교육적인 삶을 일깨우고, 교육적인 삶의 방식으로 학교 내의 다양한 문제를 바라보고 대화할 수 있도록 안내할 수 있어야 한다. 학교구성원 간 교육적 대화를 잘 나눌 수 있을 때, 교육적 관계를 기초로 한 학교공동체를 이룰 수 있을 것이다. 특히 성장하는 학생들은 발달시기에 따라 관계를 맺는 역동성도 달라진다. 이에 평화로운 관계 맺는 방법을 익혀 학교폭력을 예방할 수 있도록 해야 한다. 이를 위해 학급에서는 학급목표를 구성원이 함께 공유하고, 평화로운 의사소통구조를 만들며 학생들 간 관계 증진 및 공동체 형성을 위해 학급 체육대회, 우정신문 만들기, 반 단합활동 등을 학생 스스로가 계획하고 운영하도록 지원한다. 또한 교사는 이를 위해 학생들에게 자율권과 책무성을 부여하는 것도 중요하다.

3. 인권 친화적 문화 조성

UN의 아동권리협약, 청소년기본법, 청소년보호법 및 세계인권선언 등의 조항을 볼 때 학교폭력은 인격적 존재로 대우받을 권리는 물론 교육권과 평화에 대한 청소년의 인권을 심각하게 침해하고 있다. 그러나 학교폭력이 인권침해적 요소를 가진 범죄행위일지라도 국제인권기준이 청소년 사법에서 비범죄화 및 선도처분을 원칙으로 하므로 가해학생에 대한 학교의 대응은 처벌이 아닌 보호중심이어야 한다.

학교는 인권 친화적 문화 조성을 위해 다음과 같은 세 가지 측면에서 노력을 해야 한다. 첫째, 학생들에 대한 제대로 된 인권교육을 충실히 실행하는 것이다. 이를 위해서는 여러 가지 측면에서의 노력이 필요하다. 학교의 교과교육을 통한 인권교육, 창의적 체험활동을 통한 인권교육, 학교의 특별 교육 프로그램에 의한 인권교육, 그리고 학급·학교의 생활 속에서의 인권교육 등이 그것이다.

둘째, 인권교육을 제대로 수행할 수 있는 자질과 역량을 갖춘 교사를 확보하는 일이다. 이를 위해서는 교사가 되기 위한 교사 양성기관의 학생 선발에서부터 교원양성 과정 및 교사 임용 시 그리고 임용 후 교사로서의 현직 수행에 이르기까지 인권교육과 관련한 모종의 능력과 자질을 기를 수 있도록 하는 방안이 강구될 필요가 있다.

셋째, 학교는 사회로부터 영향을 주고받는 관계로 학교를 민주적 인권공동체로 창조해 가기 위해서는 그 환경에 해당되는 사회 그 자체를 변화시키고 재구조화하지 않으면 안 된다. 말하자면 우리 사회를 인간이 인간답게 대우받는 세상으로 구조적으로 재창조하는 노력을 전개하면서 학교 공교육의 내실화와 인권공동체로서의 학교 운영을 도모할 때 비로소 그 소기의 뜻하는 바를 이룰 수 있다.

학생·청소년이 학교와 가정에서 인권에 민감해지도록 교육받고, 소통과 공감, 갈등해결의 능력을 키워 공동체를 회복할 때 폭력에 대한 자정능력이 생길 것이다. 또한 사회적 약자에 대해 차별이 아닌 보호를 제공하고 어떠한 폭력이든 수용하지 않는 사회적 분위기를 만든다면 학교폭력은 자연스럽게 감소할 것이다. 인권적 관점에서 '보살핌(care)'이 있는 정책을 통해 학교폭력의 갈등을 다룰 때 학생, 부모, 교사, 학교, 지역사회 전반에 걸쳐 책임의식을 일깨우고 용서와 관용의 자세를 지닌 성숙한 시민공동체를 이끌어낼 수 있을 것이다.

4. 종합적인 연계 지도

청소년 비행에 효과적으로 개입하는 기본 전략으로서 유성경 등(1999)은 종합적인 전략, 위험요소의 감소와 보호요소의 증진 전략, 예방과 제재 전략이 필요하다고 제안한 바 있다. 종합적인 전략은 청소년 비행이 어느 한 개인 또는 한 기관의 독자적인 노력으로 바꾸기 어려울 정도로 심각해졌다고 보고, 청소년 비행을 예방하고, 교정하고, 재활하도록 돕는 개입활동은 가정, 학교, 지역사회의 유기적인 협력하에서 체계적이고 종합적으로 추진하여야 한다는 것이다. 아동을 효과적으로 지도하기 위하여 학부모와 협력하여 아동을 일관성 있게 지도하는 종합적인 시스템을 각 학교의 사정에 맞게 개발하여야 할 것이다.

교사는 대상 학생을 효과적으로 지도하기 위해 어떤 형태의 종합적인 연계지도가 필요한지를 판단할 수 있어야 한다. 교사 혼자서 충분히 감당할 수 있는지, 동 학년 수준에서 다른 교사와 함께 지도해야 하는지, 학교 수준에서 모든 교사가 일관성 있는 지도 전략을 짜야 하는지, 학부모의 협력이 필요한지 또는 학부모와 교육적 협력을 어떻게 구축할 것인지, 학교에 있는 Wee클래스, 지역교육청에 있는 Wee센터, 시 · 도 교육청에 있는 Wee스쿨과 같은 상담전문기관의 도움을 받아야 하는지 그리고 다른 지역사회기관의 협력을 받아야 하는지 등을 평가하여 종합적인 연계지도 전략을 짜야 한다.

5. 생활지도에서 생활교육으로의 관점 변화

지금까지 학교 현장에서 교사들은 학생을 통제의 대상으로 보고 생활지도를 해 왔다. 통제를 위한 기존의 생활지도는 잘못한 사람은 반드시 처벌을 받아야 하고, 응당한 처벌을 통해서 사회는 안전하게 보호 · 유지되며 정의를 이룰 수 있다는 응보적 신념에 기반하고 있다. 이러한 관점에서는 학생들을 자신의 의지를 표현하고 실천할 수 있는 권리를 가진 존재로 보기보다는 어른들의 통제를 받아야 하는 미성숙한 존재로 본다. 이를 알피 콘(Alfie Kohn)은 인간 존재에 대한 어두운 관점이라고 표현했다.

응보적 신념과 인간에 대한 어두운 관점은 학생 생활지도에도 영향을 끼쳐서 응보적이고 권위주의적인 훈육 문화를 낳았다. 또한 처벌과 보상 중심의 기존의 생활지도는 결과적으로 학생들로 하여금 존중과 자발적 책임 그리고 협력하는 삶의 태도를 갖추도록 돕지 못한다. 이러한 응보적 생활지도는 탈권위주의적이면서 관계성이 깨어져 공동체성이 약화된 현대사회에서는 더 이상 작동하지 않는 패러다임이다.

이러한 응보적 생활지도의 대안으로 회복적 생활교육이 대두하고 있다. 회복적 생활교육은 내면의 힘을 길러주는 방식이다. 즉 학생들의 실수나 잘못에 대해 비난하거나 두려움을 주는 방식으로 통제하려고 하는 것이 아니라, 내면의 힘을 길러주어서 자신의 잘못에 대해 자발적으로 책임을 지고 타인에 대해 존중하는 태도를 길러주는 데에 초점을 맞춘다. 폭력을 행하는 많은 학생들을 살펴보면 특별히 공감능력이 떨어지고 자존감이 낮은 것을 발견하게 된다. 학생들에게 처벌과 비난으로 자책과 죄의식을 심어주는 방식은 낮은 자존감과 열등감으로 건강한 정서적 회복을 불가능하게 한다. 학생들에게는 평화롭게 행동할 수 있도록 하는 도움이 필요하다.

학교폭력과 관련하여 학교 현장에서는 학교폭력 예방교육을 실시하고 있는데, 실질적으로는 '평화감수성 교육'이 더욱 적극적인 학교폭력 대책 방안이 된다. 교육당국과 학교 현장에서는 평화감수성을 함양할 수 있는 학교급별 다양한 교육프로그램을 개발 및 보급하도록 노력해야 한다.

1 학교를 교육하는 공간으로만 생각하지만, 다양한 삶의 방식이 그대로 존재하는 복합적인 공간이다. 따라서 학교의 교육 기능에 대해 특별한 관심을 기울이지 않으면, 학교는 교육 이외의 삶의 방식에 휘둘려 비교육적 또는 반교육적 사태들이 주를 이루는 곳이 될 것이다. 학교는 교육 이외의 다양한 삶의 방식이 교육적인 삶의 방식에 순기능을 하도록 설계되어야 한다.

2 교육이 중심이 되는 학교공동체를 형성하려면, 구성원들은 서로 교육적 관계를 맺는 데 초점을 둘 필요가 있다. 학교구성원들은 서로 교육을 소재로 교육적인 대화를 나누며 상호 충분한 소통을 통하여 교육에 관한 공감대를 넓혀가야 할 것이다. 이를 위해 학급에서는 학급목표를 구성원이 함께 공유하고, 평화로운 의사소통구조를 만들며, 학생들 간 관계증진 및 공동체 형성을 위해 학급 체육대회, 우정신문 만들기, 반 단합활동 등을 학생 스스로가 계획하고 운영한다. 또한 교사가 학생들에게 자율권과 책무성을 부여하는 것도 중요하다.

3 학교폭력은 인격적 존재로 대우받을 권리는 물론 교육권과 평화에 대한 청소년의 인권을 심각하게 침해하고 있다. 그러나 학교폭력이 인권침해적 요소를 가진 범죄행위일지라도 국제인권기준이 청소년 사법에서 비범죄화 및 선도처분을 원칙으로 하므로 가해학생에 대한 학교의 대응은 처벌이 아닌 보호중심이어야 한다. 학교는 사회로부터 영향을 주고받는 관계로 학교를 민주적 인권공동체로 창조해 가기 위해서는 그 환경에 해당되는 사회 그 자체를 변화시키고 재구조화하지 않으면 안 된다. 말하자면 우리 사회 그 자체를 인간이 인간답게 대우받으면서 사람답게 사는 세상으로 구조적으로 재창조하는 노력을 전개할 때에야 비로소 학교 공교육의 내실화와 인권공동체로서의 학교 운영을 도모할 수 있다.

4 학교폭력을 예방하고, 교정하고, 재활하도록 돕는 개입활동은 가정, 학교, 지역사회의 유기적인 협력하에서 체계적이고 종합적으로 추진하여야 한다. 교사는 혼자서 충분히 감당할 수 있는지, 학교 수준에서 모든 교사가 일관성 있는 지도 전략을 짜야 하는지,

Wee클래스, Wee센터, Wee스쿨과 같은 상담전문기관의 도움을 받아야 하는지 등을 평가하여 종합적인 연계지도 전략을 짜야 한다.

5 처벌과 보상 중심의 기존의 생활지도는 결과적으로 학생들로 하여금 존중과 자발적 책임 그리고 협력하는 삶의 태도를 갖추도록 돕지 못한다. 이러한 응보적 생활지도의 대안으로 회복적 생활교육이 대두하고 있다. 내면의 힘을 길러주어서 자신의 잘못에 대해 자발적으로 책임을 지고 타인에 대해 존중하는 태도를 길러주는 데에 초점을 맞춘다. 그 한 방안인 '평화감수성 교육'이 더욱 적극적인 학교폭력 대책이 된다. 교육당국과 학교 현장에서는 평화감수성을 함양할 수 있는 다양한 교육 프로그램을 개발 및 보급해야 한다.

1   기존의 학교문화가 학교폭력 발생에 미치는 영향에 대해서 비판적으로 분석해 보시오.

2   '평화감수성'을 함양할 수 있는 문화 조성을 위해 변해야 할 학교문화 및 학교교육의
    방향성에 대해서 생각해 보고 대안을 제시하시오.

3   학교폭력 예방을 위한 학생 자율적 자치활동의 중요성에 대해 생각해 보고, 이를 지원
    하기 위한 학교 및 사회의 지원방향에 대해서 논하시오.

4   '마을이 곧 학교다'라는 말처럼 학교교육만으로는 학생들을 온전히 교육하는 데 한계
    가 있다. 이에 지역사회와 함께하는 마을교육 공동체, 지역사회 기관과의 연계 등 교육
    공동체의 중요성이 부각되고 있다. 학교폭력 예방 및 감소를 위해 학교 및 지역사회가
    함께할 수 있는 방안을 생각하고 제시하거나, 우수 사례를 찾아보고 제시하시오.

학교폭력 예방 및 대책에 관한 법률
학교폭력 예방 및 대책에 관한 법률 시행령

부록

학교폭력 예방 및 대책에 관한 법률 (약칭: 학교폭력예방법)

[시행 2017.11.28.] [법률 제15044호, 2017.11.28., 일부개정]

제1조(목적) 이 법은 학교폭력의 예방과 대책에 필요한 사항을 규정함으로써 피해학생의 보호, 가해학생의 선도·교육 및 피해학생과 가해학생 간의 분쟁조정을 통하여 학생의 인권을 보호하고 학생을 건전한 사회구성원으로 육성함을 목적으로 한다.

제2조(정의) 이 법에서 사용하는 용어의 정의는 다음 각 호와 같다. 〈개정 2009.5.8., 2012.1.26., 2012.3.21.〉

1. "학교폭력"이란 학교 내외에서 학생을 대상으로 발생한 상해, 폭행, 감금, 협박, 약취·유인, 명예훼손·모욕, 공갈, 강요·강제적인 심부름 및 성폭력, 따돌림, 사이버 따돌림, 정보통신망을 이용한 음란·폭력 정보 등에 의하여 신체·정신 또는 재산상의 피해를 수반하는 행위를 말한다.

1의2. "따돌림"이란 학교 내외에서 2명 이상의 학생들이 특정인이나 특정집단의 학생들을 대상으로 지속적이거나 반복적으로 신체적 또는 심리적 공격을 가하여 상대방이 고통을 느끼도록 하는 일체의 행위를 말한다.

1의3. "사이버 따돌림"이란 인터넷, 휴대전화 등 정보통신기기를 이용하여 학생들이 특정 학생들을 대상으로 지속적, 반복적으로 심리적 공격을 가하거나, 특정 학생과 관련된 개인정보 또는 허위사실을 유포하여 상대방이 고통을 느끼도록 하는 일체의 행위를 말한다.

2. "학교"란 「초·중등교육법」 제2조에 따른 초등학교·중학교·고등학교·특수학교 및 각종학교와 같은 법 제61조에 따라 운영하는 학교를 말한다.

3. "가해학생"이란 가해자 중에서 학교폭력을 행사하거나 그 행위에 가담한 학생을 말한다.

4. "피해학생"이란 학교폭력으로 인하여 피해를 입은 학생을 말한다.

5. "장애학생"이란 신체적·정신적·지적 장애 등으로 「장애인 등에 대한 특수교육법」 제15조에서 규정하는 특수교육을 필요로 하는 학생을 말한다.

제3조(해석·적용의 주의의무) 이 법을 해석·적용함에 있어서 국민의 권리가 부당하게 침해되지 아니하도록 주의하여야 한다.

제4조(국가 및 지방자치단체의 책무) ① 국가 및 지방자치단체는 학교폭력을 예방하고 근절하기 위하여 조사·연구·교육·계도 등 필요한 법적·제도적 장치를 마련하여야 한다.

② 국가 및 지방자치단체는 청소년 관련 단체 등 민간의 자율적인 학교폭력 예방활동과 피해학생의 보호 및 가해학생의 선도·교육활동을 장려하여야 한다.

③ 국가 및 지방자치단체는 제2항에 따른 청소년 관련 단체 등 민간이 건의한 사항에 대하여는 관련 시책에 반영하도록 노력하여야 한다.

④ 국가 및 지방자치단체는 제1항부터 제3항까지의 규정에 따른 책무를 다하기 위하여 필요한 행정적·재정적 지원을 하여야 한다. 〈개정 2012.3.21.〉

제5조(다른 법률과의 관계) ① 학교폭력의 규제, 피해학생의 보호 및 가해학생에 대한 조치에 있어서 다른 법률에 특별한 규정이 있는 경우를 제외하고는 이 법을 적용한다.

② 제2조제1호 중 성폭력은 다른 법률에 규정이 있는 경우에는 이 법을 적용하지 아니한다.

제6조(기본계획의 수립 등) ① 교육부장관은 이 법의 목적을 효율적으로 달성하기 위하여 학교폭력의 예방 및 대책에 관한 정책 목표·방향을 설정하고, 이에 따른 학교폭력의 예방 및 대책에 관한 기본계획(이하 "기본계획"이라 한다)을 제7조에 따른 학교폭력대책위원회의 심의를 거쳐 수립·시행하여야 한다. 〈개정 2012.3.21., 2013.3.23.〉

② 기본계획은 다음 각 호의 사항을 포함하여 5년마다 수립하여야 한다. 이 경우 교육부장관은 관계 중앙행정기관 등의 의견을 수렴하여야 한다. 〈개정 2012.3.21., 2013.3.23.〉

1. 학교폭력의 근절을 위한 조사·연구·교육 및 계도

2. 피해학생에 대한 치료·재활 등의 지원

3. 학교폭력 관련 행정기관 및 교육기관 상호 간의 협조·지원

4. 제14조제1항에 따른 전문상담교사의 배치 및 이에 대한 행정적·재정적 지원

5. 학교폭력의 예방과 피해학생 및 가해학생의 치료·교육을 수행하는 청소년 관련 단체(이하 "전문단체"라 한다) 또는 전문가에 대한 행정적·재정적 지원

6. 그 밖에 학교폭력의 예방 및 대책을 위하여 필요한 사항

③ 교육부장관은 대통령령으로 정하는 바에 따라 특별시·광역시·특별자치시·도 및 특별자치도(이하 "시·도"라 한다) 교육청의 학교폭력 예방 및 대책과 그에 대한 성과를 평가하고, 이를 공표하여야 한다. 〈신설 2012.1.26., 2013.3.23.〉

제7조(학교폭력대책위원회의 설치·기능) 학교폭력의 예방 및 대책에 관한 다음 각 호의 사항을 심의하기 위하여 국무총리 소속으로 학교폭력대책위원회(이하 "대책위원회"라 한다)를 둔다. 〈개정 2012.3.21.〉

1. 학교폭력의 예방 및 대책에 관한 기본계획의 수립 및 시행에 대한 평가

2. 학교폭력과 관련하여 관계 중앙행정기관 및 지방자치단체의 장이 요청하는 사항

3. 학교폭력과 관련하여 교육청, 제9조에 따른 학교폭력대책지역위원회, 제10조의2에 따른 학교폭력대책지역협의회, 제12조에 따른 학교폭력대책자치위원회, 전문단체 및 전문가가 요청하는 사항

[제목개정 2012.3.21.]

제8조(대책위원회의 구성) ① 대책위원회는 위원장 2명을 포함하여 20명 이내의 위원으로 구성한다.

② 위원장은 국무총리와 학교폭력 대책에 관한 전문지식과 경험이 풍부한 전문가 중에서 대통령이 위촉하는 사람이 공동으로 되고, 위원장 모두가 부득이한 사유로 직무를 수행할 수 없을 때에는 국무총리가 지명한 위원이 그 직무를 대행한다.

③ 위원은 다음 각 호의 사람 중에서 대통령이 위촉하는 사람으로 한다. 다만, 제1호의 경우에는 당연직 위원으로 한다. 〈개정 2013.3.23., 2014.11.19., 2017.7.26.〉

1. 기획재정부장관, 교육부장관, 과학기술정보통신부장관, 법무부장관, 행정안전부장관, 문화체육관광부장관, 보건복지부장관, 여성가족부장관, 방송통신위원회 위원장, 경찰청장

2. 학교폭력 대책에 관한 전문지식과 경험이 풍부한 전문가 중에서 제1호의 위원이 각각 1명씩 추천하는 사람

3. 관계 중앙행정기관에 소속된 3급 공무원 또는 고위공무원단에 속하는 공무원으로서 청소년 또는 의료 관련 업무를 담당하는 사람

4. 대학이나 공인된 연구기관에서 조교수 이상 또는 이에 상당한 직에 있거나 있었던 사람으로서 학교폭력 문제 및 이에 따른 상담 또는 심리에 관하여 전문지식이 있는 사람

5. 판사 · 검사 · 변호사

6. 전문단체에서 청소년보호활동을 5년 이상 전문적으로 담당한 사람

7. 의사의 자격이 있는 사람

8. 학교운영위원회 활동 및 청소년보호활동 경험이 풍부한 학부모

④ 위원장을 포함한 위원의 임기는 2년으로 하되, 1차에 한하여 연임할 수 있다.

⑤ 위원회의 효율적 운영 및 지원을 위하여 간사 1명을 두되, 간사는 교육부장관이 된다. 〈개정 2013.3.23.〉

⑥ 위원회에 상정할 안건을 미리 검토하는 등 안건 심의를 지원하고, 위원회가 위임한 안건을 심의하기 위하여 대책위원회에 학교폭력대책실무위원회(이하 "실무위원회"라 한다)를 둔다.

⑦ 그 밖에 대책위원회의 운영과 실무위원회의 구성 · 운영에 필요한 사항은 대통령령으로 정한다.

[전문개정 2012.3.21.]

제9조(학교폭력대책지역위원회의 설치) ① 지역의 학교폭력 문제를 해결하기 위하여 시 · 도에 학교폭력대책지역위원회(이하 "지역위원회"라 한다)를 둔다. 〈개정 2012.1.26.〉

② 특별시장 · 광역시장 · 특별자치시장 · 도지사 및 특별자치도지사는 지역위원회의 운영 및 활동에 관하여 시 · 도의 교육감(이하 "교육감"이라 한다)과 협의하여야 하며, 그 효율적인 운영을 위하여 실무위원회를 둘 수 있다. 〈개정 2012.1.26.〉

③ 지역위원회는 위원장 1인을 포함한 11인 이내의 위원으로 구성한다.

④ 지역위원회 및 제2항에 따른 실무위원회의 구성 · 운영에 필요한 사항은 대통령령으로 정한다.

제10조(학교폭력대책지역위원회의 기능 등) ① 지역위원회는 기본계획에 따라 지역의 학교폭력 예방대책을 매년 수립한다.

② 지역위원회는 해당 지역에서 발생한 학교폭력에 대하여 교육감 및 지방경찰청장에게 관련 자료를 요청할 수 있다.

③ 교육감은 지역위원회의 의견을 들어 제16조제1항제1호부터 제3호까지나 제17조제1항 제5호에 따른 상담·치료 및 교육을 담당할 상담·치료·교육 기관을 지정하여야 한다. 〈개정 2012.1.26.〉

④ 교육감은 제3항에 따른 상담·치료·교육 기관을 지정한 때에는 해당 기관의 명칭, 소재지, 업무를 인터넷 홈페이지에 게시하고, 그 밖에 다양한 방법으로 학부모에게 알릴 수 있도록 노력하여야 한다. 〈신설 2012.1.26.〉

[제목개정 2012.1.26.]

제10조의2(학교폭력대책지역협의회의 설치·운영) ① 학교폭력예방 대책을 수립하고 기관별 추진계획 및 상호 협력·지원 방안 등을 협의하기 위하여 시·군·구에 학교폭력대책지역협의회(이하 "지역협의회"라 한다)를 둔다.

② 지역협의회는 위원장 1명을 포함한 20명 내외의 위원으로 구성한다.

③ 그 밖에 지역협의회의 구성·운영에 필요한 사항은 대통령령으로 정한다.

[본조신설 2012.3.21.]

제11조(교육감의 임무) ① 교육감은 시·도교육청에 학교폭력의 예방과 대책을 담당하는 전담부서를 설치·운영하여야 한다.

② 교육감은 관할 구역 안에서 학교폭력이 발생한 때에는 해당 학교의 장 및 관련 학교의 장에게 그 경과 및 결과의 보고를 요구할 수 있다.

③ 교육감은 관할 구역 안의 학교폭력이 관할 구역 외의 학교폭력과 관련이 있는 때에는 그 관할 교육감과 협의하여 적절한 조치를 취하여야 한다.

④ 교육감은 학교의 장으로 하여금 학교폭력의 예방 및 대책에 관한 실시계획을 수립·시행하도록 하여야 한다.

⑤ 교육감은 제12조에 따른 자치위원회가 처리한 학교의 학교폭력빈도를 학교의 장에 대한 업무수행 평가에 부정적 자료로 사용하여서는 아니 된다.

⑥ 교육감은 제17조제1항제8호에 따른 전학의 경우 그 실현을 위하여 필요한 조치를 취하여야 하며, 제17조제1항제9호에 따른 퇴학처분의 경우 해당 학생의 건전한 성장을 위하여 다른 학교 재입학 등의 적절한 대책을 강구하여야 한다. 〈개정 2012.1.26., 2012.3.21.〉

⑦ 교육감은 대책위원회 및 지역위원회에 관할 구역 안의 학교폭력의 실태 및 대책에 관한 사항을 보고하고 공표하여야 한다. 관할 구역 밖의 학교폭력 관련 사항 중 관할 구역 안의 학교와 관련된 경우에도 또한 같다. 〈개정 2012.1.26., 2012.3.21.〉

⑧ 교육감은 학교폭력의 실태를 파악하고 학교폭력에 대한 효율적인 예방대책을 수립하기 위하여 학교폭력 실태조사를 연 2회 이상 실시하고 그 결과를 공표하여야 한다. 〈신설 2012.3.21., 2015.12.22.〉

⑨ 교육감은 학교폭력 등에 관한 조사, 상담, 치유프로그램 운영 등을 위한 전문기관을 설치·운영할 수 있다. 〈신설 2012.3.21.〉

⑩ 교육감은 관할 구역에서 학교폭력이 발생한 때에 해당 학교의 장 또는 소속 교원이 그 경과 및 결과를 보고함에 있어 축소 및 은폐를 시도한 경우에는「교육공무원법」제50조 및「사립학교법」제62조에 따른 징계위원회에 징계의결을 요구하여야 한다. 〈신설 2012.3.21.〉

⑪ 교육감은 관할 구역에서 학교폭력의 예방 및 대책 마련에 기여한 바가 큰 학교 또는 소속 교원에게 상훈을 수여하거나 소속 교원의 근무성적 평정에 가산점을 부여할 수 있다. 〈신설 2012.3.21.〉

⑫ 제1항에 따라 설치되는 전담부서의 구성과 제8항에 따라 실시하는 학교폭력 실태소사 및 제9항에 따른 전문기관의 설치에 필요한 사항은 대통령령으로 정한다. 〈개정 2012.3.21.〉

제11조의2(학교폭력 조사·상담 등) ① 교육감은 학교폭력 예방과 사후조치 등을 위하여 다음 각 호의 조사·상담 등을 수행할 수 있다.

1. 학교폭력 피해학생 상담 및 가해학생 조사

2. 필요한 경우 가해학생 학부모 조사

3. 학교폭력 예방 및 대책에 관한 계획의 이행 지도

4. 관할 구역 학교폭력서클 단속

5. 학교폭력 예방을 위하여 민간 기관 및 업소 출입·검사

6. 그 밖에 학교폭력 등과 관련하여 필요로 하는 사항

② 교육감은 제1항의 조사·상담 등의 업무를 대통령령으로 정하는 기관 또는 단체에 위탁할 수 있다.

③ 교육감 및 제2항에 따른 위탁 기관 또는 단체의 장은 제1항에 따른 조사·상담 등의 업무를 수행함에 있어 필요한 경우 관계 기관의 장에게 협조를 요청할 수 있다.

④ 제1항에 따라 조사·상담 등을 하는 관계 직원은 그 권한을 표시하는 증표를 지니고 이를 관계인에게 보여주어야 한다.

⑤ 제1항제1호 및 제4호의 조사 등의 결과는 학교의 장 및 보호자에게 통보하여야 한다.

[본조신설 2012.3.21.]

제11조의3(관계 기관과의 협조 등) ① 교육부장관, 교육감, 지역 교육장, 학교의 장은 학교폭력과 관련한 개인정보 등을 경찰청장, 지방경찰청장, 관할 경찰서장 및 관계 기관의 장에게 요청할 수 있다. 〈개정 2013.3.23.〉

② 제1항에 따라 정보제공을 요청받은 경찰청장, 지방경찰청장, 관할 경찰서장 및 관계 기관의 장은 특별한 사정이 없으면 이에 응하여야 한다.

③ 제1항 및 제2항에 따른 관계 기관과의 협조 사항 및 절차 등에 필요한 사항은 대통령령으로 정한다.

[본조신설 2012.3.21.]

제12조(학교폭력대책자치위원회의 설치·기능) ① 학교폭력의 예방 및 대책에 관련된 사항을 심의하기 위하여 학교에 학교폭력대책자치위원회(이하 "자치위원회"라 한다)를 둔다. 다만, 자치위

원회 구성에 있어 대통령령으로 정하는 사유가 있는 경우에는 교육감의 보고를 거쳐 둘 이상의 학교가 공동으로 자치위원회를 구성할 수 있다. 〈개정 2012.1.26.〉

② 자치위원회는 학교폭력의 예방 및 대책 등을 위하여 다음 각 호의 사항을 심의한다. 〈개정 2012.1.26.〉

1. 학교폭력의 예방 및 대책수립을 위한 학교 체제 구축

2. 피해학생의 보호

3. 가해학생에 대한 선도 및 징계

4. 피해학생과 가해학생 간의 분쟁조정

5. 그 밖에 대통령령으로 정하는 사항

③ 자치위원회는 해당 지역에서 발생한 학교폭력에 대하여 학교장 및 관할 경찰서장에게 관련 자료를 요청할 수 있다. 〈신설 2012.3.21.〉

④ 자치위원회의 설치·운영 등에 필요한 사항은 지역 및 학교의 규모 등을 고려하여 대통령령으로 정한다. 〈개정 2012.3.21.〉

제13조(자치위원회의 구성·운영) ① 자치위원회는 위원장 1인을 포함하여 5인 이상 10인 이하의 위원으로 구성하되, 대통령령으로 정하는 바에 따라 전체위원의 과반수를 학부모전체회의에서 직접 선출된 학부모대표로 위촉하여야 한다. 다만, 학부모전체회의에서 학부모대표를 선출하기 곤란한 사유가 있는 경우에는 학급별 대표로 구성된 학부모대표회의에서 선출된 학부모대표로 위촉할 수 있다. 〈개정 2011.5.19.〉

② 자치위원회는 분기별 1회 이상 회의를 개최하고, 자치위원회의 위원장은 다음 각 호의 어느 하나에 해당하는 경우에 회의를 소집하여야 한다. 〈신설 2011.5.19., 2012.1.26., 2012.3.21.〉

1. 자치위원회 재적위원 4분의 1 이상이 요청하는 경우

2. 학교의 장이 요청하는 경우

3. 피해학생 또는 그 보호자가 요청하는 경우

4. 학교폭력이 발생한 사실을 신고받거나 보고받은 경우

5. 가해학생이 협박 또는 보복한 사실을 신고받거나 보고받은 경우

6. 그 밖에 위원장이 필요하다고 인정하는 경우

③ 자치위원회는 회의의 일시, 장소, 출석위원, 토의내용 및 의결사항 등이 기록된 회의록을 작성·보존하여야 한다. 〈신설 2011.5.19.〉

④ 그 밖에 자치위원회의 구성·운영에 필요한 사항은 대통령령으로 정한다. 〈개정 2011.5.19.〉

[제목개정 2011.5.19.]

제14조(전문상담교사 배치 및 전담기구 구성) ① 학교의 장은 학교에 대통령령으로 정하는 바에 따라 상담실을 설치하고, 「초·중등교육법」 제19조의2에 따라 전문상담교사를 둔다.

② 전문상담교사는 학교의 장 및 자치위원회의 요구가 있는 때에는 학교폭력에 관련된 피해 학생 및 가해학생과의 상담결과를 보고하여야 한다.

③ 학교의 장은 교감, 전문상담교사, 보건교사 및 책임교사(학교폭력문제를 담당하는 교사를 말한다) 등으로 학교폭력문제를 담당하는 전담기구(이하 "전담기구"라 한다)를 구성하며, 학 교폭력 사태를 인지한 경우 지체 없이 전담기구 또는 소속 교원으로 하여금 가해 및 피해 사 실 여부를 확인하도록 한다. 〈개정 2012.3.21.〉

④ 전담기구는 학교폭력에 대한 실태조사(이하 "실태조사"라 한다)와 학교폭력 예방 프로그 램을 구성·실시하며, 학교의 장 및 자치위원회의 요구가 있는 때에는 학교폭력에 관련된 조 사결과 등 활동결과를 보고하여야 한다. 〈개정 2012.3.21.〉

⑤ 피해학생 또는 피해학생의 보호자는 피해사실 확인을 위하여 전담기구에 실태조사를 요구 할 수 있다. 〈신설 2009.5.8., 2012.3.21.〉

⑥ 국가 및 지방자치단체는 실태조사에 관한 예산을 지원하고, 관계 행정기관은 실태조 사에 협조하여야 하며, 학교의 장은 전담기구에 행정적·재정적 지원을 할 수 있다. 〈개정 2009.5.8., 2012.3.21.〉

⑦ 전담기구는 성폭력 등 특수한 학교폭력사건에 대한 실태조사의 전문성을 확보하기 위하여 필요한 경우 전문기관에 그 실태조사를 의뢰할 수 있다. 이 경우 그 의뢰는 자치위원회 위원장 의 심의를 거쳐 학교의 장 명의로 하여야 한다. 〈신설 2012.1.26., 2012.3.21.〉

⑧ 그 밖에 전담기구 운영 등에 필요한 사항은 대통령령으로 정한다. 〈신설 2012.3.21.〉

제15조(학교폭력 예방교육 등) ① 학교의 장은 학생의 육체적·정신적 보호와 학교폭력의 예방을 위 한 학생들에 대한 교육(학교폭력의 개념·실태 및 대처방안 등을 포함하여야 한다)을 학기별 로 1회 이상 실시하여야 한다. 〈개정 2012.1.26.〉

② 학교의 장은 학교폭력의 예방 및 대책 등을 위한 교직원 및 학부모에 대한 교육을 학기별로 1회 이상 실시하여야 한다. 〈개정 2012.3.21.〉

③ 학교의 장은 제1항에 따른 학교폭력 예방교육 프로그램의 구성 및 그 운용 등을 전담기구 와 협의하여 전문단체 또는 전문가에게 위탁할 수 있다.

④ 교육장은 제1항부터 제3항까지의 규정에 따른 학교폭력 예방교육 프로그램의 구성과 운용 계획을 학부모가 쉽게 확인할 수 있도록 인터넷 홈페이지에 게시하고, 그 밖에 다양한 방법으 로 학부모에게 알릴 수 있도록 노력하여야 한다. 〈개정 2012.1.26.〉

⑤ 그 밖에 학교폭력 예방교육의 실시와 관련한 사항은 대통령령으로 정한다. 〈개정 2011.5.19.〉
[제목개정 2011.5.19.]

제16조(피해학생의 보호) ① 자치위원회는 피해학생의 보호를 위하여 필요하다고 인정하는 때에는 피해학생에 대하여 다음 각 호의 어느 하나에 해당하는 조치(수 개의 조치를 병과하는 경우를 포함한다)를 할 것을 학교의 장에게 요청할 수 있다. 다만, 학교의 장은 피해학생의 보호를 위 하여 긴급하다고 인정하거나 피해학생이 긴급보호의 요청을 하는 경우에는 자치위원회의 요

청 전에 제1호, 제2호 및 제6호의 조치를 할 수 있다. 이 경우 자치위원회에 즉시 보고하여야 한다. 〈개정 2012.3.21., 2017.4.18.〉

1. 학내외 전문가에 의한 심리상담 및 조언

2. 일시보호

3. 치료 및 치료를 위한 요양

4. 학급교체

5. 삭제 〈2012.3.21.〉

6. 그 밖에 피해학생의 보호를 위하여 필요한 조치

② 자치위원회는 제1항에 따른 조치를 요청하기 전에 피해학생 및 그 보호자에게 의견진술의 기회를 부여하는 등 적정한 절차를 거쳐야 한다. 〈신설 2012.3.21.〉

③ 제1항에 따른 요청이 있는 때에는 학교의 장은 피해학생의 보호자의 동의를 받아 7일 이내에 해당 조치를 하여야 하고 이를 자치위원회에 보고하여야 한다. 〈개정 2012.3.21.〉

④ 제1항의 조치 등 보호가 필요한 학생에 대하여 학교의 장이 인정하는 경우 그 조치에 필요한 결석을 출석일수에 산입할 수 있다. 〈개정 2012.3.21.〉

⑤ 학교의 장은 성적 등을 평가함에 있어서 제3항에 따른 조치로 인하여 학생에게 불이익을 주지 아니하도록 노력하여야 한다. 〈개정 2012.3.21.〉

⑥ 피해학생이 전문단체나 전문가로부터 제1항제1호부터 제3호까지의 규정에 따른 상담 등을 받는 데에 사용되는 비용은 가해학생의 보호자가 부담하여야 한다. 다만, 피해학생의 신속한 치료를 위하여 학교의 장 또는 피해학생의 보호자가 원하는 경우에는 「학교안전사고 예방 및 보상에 관한 법률」제15조에 따른 학교안전공제회 또는 시·도교육청이 부담하고 이에 대한 구상권을 행사할 수 있다. 〈개정 2012.1.26., 2012.3.21.〉

1. 삭제 〈2012.3.21.〉

2. 삭제 〈2012.3.21.〉

⑦ 학교의 장 또는 피해학생의 보호자는 필요한 경우 「학교안전사고 예방 및 보상에 관한 법률」 제34조의 공제급여를 학교안전공제회에 직접 청구할 수 있다. 〈신설 2012.1.26., 2012.3.21.〉

⑧ 피해학생의 보호 및 제6항에 따른 지원범위, 구상범위, 지급절차 등에 필요한 사항은 대통령령으로 정한다. 〈신설 2012.3.21.〉

제16조의2(장애학생의 보호) ① 누구든지 장애 등을 이유로 장애학생에게 학교폭력을 행사하여서는 아니 된다.

② 자치위원회는 학교폭력으로 피해를 입은 장애학생의 보호를 위하여 장애인전문 상담가의 상담 또는 장애인전문 치료기관의 요양 조치를 학교의 장에게 요청할 수 있다.

③ 제2항에 따른 요청이 있는 때에는 학교의 장은 해당 조치를 하여야 한다. 이 경우 제16조제6항을 준용한다. 〈개정 2012.3.21.〉

[본조신설 2009.5.8.]

제17조(가해학생에 대한 조치) ① 자치위원회는 피해학생의 보호와 가해학생의 선도·교육을 위하여 가해학생에 대하여 다음 각 호의 어느 하나에 해당하는 조치(수 개의 조치를 병과하는 경우를 포함한다)를 할 것을 학교의 장에게 요청하여야 하며, 각 조치별 적용 기준은 대통령령으로 정한다. 다만, 퇴학처분은 의무교육과정에 있는 가해학생에 대하여는 적용하지 아니한다. 〈개정 2009.5.8., 2012.1.26., 2012.3.21.〉

1. 피해학생에 대한 서면사과

2. 피해학생 및 신고·고발 학생에 대한 접촉, 협박 및 보복행위의 금지

3. 학교에서의 봉사

4. 사회봉사

5. 학내외 전문가에 의한 특별 교육이수 또는 심리치료

6. 출석정지

7. 학급교체

8. 전학

9. 퇴학처분

② 제1항에 따라 자치위원회가 학교의 장에게 가해학생에 대한 조치를 요청할 때 그 이유가 피해학생이나 신고·고발 학생에 대한 협박 또는 보복 행위일 경우에는 같은 항 각 호의 조치를 병과하거나 조치 내용을 가중할 수 있다. 〈신설 2012.3.21.〉

③ 제1항제2호부터 제4호까지 및 제6호부터 제8호까지의 처분을 받은 가해학생은 교육감이 정한 기관에서 특별교육을 이수하거나 심리치료를 받아야 하며, 그 기간은 자치위원회에서 정한다. 〈개정 2012.1.26., 2012.3.21.〉

④ 학교의 장은 가해학생에 대한 선도가 긴급하다고 인정할 경우 우선 제1항제1호부터 제3호까지, 제5호 및 제6호의 조치를 할 수 있으며, 제5호와 제6호는 병과조치할 수 있다. 이 경우 자치위원회에 즉시 보고하여 추인을 받아야 한다. 〈개정 2012.1.26., 2012.3.21.〉

⑤ 자치위원회는 제1항 또는 제2항에 따른 조치를 요청하기 전에 가해학생 및 보호자에게 의견진술의 기회를 부여하는 등 적정한 절차를 거쳐야 한다. 〈개정 2012.3.21.〉

⑥ 제1항에 따른 요청이 있는 때에는 학교의 장은 14일 이내에 해당 조치를 하여야 한다. 〈개정 2012.1.26., 2012.3.21.〉

⑦ 학교의 장이 제4항에 따른 조치를 한 때에는 가해학생과 그 보호자에게 이를 통지하여야 하며, 가해학생이 이를 거부하거나 회피하는 때에는 「초·중등교육법」 제18조에 따라 징계하여야 한다. 〈개정 2012.3.21.〉

⑧ 가해학생이 제1항제3호부터 제5호까지의 규정에 따른 조치를 받은 경우 이와 관련된 결석은 학교의 장이 인정하는 때에는 이를 출석일수에 산입할 수 있다. 〈개정 2012.1.26., 2012.3.21.〉

⑨ 자치위원회는 가해학생이 특별교육을 이수할 경우 해당 학생의 보호자도 함께 교육을 받게 하여야 한다. 〈개정 2012.3.21.〉

⑩ 가해학생이 다른 학교로 전학을 간 이후에는 전학 전의 피해학생 소속 학교로 다시 전학올 수 없도록 하여야 한다. 〈신설 2012.1.26., 2012.3.21.〉

⑪ 제1항제2호부터 제9호까지의 처분을 받은 학생이 해당 조치를 거부하거나 기피하는 경우 자치위원회는 제7항에도 불구하고 대통령령으로 정하는 바에 따라 추가로 다른 조치를 할 것을 학교의 장에게 요청할 수 있다. 〈신설 2012.3.21.〉

⑫ 가해학생에 대한 조치 및 제11조제6항에 따른 재입학 등에 관하여 필요한 사항은 대통령령으로 정한다. 〈신설 2012.3.21.〉

제17조의2(재심청구) ① 학교의 장이 제16조제1항 및 제17조제1항에 따라 내린 조치에 대하여 이의가 있는 피해학생 또는 그 보호자는 그 조치를 받은 날부터 15일 이내 또는 그 조치가 있음을 알게 된 날부터 10일 이내에 지역위원회에 재심을 청구할 수 있다. 〈신설 2012.3.21., 2017.11.28.〉

② 학교의 장이 제17조제1항제8호와 제9호에 따라 내린 조치에 대하여 이의가 있는 학생 또는 그 보호자는 그 조치를 받은 날부터 15일 이내 또는 그 조치가 있음을 알게 된 날부터 10일 이내에 「초·중등교육법」 제18조의3에 따른 시·도학생징계조정위원회에 재심을 청구할 수 있다. 〈개정 2012.3.21., 2017.11.28.〉

③ 지역위원회가 제1항에 따른 재심청구를 받은 때에는 30일 이내에 이를 심사·결정하여 청구인에게 통보하여야 한다. 〈신설 2012.3.21.〉

④ 제3항의 결정에 이의가 있는 청구인은 그 통보를 받은 날부터 60일 이내에 행정심판을 제기할 수 있다. 〈신설 2012.3.21.〉

⑤ 제1항에 따른 재심청구, 제3항에 따른 심사 절차 및 결정 통보 등에 필요한 사항은 대통령령으로 정한다. 〈신설 2012.3.21.〉

⑥ 제2항에 따른 재심청구, 심사절차, 결정통보 등은 「초·중등교육법」 제18조의2제2항부터 제4항까지의 규정을 준용한다. 〈개정 2012.3.21.〉

[본조신설 2012.1.26.]

제18조(분쟁조정) ① 자치위원회는 학교폭력과 관련하여 분쟁이 있는 경우에는 그 분쟁을 조정할 수 있다.

② 제1항에 따른 분쟁의 조정기간은 1개월을 넘지 못한다.

③ 학교폭력과 관련한 분쟁조정에는 다음 각 호의 사항을 포함한다.

1. 피해학생과 가해학생간 또는 그 보호자 간의 손해배상에 관련된 합의조정

2. 그 밖에 자치위원회가 필요하다고 인정하는 사항

④ 자치위원회는 분쟁조정을 위하여 필요하다고 인정하는 때에는 관계 기관의 협조를 얻어 학교폭력과 관련한 사항을 조사할 수 있다.

⑤ 자치위원회가 분쟁조정을 하고자 할 때에는 이를 피해학생·가해학생 및 그 보호자에게 통보하여야 한다.

⑥ 시·도교육청 관할 구역 안의 소속 학교가 다른 학생 간에 분쟁이 있는 경우에는 교육감이 해당 학교의 자치위원회위원장과의 협의를 거쳐 직접 분쟁을 조정한다. 이 경우 제2항부터 제5항까지의 규정을 준용한다.

⑦ 관할 구역을 달리하는 시·도교육청 소속 학교의 학생 간에 분쟁이 있는 경우에는 피해학생을 감독하는 교육감이 가해학생을 감독하는 교육감 및 관련 해당 학교의 자치위원회위원장과의 협의를 거쳐 직접 분쟁을 조정한다. 이 경우 제2항부터 제5항까지의 규정을 준용한다.

제19조(학교의 장의 의무) 학교의 장은 교육감에게 학교폭력이 발생한 사실 및 제16조, 제16조의2, 제17조, 제17조의2 및 제18조에 따른 조치 및 그 결과를 보고하고, 관계 기관과 협력하여 교내 학교폭력 단체의 결성예방 및 해체에 노력하여야 한다. 〈개정 2012.3.21.〉

제20조(학교폭력의 신고의무) ① 학교폭력 현장을 보거나 그 사실을 알게 된 자는 학교 등 관계 기관에 이를 즉시 신고하여야 한다.

② 제1항에 따라 신고를 받은 기관은 이를 가해학생 및 피해학생의 보호자와 소속 학교의 장에게 통보하여야 한다. 〈개정 2009.5.8.〉

③ 제2항에 따라 통보받은 소속 학교의 장은 이를 자치위원회에 지체 없이 통보하여야 한다. 〈신설 2009.5.8.〉

④ 누구라도 학교폭력의 예비·음모 등을 알게 된 자는 이를 학교의 장 또는 자치위원회에 고발할 수 있다. 다만, 교원이 이를 알게 되었을 경우에는 학교의 장에게 보고하고 해당 학부모에게 알려야 한다. 〈개정 2009.5.8., 2012.1.26.〉

⑤ 누구든지 제1항부터 제4항까지에 따라 학교폭력을 신고한 사람에게 그 신고행위를 이유로 불이익을 주어서는 아니 된다. 〈신설 2012.3.21.〉

제20조의2(긴급전화의 설치 등) ① 국가 및 지방자치단체는 학교폭력을 수시로 신고받고 이에 대한 상담에 응할 수 있도록 긴급전화를 설치하여야 한다.

② 국가와 지방자치단체는 제1항에 따른 긴급전화의 설치·운영을 대통령령으로 정하는 기관 또는 단체에 위탁할 수 있다. 〈신설 2012.1.26.〉

③ 제1항과 제2항에 따른 긴급전화의 설치·운영·위탁에 필요한 사항은 대통령령으로 정한다. 〈개정 2012.1.26.〉

[본조신설 2009.5.8.]

제20조의3(정보통신망에 의한 학교폭력 등) 제2조제1호에 따른 정보통신망을 이용한 음란·폭력 정보 등에 의한 신체상·정신상 피해에 관하여 필요한 사항은 따로 법률로 정한다.

[본조신설 2012.3.21.]

제20조의4(정보통신망의 이용 등) ① 국가·지방자치단체 또는 교육감은 학교폭력 예방 업무 등을 효과적으로 수행하기 위하여 필요한 경우 정보통신망을 이용할 수 있다.

② 국가·지방자치단체 또는 교육감은 제1항에 따라 정보통신망을 이용하여 학교 또는 학생(학부모를 포함한다)이 학교폭력 예방 업무 등을 수행하는 경우 다음 각 호의 어느 하나에 해당하는 비용의 전부 또는 일부를 지원할 수 있다.

1. 학교 또는 학생(학부모를 포함한다)이 전기통신설비를 구입하거나 이용하는 데 소요되는 비용

2. 학교 또는 학생(학부모를 포함한다)에게 부과되는 전기통신역무 요금

③ 그 밖에 정보통신망의 이용 등에 관하여 필요한 사항은 대통령령으로 정한다.

[본조신설 2012.3.21.]

제20조의5(학생보호인력의 배치 등) ① 국가·지방자치단체 또는 학교의 장은 학교폭력을 예방하기 위하여 학교 내에 학생보호인력을 배치하여 활용할 수 있다.

② 다음 각 호의 어느 하나에 해당하는 사람은 학생보호인력이 될 수 없다. 〈신설 2013.7.30.〉

1. 「국가공무원법」 제33조 각 호의 어느 하나에 해당하는 사람

2. 「아동·청소년의 성보호에 관한 법률」에 따른 아동·청소년대상 성범죄 또는 「성폭력범죄의 처벌 등에 관한 특례법」에 따른 성폭력범죄를 범하여 벌금형을 선고받고 그 형이 확정된 날부터 10년이 지나지 아니하였거나, 금고 이상의 형이나 치료감호를 선고받고 그 집행이 끝나거나 집행이 유예·면제된 날부터 10년이 지나지 아니한 사람

3. 「청소년 보호법」 제2조제5호가목3) 및 같은 목 7)부터 9)까지의 청소년 출입·고용금지업소의 업주나 종사자

③ 국가·지방자치단체 또는 학교의 장은 제1항에 따른 학생보호인력의 배치 및 활용 업무를 관련 전문기관 또는 단체에 위탁할 수 있다. 〈개정 2013.7.30.〉

④ 제3항에 따라 학생보호인력의 배치 및 활용 업무를 위탁받은 전문기관 또는 단체는 그 업무를 수행함에 있어 학교의 장과 충분히 협의하여야 한다. 〈개정 2013.7.30.〉

⑤ 국가·지방자치단체 또는 학교의 장은 학생보호인력으로 배치하고자 하는 사람의 동의를 받아 경찰청장에게 그 사람의 범죄경력을 조회할 수 있다. 〈신설 2013.7.30.〉

⑥ 제3항에 따라 학생보호인력의 배치 및 활용 업무를 위탁받은 전문기관 또는 단체는 해당 업무를 위탁한 국가·지방자치단체 또는 학교의 장에게 학생보호인력으로 배치하고자 하는 사람의 범죄경력을 조회할 것을 신청할 수 있다. 〈신설 2013.7.30.〉

⑦ 학생보호인력이 되려는 사람은 국가·지방자치단체 또는 학교의 장에게 제2항 각 호의 어느 하나에 해당하지 아니한다는 확인서를 제출하여야 한다. 〈신설 2013.7.30.〉

[본조신설 2012.3.21.]

제20조의6(학교전담경찰관) ① 국가는 학교폭력 예방 및 근절을 위하여 학교폭력 업무 등을 전담하는 경찰관을 둘 수 있다.

② 제1항에 따른 학교전담경찰관의 운영에 필요한 사항은 대통령령으로 정한다.

[본조신설 2017.11.28.]

[종전 제20조의6은 제20조의7로 이동 〈2017.11.28.〉]

제20조의7(영상정보처리기기의 통합 관제) ① 국가 및 지방자치단체는 학교폭력 예방 업무를 효과적으로 수행하기 위하여 교육감과 협의하여 학교 내외에 설치된 영상정보처리기기(「개인정보 보호법」 제2조제7호에 따른 영상정보처리기기를 말한다. 이하 이 조에서 같다)를 통합하여 관제할 수 있다. 이 경우 국가 및 지방자치단체는 통합 관제 목적에 필요한 범위에서 최소한의 개인정보만을 처리하여야 하며, 그 목적 외의 용도로 활용하여서는 아니 된다.

② 제1항에 따라 영상성보처리기기를 통합 관제하려는 국가 및 지방자치단체는 공청회·설명회의 개최 등 대통령령으로 정하는 절차를 거쳐 관계 전문가 및 이해관계인의 의견을 수렴하여야 한다.

③ 제1항에 따라 학교 내외에 설치된 영상정보처리기기가 통합 관제되는 경우 해당 학교의 영상정보처리기기운영자는 「개인정보 보호법」 제25조제4항에 따른 조치를 통하여 그 사실을 정보주체에게 알려야 한다.

④ 통합 관제에 관하여 이 법에서 규정한 것을 제외하고는 「개인정보 보호법」을 적용한다.

⑤ 그 밖에 영상정보처리기기의 통합 관제에 필요한 사항은 대통령령으로 정한다.

[본조신설 2012.3.21.]

[제20조의6에서 이동 〈2017.11.28.〉]

제21조(비밀누설금지 등) ① 이 법에 따라 학교폭력의 예방 및 대책과 관련된 업무를 수행하거나 수행하였던 자는 그 직무로 인하여 알게 된 비밀 또는 가해학생·피해학생 및 제20조에 따른 신고자·고발자와 관련된 자료를 누설하여서는 아니 된다. 〈개정 2012.1.26.〉

② 제1항에 따른 비밀의 구체적인 범위는 대통령령으로 정한다.

③ 제16조, 제16조의2, 제17조, 제17조의2, 제18조에 따른 자치위원회의 회의는 공개하지 아니한다. 다만, 피해학생·가해학생 또는 그 보호자가 회의록의 열람·복사 등 회의록 공개를 신청한 때에는 학생과 그 가족의 성명, 주민등록번호 및 주소, 위원의 성명 등 개인정보에 관한 사항을 제외하고 공개하여야 한다. 〈개정 2011.5.19., 2012.3.21.〉

제22조(벌칙) 제21조제1항을 위반한 자는 1년 이하의 징역 또는 1천만원 이하의 벌금에 처한다.

[전문개정 2017.11.28.]

제23조(과태료) ① 제17조제9항에 따른 자치위원회의 교육 이수 조치를 따르지 아니한 보호자에게는 300만원 이하의 과태료를 부과한다.

② 제1항에 따른 과태료는 대통령령으로 정하는 바에 따라 교육감이 부과·징수한다.

[본조신설 2017.11.28.]

부칙 〈제15044호, 2017.11.28.〉

이 법은 공포한 날부터 시행한다.

학교폭력 예방 및 대책에 관한 법률 시행령 (약칭: 학교폭력예방법 시행령)

[시행 2016.5.10.] [대통령령 제27129호, 2016.5.10., 타법개정]

제1조(목적) 이 영은「학교폭력 예방 및 대책에 관한 법률」에서 위임된 사항과 그 시행에 필요한 사항을 규정함을 목적으로 한다.

제2조(성과 평가 및 공표)「학교폭력 예방 및 대책에 관한 법률」(이하 "법"이라 한다) 제6조제3항에 따른 학교폭력 예방 및 대책에 대한 성과는「초·중등교육법」제9조제2항에 따른 지방교육행정기관에 대한 평가에 포함하여 평가하고, 이를 공표하여야 한다.

제3조(학교폭력대책위원회의 운영) ① 법 제7조에 따른 학교폭력대책위원회(이하 "대책위원회"라 한다)의 위원장은 회의를 소집하고, 그 의장이 된다.

② 대책위원회의 회의는 반기별로 1회 소집한다. 다만, 재적위원 3분의 1 이상이 요구하거나 위원장이 필요하다고 인정하는 경우에는 수시로 소집할 수 있다.

③ 대책위원회의 위원장이 회의를 소집할 때에는 회의 개최 5일 전까지 회의 일시·장소 및 안건을 각 위원에게 알려야 한다. 다만, 긴급히 소집하여야 할 때에는 그러하지 아니하다.

④ 대책위원회의 회의는 재적위원 과반수의 출석으로 개의(開議)하고, 출석위원 과반수의 찬성으로 의결한다.

⑤ 대책위원회의 위원장은 필요하다고 인정할 때에는 학교폭력 예방 및 대책과 관련하여 전문가 등을 회의에 출석하여 발언하게 할 수 있다.

⑥ 회의에 출석한 위원과 전문가 등에게는 예산의 범위에서 수당과 여비를 지급할 수 있다. 다만, 공무원인 위원이 그 소관 업무와 직접적으로 관련하여 회의에 출석하는 경우에는 그러하지 아니하다.

제3조의2(대책위원회 위원의 해촉) 대통령은 법 제8조제3항제2호부터 제8호까지의 규정에 따른 대책위원회의 위원이 다음 각 호의 어느 하나에 해당하는 경우에는 해당 위원을 해촉(解囑)할 수 있다.

1. 심신장애로 인하여 직무를 수행할 수 없게 된 경우

2. 직무와 관련된 비위사실이 있는 경우

3. 직무태만, 품위손상이나 그 밖의 사유로 인하여 위원으로 적합하지 아니하다고 인정되는 경우

4. 위원 스스로 직무를 수행하는 것이 곤란하다고 의사를 밝히는 경우

[본조신설 2016.5.10.]

제4조(학교폭력대책실무위원회의 구성·운영) ① 법 제8조제6항에 따른 학교폭력대책실무위원회(이

하 "실무위원회"라 한다)는 위원장(이하 "실무위원장"이라 한다) 1명을 포함한 12명 이내의 위원으로 구성한다. 〈개정 2013.3.23.〉

② 실무위원장은 교육부차관이 되고, 위원은 기획재정부, 교육부, 미래창조과학부, 법무부, 행정자치부, 문화체육관광부, 보건복지부, 여성가족부, 국민안전처, 국무조정실 및 방송통신위원회의 고위공무원단에 속하는 공무원과 경찰청의 치안감 또는 경무관 중에서 소속 기관의 장이 지명하는 사람 각 1명이 된다. 〈개정 2013.3.23., 2014.11.19.〉

③ 제2항에 따라 실무위원회의 위원을 지명한 자는 해당 위원이 제3조의2 각 호의 어느 하나에 해당하는 경우에는 그 지명을 철회할 수 있다. 〈신설 2016.5.10.〉

④ 실무위원회의 사무를 처리하기 위하여 간사 1명을 두며, 간사는 교육부 소속 공무원 중에서 실무위원장이 지명하는 사람으로 한다. 〈개정 2013.3.23., 2016.5.10.〉

⑤ 실무위원장이 부득이한 사유로 직무를 수행할 수 없을 때에는 실무위원장이 미리 지명하는 위원이 그 직무를 대행한다. 〈개정 2016.5.10.〉

⑥ 회의는 대책위원회 개최 전 또는 실무위원장이 필요하다고 인정할 때 소집한다. 〈개정 2016.5.10.〉

⑦ 실무위원회는 대책위원회의 회의에 부칠 안건 검토와 심의 지원 및 그 밖의 업무수행을 위하여 필요한 경우에는 이해관계인 또는 관련 전문가를 출석하게 하여 의견을 듣거나 의견 제출을 요청할 수 있다. 〈개정 2016.5.10.〉

⑧ 실무위원장은 회의를 소집할 때에는 회의 개최 7일 전까지 회의 일시·장소 및 안건을 각 위원에게 알려야 한다. 다만, 긴급히 소집하여야 할 때에는 그러하지 아니하다. 〈개정 2016.5.10.〉

제5조(학교폭력대책지역위원회의 구성·운영) ① 법 제9조제1항에 따른 학교폭력대책지역위원회(이하 "지역위원회"라 한다)의 위원장은 특별시·광역시·특별자치시·도·특별자치도(이하 "시·도"라 한다)의 부단체장(특별시의 경우에는 행정(1)부시장, 광역시 및 도의 경우에는 행정부시장 및 행정부지사를 말한다)으로 한다.

② 지역위원회의 위원장은 회의를 소집하고, 그 의장이 된다.

③ 지역위원회의 위원장이 부득이한 사유로 직무를 수행할 수 없을 때에는 지역위원회 위원장이 미리 지명하는 위원이 그 직무를 대행한다.

④ 지역위원회의 위원은 학식과 경험이 풍부하고 청소년보호에 투철한 사명감이 있는 사람으로서 다음 각 호의 어느 하나에 해당하는 사람 중에서 특별시장·광역시장·특별자치시장·도지사·특별자치도지사(이하 "시·도지사"라 한다)가 교육감과 협의하여 임명하거나 위촉한다.

1. 해당 시·도의 청소년보호 업무 담당 국장 및 시·도교육청 생활지도 담당 국장

2. 해당 시·도의회 의원 또는 교육위원회 위원

3. 시·도 지방경찰청 소속 경찰공무원

4. 학생생활지도 경력이 5년 이상인 교원

5. 판사·검사·변호사

6. 「고등교육법」 제2조에 따른 학교의 조교수 이상 또는 청소년 관련 연구기관에서 이에 상당하는 직위에 재직하고 있거나 재직하였던 사람으로서 학교폭력 문제에 대한 전문지식이 있는 사람

7. 청소년 선도 및 보호 단체에서 청소년보호활동을 5년 이상 전문적으로 담당한 사람

8. 「초·중등교육법」 제31조제1항에 따른 학교운영위원회(이하 "학교운영위원회"라 한다)의 위원 또는 법 제12조제1항에 따른 학교폭력대책자치위원회(이하 "자치위원회"라 한다) 위원으로 활동하고 있거나 활동한 경험이 있는 학부모 대표

9. 그 밖에 학교폭력 예방 및 청소년 보호에 대한 지식과 경험이 있는 사람

⑤ 지역위원회 위원의 임기는 2년으로 한다. 다만, 지역위원회 위원의 사임 등으로 새로 위촉되는 위원의 임기는 전임위원 임기의 남은 기간으로 한다.

⑥ 시·도지사는 제4항제2호부터 제9호까지의 규정에 따른 지역위원회의 위원이 제3조의2 각 호의 어느 하나에 해당하는 경우에는 해당 위원을 해임하거나 해촉할 수 있다. 〈신설 2016.5.10.〉

⑦ 지역위원회의 사무를 처리하기 위하여 간사 1명을 두며, 지역위원회의 위원장과 교육감이 시·도 또는 시·도교육청 소속 공무원 중에서 협의하여 정하는 사람으로 한다. 〈개정 2016.5.10.〉

⑧ 지역위원회 회의의 운영에 관하여는 제3조제2항부터 제6항까지의 규정을 준용한다. 이 경우 "대책위원회"는 "지역위원회"로 본다. 〈개정 2016.5.10.〉

제6조(학교폭력대책지역실무위원회의 구성·운영) 법 제9조제2항에 따른 실무위원회는 7명 이내의 학교폭력 예방 및 대책에 관한 실무자 및 민간 전문가로 구성한다.

제7조(학교폭력대책지역협의회의 구성·운영) ① 법 제10조의2에 따른 학교폭력대책지역협의회(이하 "지역협의회"라 한다)의 위원장은 시·군·구의 부단체장이 된다.

② 지역협의회의 위원장은 회의를 소집하고, 그 의장이 된다.

③ 지역협의회의 위원장이 부득이한 사유로 직무를 수행할 수 없을 때에는 위원장이 미리 지정하는 위원이 그 직무를 대행한다.

④ 지역협의회의 위원은 학식과 경험이 풍부하고 청소년보호에 투철한 사명감이 있는 사람으로서 다음 각 호의 어느 하나에 해당하는 사람 중에서 시장·군수·구청장이 해당 교육지원청의 교육장과 협의하여 임명하거나 위촉한다. 〈개정 2014.6.11.〉

1. 해당 시·군·구의 청소년보호 업무 담당 국장(국장이 없는 시·군·구는 과장을 말한다) 및 교육지원청의 생활지도 담당 국장(국장이 없는 교육지원청은 과장을 말한다)

2. 해당 시·군·구의회 의원

3. 해당 시·군·구를 관할하는 경찰서 소속 경찰공무원

4. 학생생활지도 경력이 5년 이상인 교원

5. 판사·검사·변호사

6. 「고등교육법」 제2조에 따른 학교의 조교수 이상 또는 청소년 관련 연구기관에서 이에 상당하는 직위에 재직하고 있거나 재직하였던 사람으로서 학교폭력 문제에 대하여 전문지식이 있는 사람

7. 청소년 선도 및 보호 단체에서 청소년보호활동을 5년 이상 전문적으로 담당한 사람

8. 학교운영위원회 위원 또는 자치위원회 위원으로 활동하거나 활동한 경험이 있는 학부모 대표

9. 그 밖에 학교폭력 예방 및 청소년보호에 대한 지식과 경험을 가진 사람

⑤ 지역협의회 위원의 임기는 2년으로 한다. 다만, 지역위원회 위원의 사임 등으로 새로 위촉되는 위원의 임기는 전임위원 임기의 남은 기간으로 한다.

⑥ 시장·군수·구청장은 제4항제2호부터 제9호까지의 규정에 따른 지역협의회의 위원이 제3조의2 각 호의 어느 하나에 해당하는 경우에는 해당 위원을 해임하거나 해촉할 수 있다. 〈신설 2016.5.10.〉

⑦ 지역협의회에는 사무를 처리하기 위해 간사 1명을 두며, 간사는 지역협의회의 위원장과 교육장이 시·군·구 또는 교육지원청 소속 공무원 중에서 협의하여 정하는 사람으로 한다. 〈개정 2014.6.11., 2016.5.10.〉

제8조(전담부서의 구성 등) 법 제11조제1항에 따라 다음 각 호의 업무를 수행하기 위하여 시·도교육청 및 교육지원청에 과·담당관 또는 팀을 둔다. 〈개정 2014.6.11.〉

1. 학교폭력 예방과 근절을 위한 대책의 수립과 추진에 관한 사항

2. 학교폭력 피해학생의 치료 및 가해학생에 대한 조치에 관한 사항

3. 그 밖에 학교폭력의 예방 및 대책과 관련하여 교육감이 정하는 사항

제9조(실태조사) ① 법 제11조제8항에 따라 교육감이 실시하는 학교폭력 실태조사는 교육부장관과 협의하여 다른 교육감과 공동으로 실시할 수 있다. 〈개정 2013.3.23.〉

② 교육감은 학교폭력 실태조사를 교육 관련 연구·조사기관에 위탁할 수 있다.

제10조(전문기관의 설치 등) ① 교육감은 법 제11조제9항에 따라 시·도교육청 또는 교육지원청에 다음 각 호의 업무를 수행하는 전문기관을 설치·운영할 수 있다. 〈개정 2014.6.11.〉

1. 법 제11조의2제1항에 따른 조사·상담 등의 업무

2. 학교폭력 피해학생·가해학생에 대한 치유프로그램 운영 업무

② 교육감은 제1항제2호에 따른 치유프로그램 운영 업무를 다음 각 호의 어느 하나에 해당하는 기관·단체·시설에 위탁하여 수행하게 할 수 있다. 〈개정 2012.7.31., 2012.9.14.〉

1. 「청소년복지 지원법」 제31조제1호에 따른 청소년쉼터, 「청소년 보호법」 제35조제1항에 따른 청소년 보호·재활센터 등 청소년을 보호하기 위하여 국가·지방자치단체가 운영하는 시설

2. 「청소년활동진흥법」 제10조에 따른 청소년활동시설

3. 학교폭력의 예방과 피해학생 및 가해학생의 치료·교육을 수행하는 청소년 관련 단체

4. 청소년 정신치료 전문인력이 배치된 병원

5. 학교폭력 피해학생·가해학생 및 학부모를 위한 프로그램을 운영 하는 종교기관 등의 기관

6. 그 밖에 교육감이 치유프로그램의 운영에 적합하다고 인정하는 기관

③ 제1항에 따른 전문기관의 설치·운영에 관한 세부사항은 교육감이 정한다.

제11조(학교폭력 조사·상담 업무의 위탁 등) 교육감은 법 제11조의2제2항에 따라 학교폭력 예방에 관한 사업을 3년 이상 수행한 기관 또는 단체 중에서 학교폭력의 예방 및 사후조치 등을 수행하는 데 적합하다고 인정하는 기관 또는 단체에 법 제11조의2제1항의 업무를 위탁할 수 있다.

제12조(관계 기관과의 협조 사항 등) 법 제11조의3에 따라 학교폭력과 관련한 개인정보 등을 협조를 요청할 때에는 문서로 하여야 한다.

제13조(자치위원회의 설치 및 심의사항) ① 법 제12조제1항 단서에서 "대통령령으로 정하는 사유가 있는 경우"란 학교폭력 피해학생과 가해학생이 각각 다른 학교에 재학 중인 경우를 말한다.

② 법 제12조제2항제5호에서 "대통령령으로 정하는 사항"이란 학교폭력의 예방 및 대책과 관련하여 법 제14조제3항에 따른 책임교사 또는 학생회의 대표가 건의하는 사항을 말한다.

제14조(자치위원회의 구성·운영) ① 법 제13조제1항에 따른 자치위원회의 위원은 다음 각 호의 어느 하나에 해당하는 사람 중에서 해당 학교의 장이 임명하거나 위촉한다.

1. 해당 학교의 교감

2. 해당 학교의 교사 중 학생생활지도 경력이 있는 교사

3. 법 제13조제1항에 따라 선출된 학부모대표

4. 판사·검사·변호사

5. 해당 학교를 관할하는 경찰서 소속 경찰공무원

6. 의사 자격이 있는 사람

7. 그 밖에 학교폭력 예방 및 청소년보호에 대한 지식과 경험이 풍부한 사람

② 자치위원회의 위원장은 위원 중에서 호선(互選)하며, 위원장이 부득이한 사유로 직무를 수행할 수 없을 때에는 위원장이 미리 지정하는 위원이 그 직무를 대행한다.

③ 자치위원회의 위원의 임기는 2년으로 한다. 다만, 자치위원회 위원의 사임 등으로 새로 위촉되는 위원의 임기는 전임위원 임기의 남은 기간으로 한다.

④ 학교의 장은 제1항제2호부터 제7호까지의 규정에 따른 자치위원회의 위원이 제3조의2 각 호의 어느 하나에 해당하는 경우에는 해당 위원을 해임하거나 해촉할 수 있다. 〈신설 2016.5.10.〉

⑤ 자치위원회의 회의는 재적위원 과반수의 출석으로 개의하고, 출석위원 과반수의 찬성으로 의결한다. 〈개정 2016.5.10.〉

⑥ 자치위원회의 위원장은 해당 학교의 교직원에서 자치위원회의 사무를 처리할 간사 1명을 지명한다. 〈개정 2016.5.10.〉

⑦ 자치위원회의 회의에 출석한 위원에게는 예산의 범위에서 수당과 여비를 지급할 수 있다.

다만, 공무원인 위원이 그 소관 업무와 직접적으로 관련하여 회의에 출석한 경우에는 그러하지 아니하다. 〈개정 2016.5.10.〉

⑧ 자치위원회의 위원장은 회의 일시를 정할 때에는 일과 후, 주말 등 위원들이 참석하기 편리한 시간으로 정하여야 한다. 〈개정 2016.5.10.〉

제15조(상담실 설치) 법 제14조제1항에 따른 상담실은 다음 각 호의 시설·장비를 갖추어 상담활동이 편리한 장소에 설치하여야 한다.

1. 인터넷 이용시설, 전화 등 상담에 필요한 시설 및 장비

2. 상담을 받는 사람의 사생활 노출 방지를 위한 칸막이 및 방음시설

제16조(전담기구 운영 등) 법 제14조제3항에 따른 전담기구는 가해 및 피해 사실 여부에 관하여 확인한 사항을 학교의 장 및 자치위원회(자치위원회의 요청이 있는 경우만을 말한다)에 보고하여야 한다.

제17조(학교폭력 예방교육) 학교의 장은 법 제15조제5항에 따라 학생과 교직원 및 학부모에 대한 학교폭력 예방교육을 다음 각 호의 기준에 따라 실시한다.

1. 학기별로 1회 이상 실시하고, 교육 횟수·시간 및 강사 등 세부적인 사항은 학교 여건에 따라 학교의 장이 정한다.

2. 학생에 대한 학교폭력 예방교육은 학급 단위로 실시함을 원칙으로 하되, 학교 여건에 따라 전체 학생을 대상으로 한 장소에서 동시에 실시할 수 있다.

3. 학생과 교직원, 학부모를 따로 교육하는 것을 원칙으로 하되, 내용에 따라 함께 교육할 수 있다.

4. 강의, 토론 및 역할연기 등 다양한 방법으로 하고, 다양한 자료나 프로그램 등을 활용하여야 한다.

5. 교직원에 대한 학교폭력 예방교육은 학교폭력 관련 법령에 대한 내용, 학교폭력 발생 시 대응요령, 학생 대상 학교폭력예방 프로그램 운영 방법 등을 포함하여야 한다.

6. 학부모에 대한 학교폭력 예방교육은 학교폭력 징후 판별, 학교폭력 발생 시 대응요령, 가정에서의 인성교육에 관한 사항을 포함하여야 한다.

제18조(피해학생의 지원범위 등) ① 법 제16조제6항 단서에 따른 학교안전공제회 또는 시·도교육청이 부담하는 피해학생의 지원범위는 다음 각 호와 같다.

1. 교육감이 정한 전문심리상담기관에서 심리상담 및 조언을 받는 데 드는 비용

2. 교육감이 정한 기관에서 일시보호를 받는 데 드는 비용

3. 「의료법」에 따라 개설된 의료기관, 「지역보건법」에 따라 설치된 보건소·보건의료원 및 보건지소, 「농어촌 등 보건의료를 위한 특별조치법」에 따라 설치된 보건진료소, 「약사법」에 따라 등록된 약국 및 같은 법 제91조에 따라 설립된 한국희귀의약품센터에서 치료 및 치료를 위한 요양을 받거나 의약품을 공급받는데 드는 비용

② 제1항의 비용을 지원 받으려는 피해학생 및 보호자가 학교안전공제회 또는 시·도교육청

에 비용을 청구하는 절차와 학교안전공제회 또는 시·도교육청이 비용을 지급하는 절차는「학교안전사고 예방 및 보상에 관한 법률」제41조를 준용한다.

③ 학교안전공제회 또는 시·도교육청이 법 제16조제6항에 따라 가해학생의 보호자에게 구상(求償)하는 범위는 제2항에 따라 피해학생에게 지급하는 모든 비용으로 한다.

제19조(가해학생에 대한 조치별 적용 기준) 법 제17조제1항의 조치별 적용 기준은 다음 각 호의 사항을 고려하여 결정하고, 그 세부적인 기준은 교육부장관이 정하여 고시한다. 〈개정 2013.3.23.〉

1. 가해학생이 행사한 학교폭력의 심각성·지속성·고의성

2. 가해학생의 반성 정도

3. 해당 조치로 인한 가해학생의 선도 가능성

4. 가해학생 및 보호자와 피해학생 및 보호자 간의 화해의 정도

5. 피해학생이 장애학생인지 여부

제20조(가해학생에 대한 전학 조치) ① 초등학교·중학교·고등학교의 장은 자치위원회가 법 제17조제1항에 따라 가해학생에 대한 전학 조치를 요청하는 경우에는 초등학교·중학교의 장은 교육장에게, 고등학교의 장은 교육감에게 해당 학생이 전학할 학교의 배정을 지체 없이 요청하여야 한다.

② 교육감 또는 교육장은 가해학생이 전학할 학교를 배정할 때 피해학생의 보호에 충분한 거리 등을 고려하여야 하며, 관할구역 외의 학교를 배정하려는 경우에는 해당 교육감 또는 교육장에게 이를 통보하여야 한다.

③ 제2항에 따른 통보를 받은 교육감 또는 교육장은 해당 가해학생이 전학할 학교를 배정하여야 한다.

④ 교육감 또는 교육장은 제2항과 제3항에 따라 전학 조치된 가해학생과 피해학생이 상급학교에 진학할 때에는 각각 다른 학교를 배정하여야 한다. 이 경우 피해학생이 입학할 학교를 우선적으로 배정한다.

제21조(가해학생에 대한 우선 출석정지 등) ① 법 제17조제4항에 따라 학교의 장이 출석정지 조치를 할 수 있는 경우는 다음 각 호와 같다.

1. 2명 이상의 학생이 고의적·지속적으로 폭력을 행사한 경우

2. 학교폭력을 행사하여 전치 2주 이상의 상해를 입힌 경우

3. 학교폭력에 대한 신고, 진술, 자료제공 등에 대한 보복을 목적으로 폭력을 행사한 경우

4. 학교의 장이 피해학생을 가해학생으로부터 긴급하게 보호할 필요가 있다고 판단하는 경우

② 학교의 장은 제1항에 따라 출석정지 조치를 하려는 경우에는 해당 학생 또는 보호자의 의견을 들어야 한다. 다만, 학교의 장이 해당 학생 또는 보호자의 의견을 들으려 하였으나 이에 따르지 아니한 경우에는 그러하지 아니하다.

제22조(가해학생의 조치 거부·기피에 대한 추가 조치) 자치위원회는 법 제17조제1항제2호부터 제

9호까지의 조치를 받은 학생이 해당 조치를 거부하거나 기피하는 경우에는 법 제17조제11항에 따라 학교의 장으로부터 그 사실을 통보받은 날부터 7일 이내에 추가로 다른 조치를 할 것을 학교의 장에게 요청할 수 있다.

제23조(퇴학학생의 재입학 등) ① 교육감은 법 제17조제1항제9호에 따라 퇴학 처분을 받은 학생에 대하여 법 제17조제12항에 따라 해당 학생의 선도의 정도, 교육 가능성 등을 종합적으로 고려하여 「초·중등교육법」 제60조의3에 따른 대안학교로의 입학 등 해당 학생의 건전한 성장에 적합한 대책을 마련하여야 한다.

② 제1항에서 규정한 사항 외에 가해학생에 대한 조치 및 재입학 등에 필요한 세부사항은 교육감이 정한다.

제24조(피해학생 재심청구 및 심사 절차 및 결정 통보 등) ① 법 제17조의2제5항에 따라 피해학생 또는 보호자가 지역위원회에 재심을 청구할 때에는 다음 각 호의 사항을 적어 서면으로 하여야 한다.

1. 청구인의 이름, 주소 및 연락처

2. 가해학생

3. 청구의 대상이 되는 조치를 받은 날 및 조치가 있음을 안 날

4. 청구의 취지 및 이유

② 지역위원회는 청구인, 가해학생 및 보호자 또는 해당 학교에 심사에 필요한 자료 또는 정보의 제출을 요구할 수 있고, 청구인, 가해학생 또는 해당 학교는 특별한 사유가 없으면 이를 즉시 제출하여야 한다.

③ 지역위원회는 직권으로 또는 신청에 따라 청구인, 가해학생 및 보호자 또는 관련 교원 등을 지역위원회에 출석하여 진술하게 할 수 있다.

④ 지역위원회는 필요하다고 인정할 때에는 전문가 등 참고인을 출석하게 하거나 서면으로 의견을 들을 수 있다.

⑤ 지역위원회의 회의는 비공개를 원칙으로 한다.

⑥ 지역위원회는 재심사 결정 시 법 제16조제1항 각 호와 제17조제1항 각 호의 어느 하나에 해당하는 조치(수 개의 조치를 병과하는 경우를 포함한다)를 할 것을 해당 학교의 장에게 요청할 수 있다.

⑦ 지역위원회의 재심 결과는 결정의 취지와 내용을 적어 청구인과 가해학생에게 서면으로 통보한다.

제25조(분쟁조정의 신청) 피해학생, 가해학생 또는 그 보호자(이하 "분쟁당사자"라 한다) 중 어느 한 쪽은 법 제18조에 따라 해당 분쟁사건에 대한 조정권한이 있는 자치위원회 또는 교육감에게 다음 각 호의 사항을 적은 문서로 분쟁조정을 신청할 수 있다.

1. 분쟁조정 신청인의 성명 및 주소

2. 보호자의 성명 및 주소

3. 분쟁조정 신청의 사유

제26조(자치위원회 위원의 제척·기피 및 회피) ① 자치위원회의 위원은 법 제16조, 제17조 및 제18조에 따라 피해학생과 가해학생에 대한 조치를 요청하는 경우와 분쟁을 조정하는 경우 다음 각 호의 어느 하나에 해당하면 해당 사건에서 제척된다.

1. 위원이나 그 배우자 또는 그 배우자였던 사람이 해당 사건의 피해학생 또는 가해학생의 보호자인 경우 또는 보호자였던 경우

2. 위원이 해당 사건의 피해학생 또는 가해학생과 친족이거나 친족이었던 경우

3. 그 밖에 위원이 해당 사건의 피해학생 또는 가해학생과 친분이 있거나 관련이 있다고 인정하는 경우

② 학교폭력과 관련하여 자치위원회를 개최하는 경우 또는 분쟁이 발생한 경우 자치위원회의 위원에게 공정한 심의를 기대하기 어려운 사정이 있다고 인정할 만한 상당한 사유가 있을 때에는 분쟁당사자는 자치위원회에 그 사실을 서면으로 소명하고 기피신청을 할 수 있다.

③ 자치위원회는 제2항에 따른 기피신청을 받으면 의결로써 해당 위원의 기피 여부를 결정하여야 한다. 이 경우 기피신청 대상이 된 위원은 그 의결에 참여하지 못한다.

④ 자치위원회의 위원이 제1항 또는 제2항의 사유에 해당하는 경우에는 스스로 해당 사건을 회피할 수 있다.

제27조(분쟁조정의 개시) ① 자치위원회 또는 교육감은 제25조에 따라 분쟁조정의 신청을 받으면 그 신청을 받은 날부터 5일 이내에 분쟁조정을 시작하여야 한다.

② 자치위원회 또는 교육감은 분쟁당사자에게 분쟁조정의 일시 및 장소를 통보하여야 한다.

③ 제2항에 따라 통지를 받은 분쟁당사자 중 어느 한 쪽이 불가피한 사유로 출석할 수 없는 경우에는 자치위원회 또는 교육감에게 분쟁조정의 연기를 요청할 수 있다. 이 경우 자치위원회 또는 교육감은 분쟁조정의 기일을 다시 정하여야 한다.

④ 자치위원회 또는 교육감은 자치위원회 위원 또는 지역위원회 위원 중에서 분쟁조정 담당자를 지정하거나, 외부 전문기관에 분쟁과 관련한 사항에 대한 자문 등을 할 수 있다.

제28조(분쟁조정의 거부·중지 및 종료) ① 자치위원회 또는 교육감은 다음 각 호의 어느 하나에 해당하는 사유가 발생한 경우에는 분쟁조정의 개시를 거부하거나 분쟁조정을 중지할 수 있다.

1. 분쟁당사자 중 어느 한 쪽이 분쟁조정을 거부한 경우

2. 피해학생 등이 관련된 학교폭력에 대하여 가해학생을 고소·고발하거나 민사상 소송을 제기한 경우

3. 분쟁조정의 신청내용이 거짓임이 명백하거나 정당한 이유가 없다고 인정되는 경우

② 자치위원회 또는 교육감은 다음 각 호의 어느 하나에 해당하는 사유가 발생한 경우에는 분쟁조정을 끝내야 한다.

1. 분쟁당사자 간에 합의가 이루어지거나 자치위원회 또는 교육감이 제시한 조정안을 분쟁당사자가 수락하는 등 분쟁조정이 성립한 경우

2. 분쟁조정 개시일부터 1개월이 지나도록 분쟁조정이 성립하지 아니한 경우

③ 자치위원회 또는 교육감은 제1항에 따라 분쟁조정의 개시를 거부하거나 분쟁조정을 중지한 경우 또는 제2항제2호에 따라 분쟁조정을 끝낸 경우에는 그 사유를 분쟁당사자에게 각각 통보하여야 한다.

제29조(분쟁조정의 결과 처리) ① 자치위원회 또는 교육감은 분쟁조정이 성립하면 다음 각 호의 사항을 적은 합의서를 작성하여 자치위원회는 분쟁당사자에게, 교육감은 피해학생 및 가해학생 소속 학교 자치위원회와 분쟁당사자에게 각각 통보하여야 한다.

1. 분쟁당사자의 주소와 성명

2. 조정 대상 분쟁의 내용

  가. 분쟁의 경위

  나. 조정의 쟁점(분쟁당사자의 의견을 포함한다)

3. 조정의 결과

② 제1항에 따른 합의서에는 자치위원회가 조정한 경우에는 분쟁당사자와 조정에 참가한 위원이, 교육감이 조정한 경우에는 분쟁당사자와 교육감이 각각 서명날인하여야 한다.

③ 자치위원회의 위원장은 분쟁조정의 결과를 교육감에게 보고하여야 한다.

제30조(긴급전화의 설치·운영) 법 제20조의2에 따른 긴급전화는 경찰청장과 지방경찰청장이 운영하는 학교폭력 관련 기구에 설치한다.

제31조(정보통신망의 이용 등) 법 제20조의4제3항에 따라 국가·지방자치단체 또는 교육감은 정보통신망을 이용한 학교폭력 예방 업무를 다음 각 호의 기관 및 단체에 위탁할 수 있다.

1. 「한국교육학술정보원법」에 따라 설립된 한국교육학술정보원

2. 공공기관의 위탁을 받아 정보통신망을 이용하여 교육사업을 수행한 실적이 있는 기업

3. 학교폭력 예방에 관한 사업을 3년 이상 수행한 기관 또는 단체

제32조(영상정보처리기기의 통합 관제) 법 제20조의6제1항에 따라 영상정보처리기기를 통합하여 관제하려는 국가 및 지방자치단체는 다음 각 호의 절차를 거쳐 관계 전문가와 이해관계인의 의견을 수렴하여야 한다.

1. 「행정절차법」에 따른 행정예고의 실시 또는 의견 청취

2. 학교운영위원회의 심의

제33조(비밀의 범위) 법 제21조제1항에 따른 비밀의 범위는 다음 각 호와 같다.

1. 학교폭력 피해학생과 가해학생 개인 및 가족의 성명, 주민등록번호 및 주소 등 개인정보에 관한 사항

2. 학교폭력 피해학생과 가해학생에 대한 심의·의결과 관련된 개인별 발언 내용

3. 그 밖에 외부로 누설될 경우 분쟁당사자 간에 논란을 일으킬 우려가 있음이 명백한 사항

제34조(규제의 재검토) 교육부장관은 제15조에 따른 상담실 설치기준에 대하여 2015년 1월 1일을 기준으로 2년마다(매 2년이 되는 해의 1월 1일 전까지를 말한다) 그 타당성을 검토하여 개선

등의 조치를 하여야 한다.

[본조신설 2014.12.9.]

부칙 〈제27129호, 2016.5.10.〉 (행정기관 소속 위원회 운영의 공정성 및 책임성 강화를 위한 사립학교법 시행령 등 일부개정령)

이 영은 공포한 날부터 시행한다.

1장 학교폭력의 개념

교육부(2014). 학교폭력 사안처리 가이드북.

교육부(2017). 2017년 1차 학교폭력 실태조사 결과 보도자료.

김현주(2003). 집단 따돌림에서의 동조집단 유형화 연구. 청소년복지연구, 5(2), 103-118.

문용린 외(2006). 학교폭력 예방과 상담. 서울: 학지사.

민수홍(2011). 범죄의 두려움: 통계청 사회조사 자료분석. 경찰학논총, 6(1), 155-176.

손강숙, 이규미(2015). 학교폭력의 방어자 역할 경험에 대한 질적연구. 한국심리학회지:학교, 12(3), 317-348.

송재홍, 김광수, 박성희, 안이환, 오익수, 은혁기, 정종진, 조붕환, 홍종관, 황매향(2016). 학교폭력의 예방과 상담. 서울: 학지사.

안효영, 진영은(2014). 또래괴롭힘 상황에서의 주변인역할 연구동향 및 과제. 열린교육연구, 22, 95-117.

오인수(2010). 괴롭힘을 목격한 주변인의 행동에 영향을 미치는 심리적 요인, 공감과 공격성을 중심으로. 초등교육연구, 23(1), 45-63.

이인학, 이기영, 류관열, 김도진, 김숙복, 신은정, 최성열(2017). 학교폭력 예방 및 학생의 이해. 서울: 공동체.

한하나, 오인수(2014). 괴롭힘 주변인의 행동과 감사, 공감, 학교소속감과의 관계. 교육문제연구. 27(4), 53-75.

Bandura, A. (1986). *Social foundations of thought and action: A social cognitive theory*. Englewood Cliffs, NJ: Prentice_Hall.

Behre, W. J., Astor, R. A., & Meyer, H. A. (2001). Elementary-and Middle-school teachers' reasoning about intervening in school violence: An examination of violence-prone school subcontexts. *Journal of Moral Education, 30*(2), 131-153.

Benbenishty, R., & Astor, R. A. (2005). *School violence in context: Culture, neighborhood, family, school, and gender*. Oxford: Oxford University Press.

Bronfenbrenner, U. (1979). *The ecology of human development*. Cambridge, MA: Harvard University Press.

Coloroso, B. (2008). The bully, the bullied, and the bystander: From preschool to high school-How parents and teachers can help break the cycle violence, NY: Harper Collins.

Espelage, D. L., Holt, M. K., & Henkel, R. R.(2003). Examination of Peer-Group contextual effects on aggression during early adolescence. *Child developm ent, 74*(1), 205-220.

Furlong, M., & Morrison, G.(2000). The school in school violence. *Journal of Emotional and Behavioral Disorders, 8*(2), 71-82.

Gresham, S & Matza, D. (1957). Techniques of neutralization: A theory of delinquency. *American Sociological Review 22*, 664–670.

Hawker, D. S., & Boulton, M. J. (2000). Twenty years' research on peer victimization and psychosocial maladjustment: A meta-analytic review of cross-sectional studies. *The Journal of Child Psychology and Psychiatry and Allied Disciplines, 41*(4), 441-455.

Jaan Juvonen, Sandra Graham, Mark A. Schuster(2003). *Bullying among young adolescent: The strong, the weak, and the troubled*, Pediatrics.

Olweus, D. (1994). Bullying at school. Long term outcomes for victims and an effective school based intervention program, *Journal of child psychiatry, 35*(7), 1171-1190.

Pellegrini, A., & Long, J. D. (2002). A longitudinal study of bullying, dominance, and victimization during the transition from primary school through secondary school. *British Journal of Developmental Psychology, 20*(2), 259-280.

Roberts, W. B. (2008). *Working with parents of bullies and victims*. London: Corwin Press.

Salmivalli, C. (1992). Bullying as a group process. *Agressive Behavior, 22*, 1-5.

Salmivalli, C., Lagerspetz, K., Bjorkqvist, K., Osterman, K., & Kaukiainen, A. (1996). Bullying as a group process: Participant roles and their relations to social status within the group. *Aggressive Behavior, 22*(1), 1-15.

Sitsema, J., Veestra, R., Lindenberg, S. & Salmivalli, C. (2009). An empirical test of bullies' status goals: Assessing direct goals, aggression, and prestige. *Aggressive Behavior, 35*(1), 57-67.

Tajfel, H., & Turner, J. C. (1985). *The Social Identity Theory of Group Behavior*, Psychology of Intergroup Relations, Chicago: Nelson-Hall.

2장 학교폭력의 요인과 영향

김소명, 현명호(2004). 가정폭력이 집단 괴롭힘 행동에 미치는 영향: 사회인지와 정서조절을 중심으로. 한국심리학회: 임상, 23(1), 17-31.

김영길(2013). 학교폭력 경험에 따른 정신건강 비교 연구. 경기대학교 대학원 석사학위논문.

김영제, 김판석(2011). 비행 하위문화이론에 나타난 빈곤과 범죄의 사회학적 고찰. 한국위기관리논집, 7(3), 171-184.

김재엽, 최선아, 임지혜(2015). 지역사회 환경이 청소년의 학교폭력 가해행동에 미치는 영향. 청소년학연구, 22(11), 111-135.

김태선(2016). 교사 대상 불링 경험에 대한 해석학적 현상학 연구. 인천대학교대학원 박사학위논문.

뉴시스(2016.02.14.). 대법, '학교폭력' 스트레스로 자살한 교사 '업무상 재해' 인정.

문성호(2000). 지역사회폭력에 노출된 청소년의 특성 및 평가모형 개발을 위한 탐색적 연구. 청소년학연구, 7(1), 125-148.

문용린 외(2006). 학교폭력 예방과 상담. 서울: 학지사.

박민영(2017). 학교는 민주주의를 가르치지 않는다. 서울: 인물과 사상사.

박종철(2013). Cohen의 비행하위문화이론에 따른 학교폭력의 개선방안연구. 자치경찰연구, 6(3), 62-87.

박철옥(2015). 복합외상경험자의 상담을 통한 자기의 회복과정: 근거 이론 적용. 이화여자대학교대학원 박사학위논문.

방기연(2011). 학교폭력 사건에 대한 교사의 인식과 경험에 대한 질적연구, 상담학 연구, 12(5), 1753-1778.

보건복지부(2001). 의료기관을 방문한 학교폭력 피해자의 정신병리 조사. 서울: 보건복지부.

송선희, 김항중, 박미진, 이현주(2017). 생활지도와 학교폭력의 이해. 서울: 학지사.

송재홍, 김광수, 박성희, 안이환, 오익수, 은혁기, 정종진, 조붕환, 홍종관, 황매향(2016). 학교폭력의 예방과 상담. 서울: 학지사.

신희경(2006). 가해 청소년, 피해 청소년, 가해/피해 청소년 집단유형의 발달에 영향을 미치는 변인. 한국청소년연구, 17(1), 297-323.

안현의(2005). 청소년의 심리적 외상에 관한 학교폭력 외상 피해의 이해와 대처 탐색적 연구: 외상 후 스트레스 증상과 성격특성을 중심으로. 한국심리학회지: 상담 및 심리치료, 17(1), 217-231.

염숙현(2015). 학교폭력 가해행동 유형별 관련 요인에 관한 메타분석. 한국교원대학교 석사학위 논문.

오병호, 이상구(2012). 지역사회에서 청소년 학교폭력의 예방과 대책에 관한 연구. 21세기사회복지연구, 9(2), 231~252.

오승아, 김정희(2017). 초등학생의 학교폭력피해경험이 정신건강에 미치는 영향. 어린이미디어연구, 16(4), 157-179.

이수림, 고경은(2014). 학교폭력 중복경험 학생의 특성 및 학교생활적응에 영향을 미치는 요인 연구; 학교폭력 유형별 집단비교를 중심으로. 제4회 한국 아동, 청소년 페널 학술대회. 한국청소년정책연구원.

이수화(1999). 초등학교 학교폭력 실태분석. 부산교육대학교 대학원 석사학위논문.

이유진(2015). 학교폭력 해결을 위한 회복적 정의모델 모형 개발 연구. 소년정책연구, 28(4), 169-207.

이주현(2015). 십대를 위한 9가지 트라우마 회복스킬. 서울: 학지사.

이혜미, 김광수(2016). 학교폭력 외상 피해의 이해와 대처. 초등상담연구, 15(2), 141-163.

장진이(2010). 반복적 대인간 외상 경험자의 자기체계 손상과 심리적 특성. 박사학위논문, 이화여자대학교 대학원.

조형정, 김명랑, 조민희(2017). **학교폭력 예방 및 학생의 이해**. 서울: 양서원.

한겨레(2016. 7. 18.). 학교폭력 피해, 초등 4학년이 제일 많은 이유는?

한국일보.(2017.07.31.) 법정으로 가는 학폭 '부모들의 전쟁' 되다 학폭위 징계 불복 행정소송 매년 증가 "학교 초동대처 중요".

한유경, 이주연, 김성식, 신민섭, 정제영, 정성수, 김성기(2014). **학교폭력과 괴롭힘 예방**. 서울: 학지사.

허성호, 박준성, 정태연(2009). 집단따돌림이 피해청소년의 자아에 미치는 영향에 관한 종단연구. **한국청소년연구, 20**(4), 279-299.

황여정(2016). 학생인권과 학교폭력 실태, *Korean Social Trends 2016*, 124-136.

Coloroso, B. (2008). *The bully, the bullied, and the bystander: From preschool to high school-How parents and teachers can help break the cycle violence*. NY: Harper Collins.

Courtois. C. A., & Ford, J. D. (2009). *Treating complex traumatic stress disorders: An evidence-based guide*. New York: Guilford Press.

De Wet, C. (2010). Victims of educator-targeted bullying: a qualitative study. *South African Journal of education, 30*, 189-201.

Hazler, R. J.(1996). Bystanders: An overlooked variable in peer abuse. *The Journal for the Professional Counselor, 11*, 11-21.

Luxenberg, T., Spinazzola, J., & van der Kolk, B. A. (2001). Complex trauma and disorders of extreme stress(DESNOS) diagnosis, part one: assessment. *Directions in Psychiatry, 21*, 373-392.

OECD (2009). *Society at a Glance 2009*.

Olweus, D. (1980). Familial and temperamental determinants of aggressive behavior in adolescent boys: A causal analysis. *Developmental Psychology, 16*(6), 644-660.

Olweus, D. (1993). *Bullying at school : What we know and what we can do*. Oxford : Blachwell Publishers

Smith, M. S. (2001). *Practice-based professional development for teachers of mathematics*. Reston, VA: National Council of Teachers of Mathematics.

Thompson, M., Catherine, G. O., & Cohen, L. J. (2001). *Best friends, worst enemies*. NY: Ballantine Books.

Wilcox, P., Quisenberry, N., Cabrera, D. T., & Shayne, J. (2004). Busy Places and Broken Windows? Toward Defining the Role of Physical Structure and Precess in Community Crime Models. *Sociological Quarterly, 45*, 185-207.

김봉섭, 김붕년, 김의성, 김혜림, 박효정, 서미, 이영주, 이인재, 이현철, 전인식, 정시영, 조윤호, 최성보 (2017). 학교폭력예방 및 학생생활의 이해. 서울: 학지사.

김준호 외(2003). 청소년비행론. 서울: 청목출판사.

김진화 외(2002). 청소년문제행동론. 서울: 학지사.

송재홍, 김광수, 박성희, 안이환, 오익수, 은혁기, 정종진, 조붕환, 홍종관, 황매향. (2016). 학교폭력의 예방 과 상담. 서울: 학지사.

시사저널(2017. 4. 21). 열일곱 살 소녀는 왜 악마가 됐나?

조선일보(2017. 7. 26). 잔혹물 보고 폭력에 둔감해져…… 자해하거나 '칼빵'하는 학생들도.

한규석(2002). 사회심리학의 이해. 서울: 학지사.

한유경 외(2014). 학교폭력의 예방 및 대책. 한국초등상담교육학회편. 서울: 학지사.

Allport, G. W. (1954). *The nature of prejudice*. Cambridge, MA: Addison-Wesley.

Asch, S. E. (1955). Opinions and social pressure. *Scientific America, 193*(5), 31-35.

Bandura, A. (1965). Influence of models' reinforcement contigencies on the acquisition of imitative responses. *Journal of personality and Social Psychology, 1*(6), 589-595.

Baron, R. S., Vandellom, U. A. & Brunsman, B. (1996). The forgotten variable in conformity re-search: Impact of task importance on social influence. *Journal of personality and Social Psy-chology, 71*, 915-927.

Blackburn, Ronald (1993). *The psychology of criminal conduct*. John Wiley & Sons.

Carr, A. (1999) *The handbook of child and adolescent clinical psychology: A contextual approach*. London: Routledge.

Dollard, J. & Miller, N. E. (1950). *Personality and psychotherapy: An analysis in terms of learning, thinking, and culture*. New York: McGraw-Hill.

Fromm, E. (1973) *The anatomy of human destructiveness*, NY: Holt, Rinehart and Winston.

Greenberg, J., Schmader, T., Arndt, J., & Landau, M. (2015). *Social psychology: The science of every-day life*. New York: Worth publishers.

Kutash, S. B. (1978). Psychoanalytic theories of aggression, in I. L. Kutash, S. B. Kutash, L. B Schlestinger and other(eds), *Violence; perspectives on murder and aggression*. San Francisco: Jossy-Bass.

Lily, J. R., Cullen, F. T., & Ball, R. A. (2017). 범죄학 이론: 사회적 배경과 결과물[*Criminological theo-ry*]. (이순래, 박철현, 장안식 역). 서울: 박영사(원전은 2015에 출판).

Lorenz, K. (1966). *On Aggression*, trans. by Marjorie Kerr Wilson. New York: Harcourt, Brace &

World, Inc.

Milgram, S. (1963). Behavioral study of obedience. *Journal of Abnormal and Social Psychology, 67*(4), 371-378.

Moffitt, T. E. (1993). Adolescence-limited and life-course-persistent antisocial behavior: A developmental taxonomy. *Psychological Review, 100*, 674-701.

Myers, D. G. (2015). 사회심리학[*Social Psychology*]. (이종택, 홍기원, 고재홍, 김범준, 노혜경, 최해연 역). 서울: 한올출판사.

Pamela, O. & Horne. A. M. (2013). 괴롭힘 예방: 행복한 학교문화 조성과 사회적 역량 개발[*Bullying prevention : creating a positive school climate and developing social competence*]. (한유경, 정제영, 김성기, 김성식, 장원경, 박주형, 이주연, 오인수, 이승연, 서경혜 역). 파주: 아카데미프레스(원전은 2006년에 출판).

Paquette, Julie A. and Underwood, Marion K. (1999). Gender Differences in Young Adolescents' Experiences of Peer Victimization: Social and Physical Aggression, *Merrill-Palmer Quarterly*, Vol. 45 : Iss. 2 , Article 5.

Rothschild, Z. K., Landau, M. J., Sullivan, D., & Keefer, L. A. (2012). A dualmotive model of scapegoating: Displacing blame to reduce guilt or increase control. *Journal of personality and Social Psychology, 102*(6), 1148-1163.

Sylwester, R. (1999). In search of the roots of adolescent aggression. *Educational Leadership 57*(1), 65-70.

Thomas, D. E., Bierman, K. L., Powers, C. J., & the Conduct Problems Prevention Research Group(CPRG). (2011). The influence of classroom aggression and classroom climate on aggressive-disruptive behavior. *Child Development, 82*, 751－757.

Thomas, M. R. (2006). *Violence in America's schools: Understanding, prevention, and responses.* Westport, CT: Praeger Publishers.

Wilson, E. O. (1978). *On human nature.* Cambride, MA: Havard University Press.

4장 언어폭력

국립국어원. 청소년 언어실태 언어의식 전국조사. 2011년 12월 결과보고서.

김기쁨(2017). 초등학교 저학년의 언어폭력예방을 위한 독서치료 활용 집단상담 프로그램 개발. 한국교원대학교 교육대학원 석사학위논문.

김평원(2012). 청소년 욕설 문화 개선 교육 프로그램의 효과. **화법연구**, 20(0): 9-37.

김평원(2017). 언어폭력 개선을 위한 욕설 의미 교육의 효과. **교육연구**, 70, 9-27.

박인기(2012). 욕설언어현상에 대한 교육적·문화적 진단과 대안 모색. 화법연구, 20. 101-139.

박인기 외(2012). 학생 언어문화 개선을 통한 인성교육 강화 방안 연구. 교육과학기술부.

양명희, 강희숙(2011). '초·중·고 학생들의 욕설 사용 실태와 태도에 대한 연구'. 어문학 111집, 57-87.

이인학, 이기영, 류관열, 김도진, 김숙복, 신은정, 최성열(2017). **학교폭력 예방 및 학생의 이해**. 서울: 공동체.

청소년폭력예방재단(2011). 2010년도 전국 학생폭력 실태조사 보고서. 청소년폭력예방재단.

최은숙(2000). 집단 따돌림 가해, 피해 경향과 관련된 심리적 요인에 관한 일 연구. 서강대학교 석사학위논문.

충북교육청(2005). 학교폭력 예방 및 대책, 비교과교육연구활동보고서.

Coloroso, B. (2008). *The bully, the bullied, and the bystander: From preschool to high school-How parents and teachers can help break the cycle violence*, NY: Harper Collins.

Morita Yoshia. (1996). 教室の危い. 東京: 金子書爲.

Infante, D. A., & Wigley III, C. J. (1986). Verbal aggressiveness: An interpersonal model and measure. *Communications Monographs*, 53(1), 61-69.

Infante, D., Riddle, B., Horvath, C., & Tumlin, S. (1992). Verbal aggressiveness: Message and reasons. *Communication Quarterly, 40*, 116-126.

5장 집단 괴롭힘(bullying)

교육부(2016). 학교폭력으로부터 우리아이 지키기.

김영아, 김연하(2008). 유아교육기관 내 또래 괴롭힘 현상에 대한 교사, 예비교사, 어머니의 인식 비교. **열린유아교육연구, 13**(1), 279-300.

김위정(2016). 학생자치활동 경험이 공동체의식에 미치는 영향: 혁신학교와 일반학교 비교. **한국청소년연구, 27**(1), 179-203.

문용린, 김준호, 임영식, 곽금주, 최지영, 박병식, 박효정, 이규키, 임재연, 정규원, 김충식, 이정희, 신순갑, 진태원, 장현우, 박종효, 장맹배, 강주현, 이유미, 이주연, 박명진(2006). **학교폭력 예방과 상담**. 서울: 학지사.

박가나(2009). 청소년 참여활동이 공동체의식에 미치는 효과. **청소년학연구, 16**(10), 273-306.

박숙영(2014). **회복적 생활교육을 만나다**. 서울: 좋은교사.

박영신, 김의철(2001). 학교폭력과 인간관계 및 청소년의 심리 행동특성: 폭력가해, 폭력피해, 폭력무경험 집단의 비교를 중심으로. 한국심리학회지: 문화 및 사회문제, 7(1), 63-89.

박종효(2006). 학교폭력 예방 및 치료를 위한 상담교사의 역할. 전국상담순회교사 직무연수 자료집. 교육인적자원부.

박종효, 박효정, 정미경(2007). 학교폭력에 대한 교사 스트레스 연구: 발생건수, 심각성 지각과 대처 효능감의 관련성. 한국교육, 34(2), 3-25.

박효정(2012). 학교폭력의 원인과 극복 방안. 서울교육 206호. 서울특별시교육연구정보원.

방기연(2011). 학교폭력 사건에 대한 교사의 인식과 경험에 대한 질적연구. 상담학연구, 12(5), 1753-
1778.

서영석, 안하얀, 이채리, 최정윤(2015). 집단 따돌림 외상 경험 및 극복 과정 연구. 한국심리학회지: 상담
및 심리치료, 27(3), 685-719.

서울특별시교육청(2014). 학교폭력 사안처리 가이드북.

송재홍, 김광수, 박성희, 안이환, 오익수, 은혁기, 정종진, 조봉환, 홍종관, 황매향(2016). 학교폭력의 예방과
상담. 서울: 학지사.

오승환(2007). 청소년의 집단 괴롭힘 관련 경험에 영향을 미치는 생태체계적 요인 분석. 정신보건과 사회
사업, 25(4), 74-98.이인학, 이가영, 류관열, 김도진, 김숙복, 신은정, 최성열(2017). 학교폭력 예방 및
학생의 이해. 서울: 공동체.

이은희, 강은희(2003). 청소년들의 지배성, 우월감, 자기찬미, 신뢰결핍과 집단 따돌림 행동간의 관계. 한국
심리학회지: 건강, 8(2), 323-353.

이춘재, 곽금주(1999). 학교에서의 집단 따돌림: 특성 및 실태. 서울: 집문당.

청소년폭력예방재단(2011). 2010년 전국 학교폭력 실태조사 보고서. 서울: 청소년폭력예방재단.

최은숙(2000). 집단따돌림 가해, 피해 경향과 관련된 심리적 요인에 관한 일 연구. 서강대학교 교육대학원
석사학위논문.

한유경, 이주연, 김성식, 신민섭, 정제영, 정성수, 김성기(2014). 학교폭력과 괴롭힘 예방. 서울: 학지사

한하나, 오인수(2014). 괴롭힘 주변인의 행동과 감사, 공감, 학교소속감과의 관계. 교육문제연구. 27(4),
53-75.

황정훈(2014). 학교폭력 처리과정에 대한 교사경험 분석. 교사교육연구, 53(2), 289-303.

Coloroso, B. (2008). *The bully, the bullied, and the bystander: From preschool to high school-How
parents and teachers can help break the cycle violence.* NY: Harper Collins.

Hazler, R. J. (1996). *Breaking the cycle of violence: Interventions for bullying and victimization.*
Washington, DC: Accelerated Development.

Hodge, E. V. E., Malone, M. J., & Perry, D. G. (1997). Individual risk and social risk as interacting
determinants of victimization in the peer group. *Developmental Psychology, 33*, 1032-1039.

Krug, E. G., Mercy, J. A., Dahlberg, L. L., & Zwi, A. B. The world report on violence and health.
World Health Organization, Geneva.

Manvell, E. C. (2015). *The violence continuum creating a safe school climate.* Maryland: Rowman &
Littlefield Publishers.

Mishna, F., Scarello, I., Pepler, D., & Wiener, J. (2005). Teachers' understanding of bullying. *Cana-*

dian Journal of Education, 28, 718-738.

Olweus, D. (1993). *Bullying at school: What we know and what we can do.* Oxford, UK: Blackwell.

Olweus, D. (1991). Bully/victim problems among schoolchildren: Basic facts and effects of a school-based intervention program. In D. J. Pepler & K. H. Rubin (Eds.), *The development and treatment of childhood aggression* (pp. 411-448). Hillsdale, NJ: Erlbaum.

Olweus, D. (1994). Annotation: Bulling at school: Basic facts and effects of a school based intervention program. *Journal of Child Psychology and Psychiatry, 35*, 1171-1190.

Orpinas, P., Horne, A. M. (2006). *Bullying prevention: creating a positive school climate and developing social competence.* Washington, DC: American Psychological Association.

Perry, D. G., Kusel, S. J., & Perry, L. C. (1988). Victims of peer aggression. *Developmental Psychology, 24*(6), 807-814.

Randall, P. (1997). *Adult bullying: Perpetrators and victim.* London: Routledge.

Smith, P. K. & Brain, P. (2000). Bullying in schools: Lessons from two decades of research. *Aggressive Behavior, 26*(1), 1-9.

Smith, P. K. & Sharp, S. editors. (1994). *School bullying: Insights and perspectives.* London: Routledge.

6장 스토킹

곽영길, 임유석, 송상욱(2011). 스토킹의 특징에 관한 연구: 미국·일본·한국의 스토킹 현황을 중심으로. **한국범죄심리연구, 7**(3), 47-76.

김잔디(2015). 스토킹 행위의 특징과 대응 방안. **치안정책연구. 29**(3), 135-165.

박선영, 김현아, 김정혜(2016). 한국의 스토킹 방지 및 피해자 보호를 위한 입법과제. 한국여성정책연구원.

이시형, 이세용, 김형주, 신영철, 이소희(1998). 현대사회와 스토킹. 삼성생명 사회정신건강연구소.

이기헌 외(2002). "스토킹피해실태와 입법쟁점에 관한 연구". 한국형사정책연구원.

이정호(2008). 스토킹의 규제방안에 관한 연구. **경찰연구논집, 3**(0) : 115-156.

정도희(2017). 스토킹의 개념과 처벌에 관한 몇 가지 제언. **법과 정책연구, 17**(3), 31-55.

세계일보(2018. 5. 10.). 스토킹 처벌·피해자 보호 강화… 법무부, '스토킹처벌법' 입법예고.

7장 성폭력

김영자(2012). 성폭력 가해자 치료프로그램이 성폭력 가해청소년의 성의식과 강간통념에 미치는 효과. 영남대학교 석사학위논문.

김정규(1998). 성피해의 심리적 후유증. 한국심리학회지: 임상. 17(1), 331-345.

문용린 외(2013). 학교폭력 예방과 상담. 서울: 학지사.

박가람, 정남운(2008). 성폭력 상담에서 내담자들이 지각한 도움경험: 질적 분석. 한국심리학회지: 상담
　　및 심리치료, 20(1), 161-182.

박민영(2017). 학교는 민주주의를 가르치지 않는다. 서울: 인물과 사상사.

박용순(2000). 청소년 성폭력 예방을 위한 사회복지적 접근: 가해자와 피해자를 중심으로. 청소년학 연구,
　　7(2), 137-159.

서울특별시교육청(2016). 대상별 학교 성폭력 사안처리 매뉴얼, 서울교육, 9.

서혜석, 채인석(2015). 성폭력 가해청소년의 성폭력통념 수용도와 성태도 및 성지식 향상을 위한 집단상담
　　프로그램의 효과. 교정연구, 67, 207-232.

송재홍, 김광수, 박성희, 안이환, 오익수, 은혁기, 정종진, 조붕환, 홍종관, 황매향(2013). 학교폭력의 예방과
　　상담. 서울: 학지사.

이인학 외(2017). 학교폭력 예방 및 학생의 이해. 서울: 공동체.

임정선(2011). 아동 성폭력범죄자에 대한 치료적 개입을 위한 고찰. 한국심리학회지: 법정, 2(2), 185-197.

정혜원(2017). 학교내 성폭력, 현황과 대응과제. 경기도가족여성연구원: 이슈분석, 68호(17-03).

최은숙(2000). 집단 따돌림 가해, 피해 경향과 관련된 심리적 요인에 관한 일 연구. 서강대학교 석사학위논문.

Coloroso, B. (2008). *The bully, the bullied, and the bystander: From preschool to high school-How parents and teachers can help break the cycle violence*. NY: Harper Collins.

8장 사이버불링

김봉섭(2015). 우리나라의 사이버폭력 실태. 경기: 교육과학사.

김봉섭, 김붕년, 김의성, 김혜림, 박효정, 서미, 이영주, 이인재, 이현철, 전인식, 정시영, 조윤오, 최성보
　　(2017). 학교폭력예방 및 학생생활의 이해. 서울: 학지사.

두경희(2013). 가해자와의 관계가 사이버폭력 피해자의 정서와 인지에 미치는 영향. 서울대학교 박사학위
　　논문.

방송통신위원회, 한국인터넷진흥원(2016). 2015년 사이버폭력 실태조사결과 보고서.

손민지(2013). 국내 사이버폭력 현황 및 대응방안 연구. *Internet & Security Focus, 3*. 6-22.

송재홍, 김광수, 박성희, 안이환, 오익수, 은혁기, 정종진, 조붕환, 홍종관, 황매향(2013). 학교폭력의 예방과
　　상담. 서울: 학지사.

신승균(2014). SNS 활용에 따른 학교폭력 대응방안 연구: 사이버불링(따돌림)을 중심으로. 한국콘텐츠학

회 학술대회논문집, 67-68.

이인학, 이기영, 류관열, 김도진, 김숙복, 신은정, 최성열(2017). 학교폭력 예방 및 학생의 이해. 서울: 공동체.

이정기, 우형진(2010). 사이버 언어폭력 의도에 관한 연구. 사이버커뮤니케이션학보, 27(1), 3-30.

이창호, 신나민(2014). 청소년 사이버불링 실태 및 대응방안 연구. 한국청소년정책연구원.

이창호(2016). 청소년 사이버불링의 원인, 영향 및 대책: 사이버불링경험청소년과의 인터뷰를 중심으로. 정치커뮤니케이션연구, 43, 231-260.

임상수(2011). 사이버불링에 대한 윤리교육의 대응. 윤리연구, 81, 291-315.

임상수(2013). 사이버불링에 대한 법률적 대응책의 허와 실. 윤리연구, 91, 107-125.

전신현, 이성식(2010). 청소년의 휴대전화를 이용한 사이버 집단괴롭힘 현상의 원인 모색. 청소년학연구, 17, 159-181.

정한호(2012). 학교 현장에서 발생하는 사이버폭력 실태와 대처방안에 대한 고찰. 소년보호연구, 20, 205-241.

주간조선.(2016. 4. 18.). 이미지불링, 온라인 수금, '펑' 메시지, 저격글… 왕따의 진화 사이버불링.

추병완, 김양은, 박한철, 이승현(2016). 사이버폭력 치유 프로그램(정보서). 한국정보화진흥원.

헤럴드경제. (2017. 9. 21.). [1인방송 명과 암] ② 방통위도 못 막는다? 날뛰는 1인 방송자 위엔 '법이 없다'.

Accordino, D. B., & Accordino, D. B. M. P. (2011). An Exploratory study of face-to-face and cyber-bullying in sixth grade students. *American Secondary Education, 40*(1), 14-30.

Hinduja, S., & Patchin, J. (2012). 사이버폭력[*Bullying beyond the schoolyard*]. (조아미, 박선영, 한영희, 이진숙, 김범구, 전영선, 이정민, 이원희 공역). 서울: 정민사(원전은 2009년에 출간).

Joinson. A. N. (2003). *Understanding the Psychology of Internet Behavior.* Palgrave McMillian.

Livingstone, S., & Helsper, E. (2008). Parental mediation of children's internet use. *Journal of Broadcasting & Electronic Media, 52*(4), 581-599.

Mesch, G. S. (2009). Parental mediation, online activities, and cyberbullying. *CyberPsychology & Behavior, 12*(4), 387-393.

Olweus, D. (1993). *Bullying at school: What we know and what we can do.* Oxford, UK: Blackwell Publishers.

9장 아동·청소년기 발달의 이해

곽금주(2015). 아동 및 청소년기의 폭력성 발달. 지식의 지평, 18, 104-122.

교육부, 보건복지부, 질병관리본부. (2016). 제12차(2016년) 청소년건강행태온라인조사.

세종: 교육부, 보건복지부, 질병관리본부.

송선희, 김항중, 박미진, 이현주(2017). 생활지도와 학교폭력의 이해. 서울: 학지사.

이용운(2006). 학생의 갈등문제에 대한 스캐폴딩(scaffolding) 활용방식이 학급 풍토 및 학생의 정의적 특성에 미치는 효과. 교육방법연구, 18(2), 157-175.

임규혁, 임웅(2007). 교육심리학. 서울: 학지사.

주리애, 윤수현(2014). 청소년을 위한 미술치료. 서울: 아트북스.

채진영(2012). 한국 교육의 수치 문화 속에 잠재된 폭력성에 관한 성찰. 교육의 이론과 실천, 18(1), 159-177.

최승원, 이연주, 배유빈, 오다영(2017). 청소년 학교폭력 예방 프로그램의 실제. 서울: 학지사.

한겨레. (2018. 3. 31). 아이들 다 아는데, 학교만 모르는 '진짜 성교육' http://www.hani.co.kr/arti/society/society_general/838501.html#csidxc50426da1553913a684927d0634800d

Begun, R. W. (1998). *Ready-to-Use violence prevention skills.* Ohio.

Colder, C. R., Mott, J., Levy, S., & Flay, B. (2000). The relation of perceived neighborhood danger to childhood aggression: A test of mediating mechanisms. *American journal of community psychology, 28*(1), 83-103.

Ellis, L., & Coontz, P. D. (1990). Androgens, brain functioning, and criminality: The neurohormonal foundations of antisociality. *Crime in biological, social, and moral contexts.* New York. 162-193.

Hoffman, M. L. (1987). The contribution of empathy to justice and moral judgment. In N. Eisenberg and J. Strayer (Eds.), *Empathy and its development* (pp. 47-80). New York: Cambridge University Press.

Orbach, I., Stein, D., Shani-Sela, M. & Har-Even, D. (2001). Body attitudes and body experiences in suicidal adolescents. *Suicide and Live-Threatening Behavior, 31*(3), pp. 237-249.

Selman, R. L. (1976). Social-cognitive understanding: A guide to educational and clinical practice. In T. Lickona (Ed.), *Moral development and behavior: Theory, research, and social issues* (pp. 299 – 317). New York, NY: Holt, Rinehart & Winston.

Shaffer, D. R. (2005). 발달심리학. 송길연, 장유경, 이지연, 정윤경 공역. 서울: 시그마프레스

10장 학교폭력 관련 학생의 이해

곽금주(2006). 한국의 왕따 및 학교폭력. 한국심리학회 연차 학술발표 논문집 1, 134-135.

박한샘, 오익수(1998). 탈비행화과정 탐색에 대한 현장연구. 청소년상담연구, 6(1), 60-91.

유성경(1999). 적응유연성 발달을 통한 청소년 비행의 예방 및 개입. **청소년상담연구**, 7, 26-40.

이미영, 장은진(2016). 학교폭력 가해학생의 심리적 특성에 따른 유형화 연구. **한국디지털정책학회**, 14(4), 459-469.

한대동, 김대현, 김정섭, 안경식, 유순화, 주철안(2009). **배움과 돌봄의 학교공동체**. 서울: 학지사.

Bender, D., & Lösel, F. (2011). Bullying at school as a predictor of delinquency, violence and other anti-social behavior in adulthood. *Criminal Behaviour and Mental Health, 21*(2), 99-106.

Coloroso, B. (2009). *The bully, the bullied, and the bystander.* NY: William Morrow Paperbacks.

Dreikurs, R., Grunwald, B. B., & Pepper, F. C. *Maintaining sanity in the classroom : Classroom management techniques.* Washington, D.C. : Accelerated Development.

Olweus, D. (1994). Bullying at school. Long term outcomes for victims and an effective school based intervention program. *Journal of Child Psychiatry, 35*(7), 1171-1190.

Salmivalli, C. (1992). Bullying as a group process. *Agressive Behavior, 22*, 1-5.

11장 학교폭력에 대한 법적 조치

학교폭력 예방 및 대책에 관한 법률. [시행 2017.11.28.] [법률 제15044호, 2017.11.28., 일부개정]

학교폭력 예방 및 대책에 관한 법률시행령. [시행 2016.5.10.] [대통령령 제27129호, 2016.5.10., 타법개정]

학교폭력 예방 및 대책에 관한 법률(안), (현승일의원 대표발의) 2003.06.23., 의안번호 2403.

12장 학교폭력 상담

문용린 외(2006). **학교폭력 예방과 상담**. 서울: 학지사.

박병식, 김대유, 김재근, 김건찬, 천무영(2014). **학교폭력의 예방 및 대책**. 시간여행.

오인수, 김혜미, 이승연, 이미진(2016). 학교폭력의 맥락적 이해에 기초한 효과적인 상담전략. **상담학연구**, 17(2), 257-279.

Saxe, G. N., Ellis, B. H., & Kaplow, J. B. (2011). **아동·청소년 위기상담**[*Collaborative Treatment of Traumatized Children and Teens, First Edition: The Trauma Systems Therapy Approach*]. (김동일 역). 서울: 학지사(원전은 2009년에 출판).

13장 학교폭력 사후 개입

교육과학기술부(2008). 학교폭력 피해학생 치유 프로그램 지도자용 지침서.

김슬아, 김인향, 최재원, 임재인, 김붕년(2017). 학교폭력 가해 청소년 대상 인지행동치료 기반 프로그램의 효과. *J Korean Neuropsychiatr Assoc, 56*(3), 118-126.

법제처(2017). 학교폭력 사안 후 개입방안.

정현주, 김하나, 이호준(2013). 학교폭력 가/피해자 부모교육 프로그램. **청소년상담연구, 21**(2), 149-180.

한국청소년상담복지개발원(2017). '이음부모'교육 프로그램 매뉴얼.

Olweus, D. (1994). Bullying at school: Basic facts and effects of a school based intervention program. *J Child Psychol Psychiatry, 35*, 1171-1190.

Salmivalli, C. & Nieminen, E. (2002). Proactive and reactive aggression among school bullies, victims, and bully-victims. *Aggressive Behavior 28*, 30-44

14장 학교폭력과 정신건강

김붕년, 조수철(2000). 소아-청소년기 우울증의 치료 전략. **대한정신약물학회지. 11**(3), 216-231.

김영화(2010). **학교폭력: 청소년의 문제와 정신건강.** 서울: 한울아카데미.

김청송(2015). **사례 중심의 이상심리학.** 서울: 싸이북스.

김현욱, 안세근(2013). 학교폭력 가해자 심리와 가해자 유형에 관한 연구. **학습자중심교과교육연구회, 13**(5), 19-40.

박종효(2006). 학교폭력 예방 및 치료를 위한 상담교사의 역할. 전국상담순회교사 직무연수 자료집. 교육인적자원부.

박종효, 박효정, 정미경(2007). 학교폭력에 대한 교사 스트레스 연구: 발생건수, 심각성 지각 대처 효능감의 관련성. **한국교육, 34**(2), 3-25.

보건복지부(2001). **의료기관을 방문한 학교폭력 피해자의 정신병리 조사.** 보건복지부.

송재홍, 김광수, 박성희, 안이환, 오익수, 은혁기, 정종진, 조붕환, 홍종관, 황매향(2016). **학교폭력의 예방과 상담.** 서울: 학지사.

육기환, 이호분, 노경선, 송동호(1997). 학교폭력 피해 청소년의 정신의학적 후유증에 관한 사례 연구. 소아·청소년정신의학, 8(2), 232-241.

이규미, 손강숙(2013). 폭력피해교사의 심리사회적 후유증에 관한 질적 연구. **한국심리학회지: 학교, 10**(1), 159-178.

이데일리(2016. 07.11.) 학교폭력 업무 교사 자살은 업무상 재해.

이보람(2014). 교사와 학부모를 위한 학교폭력 대처법. 서울: 시대의 창.

이성순, 강민완, 김종열(2012). 학교폭력 예방을 위한 현실적 대응방안에 대한 연구. 한국사회안전학회지, 8(2), 9-40.

이주현(2015). 트라우마 회복스킬. 서울: 학지사.

조선에듀. (2017.12.08.). 정부, 학교폭력 줄인다는데…교사는 담당업무 부담↑.

최명희, 김진숙(2016). 학교폭력 처리과정에서의 교사경험: 질적 메타종합 연구. 상담학 연구, 17(6). 441-464.

최태진, 허승희, 박성미, 이희영(2006). 초등학교폭력 양상 및 과정 분석. 상담학연구, 7(2), 613-632.

한유경 외(2014). 학교폭력과 괴롭힘 예방. 서울: 학지사.

홍강의(2014). 소아정신의학. 서울: 학지사.

황양순(2015). ADHD 경향성이 학교폭력가행에 미치는 구조적 경로 분석: 학교폭력피해와 인터넷 중독 매개효과에 대한 초등학생과 중학생 간 비교를 중심으로. 학교사회복지, 31, 165-193.

大西隆博(2010). いじめはなくせる. アニカ.

Barkely, R. A. (1990). *Attention Deficit Hyperactivity Disorder: A handbook for dignosis and treatment*. New York: The Guilford Press.

Coolidge, F. L., Denboer, J. W., & Segal, D. L. (2004). Personality and neuropsychological correlates of bullying behavior. *Personality and Individual Differences. 36*(7), 1559-1569.

Mishna, F., Scarsello, I. B., Pepler, C. J., & Wiener, J. (2005). Teacher' understanding of bullying. *Canadian Journal of Education, 28*, 718-738.

Myers, W. & Scott, K. (1998). Psychotic and conduct disorder symptoms in juvenile murderers. *Homicide Studies, 2*, 160-175.

Olweus, D., Limber, S., & Mihalic, S. F. (1999). *Blueprints for violence prevention, book nine: Bullying prevention program*. Boulder, CO: Center for the Study and Prevention of Violence

Satterfield, J. & Schell, A. (1997). A prospective study of hyperactive boys with conduct problems and normal boys: Adolescent and adult criminality. *Journal of the American of Child and Adolescent Psychiatry, 36*, 1726-1735.

Serani, D. (2017). 우리 아이가 우울증일까[*Depression and your child*]. (김석환 역). 서울: 티움.

Wicks-Nelson, R., & Israel, A. C. (2009). *Abnormal child and adolescent psychology*. Upper Saddle River, NJ: Pearson Prentice Hall.

경기도 교육청(2014). 회복적 생활교육 매뉴얼.

교육인적자원부(2005). 학교폭력 5개년 기본계획: 2005-2009. 서울: 교육인적자원부

권현숙(2015). 중등학생용 감정카드와 바람카드 개발 및 공감능력증진 프로그램 개발과 효과 분석. 대구대
학교 대학원 박사학위논문.

김경희(2017). 중학생 분노조절 향상을 위한 인지·정서·행동 통합 프로그램 개발 및 효과. 영남대학교 대
학원 박사학위논문.

김성남(2007). 놀이중심의 인간관계 촉진프로그램이 초등학생의 교우관계와 교사-학생관계에, 미치는 효
과. 한남대학교 교육대학원 석사학위논문.

김양선(2006). 또래관계 프로그램이 아동의 사회적 기술에 미치는 영향. 제주대학교 교육대학원 석사학위
논문.

노안영(2016). **불완전할 용기**. 서울: 솔과학.

박경숙(2005). 실증주의적, 자연주의적 연구 패러다임 철학과 연구방법: 기술교육연구의 영향. **중등교육연
구, 53**(1), 331-352.

박성희(1993). 공감의 특성과 이타행동. 서울대학교 대학원 박사학위논문.

박성희, 이동렬(2001). **상담의 실제: 상담과 상담학 2**. 서울: 학지사.

박숙영(2014). **회복적 생활교육을 만나다**. 서울: 좋은교사.

박애경(2010). 또래관계 증진 프로그램이 초등학생의 분노조절력 및 학교생활적응력에 미치는 효과. 숙명
여자대학교 교육대학원 석사학위논문.

서정숙(2005). 또래상담 훈련이 인문계 여고생의 사회적 효능감에 미치는 효과. 울산대학교 교육대학원 석
사학위논문.

송다혜(2010).아동의 자기격려가 정서 인식·표현과 정서조절전략에 미치는 영향. 숙명여자대학교 석사학
위논문.

윤경미(2005). 인간관계개선 집단상담이 고등학생의 대인관계 및 사회성에 미치는 효과. 강원대학교 대학
원 석사학위논문.

이상균(2000). 청소년의 학교비행에 대한 생태 체계적 영향요인. **사회복지연구 15**, 109-132.

이유진(2015). 학교폭력 해결을 위한 회복적 정의모델 모형 개발 연구. **소년정책연구, 28**(4), 169-207.

이은정(2008). 대인관계능력 증진 프로그램이 여중생의 사회적 기술 및 학급 응집력에 미치는 효과. 연세
대학교 교육대학원 석사학위논문.

전은주(2017).대인관계증진 프로그램이 대인 외상경험 여중생의 부정적 자기개념, 대인불안 및 또래관계
에 미치는 효과. 경성대학교 교육대학원 석사학위논문.

정은진, 홍혜영(2014). 학생의 공감과 이타행동의 관계에서 자기효능감의 매개효과. **청소년시설환경,
12**(3), 13-26.

조순이(2006). 교우관계 향상 프로그램이 아동의 사회적 능력에 미치는 효과. 부산교육대학교 석사학위논문.

지순덕(2005). 청소년 학교폭력 현황과 대처방안에 관한 연구. 중앙대학교 행정대학원 석사 학위논문.

진영학(2004). 학교폭력 예방대책에 관한 연구. 중앙대학교 사회개발대학원 석사학위논문.

한국평화교육훈련원(http://kopi.or.kr/?page_id=6)

현금희(2013). 청소년의 공감능력과 학교생활적응 학교폭력간의 관계. 단국대학교 대학원 석사학위논문.

Adler, A. (2009). 인간 이해(*Menschenkenntnis*). (라영균 역). 서울: 알빛.

Batson, C. D. (1987). Prosocial motivation: Is it ever truly altruistic? In L. Berkowitz(Ed.), *Advances in Experimental Social Psychology, 20*. New York: Academic press.

Eisenberg, N., & Miller, P. (1987) Empathy and prosocial behavior. *Psychological Bulletin, 101*, 91-119.

Hartup, W. W. (1983). Peer relations. Handbook of child psychology: formerly *Carmichael's manual of child psychology*. Paul H. Mussen, editor.

Lasala, T., McVittie, J. & Smitha, S. (2015). 학급긍정훈육법: 활동편(*Positive discipline in the classroom: Teacher's guide(Activities for students)*). (김성환 역). 서울: 에듀니티.

Leiberg, S. & Anders, S. (2006). The multiple facets of empathy: a survey of theory and evidence. *Progress in Brain Research 156*, 419-440.

McCluskey G. et al. (2008). Can restorative practices in schools make a difference? *Educational Review, 60*(4), 405-417.

Nelson, J., Lott, L. & Glenn, S. (2014). 학급긍정훈육법(*Positive discipline in the classroom*). (김성환, 강소현, 정유진 역). 서울: 에듀니티.

16장 학교교육의 변화

유성경(1999). 적응유연성 발달을 통한 청소년 비행의 예방 및 개입. 청소년상담연구, 7, 26-40.

한대동, 김대현, 김정섭, 안경식, 유순화, 주철안(2009). 배움과 돌봄의 학교공동체. 서울: 학지사.

찾아보기

저자 소개

이지연
이화여자대학교 교육심리학사, 계명대학교 교육학 석사(상담심리)
이화여자대학교 박사(상담심리)
전) 서강대 상담교수
전) 이화여대 전임강사
인천대학교 창의인재개발학과 교수, 상담심리 전공주임교수
상담심리사 1급, 청소년상담사 1급
상담심리학회 인천대 분회장

김태선
청주교육대학교 학사, 인하대학교 교육대학원 석사(교육사 철학)
인천대학교 박사(상담심리)
인천 남동초등학교 교사
전문상담교사 1급

신미경
경인교육대학교 교육학과 학사, 석사(학교상담)
인천대학교 박사(상담심리)
전) 인천 먼우금초등학교 교사
인천 연송초등학교 교사
전문상담교사 1급